Hans Lenk

Erfolg oder Fairness?

Ethik in der Praxis/Practical Ethics

Kontroversen/Controversies

herausgegeben von

Hans-Martin Sass

(Ruhr-Universität Bochum, Georgetown University Washington)

Schriftleitung: Arnd T. May

Band 13

LIT

Hans Lenk

Erfolg oder Fairness?

Leistungssport zwischen Ethik und Technik

LIT

Meinem Freund und olympischen Bootskameraden
Walter Schröder gewidmet –
in gemeinsamem Gedenken an unseren Trainer und Lehrer,
den „Ruderprofessor" Dr. h. c. Karl Adam (1912 – 76)
und an die 2008 verstorbenen Achter-Kameraden
des Gold-Achters von 1960,
Manfred Rulffs und Karl-Heinz Hopp.

Umschlagbild: Erwin J. Löhr

Bibliografische Information der Deutschen Nationalbibliothek
Die Deutsche Nationalbibliothek verzeichnet diese Publikation in der
Deutschen Nationalbibliografie; detaillierte bibliografische Daten sind
im Internet über http://dnb.d-nb.de abrufbar.

2. Auflage 2010

ISBN 978-3-8258-6105-6

©LIT VERLAG Dr. W. Hopf Berlin 2010
Verlagskontakt:
Fresnostr. 2   D-48159 Münster
Tel. +49 (0) 2 51-620 320   Fax +49 (0) 2 51-922 60 99
e-Mail: lit@lit-verlag.de   http://www.lit-verlag.de

Auslieferung:
Deutschland: LIT Verlag Fresnostr. 2, D-48159 Münster
Tel. +49 (0) 2 51-620 32 22, Fax +49 (0) 2 51-922 60 99, e-Mail: vertrieb@lit-verlag.de
Österreich: Medienlogistik Pichler-ÖBZ, e-Mail: mlo@medien-logistik.at
Schweiz: B + M Buch- und Medienvertrieb, e-Mail: order@buch-medien.ch

Inhalt

Zur Einstimmung und Erinnerung

„Encore quatre minutes!" Das Megaphon schallt über den See. Von den Kraterwänden hallt es dumpf zurück. Der olympische Endlauf steht bevor. Die Achter formieren sich an den Nachen. Flaues Gefühl im Magen: Zusammenreißen, jetzt oder nie „Partez!" Der Startruf durchschneidet die Stille, entfesselt ein hohes Getöse schriller Steuermannschreie, Knallen der Rollsitze, klatschender Startspritzer. Das große, das letzte Rennen ist unterwegs. Die Erinnerung greift zurück: Vier Jahre hat man sich diesem Ziel verschrieben – kaum Zeit für etwas anderes außer täglichem Training, Regattareisen, Rennzeiten, Trainingspensum, Bootstrimming, Formschwankungen, Ernährung, Taktik, Strategie. Vier Jahre lang war das Rudern fast ,die wichtigste Sache der Welt. Der sportliche Mythos faszinierte die Motivation. Mitmachen, Dabeisein, Handeln – dies erschien das Abenteuer des aktiven Lebens. Ein Gemeinschaftswerk von Mannschaft und Trainer entstand, Höhepunkt und Erfüllung eines „mythischen" Traums. „Der Achter das ist die Mannschaft an sich" (Hagelstange).

Tausend Meter. Hart bleiben. Zehn scharfe Schläge erwidern den Zwischenspurt. Dreiviertel Länge. Und noch 500 Meter, die letzten des letzten Rennens. Muskeln und Sehnen schmerzen im Zug, treten gegen wachsenden Widerstand. Luft, Keuchen, Arme, Beine, klobige Hindernisse. Blick aus dem Boot. Vancouver, der Gegner bleibt zurück. Eine Länge. Endspurt. „Noch 15!" Der Bootskörper springt noch einmal an. Alles in diesen Schlag und wieder in diesen. Schwärze, Brausen, rauchige Kehle. Die Schwere scheint schier unerträglich. 14, 15 – durch Fallen, Sinken, Luft, Dunkel, Lichtpunkte – Erschlaffen. „In Bewegung bleiben", allmähliches Weiterpaddeln, Schnappen, Keuchen. Dann taucht die Umwelt auf, die braunen Boote, die bunten Trikots, die brausende Tribüne.

Das letzte, das größte Rennen. Soweit die Erinnerung an den olympischen Achterendlauf vor nunmehr über 40 Jahren, an eine persönliche Erfahrung. Ist das Leben ein Rennen, ein Leistungsspiel? Nicht ein Traum wie im Theater Calderóns? Ein Traum war erfüllt.

War ein Mythos Wirklichkeit geworden? „Die Struktur der Leistung ist auf allen Gebieten gleich" (Karl Adam).

Eine Leistung, die lange Zeit vorher schon das praktische Leben beherrschte, die lange nachher das persönliche Leben prägte – auch dann, wenn sie nicht zu beruflichen Verbindungen mit dem Sport führte.

Warum faszinierte sie uns und andere so – vorher wie nachher? Was ist der Sinn solcher doch vordergründig sinnloser Leistungen, die weder Brot noch Rente bringen? Der Mensch lebt nicht vom Brot allein – könnte man antworten. Und das ist – oberflächlich gesprochen – schon eine Teilantwort. Der Mensch ist das Wesen, dem das anscheinend Überflüssige zu einer Art Notwendigkeit wird, zur Kultur – meinte der spanische Lebensphilosoph Ortega y Gasset, ein viel umstrittener aristokratischer Feingeist, der übrigens auch eine provokative Philosophie des Sports entwickelt hat. Die Kultur sei die Tochter des Sports[1] und des freien überquellenden Spiels, glaubte er, nicht der Arbeit, wie man sonst immer deutete. Alles für die Kultur Wertvolle sei aus dem Überfluss der Lebensfreude, dem Kraftüberschuss, der Verschwendung nicht notwendiger Energie entstanden. Wir sind heute weit von solch einer Lebensphilosophie entfernt. Man kann wohl nicht alles Dürre, Zweckhafte, Mechanische pauschal mit der Arbeit gleichsetzen und im Kontrast dazu alles Lebendige, Interessante, Wertvolle, Kulturelle mit Sport und Spiel. War es nicht Beethoven, der im Kunstschaffen 5% Inspiration und 95% Transpiration sah?

Sport ist vitales Leben, besteht aus Handlungen, Leistungen, die ein Mensch selbst zu vollbringen hat, die – außer durch Doping – nicht erschlichen, vorgetäuscht und letztlich nicht delegiert oder bloß (durch Erlasse etwa) organisiert werden können: also aus freiwillig er-

---

[1] Ortega dehnte den Begriff des Sports auch viel zu weit aus. Alle Anstrengung um ihrer selbst willen oder aus Kraftüberschuss sei Sport – alle Kunst, alle Kultur würde zum Sport („Zerstreuung" ist ja eine sprachliche Wurzel des Begriffs). Das Leben selbst ist für ihn „meta-physische", über das Körperliche hinausgehende Anstrengung um ihrer selbst willen, Energieverströmung – also im letzten Grunde Sport. Ortega spricht vom sportlich-festlichen Sinne des Lebens. Aber: das Leben selber ist nicht Sport.

strebten und erbrachten und als wertvoll beurteilten Eigenhandlungen und Eigenleistungen. Diese sind übrigens auch nicht zu kommandieren: Zum Marschieren kann man jemand zwingen, nicht zum Rekord im Marathonlauf. Sport ist ein exemplarischer Bereich für freiwillig erbrachte Eigenleistung, für persönliche, selbstmotivierte eigene Handlung, die unter Beurteilungsmaßstäben steht, als besser oder schlechter, als hervorragend oder misslungen gewertet wird – vom Handelnden selbst wie von anderen.

Die sportliche Leistung kann im Idealfall als Prototyp, als Vorbild der Eigenleistung gelten. Eigenleistungen können einzeln oder in Gruppen vollbracht oder versucht werden. Daher das Eingangsbeispiel des olympischen Achterfinales.

Das Phänomen und die Werte der Eigenleistung sind natürlich viel allgemeiner. Mit der für die Selbstdeutung des Menschen wichtigen Rolle beider, mit ihrer anthropologischen und sozialen Bedeutung möchte ich mich im Folgenden näher befassen. Von einer grundlegenden Analyse einer Philosophie der Werte, Fairness und der gesellschaftlichen Werte des Sports werde ich über Fragen der Sportethik, der Leistungsmotivation, Eigenleistung und Leistungsethik und einer olympischen Anthropologie übergehen zu *praktisch* drängenden Problemen des aktuellen Hochleistungssports wie jenen der Technologisierung und Kommerzialisierung, des Dopings und der öffentlichen Überbewertung des Sieges und Rekords („Singulärsiegerorientierung"). Schließen wird das Buch mit Thesen über eine human vertretbare Zukunftsperspektive des Spitzensports.

1. Gesellschaftliche Werte des Sports

Sport ist ein exemplarischer Bereich für freiwillig erbrachte Eigenleistung, für persönliche, selbstmotivierte eigene Handlung, die unter Beurteilungsmaßstäben steht, als besser oder schlechter, als hervorragend, als mehr oder weniger gelungen oder als misslungen gewertet wird – vom Handelnden selbst wie von anderen.

Die sportliche Leistung kann im Idealfall als Prototyp, als Vorbild der Eigenleistung gelten. Eigenleistungen können einzeln oder in Gruppen vollbracht oder versucht werden. Daher das Eingangsbeispiel des olympischen Achterfinales.

Es gibt also ein Prinzip der Eigenleistung, der Eigenaktivität und des positiv bewerteten und als persönlich bestätigenden erlebten eigenen Engagements. Die eigenmotiviert erbrachte und selbst- wie fremdbewertete eigene Handlung, zumal die besondere oder gar ausgezeichnete Leistung ist ein Prinzip des Schöpferischen, das in einer aktiven und dynamischen Gesellschaft das im Vordergrund stehende Vehikel persönlicher Auszeichnung und großenteils auch der Anerkennung oder gar Bewunderung durch andere ist. Eigenleistung muss nicht Höchstleistung sein: Jedes an Gütestandards bemessene und hoch bewertete Handeln, verglichen mit der gleichartigen Aktivität anderer oder eigenen früheren Ergebnissen, ist ein solches Eigenleisten im weiteren Sinne. Dies muss nicht notwendig – wie im modernen Sport institutionalisiert – im hochorganisierten Wettkampf verwirklicht werden. Es gibt ja auch besondere künstlerische, wissenschaftliche Leistungen – z.T. ohne unmittelbare Konkurrenz oder Wettkampf. Sogar im Natursport findet sich dieses Prinzip der nicht direkt konkurrenzorientierten Hochleistung. (Daneben gibt es freilich auch scharf ausgeprägte Partnerkonkurrenzen um Erstbesteigungen, Erstüberquerungen usw.)

Das an Werten der Güte und Mess-Standards bemessene oder beurteilte Handeln kann als *individuelle Leistung* bezeichnet werden, zumal wenn es eigenmotiviert und persönlich erbracht wird – dann spreche ich spezifischer von *Eigenleistung* im *weiteren* Sinne. Eigenleistung im *engeren* Sinne ist die an präziseren Maßstäben, z.B. durch Wettkampf, Weiten-, oder Zeitenmessung usw. bemessene Eigenleistung. Die sportliche Eigenleistung ist durch einen physischen *und* psychischen Gesamteinsatz der Person gekennzeichnet, die oft missverständlich als „bloß körperlich" abgestempelt wird.

Der Mensch ist das (i.w.u.e.S.) *eigenleistende Wesen*. (In meinem Buche „*Eigenleistung*" (1983) habe ich dies ausführlich begründet und ausgearbeitet.) Der Mensch – und nur er – kann als ein Selbst und bewusst immer besser handeln, „eigenleisten", wie ich sagen möchte. Freiwilligkeit und Eigenmotivierung sind notwendige Bedingungen dieser eigenen, besonders auch der schöpferischen Leistung. Leistung kann so zu einem Ausdruck persönlicher Handlungsfreiheit und Auszeichnung bzw. Selbstbestätigung werden. Die Eigenleistung, eigenmotiviert vollbracht, ist somit ein Ausdruck der aktiven und kreativen Persönlichkeit. Eigenleistung ist dementsprechend kein reines Naturprodukt von Anlage und bloß natürlichem Trieb, sondern weit mehr auch seelische, gesellschaftliche und kulturelle, ja, geistige Errungenschaft, wenn auch auf biologischer Grundlage. Sie besitzt eine besondere erzieherische Bedeutung – gerade auch dann, wenn es sich um eine symbolische Leistung handelt, die ein biologisch und ökonomisch „überflüssiges" Ergebnis erzeugt. Das anscheinend Überflüssige ist in mancher Hinsicht besonders nötig – für die kulturelle Entwicklung und zumal für die Erziehung.

Die individuelle „Leistung" als produktive oder rekreative, persönlich erbrachte, als nützlich oder beachtlich bewertete Handlung ist wie jede Leistung abhängig von Bewertung und Deutung, setzt Tüchtigkeits-, Güte- und Schwierigkeitsmaßstäbe voraus sowie bestimmte förderliche individuelle und soziale Bedingungen (zum Beispiel ein individualistisches, Selbstverantwortlichkeit betonendes aktivistisches Lebensgrundgefühl und etwa liberale Gesellschaftsstrukturen).

Leistung kann unter verschiedenen Aspekten beurteilt, bewertet und gemessen werden: etwa unter dem Ertrags-, Anstrengungs-, Aufwands-, Wettbewerbs-, Fähigkeits-, Konkurrenz-, Talent-, Kontroll-, Störungsfreiheits-, Sicherheitsaspekt. Leistungserfüllung kann sich als Markterfolg, Produktivität (Output:Input), Outputerhöhung, Inputminimierung, Pflicht- und Aufgabenerfüllung, individuelle Anstrengung (in kurzer Zeitspanne konzentriert oder als ausdauernder Energieeinsatz), als Überbietung anderer und als Ausschöpfung von Fähigkeiten, Ressourcen darstellen.

Es hat sich in der Debatte um die Gesellschaftskritik am Leistungsprinzip und an der Leistungsgesellschaft in den 60er und 70er Jahren gezeigt, dass auf Leistungsorientierung und -förderung generell nicht verzichtet werden kann und dass das Leistungsprinzip auch keineswegs einer humanen Gesellschaft entgegenstehen muss (vgl. Verf. 1976). Aber wichtig ist es, zwischen *eigenmotivierter* und *fremdverordneter Leistung* zu unterscheiden. Mit *Eigen*leistung meine ich in erster Linie die erstere, die *eigen*motivierte, *eigen*engagierte, freiwillig erbrachte persönliche Leistung. Etwas selbst zu leisten, bringt auch Lust, Bestätigung des Selbst und hängt natürlich auch von der Anerkennung durch andere ab.

Sport ist die leicht dynamisch verständliche, sinnlich eingängige, erlebbare und motivierende Version und mitreißende, faszinierende Darstellung der Eigenleistung.

Der kreativ oder rekreativ eigenleistende Mensch, das Wesen, das zu Eigenleistungen und Leistungen fähig ist, die es an gesetzten Gütemaßstäben beurteilt, dies scheint generell eine recht umfassende und tiefe Kennzeichnung des Menschen – zumindest des abendländischen – zu sein. Sie bezieht sich auch auf symbolische Leistungen und solche, die sich erst durch Deutung verwirklichen oder ausdrücken, auf z.T. höherstufigen Deutungen beruhen wie in der Kunst, der Wissenschaft und eben auch im Sport. Sie muss sich mit anderen anthropologischen Charakteristika kombinieren. Menschliches Leben ist vielleicht sogar im tiefsten (weiteren) Sinne zunächst Eigenleisten, bewertbares, kreatives personales Eigenhandeln; dieses ist das Element und Vehikel engagierten und „wirklichen" Lebens im ursprünglichen Handlungssinn. Im Handeln und im Leisten (i.w. wie i.e.S.) liegt der Sinn, im eigenbestimmten, eigengestalteten, zielorientierten

Tätigsein. Die Persönlichkeit, wenigstens besonders die der abendländischen Gesellschaft, spiegelt und bildet sich vorrangig in Ausdrücken, Werken und Handlungen des einzelnen – also in „Leistungen" im weitesten Sinne des Wortes. Darstellungsleistungen gehören hierzu ebenso wie fallweise insbesondere neuartige, einzigartige Handlungen, durch welche das Individuum sich auszeichnet – vor anderen, aber auch vor seinem eigenen Anspruch, über seine bisherigen Leistungen hinaus, durch die der einzelne sich selbst „beweisen", vor sich selbst und anderen bestätigen kann als jemand, der etwas Eigenes oder gar Besonderes vollbringt oder zu vollbringen fähig ist. Geradezu selbstverständlich spiegelt sich die Persönlichkeit in Eigenaktivität, eigenen Handlungen und in entsprechenden Motivationen/Strebungen, und zwar nicht nur in Leistungshandlungen i.e.S.

Alle Personen nur nach deren Leistung oder Leistungsfähigkeit zu bewerten, wäre inhuman), aber Leistungen und alle freiwilligen Eigenhandlungen bieten besondere Selbsterfahrungs- und evtl. Auszeichnungsmöglichkeiten, also Wege der Selbstbildung, -entwicklung und -bestätigung. In einer zur Nivellierung tendierenden, keine tägliche Bedrohung setzenden und keine Mobilisierung der Notfallreserven erfordernden, daher zivilisatorisch manchmal allzu geglätteten Lebensweise gewinnen Handlungsmöglichkeiten und Anforderungen eine besondere Bedeutung, sofern sie über die Alltagsroutine hinausreichen, den Menschen, besonders den jugendlichen Erwachsenen, zu besonderen Aktivitäten motivieren. Der eigenerlebte Sport ist hierzu wie die künstlerische Tätigkeit ein wichtiges Anreiz- und Übungsfeld, das zudem die Person psychophysisch, also körperlich und seelisch – ganzheitlich – fordert. Sich physisch und psychisch anzustrengen, ist ein wichtiges Erziehungsfeld für *Eigen*handeln – zumal in einer sitzenden, fernsehenden, auto- und schreibtischfixierten passiven Gesellschaft, welche die körperlichen und auch die eigenen kreativen Handlungen allzu oft in Restreservate drängt.

Wir haben also bereits einige für die gegenwärtige hochzivilisierte Gesellschaft wichtige Möglichkeiten der Wertverwirklichung am Sport festgestellt, die im Folgenden in 15 Punkten thesenhaft präsentiert werden sollen:

1. In einer sitzen gebliebenen Gesellschaft psychophysisch weitgehend immobilisierter Menschen ist die leib-seelische Beanspruchung, sind die sportliche Bewegung, Gesundheitssport, Natursport nicht nur eine wichtige Basis zur Entwicklung und Erhaltung der vitalen Kapazitäten und der Gesundheit, sondern auch der psychophysischen Aktivierung generell. Das gilt auch für die Älteren: Maßvoll betriebener Sport ist geradezu eine Schule des aktiven Älterwerdens. Wie sagte ein französischer Olympiaruderer? „Die Wichtigkeit des Sports beginnt – nach dem Sport."

2. Wie jede kreative und rekreative, positiv bewertete und eigenmotiviert erbrachte Eigenaktivität vermittelt auch die sportlich Tätigkeit wichtige Erlebnisse und Könnenserfahrungen (einschließlich der Begrenztheitserkenntnis), die zur persönlichen Selbstentfaltung gerade auch Jugendlicher beitragen können – im Sinne eines aktiven Gestaltens: Eigenaktivität, Sport statt Drogen. Wie jede andere rekreative und kreative – künstlerisch-schöpferische – Tätigkeit kann auch Sport wesentliche Aktiverlebnisse garantieren, die dem Passivismus des heute manchmal so genannten „neuen Hedonismus" entgegenwirken. Auch in Hinsicht auf eigene Entscheidungsfähigkeit und Entscheidungsbereitschaft ist Sport als Schule auch der Handlungsfreiheit und Willensstärkung anzusehen: Vor einem Dritteljahrhundert habe ich das, zugegebenerweise, ideale Modell des „mündigen Athleten" eingeführt.

3. Sport ist, wie wir sahen, eine besonders eingängige, leicht verständliche, auch Jugendlichen zugängliche und faszinierende Schule der individuellen Eigenleistung – im weiteren wie im engeren Sinne. Eine besondere Faszination – sowohl als Vorbild, Anregung und spannungsgeladenes Nacherleben – geht gerade von der sportlichen Hochleistung aus. Dieser Anregungs- bzw. Ansteckungseffekt ist

vorhanden, selbst wenn man über sein Ausmaß im heutigen Höchstleistungs- und Showsport geteilter Meinung sein kann.

4. Sportliches Eigenhandeln und Eigenleisten sind fast stets an *soziale Situationen* gebunden – etwa den Vergleich im Wettkampf. Insofern ergibt sich auch eine direkte Schulung der sozialen Umgangsweisen in standardisierten Situationen, zumal im Wettkampf, in der Leistungssteigerung im Training, in der Trainingsgruppe, bei Erfahrungen des Vergleichs unter relativ gleichen Bedingungen und auch die praktische Einübung von Fairness (s.u.). Dies alles ist ersichtlich von hoher erzieherischer Relevanz in einer Einzelkind-Gesellschaft.

5. Handeln und Eigenleisten kann man gerade auch in Gruppen: Die *Sportgruppe*, die *Mannschaft* und die damit verbundenen Erfahrungs- und Übungsmöglichkeiten sind – wie das Jugendorchester – hervorragende Schulungsbereiche für Teamwork, das man am besten in eigenen Erfahrungen des Sports, der Musik- oder Tanzgruppe, der kleinen „Forscher"-Gruppe lernt und einübt – am einfachsten und jugendgemäßesten wiederum im eigenen Mannschaftserlebnis. Teamgeist, Einordnung, Zusammenarbeit, Ausrichtung auf ein gemeinsames Ziel, Mannschaftstraining – dies wird am besten in Mannschaften und Orchestern gelernt: Rudolf Hagelstange konzentrierte diese Einsicht anlässlich des eingangs geschilderten olympischen Endlaufes in die Worte: „Der Achter – das ist die Mannschaft an sich".

6. Sportgruppen, Mannschaften wie auch Gesangvereine oder Jugendorchester benötigen eine Aufteilung von Rollen, Aufgaben, Führungspositionen und Verantwortungsverteilung: Junge Menschen können hier praxisnah aktive *Verantwortungsübernahme* üben. Man hat den Sport geradezu „eine *Schule der Demokratie*" genannt. Dasselbe gilt natürlich für Jugenhilfegruppen, Pfadfindergruppen, eigenaktive Vereine aller Arten. Der gesellschaftliche Wert dieser jugendgemäßen und zur Eigenaktivität und Eigenverantwortung hinleitenden Übungsfelder ist *natürlich* unmittelbar einsichtig.

7. Im Umgang mit dem Wettkampfpartner und den Mannschaftskameraden wird unter mehr oder wenigen standardisierten Bedingungen auch der Hauptwert eingeübt, den der Sport der moralischen
Kultur in einer von institutionellen Auseinandersetzungen geprägten
Gesellschaft geschenkt hat: nämlich das Fairness-Verhalten. *Fairness ist die eigentliche Tochter des Sports*, die dieser allen Bereichen
der Konkurrenz, des Wetteiferns, des gesellschaftlichen Vergleichs
und der Verteilung von Vor- und Nachteilen, Nutzen und Kosten
usw. gegeben hat. Obwohl Fairness-Regeln und -Gebote wie etwa
auch das sechste oder siebente christliche Gebot häufig verletzt werden, haben sie doch eine außerordentlich wichtige gesellschaftliche
Orientierungsfunktion in allen gesellschaftlichen Bereichen der geregelten Auseinandersetzung oder Vorteilsnahme bzw. der Nachteile
oder Kostenzumutung erlangt. Das gilt nicht nur für die formelle
Fairness, das möglichst buchstabengetreue Einhalten der Wettkampf- oder Spielregeln, sondern gerade auch für die von mir vor
einem Dritteljahrhundert (1964) so genannte informelle Fairness,
den Geist des fairen Achtens und Beachtens des Gegners oder Vergleichspartners.

Je mehr „auf dem Spiele steht", im sog. Lebensernst wie im vielfach
für Athleten existentiell ernst gewordenen Hochleistungssport, wo es
ja verstärkt um Lebens- und Aufstiegschancen oder gar um größere
Geldsummen geht – desto stärker ist Fairness gefährdet. Gilt Sieg als
Ein und Alles, so reüssiert das sog. „elfte Gebot": „Du sollst Dich
nicht erwischen lassen" (wie es treuherzig kürzlich ein österreichischer, als Dopingsünder erwischter Bobfahrer geradezu in klassischer Reinheit kommentierte: „Man denkt halt, dass man selber
nicht erwischt wird"). Wie sagen die US-Amerikaner?: „Fair/nice
guys finish last". Je unerlässlicher oder wichtiger der Sieg oder Erfolg, desto größer die Verführung zur Unfairness: das gilt nicht nur
im Sport, sondern z.B. auch in der wissenschaftlichen Forschung,
wie seit 20 Jahren in den USA, kürzlich auch in Deutschland (dessen
Wissenschaft man allzu lange „rein" glaubte) öffentlich ersichtlich
wurde. In der Wissenschaft gibt es nicht einmal Silbermedaillen –

wie wenigstens im Sport. (Es muss übrigens nicht immer um Geld gehen, sondern auch Reputation, Ansehen des Erfolgreichen, ja, die alte „Ehre" sind ggf. ebenso umkämpft.) Kontrollen und Kontrollinstitutionen werden unerlässlich, wenn die Regeln zunehmend übertreten werden, kaum noch greifen und zumal informelle Fairness vielfach schon geradezu als „Dummheit" hingestellt wird: Das sog. „faire" oder taktische Foul wird bei jungen Fußballern bereits geübt! (Auf die Doppelbödigkeit, ja, zum Teil Doppelzüngigkeit der Diskussionen in der Dopingszene kann hier nicht nochmals eingegangen werden.)

8. Herkömmlich meinte man – und konnte das auch in den 50er Jahren in Australien nach den Olympischen Spielen von Melbourne und auch in Europa empirisch bestätigen –, dass Vorurteile gegenüber anderen Völkern und Hautfarben durch den internationalen Sport, zumal durch das zuschauende Miterleben der Olympischen Spiele, verringert würden, besonders bei jugendlichen Zuschauern. Dies ist zweifellos ein wichtiger Beitrag zur *indirekten Völkerverständigung* in Gestalt des Abbaus von heterostereotypischen Fixierungen oder Vorurteilen (wenn auch keine *direkte* Friedensmission – wie etwa Schelsky meinte –, obwohl das Fremdverstehen, die Toleranz, ja, Hochschätzung der athletischen Vertreter(innen) anderer Nationen dadurch ohne Frage beeinflusst werden dürften. Auch das aktive Kennen lernen von Sportpartnern aus anderen Ländern ist hier zu nennen; es ist natürlich von begrenzter Wirkung, soweit es sich nicht auf weitere Teile der Jugend erstreckt. (Für Coubertin, den Wiederbegründer der modernen Olympischen Spiele, war es ein Hauptziel, die gegenseitige Achtung der Völker und zumal der Jugend auf diese Weise zu fördern (auch wenn er weitergehende Ansprüche der „liebenden" Völkerverständigung für lächerlich hielt; hingegen war er ein Vertreter der antiken Idee der Waffenruhe bei Olympischen Spielen!)

9. Die *Identifikation* mit der eigenen Mannschaft (lokal oder national), mit dem stellvertretend kämpfenden Athleten der eigenen Gemeinde

oder Nation ist natürlich ein Effekt, der zum als wertvoll erlebten und auch nötigen Gemeinschaftsgefühl auf unterschiedlichen Ebenen beiträgt und besondere identifikatorische Emotionen oder gar Leidenschaften weckt. Dies trägt natürlich besonders zum Spannungswert der Sportwettkämpfe – gerade auch im televisionären Spektakel – bei. Zumal auch jüngere und kleinere Nationen identifizieren sich demonstrativ mit ihren sportlichen Repräsentanten: Im Konzert der weltweit im Vordergrund stehenden großen Nationen ist es für kleine Völker gleichsam ein eher erreichbares Ziel, eine positive Meinung in der Weltöffentlichkeit und globale Aufmerksamkeit durch sportliche Hochleistungen zu erreichen. Man denke an die als besonders sportlich geltenden Völker wie die Ungarn, Finnen einst und an die kenianischen Läufer heute.

10. *Dynamik, Spannung*, leichte Einsehbarkeit für den Zuschauer, Telegenität mancher Sportarten, das direkte Messen in Kampfsportarten, z.B. unmittelbar körperlichen, ergeben generell spannende Duelle. Herausragende Wettkämpfe sowie in manchen Sportarten Rekordversuche erhöhen natürlich den Spannungs- und Unterhaltungswert des Hochleistungssports und gerade auch die Fernsehattraktivität (und damit die tele- und medienökonomische Nachfrage) der jeweiligen Sportarten.

11. Entsprechendes gilt für Bewegungsrhythmus, für Schönheit in den auch besonders öffentlichkeitswirksamen ästhetischen Sportarten wie Eislaufen, Turnen oder Tanzsport.

12. Aus der Sicht der Zuschauer hat man seit den 60er Jahren (seit Roland Barthes' epischer Eloge auf die Tour de France) die *mythische Funktion* des modernen Hochleistungssports für Zuschauer, auch für alle televisionär Mitfiebernden und Nacherlebenden, beschrieben. Ich selbst habe (1972) diese mythische Funktion auf das Eigenerleben der Athleten ausgeweitet und eine quasi-„mythologische" Deutung der sportlichen Leistung (z.B. für das, was der Mensch mit weitgehend „natürlichen" Mitteln zu erreichen vermag), für das Eigenerleben des Athleten und für die Leistungssteigerung ausgearbei-

tet. Diese gleichsam mythische Dramatik und Dynamik könnte als ein eigener Wert von gewisser anthropologischer Bedeutsamkeit angesehen werden, geradezu als Sinnbild menschlicher „natürlicher" Leistungskraft ohne oder mit nur geringen technischen Hilfsmitteln. Den Leistungssport könnte man geradezu definieren durch das Setzen künstlicher Hindernisse oder Standardisierungen, die nur mit Beteiligung von weitgehend natürlicher Leistungskraft und Konzentration in möglichst effizienter (z.B. möglichst schneller) Weise zu überwinden sind. (Die Technik erfindet demgegenüber künstliche Umwege, z.B. Flugmaschinen, um sonst nicht erreichbare Ziele (Fliegen) zu realisieren.)

13. In Abhängigkeit von der Spannung, Telegenität und auch hochstilisierten nationalen Traditionen (z.B. US-Football) sind sportliche Dramen, einem modernen Massentheater vergleichbar, natürlich ökonomisch hoch interessant geworden – nicht nur durch das diese Wirkung vervielfachende Fernsehen. Mit dieser ökonomischen Entwicklung des Sports geht die stark um sich greifende offizielle Professionalisierung einher, die in vielen Sportarten – bei weitem aber nicht in allen! – die traditionelle Amateurregel und -mentalität eingeschränkt hat, wenigstens in der großen Publizität der Medien. Sport ist wie Tourismus ein großer Wirtschaftssektor geworden, der praktisch nicht nur einen großen Unterhaltungs- und Erfolgs- sowie Leistungsmarkt hervorgebracht hat, sondern auch eine entsprechende Industrie (Sportgeräte für Spitzenathleten und, entsprechend der Werbewirksamkeit, auch für alle Freizeitsportler) erzeugte. Gerätemarken, Werbungsimages, kurz: eine im Hochleistungssport zunehmend allumfassende Kommerzialisierung führen dazu, dass Sporthelden als lebende Litfasssäulen auftreten und sofort ihre sehr augenscheinlichen Werbemarken bei der Siegerehrung, wenn nicht sogar schon im Rennen, präsentieren. Die Ökonomisierung und Kommerzialisierung des modernen Hochleistungssports, aber zunehmend auch schon des Breitensports, erforderte eine eigene Abhandlung, die zu liefern ich weder kompetent noch interessiert bin.

14. Hatte schon Barthes seine meines Erachtens einseitige Deutung des Sportepos (am Beispiel der Tour de France) als inszenierten und dramatisch präsentierten geradezu „mythischen" Kampf von Heldenrollen gegen Gegner und Natur aufgefasst, so kennzeichnen die mediale Publizierung, Verbreitung und Kommunikation, die Leistungs*präsentation* und die dementsprechende Inszenierung von Superwettkämpfen, zumal in der besonders spannenden, weil weltweit allpräsenten Fernsehdarstellung, zunehmend den Hochleistungs- und Spitzensport. Dies führt nicht nur aus ökonomischen Gründen, sondern auch aus solchen der faszinierenden „Omnipräsenz" über Kontinente hinweg in dramatisch-dynamischer Zuspitzung der hochrangigen Wettkämpfe (Olympia, Weltmeisterschaften, Länderkämpfe) zu einer eigenen medialen, weltumspannenden Eigenwelt der sportlichen Präsentation, die sich den Wettkämpfen, den Zuschauererwartungen und den Athleten selber immer mehr aufzudrängen droht: Wettkampftermine nach prime-time-Fernseh-Bedingungen, eigene Sportfernsehkanäle usw. Dies hat erhebliche Weiterungen für die ökonomische Verortung und Verwertung der Sportarten und ihre öffentliche Attraktivität im Sinne weiterer Kommerzialisierung, Ökonomisierung, Medien-Dominierung.

Helmut Digel hat kürzlich in einem Aufsatz, besonders den „Modernisierungsdruck" hervorgehoben, dem fast alle Sportarten heute unterliegen: Die Verbände müssen alles tun, um „Telegenität", „Aufmerksamkeitstransfer" und Zuschauerbindung zu erreichen, indem sie Zusatzinszenierungen, besonders telegene Wettkämpfe, Rekordankündigungen usw. in einer neuen Art von Wirkungsästhetik demonstrativ organisieren bzw. inszenieren, wobei „der Athlet ... hierbei eine nachgeordnete Bedeutung" erlangt. Anscheinend ist dieser geradezu Rimbautsche Modernierungsdruck („Il fault être absolument moderne"!) überwiegend auf Telegenität, Zuschauerfaszination und -bindung sowie ökonomischen Output hin orientiert. Die mediale Kommunikation und zumal die Fernsehwirkung wie die Zuschauerattraktion stehen also offensichtlich quasi als ein absolutes „Muss" des Sports im Vordergrund. Sogar elitäre und „demonstrative Distinktion", „soziale Segregation" der VIPs – oder gar VVIPs –, führen dazu, dass der Sport „zunehmend seine gesellschaftspolitische Legitimation verliert, die im wesentlichen in der Integrationsfunktion des Sports zu sehen war und gewiss auch in der weiteren Zukunft gesehen werden sollte" (Digel).

15. Inszenierung, öffentliche und vor allem televisionäre Präsentation, elitäres Dabeisein und Dazugehören zum Auserwählten-Zirkel oder –Zirkus gehören offenbar in den meisten publizitär interessanten gesellschaftlichen Bereichen zum demonstrativen gesellschaftlichen Dasein und Gesehenwerden hinzu!

Dieser zuletzt genannte Effekt der showmäßigen Inszenierung und Hochbewertung bzw. des Unterscheidungsstrebens, ja, der Überbewertung des Hochleistungssports dürfte z.T. eine Gefahr für die oben genannten eher am Einzelnen und der kleinen Sportgruppe orientierten, wenn auch deren Vorbildwirkung herausstreichenden, Spektrum der Werte sein. Zweifellos ist dies „ein wesentlicher Teil der durch den Zeitgeist geprägten Wettkampfkultur" (Digel), jedoch ist dies keineswegs der *ganze* Sport, nicht einmal für den verständnisvollen Zuschauer noch für den trainierenden Athleten, obwohl die Tendenzen und deren Wirkkraft nicht zu leugnen sind. Wenn Verbandspräsidenten wie der deutsche Leichtathletikpräsident sich aber dieser Überwertigkeit der publizitären Präsentationseffekte und der Ökonomisierung in geradezu anpasserisch vorlaufendem Gehorsam, verbrämt als notwendiger „Modernisierungsdruck", unterwerfen, so besteht eine nachdrückliche Gefährdung der traditionellen Grundwerte der sportlichen psycho-physischen Eigenaktivität, der Eigenleistung und der in Sportgruppen und Mannschaften geschulten gesellschaftlichen und fairnessmoralischen Werte – ein Anlass, diese gegen den Geist der Zeiten wieder einmal hervorzuheben. Sport hat einen weiten Magen und bedeutet Vieles, nicht nur Spektakel, Konsumtion, Präsentation, Inszenierung und Ökonomisierung oder Telefaszination. Sport verfügt auch über eigene Basis- und Erziehungswerte – nach wie vor –, selbst wenn diese angesichts der allzu sehr auf den Höchstleistungssport konzent rierten Diskussion notorisch ins Abseits geraten. Wie eh und je liegt die grundlegende Rechtfertigung sportlicher Eigenbetätigung in den persönlichkeitsbildenden, erzieherischen und in Kleingruppen geschulten Entwicklungs- und Förderungsmöglichkeiten (einschließlich der Vorbildwirkung). Gerade dies sind wichtige gesellschaftliche Werte, von denen unsere Gesellschaft um so mehr abhängt, als sie diese nicht institutionell erzwingen kann und in der erwähnten Inszenierung und Show ignoriert. Variieren wir hier abschließend Erich Kästner: Im Sport liegt immer noch viel Gutes – vorausgesetzt, man tut es!

2. Werte als genormte Interpretationskonstrukte

Der Mensch ist nicht nur das rationale, das soziale, das fühlende oder sich einfühlende Wesen, sondern auch das bewertende, das beurteilende Wesen, das Wesen der Werte. Wenn der Samariter dem Verunglückten aus Nächstenliebe hilft, wenn ich aus Sparsamkeit Buch führe, oder wenn gesagt wird, der Film „Rififi" ist ein faszinierender Film über einen Einbruch, und die Einbrecher bzw. Schauspieler sind nicht nur „gute", sondern sogar hervorragende Einbrecher bzw. Schauspieler. Wenn gesagt wird, „dies Bildnis ist bezaubernd schön" oder „dieses Mädchen ist bezaubernd schön", oder, „ein guter Ökologe kümmert sich um die Umwelt und ist gut zu den Bäumen" – dann sind das alles Werturteile. Weitere Beispiele: „Er ist ein guter Mensch", Albert Schweitzer wurde von Albert Einstein „der bedeutendste Mensch des 20. Jahrhunderts" genannt. Dieser erkannte jenem „schlichte Größe" zu. Bei keinem anderen Menschen seien „Güte und Sehnsucht nach Schönheit so ideal vereinigt... wie bei Albert Schweitzer".

Die in diesen Beispielen zuerkannten Prädikate sind natürlich Wertprädikate. Der Mensch ist das Wesen, das fähig ist – und nicht nur fähig ist, sondern auch darauf angewiesen ist –, Bewertungen vorzunehmen, mit Wertbegriffen, Wertprädikaten zu urteilen.

Der Mensch ist jedoch auch fähig, reflektiert, reflektierend und reflexiv zu urteilen, d.h. auch seine Bewertungen und Handlungen ihrerseits und auch sich selbst in einer bestimmten Hinsicht oder Rolle oder Tätigkeit einer wertenden Beurteilung zu unterziehen. Er reflektiert also auch auf einer metatheoretisch höheren Stufe und beurteilt z.B. auch Werte, Bewertungen oder Wertsysteme. Werte sind also in gewissem Sinne Prädikate oder Beurteilungsgepflogenheiten, Standards, anhand deren Bewertungen, Abschätzungen, Einschätzungen, Gütebeurteilungen, Wertevergleiche, Vorzugsauswahlen usw. vorgenommen werden. Oft könnte man sogar sagen: „Wenn ich seine Werte kenne, dann weiß ich, was für ein Mensch er ist". Werte und Bewertungen sind fundamental und offenbar unverzichtbar für Personen und Gesellschaften, zumal für Kultur und Erziehung sowie Ausbildung.

Aber was meinen wir mit diesen Begriffen „Werten" und „Bewertungen"? Im Folgenden sollen Werte abstrakter und allgemeiner in Bezug auf die involvierten bzw. die sie konstituierenden Wertungen diskutiert werden. Die Hauptthese wird sein, dass Werte interpretiert werden können, ja: müssen, und gedeutet werden können als Interpretationskonstrukte von bestimmter Art und auch in bestimmten Typen. Der Zusammenhang von Werten mit Handlungen und auch ihre Bindung und Zuschreibung an Personen erfolgten interpretativ, wird durch Interpretation geleistet. Handelt es sich nun um eine Art von Zuschreibung im Sinne von Schemataaktivierungen, die wir allerdings bislang wesentlich in ihrer deskriptiven Verwendung, als beschreibende Zuordnungen und Eingruppierungen sowie Instantiierungen diskutiert haben.

Hier also geht es auch und vorwiegend um eine normative Verwendung von Konstrukten; und es ist sehr wichtig, die normative Verwendung von Interpretationskonstrukten von der beschreibenden oder erklärend-analytischen Verwendung von Interpretationskonstrukten klar zu unterscheiden.

Natürlich kann man auch Werte deskriptiv-analytisch erklärend benutzen; darauf werde ich noch eingehen. Es gibt etwa die Möglichkeit von Handlungserklärungen durch Bezugnahme auf Werte und Wertungen, aber es gibt demgegenüber auch eine bewertende, evaluative, normative Rechtfertigung oder Legitimation von Handlungen durch Rückgriff auf Werte. Werte können auch verwendet werden, um bestimmte normative, sog. „praktische", Schlüsse zu vollziehen; das ist schon seit dem Altertum bekannt. Aristoteles hat als einer der ersten die praktischen Syllogismen, die normativen Schlüsse, aufgrund deren man sich entschließt, etwas zu tun, untersucht. Werte können dementsprechend direkt zur Handlungsleitung und -anleitung benutzt werden, und schließlich und endlich auch zur Normenbegründung. (Der Zusammenhang zwischen Normen und Werten wird noch eingehender untersucht werden; insbesondere ist dort auch der Übergang zu spezifischeren praxisnahen Interpretationskonstrukten in der normativen Deutung, beispielsweise zu dem Verantwortungskonzept, zu suchen.)

Wertexistenz als Geltung und Deutung

Werte – jeder redet davon, selbst unsere Verfassung hat Grundwerte, und es gibt Menschenrechte, in denen sich solche Grundwerte ausdrücken. Debatten über Grundrechte und Diskussionen über Grundwerte kommen in der demokratischen Gesellschaft immer wieder auf oder werden regelmäßig angefacht. Diese Grundwerte und Werte sind generell offensichtlich weithin bekannt, aber niemand weiß doch genau, als was man sie auffassen soll. Das spiegelt sich auch in den unterschiedlichsten Auffassungen der Sozialwissenschaft und der Philosophie. Traditionell dachte man, dass Werte etwas ganz Besonderes sind, ideale Gegenstände, die man bekanntlich nicht sehen, nicht anfassen kann. Deswegen müssten sie, so wurde schon von Platon unterstellt, in einem gesonderten Reich der idealen Gegenstände, im Wertereich oder Wertehimmel, existieren, und man brauche eine besondere Fähigkeit, das Auge des Geistes, metaphorisch gesprochen, oder eine eigentümliche Wertintuition, um diese Werte gleichsam „wahrzunehmen" oder zu „erkennen". Werterkenntnis galt als eigene philosophische, phänomenologische oder hermeneutische Teildisziplin. Bei Platon stand ja bekanntlich das Gute an oberster Stelle und wurde als oberster Wert angesehen: Platon brachte aber die Idee des Guten ihrerseits in enge Verbindung, ja, zur Identität mit dem Schönen und dem Wahren. Die große Vision Platons in Hinsicht auf die praktische Philosophie war die Einheit der Wertehierarchie in bzw. unter dem obersten Wert, der Idee des Guten, die ihm zufolge praktisch auch die Idee des Schönen und Wahren repräsentiert und dann dementsprechend auch in einem Menschenbild und einer Erziehungsidee zum Ausdruck kam. Es ist das klassische antike Menschenbild des Tugendhaften und Tüchtigen, der diese Werte verwirklicht; das Vorbild würde repräsentiert durch jemanden, der eben kalos k'agathos, also schön und gut ist. Alles das klingt heute natürlich etwas pathetisch und etwas übertrieben – insbesondere auch das Reden von Tugendwerten –, aber dennoch haben die Werte und die Orientierungen an ihnen und mittels ihrer auch heute noch einen guten Sinn.

Die antike Metapher des „Sehens" mit den „Augen des Geistes" hat zwar ihre Schwierigkeiten; sie ist viel kritisiert worden, und man musste sie schließlich aufgeben. Es gibt kein besonderes Organ zur Erkenntnis des Guten. „Das Gute" ist offensichtlich gar kein zu erkennender „Gegenstand", der irgendwie durch eine bestimmte methodische Verfahrensweise erkannt, gesichert oder auch nur irgendwie dingfest gemacht werden oder womit man in dem gleichen Sinne experimentieren könnte wie mit bestimmten anderen Gegenständen, Prozessen, Kräften. Dennoch sind das Gute, das Schöne, das Wahre – sind solche und andere Werte (z.B. das Nützliche, das Heilige usw.) relevant und handlungsbestimmend. Sie haben eine Art von „Realität", aber nicht in dem Sinne, wie Gegenstände real existieren, sondern sie haben, wie man sagt, „Geltung", wie man insbesondere auch in der materialen Wertphilosophie sagte. Sie „gelten" eben; sie haben eine Existenz des Geltens, des Gültigseins. Darunter versteht man offensichtlich, dass sie von einer bestimmten Gruppe von Menschen oder eben von allen Menschen mit einem gewissen Anspruch auf Allgemeingültigkeit und einer bestimmten institutionellen Stützung geglaubt oder befolgt werden, als handlungsverbindlich oder handlungsleitend bzw. als erstrebenswert oder als vorbildlich anerkannt werden. Werte sind also in diesem Sinne offensichtlich künstliche, fiktive Gegenstände, abstrakte Artefakte, die aus Bewertungen entstanden sind. Sie gewinnen erst eine sekundäre, eine gleichsam soziofiktive, durch soziale Konvention und Absicherung, eben etwa durch Institutionalisierung ideelle Verpflichtung oder normative Erwartung, Vorschrift oder Wertsetzung zustande gekommene Geltung. Trotzdem kann diese fiktive Geltungsexistenz[1] von höchster Sozial- und Handlungswirksamkeit sowie Folgenträchtigkeit sein.

---

[1] Nicht nur die Werte, sondern das Soziale schlechthin ist auch von dieser überindividuellen interpretationskonstruktionistischen Verfassung. Auch der Staat als Insti-

Die analytische Philosophie hat versucht, Wertadjektive als eine besondere Art von manchmal so genannten „grammatischen" Adjektiven ohne zugeordnete Gegenstände aufzufassen, die eine gewisse Funktion oder eine gewisse Selektionswirkung in Bezug auf Handlungen oder auf die Auswahl von bestimmten Gesichtspunkten, Gegenständen usw. ausüben können. Beispielsweise sprach der analytische Philosoph Lazerowitz von Wertprädikaten als „syntaktischen Adjektiven", die keine Eigenschaft bezeichnen, aber expressiv und allgemeinverbindlich verhaltenssteuernd wirken, die etwa billigende oder missbilligende Ausrufe und Befehle zu formulieren und auszudrücken gestatten, die insbesondere auch etwas auszuzeichnen und zu bewerten erlauben, die aber wie gewöhnliche Adjektive in Indikativsätzen stehen und substantiviert werden können. Das Substantivierte bzw. die abstrakten, von den so gewonnenen Substantiven bezeichneten Entitäten sind dann die Werte, die aber als eine „grammatische" Konvention oder Fiktion zu denken seien, freilich zustande gekommen und gestützt durch entsprechende institutionelle Verhaltensweisen, Regeln usw. Es ist klar, dass diese eher sprachanalytischen Deutungen der Wertausdrücke zunächst im Zusammenhang zu stehen scheinen mit einem Relativismus der Werte. Man kann grundsätzlich beliebige Vereinbarungen treffen, konventionelle Fiktionen entwerfen.

Die Frage ist, wie kann man dann überhaupt von einer Allgemeingültigkeit der Werte, etwa der moralischen, sprechen? Das ist ein Punkt, der in der Diskussion eine große Rolle spielt. Offensichtlich sind die Werte auch kulturspezifisch und kulturrelativ. Aber manche von ihnen haben doch auch gewisse Funktionen abstrakterer Art, die sie gleichermaßen in allen Kulturen erfüllen; insofern sind sie überkulturell gleichartig, stimmen in verschiedenen oder gar allen Kultu-

tution ist ja nicht etwa ein Gegenstand, der gesehen oder angefasst werden könnte, auch hier handelt es sich um einen solchen fiktiven Gegenstand, der ein konventionell zustandegekommenes abstraktes oder ideelles Artefakt ist, aber sehr wohl und sehr wirksam abgesichert ist in sozialen Normen, in bestimmten Konventionen, in bestimmten Gründungsdokumenten, in bestimmten Verfahrensweisen geregelter und institutionalisierter Art – das kennen wir alle zur Genüge.

ren funktional oder gar formal überein. Sehr viele Werte, insbesondere Grundwerte, stehen offensichtlich im Zusammenhang mit der Aufgabe oder einer Funktion zur Sicherung der Kultur und der Gesellschaft bzw. der Sippe, des Stammes, des Volkes oder, was immer man als Grundlage nehmen will. Sie werden sozusagen als „Bedingungswerte" in den meisten Kulturen moralisch ähnlich oder gleich eingestuft, obwohl es natürlich auch kennzeichnende Unterschiede gibt – z.B. bei den Adressaten der Werte und der ihnen zugeordneten Vorschriften. Auch gerade hinsichtlich der Grundwerte finden sich Aspekt- und Akzentierungsvarianten. Manche Grundwerte – selbst der des individuellen Lebens – werden beispielsweise in Überflussgesellschaften und in Mangelgesellschaften u.U. ganz anders gewichtet. Das gilt etwa in Bezug auf Angehörige, die nicht mehr im „produktiven" Alter sind: So war es in der Eskimogesellschaft „üblich", wurde erwartet, dass die Alten, um dem Clan nicht zur Last zu fallen, in den Schneesturm gingen; bei den Tungusen musste man als älterer Mensch relativ „fit" sterben, um im Jenseits, in den Ewigen Jagdgründen, noch gute Jagdgelegenheiten wahrnehmen zu können; man durfte also im Interesse des guten Nach-Lebens nicht zu hinfällig sterben. Bei den Maoris wurden Alte und Gebrechliche angeblich die Wasserfälle hinuntergeworfen. Es gibt also z.B. offensichtlich sehr unterschiedliche Einstufungen des Grundwertes des Einzellebens in verschiedenen Gesellschaften, besonders in solchen mit besonders harten oder extremen Lebens- bzw. Überlebensbedingungen. Dennoch kann man sagen, dass diese unterschiedlichen Sonderbewertungen sich vielleicht deuten oder erklären lassen durch die Funktion nicht nur der Ordnung, sondern gerade auch des Überlebens, der Sicherung der jeweiligen Gesellschaft bzw. ihrer Grundeinheit, etwa des Stammes. In einer Gesellschaft extremen Mangels dürfen eben nicht viele der Allgemeinheit zur Last fallen. Bei den Buschmännern war es üblich, dass, wenn eine Frau Zwillinge geboren hatte, nur ein Kind davon weiterleben durfte und das andere – begraben wurde. Und zwar wurde bei den Buschmännern – was ja auch funktional und aus Überlebensgründen für die kleine Familiengruppe wichtig und sehr sinnvoll ist, der männliche

Nachkomme beerdigt, wenn zweieiige Zwillinge verschiedenen Geschlechts geboren worden waren. Die Frauen waren wichtiger zur Sicherung des Überlebens und der Kontinuität des Clans; sie hatten deshalb den Vorrang. Vielleicht ist das hier etwas übertrieben dargestellt worden, aber diese Relativbewertung hat offensichtlich mit der Sicherung der Gesellschaft, in diesem Falle der Kleingesellschaft, der kleinen Sippe und deren Überlebenschancen zu tun. Insofern ist trotz der Relativität vieler Werte und auch mancher Grundwerte doch so etwas wie eine übergreifende Funktionalität der Werte im Systemzusammenhang festzustellen. Das ist m.E. wichtig und interessant. Man kann darüber hinaus auch zu gewissen Allgemeinüberlegungen, Allgemeinverbindlichkeiten kommen – heutzutage etwa hinsichtlich der Überlebensbedingungen der Gesamtmenschheit auf einer enger gewordenen und durch globale Wirkungs- und Handlungsvernetzungen gekennzeichnete Erde. Auf dem Wege zur Weltgesellschaft scheint sich unter dem Signum der technologisch-erfolgreichen abendländisch-westlichen Zivilisation – trotz aller Regionalismen, Ethnozentrismen und Fundamentalismen! – eine Art von Vereinheitlichung funktionaler Werte und Wertsysteme gleichsam empirisch auszubilden (vgl. z.B. Lenk 1967).

Freilich muss man berücksichtigen, dass insbesondere die kulturspezifischen Werte häufig auch in ideologischer Funktion[2] benutzt

---

[2] Im Sinne der Handlungsrechtfertigung nehmen Werte oft auch eine Art von ideologischer Funktion an. Diese ideologische Funktion der Wertdiskussionen ist charakteristisch auch für viele philosophische Diskussionen in der Tradition – insofern, als man den Rückgriff auf Werte im Sinne der Legitimierung oder der Rechtfertigung häufig als eine Art von *Erkenntnisbegründung* versteht und die normativen Aspekte sozusagen durch eine Art von scheinbarer Erklärungsperspektive herauskamotiert oder überdeckt hatte. Das normative Moment wird durch dieses scheinbar kognitive Moment der Werterklärung oder Wertrechtfertigung gleichsam minimiert oder ganz weggenommen. Es ergibt sich im Grunde so etwas wie eine quasi-ideologische Begründungsform. „Ideologisch" nennt man ja Sätze oder Theorien, die „engagiert" sind, also entweder normativ oder emotional gebunden oder geprägt sind, aber dennoch als *theoretische*, allgemeingültige und *deskriptive Erkenntnisse* dargestellt werden, sich sozusagen als Erkenntnisse geben oder drapieren, obwohl sie an bestimmte vorweggenommene Entscheidungen, Wertungen, Normen usw. ge-

werden. (Die erwähnten Erscheinungen wie z.B. die Fundamentalismen zeugen davon.) Für Werte gibt es eine reflexive ideologische Verwendung; sie dienen – wie man sagt und wie viele Autoren es auch als Grundlage der Definition von Werten heranziehen, etwa Nicholas Rescher (1969, 9) – der Rationalisierung von Handlungen und der Erzeugung einer positiven Einstellung zum Gegenstand der Wertung bzw. zu einem „vermutlich wohltuenden Zustand". Wobei „Rationalisierung" ein mehrdeutiges Wort ist. Einmal kann damit gemeint sein „zum Erkennen dienlich", also zur Erklärung des Handelns: Wenn ich weiß, aus welchem Grunde jemand etwas getan hat, dann verstehe ich eher, warum er so gehandelt hat: „Ich führe Buch aus Sparsamkeit", oder: „Der Samariter half dem Verunglückten aus Nächstenliebe" – solche Sätze sind für das Verständnis und zur Erklärung von Handlungen geeignet. Darüber hinaus sind rationalisierende Reflexionen geeignet, um Ordnung oder Hierarchie einzubringen. Häufig findet man auch Wertprojektionen, wo bestimmte Wertungen, die zur Beurteilung von Handlungen dienen, zunächst etwa in göttliche Mächte oder Autoritäten projiziert werden, von diesen wiederum verordnet werden und dadurch an Autorisierung gewinnen – ein ideologischer Selbstverstärkungsprozess, der gelegentlich auch in der Philosophie untersucht wurde und meist im Zusammenhang mit religiösen Normenbildungen, Wertungen und Vorschriften steht. Ernst Topitsch (1958) hat diese ideologischen Projektions- und Rückübertragunsprozesse in verschiedenen Formen untersucht. Er hat nicht

---

bunden sind. Eine solche Auffassung des „Ideologischen" ist in gewisser Weise eine Fortsetzung der traditionellen positivistischen Ideologietheorie nach Theodor Geiger, die dann allerdings auch auf Handlungsfunktionen bezogen werden kann. Der Soziologe Talcott Parsons z.B. bezeichnete Ideologien als handlungssteuernde Erkenntnisse, die unter Rückgriff auf Wertorientierungen dieses Moment des Kognitiven in den Vordergrund stellen, aber in Wirklichkeit stärker zur Rechtfertigung dienen; sie scheinen Erklärungen zu sein, aber sind in Wirklichkeit im normativen Sinne rechtfertigungsorientiert, wobei das oft versteckt oder nicht gesehen wird. Insofern hat man zu beachten, dass gerade bei Wertkonstrukten eine ideologische Funktion durchaus üblich und oft zu finden ist. Das müßte man bei den Diskussionen über Werte stets auch im Auge behalten.

nur derartige kosmische, kosmologische und theologische Projektionen, sondern auch soziomorphe oder technomorphe, biomorphe Pro- und Retrojektionen analysiert. Wenn man in seiner Begründung des Handelns mit dem größeren Ganzen, sei es der Gesellschaft, sei es des Kosmos, sei es Gottes, übereinzustimmen glaubte, dann hat man scheinbar ein umso größeres und gesicherteres Recht, eine umso stärkere Legitimation bei der Berufung auf Werte, die das Handeln leiten. Die ideologische oder bewusst normative Legitimation des Handelns durch Werte ist natürlich im Zusammenhang mit solchen Ordnungs-, Einordnungs- und Unterordnungsversuchen wichtig und i.d.R. auch funktional.

Dasselbe gilt natürlich für die Rechtfertigung des Einzelhandelns in Bezug auf persönliche und individuelle Werte; auch darauf ist noch einzugehen. Wo keine überkulturelle oder überpersönliche Autoritätsinstanz gegeben ist oder angenommen wird, welche die entsprechende Rechtfertigung stützt, da kann man u.U. doch auch auf Legitimations-, Ordnungs- und Einordnungsfunktionen durch Werte zurückgreifen. Auf einzelne Werte brauchen wir dabei nicht einzugehen; es gibt genügend Beispiele, die jeder kennt – und einige habe ich zu Anfang des Kapitels genannt.

Werterkenntnis und -erfassung

Die wichtige Frage ist eher: Wie sind Werte zu erkennen, zu beurteilen, zu begründen? Kann man überhaupt von Werterkenntnis in demselben Sinne sprechen, wie man etwa von der Erkenntnis von Naturtatsachen oder von theoretischen Erkenntnissen sprechen kann? Viele meinten das; und es gab Schulen, die behaupt(et)en, man verfüge über eine eigene Art von Wertsinn, gar über einen „moralischen Sinn" (der zur Erkenntnis des Guten, des sittlich Guten führen soll) oder über einen Schönheitssinn (der die ästhetischen Bewertungen leistet bzw. begründet). Diese Richtung, die ein ethischer oder Wert-Intuitionismus genannt wird, weil sie dem Menschen eine nichtnatürliche intuitive

Fähigkeit der Werterkenntnis zuspricht, ist allerdings in große Schwierigkeiten geraten – nicht nur des Relativismus wegen, sondern auch weil widersprechende Bewertungen des gleichen Gegenstandes, insbesondere auch kulturrelativ, vorkommen, man müsste also diesen Sinn kulturrelativ auffassen; auch wäre der Wandel bei Werturteilen, der ja vorkommt oder auch gegenwärtig in der Debatte über den „Wertewandel" zwischen Generationen viel diskutiert wird, gar nicht erklärbar.

Andere, die so genannten Naturalisten in der Ethik und Wertlehre, haben wiederum versucht, Wertprädikate durch natürliche Eigenschaften zu definieren, z.B. bestimmt der Utilitarismus, bei dem das Nützlichkeitsdenken vorherrscht: Das Gute ist das, was den meisten nützt. Gut ist das, was zum größten Glück der größten Zahl und zur geringsten Schmerzsumme aller führt. Man überlegt dann, ob man eine idealisierte Bilanz zwischen Glück und Schmerz, zwischen Freude und Leid als eine Grundlage der Bewertung des Guten annehmen kann; die Verbesserung dieser Bilanz gilt dann als „gut" oder als „natürlich gut", und die Behinderung oder Verringerung dieser Bilanz ist dann natürlich moralisch „falsch", „böse" oder „schlecht". (Man kann die Gesamtbilanz aller oder den Durchschnittsnutzen oder die in jeder dieser Hinsichten nützlichste generelle Regel als Standard zugrund legen: je nachdem erhält man den Gesamtnutzenutilitarismus, den Durchschnittsnutzenutilitarismus oder den Regelutilitarismus – letzteren im Gegensatz zum Handlungs- oder Aktutilitarismus[3], der statt

---

[3] Der Handlungsutilitarismus würde jeweils die einzelnen Handlungen bewerten und berücksichtigen und ihre jeweiligen Ergebnisse in das Gleichgewicht von Lust und Schmerz einrechnen, während der Regelutilitarismus eher den(die) Wert(e)der (Existenz und Funktionsweise der) moralischen oder sozialen Regeln selber allgemein in solche Glücks-Immanenz-Bilanzen einbeziehen würde. (Die letztere Konzeption ist eine höherentwickelte, die alle Ergebnisse der Regelanwendungen und -konformität beurteilen würde.) Beide Interpretationen können sowohl auf individuelle Akteure, als auch mit den sozialen Einheiten bzw. Institutionen oder sogar auf Gesellschaften und Moralität im allgemeinen bezogen werden. Zudem richten sie sich entweder auf die Gesamtsumme(n) der oder vieler Werte („Gesamtsummen-

genereller sozialer oder moralischer Regeln bei der Nutzenbewertung stets die Folgen der tatsächlichen Einzelaktionen, der Handlungen als grundlegend nimmt.) Das Nutzenbilanzieren ist jedoch nicht geeignet, das spezifisch sittlich Gute oder das Gerechte zweifelsfrei auszuzeichnen, denn auch diese Gesamtbilanzen oder Durchschnittsnutzenüberlegungen können doch mit sehr unfairen Einzelverteilungen einhergehen. (Der Regelutilitarismus steht hier besser da.) Die strikt naturalistischen Begründungen würden aber darauf hinauslaufen, dass man alle Werturteile, auch etwa im Sittlichen, dann nur als theoretische Beschreibungen auffasst oder als kurz gefasste Zusammenstellungen von deskriptiven Prädikaten: Was man als Sachverhalt etwas komplizierterer Art beschreiben kann, wird eben zu einer Bewertung; man geht direkt von einer Beschreibungsprädikation, einer beschreibenden Darstellung über zu einer bewertenden, sei es einer Vorschriften machenden oder einer im Sinne eines Standards bewertenden, jedenfalls zu einer normativen Aussage. Normative Aussagen sind ja charakteristisch für die Anwendung von Werten: Wenn ich etwas als wertvoll ansehe und bezeichne, diesem einem Wert zuordne, dann urteile ich normativ, d.h. ich schreibe etwas vor oder ich bewerte etwas als hochwertig oder niedrigwertig, Werte kommen häufig in polaren Gegensätzen zwischen einem positiven und einem negativen Wert(epol) vor.

Es gibt aber auch noch andere normative Varianten, wie z.B. Befehlen. Jedenfalls ist das Normative – und das ist eine Einsicht, die sich schon seit David Hume verbreitet hat und in der analytischen Philosophie nach wie vor vorherrscht – nicht einfach auf Beschreibendes zurückzuführen. Die Ableitung von normativen Aussagen aus beschreibenden Aussagen wäre, wie George Edward Moore es genannt hat, ein sog. „naturalistischer Fehlschluss"[4]. (Dies ist zwar ein etwas

---

Utilitarismus") oder auf das durchschnittliche Gleichgewicht („Durchschnittssummen-Utilitarismus").

[4] Tatsächlich unterschied Moore (1903) zwischen fünf oder sechs Untertypen oder Formen des in gewisser Weise fehlbenannten und oft missverstandenen „naturalisti-

unglücklicher Ausdruck für ein Argument, das nicht an naturalistische
Ethik-, Norm- oder Wertbegründungen gebunden sein muss, doch be-
gehen naturalistische Ethik- und Wertbegründungen einen solchen
Fehlschluss, wenn sie die Existenz echt normativen Wertens überhaupt zugestehen – was sie eigentlich nicht können, ohne in einen Widerspruch zu geraten.) Soll-Aussagen, so soll das Verbot der naturalistischen Fehlschlüsse nur verstanden werden, sind grundsätzlich etwas
anderes als Ist-Aussagen. Insbesondere kann und darf man Sollsätze
nicht aus reinen Istsätzen logisch herleiten. Wertaussagen sind etwas
anderes als Sachverhaltsbeschreibungen. Bewerten oder das Adoptie-
ren, das Unterschreiben, das Verbindlicherklären von Werten – all das
ist nicht nur Beschreiben. Werturteile enthalten eben auch Vorschriften oder Wertungen. Sollaussagen, Werturteile sind nicht bloße Be-
richte über äußere oder innere subjektive Zustände[5].

Es gab auch eine Schule, die glaubte, Wertaussagen seien
nichts anderes als Emotionsäußerungen oder emotive Äußerungen im
Sinne etwa von Ausrufen billigender oder missbilligender Art; auch
diese Auffassung ist zweifellos zu kurz gegriffen. Subjektive Zustände, etwa wie „ich empfinde ein Billigungsgefühl dafür, dass Töten
vermieden wird" wären ja wohl eine etwas schwache und unplausible
Formulierung für das Fünfte Gebot. In dem Nebeneinander von subjektiven Berichten könnte auch gar kein wirklicher Anspruch auf Allgemeingültigkeit zu erheben sein und kein Wertdisput anhand von generellen Kriterien entstehen. Allgemeine ethische Vorschriften wären
unmöglich, und schließlich ist es auch zu einseitig, Werturteile nur als
Ausdruck eines Gefühls einer Billigung zu verstehen, wie es dieser

---

schen Fehlschlusses", der in einigen Variationen eher als ein „Kategoriefehler" denn
lediglich als ein „Fehlschluss" auftritt.

[5] Es wird jedoch regelmäßig übersehen, dass eine abschwächende adjunktive oder
disjunktive logische Konklusion zu einer „normativen Aussage", z.B. D v N, führen
kann, dass diese in trivialer Weise evtl. von einer rein deskriptiven, D, abgeleitet
werden kann – N sei eine normative Aussage –, wenn nur die jeweiligen logischen
und formalen Regeln es erlauben, deskriptive und normative Aussagen überhaupt zu
kombinieren.

sog. Emotivismus (von Charles L. Stevenson und Alfred J. Ayer) behauptet hatte.

Nicht alle Werturteile sind allgemeine Vorschriften und Empfehlungen, wie der Präskriptivismus meint, der etwa von dem bekannten englischen Moralphilosophen Richard Hare vertreten wird. Auch dass Werte im Grunde nur Vorschriften oder kurz gefasste Befehle, Verhaltensanweisungen seien, ist zu einfach gesehen. Zwar haben viele Werte einen Zusammenhang mit Imperativischem und den entsprechenden zugeordneten Normen. Die kontrollierten und institutionalisierten Handlungserwartungen sind oft als Vorschriften für bestimmte Fälle und Situationen aufzufassen, aber Wertungen sind oft nicht bloß Vorschriften. Beispielsweise stellen ästhetische Urteile wie „Dies Bildnis ist bezaubernd schön" offensichtlich keine Vorschrift dar, sondern sie können allenfalls als Ausdruck einer Hochschätzung gelten, die aber nichts mit einem bestimmten Verwertungs- oder Funktionsinteresse oder auch mit bestimmten urteilskonform auszuübenden Handlungen zu tun hat. Viele ästhetische Urteile sind gerade von der Art, dass sie nicht unmittelbar handlungsrelevant sind; sie fordern nicht zum Handeln auf, stehen oft gar nicht mit Handlungserwartungen oder -vorschriften im Zusammenhang. Also hat auch der Präskriptivismus wie der Emotivismus seine Begründungs- und Adäquatheitsschwierigkeiten.

Es gibt noch ökonomische Theorien der Werte, wie etwa jene, die von Kenneth Boulding vertreten wurde. Er behauptete, Werte seien nichts als Äquivalenzklassen von Präferenzfunktionen. Gegenstände oder Güter, die gleiche Funktionspräferenz haben, werden in die gleiche Wertklasse eingeordnet. Werte sind also im Grunde nach dieser Auffassung nichts anderes als Ausdrücke von Indifferenzkurven von Präferenzfunktionen, also Nutzenwerte auf Indifferenzkurven, eben Äquivalenzklassen gleichwertiger Objekte hinsichtlich von Bewertungs- oder Nutzenfunktionen oder gleichwertiger Ergebnisse von Produktionsfunktionen oder Entscheidungsverfahren. Das ist zwar ein Gesichtspunkt, den man vielfach gerade bei Güter- und Funktionswerten wie sie in der Ökonomie häufig vorkommen, und auch bei Bedarfswerten, bei knappen Gütern etwa, finden und auch messen kann, insofern ist der Ansatz ökonomisch sinnvoll und macht auch diese Arten der Bewertungen der Wertdiskussion analytisch zugänglich, aber diese Auffassung der Werte allgemein, schlechthin und überhaupt als Präferenzfunktionen bzw. entsprechender Äquivalenzklassen ist doch auch zu einseitig, gerade angesichts etwa der erwähnten nicht handlungs- und nutzenrelevanten ästhetischen Werte usw.

Wertkonflikte

Wertbegriffe haben also offensichtlich verschiedene, ja, vielfältige Funktionen, sie sind nicht alle einfach auf eine einzige Funktion zusammenzustreichen. Deswegen scheint ein Multifunktionalismus (P.ß H. Nowell-Smith) der Wertadjektive, der Werteigenschaften, der Wertprädikate, der Bewertungen vertretbar zu sein. Werte weisen eine Vielfunktionalität auf. Sie werden in bestimmten Konstellationen und Konfigurationen relevant, die Konflikte zwischen Werten darstellen. Verschiedene Werte, auch verschiedene Grundwerte, können u.U. miteinander in Konflikt und Kollision geraten; das ist häufig gerade auch im Ethischen zu finden. Man denke an das berühmte Beispiel von Kant, der die Gerechtigkeit so absolut in den Vordergrund gestellt hat, dass er sagte, auf einer Insel müsste ein zum Tode Verurteilter noch hingerichtet werden, bevor diese Insel von ihren Bewohnern ganz verlassen wird, obwohl er keinerlei Schaden für irgend jemand mehr anrichten kann. Man kann da durchaus sehr kritisch einwenden, wie steht es denn bei Kant mit dem Wert des humanen Umgehens mit einem anderen Menschen, selbst wenn dieser anscheinend alle Ansprüche auf die Privilegien der Humanität selbst verloren haben mag, weil er sich etwa durch ein Verbrechen selbst außerhalb der menschlichen und sittlichen Gemeinschaft gestellt hat. Die Diskussion berührt natürlich jene über den Sinn der Strafe. Hat die Strafe Sühnefunktion oder soll sie im Rahmen einer Resozialisierungsaufgabe stehen? Die möglichen Antworten auf diese Fragen hängen natürlich von ethischen

Grundüberzeugungen und auch von der Lösung bestimmter Konflikte zwischen Grundwerten und einzelnen bestimmten Werten ab.

Derartige Konflikte kann man auch häufig im Alltag feststellen, so hat etwa der Ethiker C.D. Broad (1949, 553) einen kontroversen Fall erörtert: Ein Mann, der bei einem höchst unmoralischen Verhalten ums Leben kommt, wird dabei nur von einem einzigen Zeugen beobachtet. Soll dieser Zeuge nun der Mutter des Umgekommenen auf ihre Frage nach dem Hergang des Unglücks und des davorliegenden Handelns ganz aufrichtig antworten? Er würde mit einer aufrichtigen Antwort die Mutter für ihr ganzes Leben unglücklich machen, ohne dass diese strikte Wahrheitstreue irgendwie förderlich oder nützlich wäre. Eine Lüge aber würde der Mutter einiges ersparen und niemandem sonst schaden. An solchen Fällen und Konflikten scheiden sich die Geister der Prinzipienethiker, der sog. deontologischen Ethiker einerseits, die glauben, sie müssten auf alle Fälle die Wahrheit sagen, selbst wenn sie damit jemandem Leid antun, und eben der vorherrschend humanitär gesonnenen sog. Verantwortungsethiker, die vielleicht eher Folgenethiker genannt werden sollten, weil sie auf die Folgen der entsprechenden Äußerungen und auch der Beurteilung und der Handlungen, zumal der eigenen Handlungen, achten. Ich selber würde eher zu dem letzteren neigen, aber Prima-facie-Normen einer Prinzipienethik wie etwa das Tötungsverbot (außer Notwehr- und begründeter Selbsttötung) einfügen: M.E. kann nur eine pragmatische Mischung von Prinzipien- und folgenethischen Ansätzen, eine relativ realistische und sozial akzeptable Moral ergeben.

Ich selbst habe übrigens auch einmal so einen Fall erlebt, wie es der von Broad erörterte ist: Es handelte sich zwar nicht um eine Mutter und einen Umgekommenen, sondern um ein diskriminierendes Zeugnis eines verstorbenen Ehemannes, in Gestalt eines an seine Frau gerichteten nicht abgeschickten sehr negativen Briefes, den ich in dessen mir anvertrautem Nachlass fand, und ich stand vor der Frage: Sollte ich diesen Brief nun seiner Witwe übergeben oder nicht? Für deren Handlungen war er nicht relevant. Wichtig war aber genau dieser Punkt, dass die Hochachtung der Witwe für ihren verstorbenen Mann dadurch unwiderruflich geschädigt, gemindert worden wäre, und eben insbesondere die gefühlsmäßige Bindung, die beide zueinander entwickelt hatten, post mortem unterminiert worden wäre, wenn sie das, was er schriftlich niedergelegt hatte, zur Kenntnis bekäme. De mortuis nil nisi bene? Oder strikte Wahrheitsfindung? Ein schwieriger Fall, nicht besonders folgenreich zwar, was die äußeren Folgen angeht, es sei denn, ich hätte mich anders entschieden und hätte das Dokument der Witwe gegeben, dann hätte sie zumindest lebenslang ein schlechtes Erinnerungsbild oder ein gewisses gemindertes Erinnerungsbild gehabt. Ich habe mich also im Sinne dieser humanitären Entscheidung zur Rücksichtnahme auf das Empfinden der Witwe entschieden und ließ den Brief verschwinden: zwar habe ich nicht gelogen oder ein Versprechen gebrochen, ich wurde ja nicht gefragt oder verpflichtet, doch habe ich ähnlich einer sog. „white lie", einer Nichtäußerung (statt einer direkten Ableugnung), eine Information unterdrückt, auf die jemand eine Art Anspruch hätte erheben können. (Eine bloße Beschreibung des Briefinhalts wäre aus einsichtigen Gründen nicht in Frage gekommen: entweder hätte die neutrale Umschreibung das Interesse und den Anspruch geweckt, oder die negative Widergabe hätte bereits das Postulat der humanitären Rücksichtnahme beiseite geschoben.) Ich frage mich natürlich, nach welchen Wertkriterien und Theorien sollte man so einen Konflikt beurteilen und entscheiden. War meine eigene Handlung nun richtig oder gar gut? War sie falsch oder unrichtig? War sie schlecht oder gar böse? Was soll man da sagen?

Zur phänomenologischen Wertethik

Es soll hier nicht auf die traditionellen philosophischen Wertethiken eingegangen werden, insbesondere nicht auf die materialen Wertethiken von Max Scheler oder Nicolai Hartmann, die im ersten Drittel dieses Jahrhunderts viel Aufsehen erregt haben. Auch diese Autoren meinten, dass die Werte in einem eigenen Reich existieren, das der Mensch etwa im Sinne der intuitionistischen Ansätze aber teilweise erkennen kann. Die Vertreter der traditionellen Wertethik wollten aber auch dem geschichtlichem Wandel der Werte gerecht werden, indem sie meinten, dass das Wertbewusstsein wie eine Art Leuchtkegel im Laufe der Geschichte von einer Wertkonstellation zu einer anderen dann fortstreichen und stets andere Ausschnitte aus dem Wertereiche ins Leuchtzentrum rücken kann, es gibt also auch Wertveränderungen, Wertwandlungen nach der materialen Wertethik, aber man glaubte, dass die Werte an sich in einem speziellen Reich der Geltung existieren und dass man diese und deren Beziehungen durch phänomenologische Wesenschau eben auch erkennen könne.

Mit der Werttheorie des wohl letzten, kürzlich verstorbenen Vertreters dieser Wertethik, nämlich Hans Reiner, möchte ich mich im Folgenden kurz befassen. Reiner meint, dass Werte in der Tat objektivierbar sind, dass sie auch bestimmten Seinsdingen anhängen würden. Er definiert (1965, 11) einen Wert als „das an einem Seienden, was uns dieses als unserer Hochschätzung würdig und deshalb als erfreulich erscheinen läßt". Ein Wert ist also an einem Seienden verkörpert, aber die meisten Werte sind auch relationale Werte: Sie haben einen bestimmten Bezug auf uns, die Wertenden bzw. Handelnden, sie sind oft eben Güter oder Mittel, die ein Bedürfnis erfüllen oder befriedigen. Reiner spricht (ebd. 14) von „bedürfnisbedingten" oder „bedürfniserfüllende(n) Werte(n)" und unterscheidet dann „eigenbedürfniserfüllende" von „fremdbedürfniserfüllenden" Werten, kurz: „eigenrelative" von „fremdrelativen Werten", denen entsprechend der Benennung natürlich eine leicht verständliche Hochschätzung zukommt. Wenn ich irgendwie ein Gut anstrebe oder hochschätze, dann ist dieses eben für mich ein „eigenbedürfniserfüllender Wert". Aber nach Reiner stehen nicht alle Werte in einer solchen realen Beziehung zu Interessenten; es gibt auch Werte, die unabhängig von dieser realen Beziehung und somit nicht bedürfnisrelativ, weil nicht bedürfnisrelevant, nicht bedürfniserfüllend sind. Werte erzeugen bzw. beanspruchen eine Hochschätzung, ohne dass sie ein Bedürfnis erfüllen. Man denke beispielsweise an den Wert der Schönheit und etwa die Kantische Theorie, die ja die ästhetisch beurteilte Schönheit durch das „interesselose Wohlgefallen"

gekennzeichnet sieht: gerade dann, wenn ich kein persönliches Interesse oder Besitzstreben o.ä. in Bezug auf den Wertträger habe, handelt es sich um einen ästhetischen Wert. Nach Kant sind analog dazu
auch ethische Werte nur dann gegeben, wenn sie nicht meinem persönlich interessierten Streben, meinem Wollen, meinen Neigungen
entsprechen; sondern das Ethische ist bei Kant, fast zu rigoros, darin
zu sehen, dass man sich hart diszipliniert, sich selbst und seine Neigungen überwindet und bezwingt. Askese ist Pflicht, und erst diese ist
ethisch. Etwas ist moralisch gut und moralisch wertvoll nur insofern,
als ich es mir gegen meine Neigung abzwinge, abverlange. Das ist die
kantische Ansicht, die einen geradezu preußischer Rigorismus in der
Ethik zeigt. Friedrich von Schiller hat ihm denn auch vorgehalten,
dass er eben leider seine Freunde aus Neigung hochschätze und nicht
aus bloßem Pflichtgefühl – und auch das müsste doch eigentlich etwas
Gutes sein. Kant freilich würde antworten, daran sei zwar nichts Ver-
ächtliches, aber die Wertschätzungen und die Handlungen seien moralisch neutral, sozusagen amoralisch, ohne unmoralisch sein zu müssen. Das Unmoralische ist nach Kant also sorgsam von Amoralischen
zu unterscheiden.

Zurück zur Wertethik Reiners, die trotz ihrer materialen (statt
der Kantischen formalen) Ausrichtung der Kantischen Ethik in Kern-
bereichen verpflichtet bleibt. Werte, die nicht in Bezug auf die Bedürfnisse von Personen stehen, bei den etwa die „Hochschätzung" und
die Erfreulichkeit darauf beruhen, dass die Werte „in ihrem Sosein",
wie Reiner (ebd. 15f.) sagt, vorhanden sind, „einfach da sind", realisiert sind – diese Werte nennt er „absolute Werte". Diese sind also
solche Werte, die sich nicht auf eine Bedürfnisbeziehung gründen.
Diese Terminologie hat nichts zu tun mit einem Absolutismus der
Einzigkeit von obersten Werten und der endgültigen Begründung,
sondern drückt nur die Nichtrelativität der Werte aus. Statt von absoluten könnte man etwas weniger hochgestochen von nicht relativen
Werten sprechen. Nach Reiner entsteht jedoch sekundär ein bestimmtes Verhältnis auch zu diesen absoluten oder nicht relativen Werten
insofern, als wir sie hochschätzen und über ihre Realisierung interes-

selos erfreut sind. Wenn wir uns über den eigeninteressierten Standpunkt erheben, dann nehmen wir einen „objektiven", einen übersubjektiven Standpunkt ein. So gibt es also offensichtlich in diesem Sinne übersubjektiv oder „objektiv bedeutsame Werte" (ebd. 18). Das können einerseits die absoluten Werte sein, die überhaupt nicht bedürfnisrelativ sind, das können andererseits aber auch Werte sein, die fremdbedürfniserfüllend sind, die also anderen zugute kommen, die wir aus bestimmten Gründen, sei es moralischer Einsicht, sei es Mitleid, anderen als für sie bedürfniserfüllend zuerkennen. Diese „objektiv bedeutsamen Werte" sind also den bloß „subjektiv bedeutsamen", den eigenbedürfniserfüllenden oder eigenrelativen Werten gegenüberzustellen. Reiner kommt (ebd. 19) dann zu einer Werttypen-Tafel:

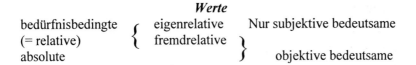

Diese einfache Tafel ist für ihn dann auch schon die hinreichende Grundlage, seine Werttheorie des Guten zu entwickeln. Die absoluten Werte erzeugen durch ihre unabhängig von unserem Bedürfnis entstehende Hochschätzung, aufgrund der „Erfreulichkeit" ihres „Soseins" einen „Appell", zu ihrer Verwirklichung und Existenz beizutragen. Aber sie begegnen uns i. a. nicht als Gegenstand eines Wunsches oder eines lockenden Verlangens, sondern als „Forderung", als „Aufforderung", zu ihrer Verwirklichung oder Erhaltung beizutragen. So ähnlich ist es natürlich auch hinsichtlich der fremdbedürfniserfüllenden Werte. Dass man anderen hilft, ist häufiger weniger der eigene Wunsch, (obwohl es natürlich das Mitleid u.ä. gibt, das zur Formierung eines bestimmten entsprechenden Hilfswunsches auch führt), sondern oft eine an uns herangetragene oder von uns empfundene Forderung oder Aufforderung zur Verwirklichung des entsprechenden fremdrelativen Wertes. Das gilt auch für die absoluten Werte, die sich ihrer allgemeinen Wertform nach geradezu als die „Auffassungsformen", „Wertkategorien" im Sinne dieses Appellerhebens darstellen. „Sittlich gut" nennt nun Reiner (ebd. 22) Handlungen (oder Unterlassungen), durch die wir dem Appell zur Verwirklichung, Vermehrung oder Erhaltung eines objektiv bedeutsamen Wertes folgen. Also objektiv bedeutsame, d.h. an anderen zu verwirklichende oder absolute Werte sind die Grundlage des Appells und der Aufforderung, deren Befolgung im Handeln (bzw. im Unterlassen) sittlich gut genannt wird. Das moralisch Gute ist also gleichsam in dem Imperativ zu sehen: Erhalte und verwirkliche möglichst viele objektiv bedeutsame Werte! Umgekehrt ist natürlich „das Böse" darin zu sehen, dass man einer „Forderung zur Erhaltung oder Verwirklichung eines objektiv bedeutsamen Wertes nicht" entspricht bzw. es ablehnt (ebd.). Das Nichtentsprechen wird freilich analytisch nicht näher hinterfragt, offensichtlich kann man ja als endlicher Mensch nicht alle Forderungen nach allen möglichen Handlungen zur Verbesserung der Situation bei der Verwirklichung oder Erhaltung von objektiv bedeutsamen Werten auch nur zu erfüllen streben; jeder von uns könnte natürlich sehr viel mehr leisten, als er es etwa angesichts der Not von hungernden und leidenden Menschen in vielen Ländern der Dritten Welt tut. Dieses Nichtentsprechen wäre nach Reiner in diesem Sinne schon „böse". D.h., alle wären wir, handelten wir (durch Unterlassen) dann schon böse, wenn wir nicht bzw. nicht genug zur Linderung des Elends beitragen. Vielleicht hat Reiner mit der Rigorosität seiner Forderung ähnlich wie bei Albert Schweitzer, mit seiner Appellethik der Ehrfurcht vor dem Leben jegliche Selbstberuhigung des Gewissens (Schweitzer: „Das gute Gewissen ist eine Erfindung des Teufels" (1923, 1960, 340) bekämpfen wollen. Um utopische Überforderung zu umgehen nicht alle zu „Bösen" zu stempeln, müsste er die Ethik auf den Appell bzw. Imperativ beschränken und die sittliche Zusprechung von Wertprädikaten zu Personen vermeiden. Bei Handlungen und Unterlassungen müsste man zudem differenzierter trennen: i.a. ist die unmittelbare Nichtbefolgung eines aktualisierten Appells zur Verwirklichung oder Erhaltung eines objektiv bedeutsamen Wertes als gewichtiger einzuschätzen als das bloße

Nichthandeln oder Sich-Nichteinschränken angesichts einer fernen Not. Doch hier gibt es viele theoretische Klippen für Reiners Definition des sittlich Guten oder Bösen ... Überhaupt scheint Reiners Wertethik, entgegen seinen Beteuerungen, den situativen Umständen und geschichtlichen sowie gesellschaftlichen Entwicklungen und Verwicklungen, in die sich das Handeln eingewoben findet, nicht genügend Beachtung zu schenken – so kritisierte neuerdings René Görtzen (1991, 138ff.).

Reiner meint, dass Werte in gewisser Weise zwar Entsprechungen intentionaler Gefühle sind, insofern schließt er sich an Edmund Husserl an. Insoweit handelt es sich um eine Theorie der Wertphänomenologie. Aber er hält diese Werte für Gegebenheiten der Lebenswelt, bzw. glaubt, dass sie an Gegenständen, Gütern, Mitteln, Verfahren usw. in dieser haften, dass die Werte eben in diesem Sinne keineswegs nur ideale Vorstellungen sind, sondern dass sie auch – gerade die positiven Werte – als in der Wirklichkeit vorkommend erfahren werden, z.B. als Werte von Gütern, die wir besitzen, oder als Tugendwerte, die uns im Vorbild anderer begegnen usw. Werte sind also an einem Seienden etwas, das verwirklicht werden kann. Die Werte sind zwar abhängig von Wertungen und entsprechenden Einordnungen, aber offensichtlich werden sie als Eigenschaften an Dingen oder an Personen, an Handlungen usw. gesehen. Sie werden gewissermaßen in einem oszillierenden Status belassen: sie sind teilweise wie Eigenschaften, teilweise wie konstruktive Zuschreibungen oder fiktive Artefakte von Bewertungen; es bleibt letztlich im unklaren, was Werte eigentlich sind, in welcher Hinsicht ihre Existenz behauptet werden kann. Dass sie Gegenstände der Lebenswelt seien oder solchen anhaften könnten, besagt noch nicht sehr viel – das bleibt offen für manche Deutungen. Ähnlich schwierige Fragen stellen sich, wenn man die Beziehung zwischen der Verwirklichung und der „Existenz" eines Wertes an oder in einem Seienden zum Subjekt des Wertungsvorganges zu analysieren sucht. Handelt es sich nun um Eigenschaften des Seienden oder um Zuschreibungen bzw. Projektionen oder Konstruktionen des Wertenden? Bei Reiner bleibt dies Problem ungelöst; er behandelt zu oberflächlich die „Erfreulichkeit" etwa eines absoluten Wertes oder des „Verwirklichtsein" eines relativen Wertes (also den Genuss oder Besitz des Wertobjekts) als bloße Eigenschaft des Wertträgers, ohne die projektiven Wertzuschreibungen durch das wertende Subjekt näher zu untersuchen.

Soziale Werte

Ich hatte schon anzudeuten versucht, dass die soziale Geltung von Werten zu einer sekundären sozialen Wirklichkeit, Wirksamkeit – zu einer Wirksamkeit als soziale Wirklichkeit – führt, und dass auf diese Weise die Verwirklichung oder die Verkörperung der Werte in der Lebenswelt verstanden werden kann. Die soziale Wirklichkeit von Werten in diesem Sinne hängt natürlich mit dem Anspruch der Werte auf eine überpersönliche, übersubjektive Gültigkeit zusammen. Werte gewinnen also sozusagen „Realität" in der sozialen Welt, in der Lebenswelt dadurch, dass sie gestützt, institutionalisiert, kontrolliert, u.U. sanktioniert, konventionell übereinstimmend von vielen geglaubt, für wahr, für verbindlich angesehen werden, und dass man sie in gewisser Weise gemeinsam übernimmt bzw. gutheißt. Werte sind also in gewissem Sinne abhängig von den Normen, in denen sie auftreten oder mit denen sie verbunden werden. Das ist ja auch die vorherrschende sozialwissenschaftliche oder auch in der Rechtsphilosophie vorfindliche Deutung, die etwa von dem berühmten Rechtspositivisten Hans Kelsen so ausgedrückt wurde, dass Werte „die Geltung einer Norm" seien, dass Werte also analytisch-logisch an ihre Normierungen gebunden sind. Wieweit das auch für subjektive, rein persönliche Werte gilt, ist eine interessante philosophische Frage.

Aber wenden wir uns zunächst einmal sozialwissenschaftlichen Disziplinen zu, die Wertsysteme untersuchen und sich auf Wertdefinitionen stützen. Bei Sozialwissenschaftlern wurde eine Wertdefinition sehr berühmt, nämlich die von Clyde Kluckhohn (1951), die im wesentlichen darin besteht, dass ein Wert eine „Konzeption von Wünschenswertem (darstellt), welche explizit oder implizit für ein Individuum oder eine Gruppe kennzeichnend ist und die Auswahl erreichter Handlungsmittel und -ziele beeinflußt". Das ist natürlich eine recht vage und pauschale Definition, die zwar viel zitiert worden ist, aber keineswegs ausreicht. Einerseits kann man fragen: Wieso soll die Konzeption von etwas spezifisch Wünschenswertem kennzeichnend für eine Gruppe sein, und wieso soll umgekehrt nur dann ein Wert vorliegen, wenn etwas spezifisch Wünschenswertes charakteristisch für eine Gruppe ist? Das ist sicherlich viel zu unpräzise definiert. Darüber hinaus – und das ist viel wichtiger – wird nicht genügend die soziale Normierung berücksichtigt, die institutionelle und die soziale Einbettung, die Verbindung von Werten und Normen ist hier stillschweigend unterstellt, wird nicht erwähnt – das sollte bei Sozialwissenschaftlern besonders überraschen. Deshalb haben bald auch Anthropologen wie etwa der Sozialwissenschaftler und Ethnologe Wolfgang Rudolph (1959) in seinem Werk über die Kulturanthropologie der Werte berücksichtigt, dass Werte durch soziale und kulturelle Normierung, Typisierung gekennzeichnet werden, – also durch etwas genuin Soziales, das zu dem psychisch Verinnerlichten, der Konzeption von Wünschenswertem, hinzukommt. Rudolph (1959, 164) versteht einen „kulturellen Wert" als „sozial sanktionierten, kulturell typisierten und psychisch internalisierten Standard selektiver Orientierung für Richtung, Intensität, Ziel und Mittel des Verhaltens". Hierin sind also die kulturelle und die soziale Normierung durchaus enthalten, und es wird auch darauf aufmerksam gemacht, dass Standards verwendet werden, dass eine psychische Verinnerlichung von Wertmaßstäben stattfindet und dass die Handlungsleitung insbesondere in Auswahltätigkeiten in der Orientierung in einer Richtung, auf Ziele hin, sowie in Bezug auf Einsatz, Engagement bzw. Intensität usw. des Verhaltens besteht. Diese Definition ist auch von einigen Sozialpsychologen als Grundlage der zeitgenössischen deutschen Wertdiskussion genommen worden; beispielsweise hat Peter Kmieciak (1976, 150), der die Wertwandlungsdebatte in der Bundesrepublik als Mitarbeiter von Helmut Klages mitinitiiert hat, einen Wert als ein

„kulturell und sozialdeterminiertes (und geltendes), dynamisches, ich-zentrales, selbstkonstitutives Ordnungskonzept als Orientierungsleitlinie" verstanden, „die den Systeminput einer Person (Wahrnehmung) selektiv organisiert und akzentuiert sowie ihren Output (Verhalten) reguliert, mithin eine ichdirigierte Planung und Ausrichtung des Verhaltens über verschiedene Situationen hinweg ermöglicht".

Diese Definition ist zwar in ein etwas barockes Fremdwörter-chinesisch gepresst, das freilich Sozialwissenschaftler wie auch die Philosophen besonders zu lieben scheinen, aber sie weist doch auf etwas hin, was auch die Grundthese meiner Überlegungen sein wird: dass es sich nämlich bei den Werten und Wertungsergebnissen um bestimmte hypothetische Interpretationskonstrukte sowohl normativer als auch interpretativ-deskriptiver Verwendung handelt. Kmieciak versteht tatsächlich den Wertbegriff als ein „hypothetisches Konstrukt", d.h. als einen theoretischen Begriff, der nicht vollständig auf die Beobachtungssprache reduzierbar ist, sondern sozusagen eine Art von Mehrbedeutung („surplus meaning") hat, aber doch „aus den Antezedentien und Konsequenzen des Verhaltens und des Erlebens erschließbar ist..., das wir deskriptiv und explanativ auf Handlung beziehen" (ebd. 150f.). Das ist sicherlich eine akzeptable Formulierung, aber sie stellt doch nur die „eine Seite der Medaille dar".

Es ist zweifellos eine zu eingeschränkte Sicht, die Werte als hypothetische Konstrukte lediglich deskriptiv-erklärender, quasi wissenschaftlicher Art, aufzufassen. Werte sind – und viel kennzeichnender – allgemein eben auch normative Interpretationskonstrukte, die keineswegs nur auf die Handlungserklärung und Handlungsbeschreibung zurückzuführen sind, sondern auch zur Handlungsrechtfertigung durch den Akteur selbst dienen. Deswegen schlage ich vor, man soll besser sagen: Werte sind Ergebnisse normativer und deskriptiver Interpretationen von Handlungs- und Beurteilungsregulie-rung(skonzept)en. Sie sind projektierte Konstruktentitäten zur Präferenzenbildung. Wertbegriffe sind in erster Linie normative Zuschreibungsbegriffe und zugleich aber auch theoretische Erklärungsbegriffe sowie akteursgebundene, an den Handelnden gebundene

Rechtfertigungsbegriffe zu Legitimierungszwecken – und alles dieses sind sie gleichermaßen. Sie sind in diesem Sinne geradezu typische Interpretationskonstrukte auf den genannten Ebenen der Handlungsbeschreibung, -erklärung, der Handlungsleitung und -anleitung (Motivation), der Handlungsrechtfertigung und der Normenbegründung sowie genereller auch der Begründung von Handlungsregeln usw. Es handelt sich bei Wertkonstrukten oder Wertbegriffen in der Tat um Interpretationskonstrukte, weil sie eben auch typischerweise Artefakte von Zuschreibungsprozessen sind. Dass ich etwas bewerte oder etwa einem Gegenstand einen Wert zuspreche – das ist eben eine typische Zuschreibungshandlung oder geht auf eine vorherige, als geschehen unterstellte Zuschreibungshandlung zurück, die in der betreffenden Wertung implizit steckt oder reaktiviert wird. Werte werden durch zuschreibende Wertungen zugeordnet. Ein Wert gilt als verwirklicht oder „realisiert", wenn die Zuschreibung eines Sollzustandes oder wenn die zugeordnete Normforderung zum Wertträger durch eine Istaussage als erfüllt ausgewiesen wird. Werturteile enthalten explizit oder implizit normative Vorschriften, sie sind in vielerlei Weise an Normatives gebunden, sie sind also in gewisser Weise als methodologisch multifunktionale Interpretationskonstrukte aufzufassen, die dem vorher genannten Multifunktionalismus entsprechende Funktionen der Begründung, der Beschreibung, der Erklärung, des Ratens, Billigens, Beschwörens, Befehlens, Lobens, Anpreisens, Motivierens, Demotivierens, Abschreckens, Rechtfertigens und der Als-allgemeingültig-Behauptens usw. ausüben. Das heißt also, es gibt auch eine multifunktionale Verwendung von Bewertungen und Wertzuschreibungen – übrigens nicht nur bei der Zuschreibung von Werten zu anderen Personen, sondern auch bei der Selbstzuschreibung. Zuschreibungsbegriffe aber sind Interpretationskonstrukte.

Das lässt sich schon am Handlungsbegriff besonders deutlich machen, wie wiederholt gezeigt wurde (vgl. z.B. Verf. 1978, 279ff.). Das Alltagshandeln geht von impliziten Interpretationen, den zuvor genannten Schemata, aus, die oft nicht im eigentlichen Sinne Konstruktionen genannt werden können, weil sie vielfach von der sozialen

Tradition, der Kultur vorgebildet, vorgegeben werden, aber sie haben doch die Struktureigenschaften eines bestimmten zugeschrieben Gefügekonstrukts.

Werte kommen in Hierarchien, in Wertsystemen vor und sie funktionieren in vielfacher Weise zur Steuerung, Kontrolle, Erklärung, Rechtfertigung, Beurteilung, Begründung von Handlungen und Normen.

Wenn sie sozial institutionalisiert sind, haben sie die besondere Eigenschaft, dass sie zwischen individuellen und sozialen Perspektiven vermitteln, indem sie Konstrukte auf beiden Ebenen, auf der subjektiven wie auf der überpersönlichen, in unterschiedlicher Weise darstellen und übertragen, adaptieren, in gewisser Weise auch kontrollieren, sanktionieren, vorschreiben, durch Normen stützen. Die überindividuelle, sozial entstandene und aufrechterhaltene oder abgesicherte Funktion dieser Interpretationskonstrukte, also das, was man deren institutionalisierten Teil nennen könnte, ist im Grunde das Charakteristikum sozialer Werte, die über die persönliche Wertbindung hinausgehen.

Wertklassifikationen

Werte weisen in gewissem Sinne eine methodologische Mehrdeutigkeit auf. Nicholas Rescher hat in seinem Buch Introduction to Value Theory (1969) von einer „Janusköpfigkeit" der Wertaussagen geredet, die darin besteht, dass Werte sich einerseits auf Handlungen beziehen, indem sie diese, deren Intentionen und Ziele begründen oder rechtfertigen können, oder indem sie sich andererseits auf Rechtfertigungsdiskussionen, auf Argumentationen beziehen; sozusagen eine Metastufe höher, über der Handlungsleitungsebene anzusiedeln sind, also Maßstäbe für Bewertungsdiskussionen oder Wertungsdiskurse abgeben. Werte nehmen also auf verschiedenen Ebenen Einfluss. Sie leiten oder legitimieren, rechtfertigen unmittelbar Handlungen: Man kann aus einer Wertorientierung oder aufgrund einer Übernahme, Annahme, aus einem Engagement für oder einer Identifikation mit einem Wert heraus handeln. Werte können aber auch sekundär, auf der semantischen Metastufe, in Bewertungsargumenten und Diskursen als Maßstäbe für die Beurteilungen auftreten. Werte sind also auf verschiedenen Ebenen wirksam. Diese Unterschiedlichkeit wird natürlich von Sozialwissenschaftlern auch gesehen, aber häufig nicht genügend betont.

Man kann als These wohl festhalten, dass das Modell der Interpretationskonstrukte sich durchgängig auf die Werte anwenden lässt und dass sich viele der philosophischen Mehrdeutigkeiten, der Schwierigkeiten beim Nachweis der Existenz, bei der grundsätzlichen Erfassung von Werten, insbesondere sozialen Werten, vermeiden lassen, wenn man einen solchen interpretatorischen Standpunkt einnimmt, wie er hier erarbeitet wurde.

Natürlich ist das Sprechen von Werten oder „den Werten" damit in keiner Weise an die ontische Existenz von spezifischen realen Gegenständen gebunden, sondern deren Wirkweise ist fiktiv, an Konventionen gebunden, sozial; sie sind abstrakte Artefakte. Diese – ihre Existenzweise – hat allenfalls die Existenz der Geltung, der Beachtung von verbreiteten oder allgemeingültigen oder auf Allgemeingültigkeit Anspruch erhebenden Normen. Natürlich kann man als Façon de parler, als bloße Sprechweise, auch weiterhin von der Existenz, der Verkörperung oder Realisierung von Werten sprechen, aber man kann nicht – wie es Reiners phänomenologisch-ontologische Werttheorie noch versucht – die Werte prinzipiell von Wertungen und Bewertungen loslösen. Man muss sie also stets im Zusammenhang mit ihrer Funktion, ihrer sozialen oder auch personbezogenen Funktion der Integration, der Sicherung, der Ordnung von bestimmten Lebensorientierungen sehen. Die sprachliche Grammatik sollte und braucht uns nicht zur Hypostasierung der Werte als eigener Entitäten, eigener Gegenstände zu verführen. Aber die Auffassung von Werten als Interpretationskonstrukten hat den Vorteil, auf das Konstruktive, das Gemachte, das Modellartige, das Entworfene bei Wertkonzeptionen aufmerksam zu machen, trotz aller u.U. wirklich auch äußerlich und „real" wirksamer sozialer oder sanktionsgestützter Durchsetzungskraft bei manchen institutionell gestützten Wertorientierungen. Die Modellabhängigkeit, die Theorieabhängigkeit, die Konstitutionsleistung wird durch den Ausdruck „Interpretationskonstrukt" besonders hervorgehoben. Alles das lässt sich natürlich auch mit den sozialen Konstitutionen bei den sozialen Werten leicht verbinden.

Der Ansatz der Interpretationskonstrukte ist also in gewissem Sinne geeignet, sowohl die Rolle der Werturteile und der Wertorientierungen des Alltagshandelns zu beschreiben und zu erklären als auch die normativen Wertzuschreibungen sowie die Selbstrechtfertigungen und die Eigenbegründungen zu erfassen, sowie schließlich die normengebundene soziale Einbettung einzuschließen.

Soziale Werte sind dann in diesem Sinne sozial entstandene, institutionell normierte und sanktionierte Interpretationskonstrukte zur Präferenzenbildung, die über die institutionalisierten Handlungs- und Verhaltenserwartungen – das sind ja Normen – das Handeln sozial regeln (können) und die primär, aufgrund von einsichtiger Übernahme, oder sekundär, sanktionsgestützt, also aufgrund von Kontrolle oder Dressur, verinnerlicht werden (können). Das individualistische Rezeptionsmissverständnis ist damit ebenso abzuwenden wie das wissenschaftszentrierte epistemologische, das Wertbegriffe nur als Beschreibungs- und Erklärungsinstrumente des Wissenschaftlers deutet. Kmieciak z.B. (s.o. ß) berücksichtigt in seiner Definition des Wertbegriffs zu wenig die funktionale Rolle der Wertungen und der Normen im Alltagshandeln; er hat zu sehr den beschreibenden und deutenden Wissenschaftler, der Handlungserklärungen mit Rückgriff auf Werte vornimmt, im Auge.

Das beobachtete und in sozialen Formen routinisierte oder wenigstens kanalisierte Handeln kann auch dann von Werten geleitet oder gar gesteuert sein, wenn dies dem Handelnden nicht bewusst wird. Die Verinnerlichung kann so weit gehen, dass der Akteur in einer gewissen ritualisiert routinisierten Form wertgebunden, wertentsprechend handelt, ohne die Handlung als solche wertbewusst in Gang zu setzen. Es kann sein, dass man sozusagen wertgeleitet handelt oder wertadaptiv handelt, ohne sich speziell jeweils für bestimmte Wertungen zu erklären oder sich bewusst an Wertbindungen zu orientieren oder gar im Sinne von spezifischen Wertentscheidungen in einer Situation einen neuen Weg einzuschlagen. Hier gibt es zu viele begriffliche und methodische Fragen der Wertezuschreibung in der Alltagspraxis, die man im Einzelnen genauer diskutieren müsste, was hier nicht in Angriff genommen werden kann.

Grundsätzlich ist nur zu sagen, dass der Beobachtende, der, sei es im Alltag oder in der Wissenschaft, ein Handeln beschreibt oder zu erklären versucht, die Werte als Interpretationskonstrukte auch für diese deskriptive Aufgabe heranziehen kann. Er vermag Handlungen also als bewusst oder auch als unbewusst wertgesteuert zu interpretieren, ohne in der jeweiligen spezifischen Situation auf die individualistische Wertkonzeption oder -rezeption der Werte zurückfallen zu müssen. Man kann also u.U. wertentsprechend handeln, ohne dass einem der entsprechenden Wert in der spezifischen Handlungssituation bewusst wird. Der erklärende Sozialwissenschaftler kann diese Wertorientierung dann natürlich auch für seine Handlungsbeschreibung in Anspruch nehmen. Alles das ist natürlich nicht ein Fall bloßer äußerlicher Beschreibungen, sondern stets eine Angelegenheit von hypothetischen Interpretationen, von möglichst konsistenten Deutungen, die vorzunehmen sind.

Auch die Verfahren der bewussten Handlungsselektion und -steuerung werden ebenfalls durch das Modell der Werte als Interpretationskonstrukte abgedeckt, sowohl von der Beobachterseite aus gesehen als auch aus der Selbstdeutungsperspektive. Man kann auch die normativen Zuschreibungsprozesse sowie die alltäglichen Selbstdeutungsvorgänge viel besser und konziser erfassen, wenn man Wertgesichtspunkte bei den deskriptiv-explanativen Beschreibungen im Alltag herannimmt, z.B. aus der Beobachterperspektive schildert: Der Samariter handelte eben aus Nächstenliebe oder aus Mitleid; der Sparsame führt Buch aus bestimmten Sparsamkeitsüberlegungen heraus oder aufgrund von bestimmten Charakterzügen, z.B. aus „Geiz". Das sind Erklärungen beschreibender Art, die zwar wertgebundene Konstrukte in Anspruch nehmen, aber eben in deskriptiver Weise; diese

Erläuterungen involvieren nicht auf Seiten des Erklärenden selbst unmittelbar diesbezügliche normative Zuordnungen und Bewertungen.

Die Auffassung von Werten als Interpretationskonstrukten mit der angedeuteten Unterscheidung verschiedener Ebenen und Anwendungsweisen, insbesondere auch der Unterscheidung zwischen normativen und deskriptiven Verwendungen, kann nun eine ganze Reihe von traditionellen Problemen der Existenz, der Wirksamkeit, der individuellen Verkörperung oder der sozialen Verortung von Werten sowie der normativen Zuschreibung und der alltäglichen Verwendung lösen oder vermeiden, ohne in erhebliche neue methodologische Schwierigkeiten und Widersprüche zu geraten. Für die Philosophie und die Sozialwissenschaft sind damit m.E. erhebliche methodologische Vorteile verbunden. Das gilt übrigens besonders auch für die aktuelle Wertwandlungsdebatte über die Rolle sog. „Akzeptanz-" (besser: Pflichtwerte) gegenüber personalen „Selbstentfaltungswerten", welche die Gemüter mancher Sozialwissenschaftler in den letzten Jahren erheblich beschäftigt hat (vgl. Ronald Inglehart 1988).

Was über die analytische Wertdiskussion, Wertklassifikation oder auch die Handlungsrechtfertigung durch Werte, die Handlungserklärung durch Werte zu sagen ist, das würde natürlich auch gerade unter der Anwendung des Interpretationskonstruktansatzes ein sehr weites Feld umfassen. Hier müssen wenige Ausführungen genügen. Man kann natürlich die Werte als Interpretationskonstrukte auch wie üblich klassifizieren. In dem erwähnten Buch hat Rescher (1969, 14ff.) das getan in dem er sechs verschiedene Dimensionen der Wertklassifikation eingeführt hat, die ich auf 16 erweitern möchte. Man kann Werte also mindestens nach den folgenden Dimensionen bzw. Gesichtspunkten klassifizieren:

1) Wertanhängerschaft: Wer „adoptiert" oder „übernimmt" den Wert verbindlich: Sind es individuelle Personen oder sind es soziale Einheiten, also Gesellschaften oder Gruppen, z.B. Korporationen oder gar Nationen?

2) Der Wertgegenstand, das Objekt, kann natürlich ein Klassifizierungsmerkmal abgeben: Handelt es sich dabei um Ding- oder Güterwerte, wie z.B. die Schnelligkeit eines Autos, oder um Funktionswerte? Hierbei müsste man vielleicht noch genauer unterscheiden in Umweltwerte, Individualwerte (also Personwerte bzw. Charakterwerte), Gruppenwerte (beispielsweise wechselseitige Achtung innerhalb einer Kultur oder Gruppe), gesellschaftliche Werte (wie beispielsweise die ökonomische Verteilungsgerechtigkeit von Gütern in einer Gesellschaft). Auch könnte man Selbstachtungswerte als spezifische Person- oder Individualwerte von entsprechenden Fremdpersonwerten unterscheiden. (Diese stellt wohl schon einen weiteren, dreizehnten Klassifikationsgesichtspunkt dar.)

3) Art des Vorteils oder Nutzens: materiale oder physische Werte (Temperatur z.B.), ökonomische Werte, moralische Werte, kulturelle Werte, soziale Werte, politische Werte, ästhetische Werte, religiöse Werte, intellektuelle Werte, berufliche Werte, Gefühlswerte – alles das sind oft einander überlappende Wertdimensionen, die uns mehr oder minder vertraut sind, so dass man da keine weiteren Beispiele bringen muss.

4) Hier könnte immer auch nach qualitativer Natur oder nach Höhe und Größe des Werts (vgl. u.) unterschieden werden, es können auch bestimmte Ordnungsrelationen eingeführt werden, dass z.B. Gerechtigkeit zählt mehr als Höflichkeit u.ä. (vgl. Rescher ebd. 16).

5) Zwecke oder Funktionen der Wertverwirklichung: Dient die Wertverwirklichung bzw. die Orientierung daran beispielsweise beruflichen Zwecken? Handelt es sich um bestimmte Realisierungsmechanismen der Werte? Man kann z.B. Begriffe wie Gesundheitswert, Überlebenswert, Nährwert, Tauschwert, Überzeugungswert, Abschreckungswert als Bespiele anführen.

6) Beziehung zum Wertanhänger und dem Nutznießer: da wären selbstorientierte (egozentrische) Werte – z.B. die eigenbedürfniserfüllenden nach Reiner –, oder altruistische (fremdorientierte) Werte,

– entsprechend den fremdbedürfniserfüllenden – zu nennen oder: Ingroup-Werte gegenüber Outgroup-Werten. Familien-, Berufsgruppen-, nationale, Sozialgruppenwerte können sowohl das eine als auch das andere sein. Davon wären menschheitsorientierte Werte analytisch abzutrennen: sie sind niemals Outgroup-Werte.

7) Beziehungen zwischen verschiedenen Werten und entsprechenden Folgen und Mitteln: Hier kann man natürlich zwischen Mittel- (oder instrumentellen) Werten und in sich selbst gegründeten (oder intrinsischen) Werten unterscheiden, beispielsweise darunter auch den absoluten Werten nach Reiner, also oft so genannten „Eigenwerten", „Letztwerten", oder „Endwerten".

8) Realisierungszeit oder Realisierungsmöglichkeit: Hier könnte man eben Werte, die zeitlich bald realisiert werden können, von „Letztwerten" oder endgültigen Werten oder nur spät und sehr schwer zu erfüllenden oder gar von utopischen Werten unterscheiden. Diese verschiedenen Typen der Werte sind zu beachten, um Konfusionen zu vermeiden.

Wenn man Reschers Liste von Wert(betrachtungs)dimensionen erweitern will, gibt es darüber hinaus eine Reihe von formalen, eher logischen Unterschieden, die zu machen sind, auch zur Werteinteilung benutzt werden können; beispielsweise kann man Werte formal nach folgenden Gesichtspunkten klassifizieren:

9) Qualität und Vergleich: Qualitative klassifikatorische Wertbegriffe wie „wertvoll" oder „gut" werden unterschieden von komparativen, vergleichenden Wertbegriffen wie „wertvoller", „besser" bzw. quantitativen oder metrischen Wertbegriffen, bei denen man die Wertentsprechung oder -erfüllung beispielsweise durch bestimmte Zahlenwerte in Skalen messen kann, also eine Metrik vorgegeben ist, z.B. bei Nutzenwerten usw. (Gradeinstufungen wie die in Größen- oder Qualitätsklassen sind wohl als Unterform der komparativen Wertbegriffe aufzufassen.)

10) Es gibt natürlich (sehr) *allgemeine* Werte, die – wie beispielsweise die „allgemeine Wohlfahrt" – in einer Gesellschaft Zielgrößen für *alle* darstellen. Ihnen gegenüber stehen spezifische Werte, die eine besondere persönliche oder ganz spezifische Ausrichtung haben; z.B. wäre „meine finanzielle Sicherheit im Ruhestand" eine ganz spezielle Wertorientierung, die in einem Zielzustand antizipatorisch zum Ausdruck kommt.

11) Stufung: Werte der ersten Stufe, die man „first order values" nennen könnte, also Bewertungen von Gegenständen, Handlungen, Ereignissen, stehen höherstufigen (second order values) gegenüber, nach den Bewertungen oder Werten selbst oder Personen, Charaktere einschließlich ihrer Wertstrukturen bewertet oder beurteilt werden, wo also Werte der ersten Stufe zugrunde gelegt werden, um Wertungen der zweiten Stufe, d.h. Wertungen über Wertungen, vorzunehmen.

12) Polarität. Die gängige und traditionelle Unterscheidung zwischen Wert und Unwert oder positiven Werten und negativen Werten (oder Unwerten), die zu Polaritätsuntersuchungen Anlass gibt, wie sie auch gerade in der traditionellen Moralphilosophie und Wertphilosophie, wie etwa am Beispiel von Hans Reiners Theorie geschildert, vorkommen, etwa „gut" gegenüber „böse" oder „richtig" gegen „falsch" u.ä. (Schon Aristoteles' These in der *Nikomachischen Ethik* über den Median-Charakter des „Guten" oder des ethisch empfehlenswerten Verhaltens zwischen Extremen ist von solchen Polaritäten abhängig.)

13) Rein(e) theoretische Werte (wie „kognitive Wahrheit" oder „Eleganz") im Gegensatz oder im Vergleich zu praxisorientierten *normativen* Werten, die unmittelbar Handlungen leiten. (Nach wahrem Wissen zu streben mag für einen Wissenschaftler hier eine Art von „Zwischen"-Wert bzw. Leitnorm darstellen.)

14) Die Über- und Unterbewertung von Gesichtspunkten, die eine Rolle spielen, mag zu unterscheiden wichtig sein. Zumindest sind

beide möglich. Auch die Relativierung von Werten auf ein mittleres Normalmaß oder ähnliche solche Gesichtspunkte könnten bei der Analyse von Wertungen eine Rolle spielen.

15) Zudem gibt es, im Gegensatz zu den unifunktionalen, *plurifunktionale* Werte.

16) Man könnte sogar versuchen, metatheoretisch eine wertende bzw. Metawert-Perspektive an die Konzeptionen von Wert-Theorien, an praktische und Moral-Philosophien ebenso wie an Methodologien des Wertens und Bewertens anzulegen, ja sogar an Ontologien und Axiologien, Werte im allgemeinen betreffend.

Sicherlich kann auch diese ausgedehnte Liste noch durch zusätzliche Gesichtspunkte ergänzt werden. Im Allgemeinen jedoch macht das Auflisten der Arten, Werte zu klassifizieren, deutlich, dass solche Konzepte strukturierender, identifizierender und analysierender Beziehungen und klassifizierender Perspektiven tatsächlich von Konstruktionen und Interpretationen abhängig sind. Natürlich sind sie auch analytische Kategorien, d.h. sie überlappen sich zuweilen oder können als einander nicht ausschließende konstruktive Mittel der Beschreibung und Klassifizierung für verschiedene Unterkategorien verwendet werden. Dieser ganze methodologische Zusatz unterstreicht in der Tat die Einsicht, dass *Werte* (methodologisch gesehen) nichts als *interpretative Konstrukte sind*, die jedoch dazu benutzt werden können, mindestens dreifache Strukturen zu erfassen, nämlich die deskriptiven und explanatorischen Absichten des Sozialwissenschaftlers genauso wie die Vorstellungen, die Leute im Alltag von sich selbst haben und die Struktur- oder Wertbilder der partizipierenden Mitglieder von Sozialsystemen und wie diese z.B. Werte für normative Funktionen benutzen, nämlich zum Werten und Bewerten.

Insgesamt ist jedoch durch die kurze Aufzählung der Klassifikationsweisen von Werten deutlich geworden, dass mit ihren Strukturen, Beziehungen und Einteilungsgesichtspunkten auch die Erfassungsweisen der Werte selbst von Konstruktionen und Interpreta-

tionen abhängen. Als erfasste, erfassbare sind Werte Interpretationskonstrukte, und zwar genormte – meist sozial genormte.

Zusammenfassend lässt sich also sagen: Werte sind als Interpretationskonstrukte Zuschreibungskonzepte, welche mehr oder weniger verbindlich für jemanden gelten bzw. von ihm als verbindlich anerkannt werden. Mit Werten kann man sich identifizieren, man
engagiert sich für Werte. Werte werden aber, entweder in einer
Selbstzuschreibung oder in einer Fremdzuschreibung zugeschrieben.
Sie dienen zur Erziehung oder Erhaltung einer positiv (oder negativ)
gefärbten Einstellung in Bezug auf Zustände und Handlungen. Sie
werden entweder qualitativ oder vergleichend nach „besser" oder
„schlechter", oder nach bestimmten Graden oder Größen zuerkannt.
Das alles dient zum Zwecke der Auszeichnung, Auswahl, Selektion
von Handlungen und Plänen, Entscheidungen usw. Sie lassen sich auf
mindestens ein Dutzend Weise klassifizieren – nach Klassifikations-
konstrukten. Der Interpretationskonstruktcharakter der Wertungen
wird an den Dimensionierungen, insbesondere an den 16 Klassifizie-
rungen, die ich in Ausweitung von Reschers Versuch, Dimensionen
der Wertklassifikation vorzugeben, entwickelt habe, ganz deutlich.
Das zeigt natürlich, dass hypothetische Konstrukte, Einordungs-,
Klassifikationsgesichtspunkte eine wichtige Rolle spielen. Die Wertdefinition selbst, die ich anzugeben versucht habe, verweist ja auch
auf solche Gesichtspunkte der konstruktiven Einordnung der Bezüge
auf verschiedene Gesichtspunkte, auf verschiedene Relata der Bewertungen und dessen, was bewertet wird: auf Handlungen, Handlungsergebnisse, Wertungen selber oder auch Zustände usw.

Werte und Handlungen

Werte sind in bestimmtem Sinne mehrfunktionale genormte oder
normative Interpretationskonstrukte. (Sie – bzw. ihre Bezeichnungen
oder Beschreibungen – können freilich auch deskriptiv oder explana-
torisch, also für Handlungsbeschreibungen bzw. -erklärungen verwen-

det werden, s.u.) Aber sie sind auch mehrschichtige Interpretationskonstrukte, insofern als Metawertungen möglich sind: Ich kann auch
eine Bewertung ihrerseits wieder bewerten. Eine Bewertung ist selbst
ja auch eine Handlung: Man kann z.B. eine bestimmte Wertung als eine ökonomische Reaktion beurteilen oder das Befolgen oder das Berücksichtigen eines Wertes selbst wiederum, im Sinne eines ästhetischen oder eines bestimmten moralischen Menschenbildes bewerten
usw. Eine Mehrschichtigkeit der Wertungen ist also offensichtlich.
Hinzu kommt, dass Werte sich auf Handlungen und Handlungsergebnisse in rechtfertigender und begründender Weise beziehen: Man
muss also auch zwischen der deskriptiven – beschreibenden – Beo-
bachterhaltung einerseits und der normativen aktiven Bezugnahme auf
oder Benutzung von Werten andererseits unterscheiden. Wenn man
jemandem aus der Beobachterperspektive eine Wertung oder die A-
doption eines Wertes zuschreibt oder zuerkennt oder hypothetisch unterstellt, das ist natürlich etwas anderes, als wenn man normativ selbst
den Wert für sich als verbindlich erklärt und zur Rechtfertigung einer
Handlung heranzieht. Es sind also normative und deskriptive Verwendungen von Werten und Wertungen in systematisierenden Argumen-
ten möglich. Man kann also sagen, Werte werden einerseits zur deskriptiven Einordnung, zur Erklärung, zur Beschreibung oder
Ordnung von Handlungen benutzt, andererseits aber auch zur Orientierung im Sinne der Präferenzherstellung, der Auszeichnung, Auswahl, Rechtfertigung von Handlungen. Beides muss sorgfältig unterschieden werden. Die normativen Rechtfertigungen können
Handlungen im engeren Sinne, Einzelhandlungen, aber natürlich aber
auch generalisierte Handlungen und Handlungsdispositionen betreffen. Auch durch Handlungen erzeugte oder beeinflusste Zustände lassen sich rechtfertigen.

Werte, Handlungen, praktische Folgerungen

Es wurde bereits festgestellt, dass die Wertungen eine Art von Doppelcharakter haben, der vielleicht in folgender Weise deutlicher herausgestellt werden kann: Einerseits ordnen und systematisieren Werte und Wertungen Handlungen und Handlungssysteme, andererseits beziehen sich Werte aber auch auf Argumente, auf Verbalisierungen, auf Diskurse, also auf rhetorische oder verbale Widerspiegelungen von Handlungen oder Erfassungen von Handlungen. Man könnte hier natürlich die Diskurse und Argumente eigentlich als verbale Handlungen oder als symbolische Handlungen den realen Handlungen gegenüberstellen oder als spezifische Handlungen unterordnen. Doch es ist, glaube ich, sinnvoll, hier zu unterscheiden, weil die Diskurswerte oder die Argumentationswerte, die Rechtfertigungswerte, die Beurteilungswerte, eine besondere Rolle bei Begründungen und Rechtfertigungen, bei allen Arten von Legitimationen und Rückgriffen auf Werte spielen. Den generellen Handlungswerten, die man vielleicht Leit- oder Steuerungswerte nennen könnte, stehen also die Argumentationswerte oder Diskurs- bzw. argumentative Rechtfertigungs- und Beurteilungswerte gegenüber. Es handelt sich dabei um „Rechtfertigung" in dem engeren Sinne, dass man in einem Metadiskurs eine bestimmte Argumentation eines Grunddiskurses rechtfertigt. Natürlich kann man auch Handlungen durch Diskurse rechtfertigen: In gewisser Weise werden ja tatsächlich Handlungen, wenn sie bewusst und dezidiert einer Wertperspektive unterstellt werden, wenn sie auf ihre Wertbindung hin analysiert werden, nur in Diskursen, also sprachlich, erfassbar sind.

Die Handlungssteuerung und Handlungsleitung durch Werte ist nun freilich abzuheben von der Handlungsbeschreibung und – erklärung unter Rückgriffe auf Wertbegriffe. Diese Unterscheidung hängt eng zusammen mit jener erwähnten zwischen deskriptiven Systematisierungen, Einordnungen, Strukturierungen und normativen Systematisierungen, Steuerungen, Rechtfertigungen. Handlungssteuerung und Handlungsleitung durch Werte ist im wesentlichen dann in-

volviert, wenn es sich z.B. darum handelt, eine Entscheidung zu begründen, zu präzisieren, oder wenn aus mehreren Alternativen im Sinne einer Präferenzierung eine bestimmte Alternative selektiert oder
begründet wird. Solche Handlungssteuerungen, Handlungsleitungen
durch Rückgriffe auf Werte sind in gewissem Sinne normativ. Durch
sie präferieren, selektieren, legitimieren, bewerten wir oder schreiben
etwas vor. Wir benutzen verschiedenartige Raster der Bewertung und
der Einordnung zur Auswahl.

Ein Beispiel soll das verdeutlichen: Die rhetorisch-verbale
Wiedergabe einer Handlungsrechtfertigung spiegelt diese zunächst in
einem Diskurs. Es geht aber nicht um die Rechtfertigung der Argumentation, sondern um die Begründung bzw. Rechtfertigung der
Handlung selber, also um eine Rechtfertigung der Handlung durch
Rückgriff auf Werte oder eine Steuerung oder Anleitung der Handlung durch Werte. Das Beispiel ist übrigens ein selbsterlebtes: Da der
Mensch eine bestimmte Körpertemperatur zum Leben braucht, eine
Temperaturspanne (bei der Bluttemperatur), die er nicht unter- oder
überschreiten darf, so ist es nötig oder unerlässlich oder zumindest
empfehlenswert, eine Umgebung mit einer gewissen Wärme aufzusu-
chen oder entsprechende Maßnahmen der Bekleidung oder der Bewegung – man kann sich auch durch Bewegung warm machen oder halten – zu ergreifen, die der Aufrechterhaltung und Regelung dieser
Körpertemperatur dienen, diese also über dem Minimum und unter
dem Maximum halten, d.h., die Einhaltung der genannten Spanne ge-
währleisten. Das wäre also eine allgemeine Vorstrukturierung der Einsicht, dass Werte bzw. Bewertungen beim Handeln zur Aufrechterhaltung gewisser Ziel- oder Sollzustände eine wichtige Rolle spielen.

> Ich musste auf einer Gletschertour biwakieren, was nicht vorher-
> gesehen war. Um also warm zu bleiben ... usw., um diese ganze
> Bedingung des allgemeinen Satzes vorher zu erfüllen, zog ich alle
> meine verfügbaren Kleider übereinander, kroch in den mitgebrach-
> ten, leider zu dünnen Jugendherbergsschlafsack aus Leinen, kauerte
> mich zusammen und fing an, ständig Zehen, Finger usw. zu bewe-
> gen, um die äußere Temperatur von -10° erfolgreich bekämpfen und

die Körpertemperatur auf dem bestimmten notwendigem Wert halten zu können. Wir haben hier also Handlungsleitung oder Handlungssteuerung, Handlungsentscheidung bzw. -veranlassung durch Rückgriff auf physiologisch-biologische Werte. Umgekehrt wäre es natürlich möglich, in einem anderen Temperaturbereich unter demselben Grundwert, der positiven Schätzung der Konstanterhaltung der Körpertemperatur, ganz andere Maßnahmen zu ergreifen, wie ich es beispielsweise bei einer Gastprofessur in Südindien erlebt habe, bei der ich tatsächlich, um noch einigermaßen klar denken zu können, alle zwanzig Minuten versuchen musste, mich mit der Dusche abzukühlen und durch die Verdunstungskälte mir irgendwie eine gewisse Kühlung zuzuführen.

Die beste generelle Strategie des Handelns im Zusammenhang mit oder unter Benutzung von Werten, also durch die Bewertung von Zuständen oder Zielen, ist durch relative Präferenzbildung, durch begründete Präferenzentscheidungen zu erbringen. Diese Präferenzen prägen sich dann in der Rechtfertigung oder in der Entscheidung und Durchführung aus. Die Rechtfertigungen lassen sich präzisieren, verbal darstellen, also in Argumentationen bringen. Im Übrigen kann man auch die Präferenzentscheidungen selber und auch die Bewertung selber wiederum einer Metabewertung unterziehen, z.B. einer moralischen Beurteilung darüber, ob eine ökonomische Bewertung in einem gegebenen Zusammenhang zulässig ist oder warm usw.

Allgemein muss man sicherlich sagen, dass es bei Bewertungen um (die Einbettung in) einen Systemzusammenhang geht: Die allgemeinen Werte sind mit spezifischen Werten in einem System verbunden, welches natürlich von Wünschen, Zielen, Bedürfnissen, Gewohnheiten usw. abhängt, die der entsprechende Handelnde oder Bewertende hat. Die Entscheidung, jedenfalls in dieser Art von Rekonstruktion der Handlungssteuerung oder -rechtfertigung, ist dann sehr oft in gewissem Sinne – oft nur in gewissem Sinne! – folgerichtig und kann in einem Argument widergespiegelt werden. Sie ist dann in einem gewissen Sinne „rational", bezogen auf gegebene oder angenommene Präferenzen und Präferierbarkeit. Diese hängen natürlich ihrerseits wieder von vorausgesetzten Grundwerten oder Grundbewertungen ab, die in dem zu diskutierenden Zusammenhang selber nicht begründet oder erörtert werden, aber grundsätzlich auch ihrerseits begründet werden könnten.

Man sieht, dass diese Handlungsrechtfertigung doch in einen Rechtfertigungsdiskurs einmündet, insofern als die obige sprachliche Darstellung zur Wiedergabe der Handlungssteuerung durch den Bezug etwa auf den Wert „Körperwärme" usw., durch den Bezug auf das Ziel „Überleben" oder „Wohlbefinden" im Grunde schon so etwas wie ein Rechtfertigungsargument darstellt. Es handelt sich um einen so genannten praktischen Schluss oder um eine praktische Folgerung. Eine „praktische Folgerung" besteht darin, dass man etwas als „praktisch", empfehlenswert oder sogar unerlässlich erkennt oder aus dem Argument herausarbeitet und eine Entscheidung vorbereitet bzw. eine Empfehlung gewinnt. Bei unserem Beispiel geschieht das etwa in folgender Weise:

Für alle Menschen ist es unerlässlich und empfehlenswert, eine bestimmte Körpertemperatur konstant zu halten. Ich befand mich in einer zu kalten Umgebung. Also war es empfehlenswert, wärmende Maßnahmen zu ergreifen, und so ergriff ich diese Maßnahmen (ich zog alle Kleider an, ich kroch in meinen Schlafsack, ich kauerte mich zusammen, ich versuchte, alle Gelenke und Glieder, soweit in einem Schlafsack möglich, ständig zu bewegen, um Wärme zu erzeugen usw.). Das heißt also, ich kam in dem Beispiel und komme i.a. zu einem praktischen Schluss, der darin besteht, dass ich eine der Alternativen ergreife oder alle Alternativen, wenn diese sich nicht ausschließen und einander unterstützen und eine Alternative nicht ausreicht – dann ist es natürlich sinnvoll, verschiedene Alternativen zu initiieren.

Es handelt sich also insgesamt um einen praktischen Diskurs der argumentativen Rechtfertigung, welche die Handlungssteuerung und -rechtfertigung, die der ursprünglichen Entscheidung zugrunde lag, darstellt, diese präzisiert, konkretisiert. Die Präzisierung wird erst eigentlich als präzise Argumentation oder als ein Argument möglich gemacht.

Handlungsrechtfertigungen

Solche Entscheidungen, Präferenzargumente und praktischen Diskurse können natürlich auch antizipatorisch sein; sie können eine Entscheidung oder einen Entschluss begründen unter dem Gesichtspunkt „Was soll ich tun?" bzw. „Weshalb soll oder will ich etwas tun?" – unter Verweis auf bestimmte Bewertungen, positiv bewertete Zielzustände oder andere negativ bewertete zu vermeidende Zustände. Andererseits können aber solche Bewertungen auch retrospektiv-rechtfertigend verstanden werden: „Warum habe ich das getan?" – diese Formulierung führt zu einem typischen Legitimationsargument. „Weshalb habe ich das getan?" – die Antwort auf diese Frage kann ich als Legitimation gegenüber meinen eigenen Ansprüchen oder gegenüber solchen anderer ausführen. Bei sozialen Werten sind natürlich insbesondere die Ansprüche anderer relevant und zu berücksichtigen, insbesondere auch solche Ansprüche, die Institutionen mir gegenüber stellen. Man sieht also, dass derartige Rechtfertigungsdiskurse entweder antizipatorisch oder retrospektiv rechtfertigend sein können. In der retrospektiven Sicht kann dann auch eine Art von Erklärung des Handelns vorliegen. Dann greife ich nicht unmittelbar verbindlich auf den Wert zurück, ich verwende ihn nicht wirklich aktiv, um eine Entscheidung zu treffen oder zu rechtfertigen, wie meistens beim antizipatorischen Systematisieren, sondern es ist dann eher so, dass ich mich nachträglich selbst überzeuge, dass es vielleicht eine Entscheidung unter diesem Wertaspekt war usw. Ich bleibe in der Distanz des beschreibenden Beobachters. Ich kann also gleichsam Handlungserklärungen durch Rückgriff auf Werte, auch aus der Eigenperspektive vornehmen. Normalerweise wird es aber aus der Fremdperspektive geschehen. Der prototypische Fall ist, dass man die Handlung eines anderen durch Rückgriff auf bestimmte Werte, die dieser andere übernommen hat, akzeptiert, mit denen er sich identifiziert, die er quasi unterschreibt usw., erklärt oder zu erklären sucht. Das schon mehrfach erwähnte Beispiel: Der Samariter hilft dem Verunglückten aus Nächstenliebe, ist natürlich die Kurzform einer solchen Erklärung. Der Samariter hat

den Wert der Nächstenliebe für sich als Gebot adoptiert, als handlungsverbindlich, handlungsleitend oder -auslösend anerkannt, etwa
die Norm: „Hilf jedem Hilfsbedürftigen, der in deinen Handlungsbereich kommt, soweit du in der Lage und fähig bist dazu, soweit du die
Mittel hast, die Umstände es erlauben usw.!" Der Samariter hat also
den Wert der Nächstenliebe adoptiert. Er stößt auf einen Verunglückten. Aufgrund seiner Bindung an den Wert der Nächstenliebe bzw. an
das Gebot der Nächstenliebe, an die als verbindlich anerkannte Norm,
an die Handlungsregel der Nächstenliebe hilft er ihm, nachdem er die
Einschlägigkeit der Norm im vorliegenden Fall erkannt hatte.

Das wäre also eine einfache Handlungserklärung durch Rückgriff auf Werte. Dabei verbleibt charakteristischerweise der Erklärende in der Beobachterperspektive und nimmt selbst keinerlei Bewertung vor, sondern der Rückgriff auf Werte erfolgt hierbei stets
erklärend-beschreibend. Es kann natürlich auch die Frage gestellt
werden: „Warum hat der Samariter den Wert der praktischen Nächstenhilfe überhaupt übernommen?" „Warum hat er ihn adoptiert?"
„Warum erkennt er ihn für sich als verbindlich an?" Man kann dann
eventuell auf religiöse Motivationen oder auf Gott verweisen, der das
Hilfegebot erlassen hat oder auf Mitleid, das im realen Einzelfall
durch das Erleben des Unglücks eines anderen aktualisiert wird, also
auf eine Gefühlskomponente, oder auf rechtliche Beziehungen, denen
zufolge etwa in der Bundesrepublik – aber das war sicherlich nicht im
alten Israel so! – eine Rechtspflicht zur Hilfeleistung in bestimmten
Fällen besteht. Bei uns kann man wegen Unterlassung einer Hilfeleistung in einem entsprechenden Notfall verklagt werden, ganz anders
als z.B. in den USA, wo das nicht der Fall ist. Oder man kann auf moralische Regeln hinweisen, z.B. auf die Goldene Regel: Hier allerdings
käme nicht die übliche negative Fassung „Was du nicht willst, dass
man dir tu', das füg' auch keinem anderen zu!", sondern die positive
Formel in Betracht: „Was du möchtest, dass man dir in vergleichbaren
Falle auch leisten würde, das übe auch einem anderen Bedürftigen gegenüber aus!" Man mag auch auf das Prinzip der Austauschbarkeit
von Handelndem und Betroffenen verweisen. Moralische Bewertun-

gen sollen nicht egozentrisch in dem Sinne sein, dass sie immer jemanden privilegieren, grundsätzlich sollte der Handelnde sich auch in der Betroffenensituation verstehen können und danach seine Entscheidungen moralischer Art treffen. Oder man kann in vielen Fällen nach dem allgemeinen Sittengesetz Kants urteilen: „Handle repräsentativ!" Man soll so handeln, dass jeder auch so handeln wollen könne; jeder Handlungsvorsatz sollte allgemeinverträglich und allgemeinvertretbar sein, also so durchführbar sein, ohne dass die Menschheit sich selber aufhöbe und ohne dass sich ein Widerspruch ergäbe.

Viele solcher Gesichtspunkte können natürlich bei der Begründung der Antwort auf die Frage „Warum hat er den Wert der praktischen Nächstenhilfe übernommen?" eine Rolle spielen. Das können durchaus auch praktisch-pragmatische Überlegungen sein; es müssen nicht moralische Überlegungen sein: Eine Wertübernahme kann durchaus auch als eine generelle ökonomische Kalkulation von Chancen und Risiken oder als Klugheitsregel zur Minimierung potentieller Risiken verstanden werden. Worauf es hier ankommt, ist, dass die Übernahme des Wertes selber als eine Handlung verstanden und als solche erklärt werden kann: Man kann also auch Handlungen der Wertübernahme, der Wertakzeptierung selbst erklären. Das geschieht natürlich dann auf einer recht allgemeinen Ebene. Letztlich setzt der Satz „Der Samariter half dem Hilfsbedürftigen aus Nächstenliebe" die Möglichkeit einer solchen Erklärung voraus. Wer Handlungserklärungen durch Werte vornimmt, setzt voraus, dass auch eine Erklärung der Wertungsübernahme möglich ist. In dem praktischen Zusammenhang spielt freilich eine solche Wertadoptionserklärung im Einzelnen keine Rolle, sondern es wird nur davon ausgegangen, dass die Wertadoption oder die Identifizierung mit dem Wert – etwa bei dem Samariter – vorhanden ist.

Handlungserklärung durch Rückgriff auf Werte

Wichtig ist, dass, wenn ein Wert zugeschrieben wird, dieser einer Person, Gruppe oder einem Handlungsträger hypothetisch unterstellt wird und dass, wenn man diese Wertadoption generell zuschreibt, man auch in Bezug auf Einzelentscheidungen oder Bewertungen von Einzelhandlungen eine systematisierende Begründung erarbeiten kann.

Man kann solche Erklärungsargumente verwenden, ohne dass man als der Erklärende selbst dem entsprechenden Wert anhängen muss. Es handelt sich um eine deskriptiv durchzuführende, eine kognitiv-neutrale Angelegenheit. So kann man auch generelle Handlungsmuster, ganz allgemeine Handlungsdispositionen hinsichtlich ihrer Entstehung oder Funktion erklären. Beispielsweise kann man die Gewohnheit eines Menschen, über alle Ausgaben genau Buch zu führen, damit erklären, dass dieser Mensch Sparsamkeit als einen hohen Wert schätzt. Ferner kann man die Handlung der Adoption, der Wertübernahme, der Wertbefolgung selbst auf eine solche Weise erklären, etwa die Adoption der Sparsamkeit aus der Ordnungsliebe erklären. Und schließlich wäre der interessantere Fall, dass man Einzelhandlungen, etwa im Samariterbeispiel, aus hypothetisch zugeschriebenen Wertadoptionen erklärt oder aus den Identifikationen des Handelnden mit einer gewissen Wertstruktur oder einem gewissen Gebot oder einer Norm.

All das Erwähnte zeigt, dass Werterklärungen Spezialfälle dispositioneller Erklärungen sind: Die allgemeine Handlungsdisposition, einem bestimmten Wert zu folgen, den Wert der Nächstenliebe bzw. die Norm der Nächstenhilfe für sich als verbindlich anzuerkennen, ist natürlich eine Disposition, die ihrerseits ausgebildet, übernommen und dem Träger zugeschrieben wird.

1) Solche dispositionellen Handlungserklärungen durch Werte geben im allgemeinen Fall zunächst relativ allgemeine und unspezifische Begründungen an:

2) Sie verknüpfen einzelne Handlungen mit den individuellen oder kollektiven Handlungsmustern, die beim Handelnden in der Zuschreibung durch den Wertenden schon in der Vergangenheit vorhanden oder wirksam gewesen sind, die dieser also schon angenommen hatte. Insofern handelt es sich um nicht zirkuläre, sondern um gehaltvolle Erklärungen; sie betreffen nämlich Einzelhandlungen und beziehen diese Einzelhandlungen oder deren Beschreibungen wiederum auf generelle oder auf allgemeine Handlungsmuster und Handlungsdispositionen. Die Wertkonstrukte gehören sozusagen zu den strukturierenden Dispositionen für Handlungsmuster und deren Selektion.

3) Handlungserklärungen durch Rückgriffe auf Werte sind oft informativer als bloße Angaben über wünschenswerte Zielzustände, da nahe liegende Ziele sehr häufig aus angenommenen Werten ableitbar sind, was umgekehrt nicht gilt.

4) Wertzuschreibungserklärungen sind idealtypische Einteilungen von Wertorientierungsmustern und -typen, also typische Konstruktbildungen, Interpretationskonstrukte, die Hypothesen über eine Kontinuität der Wertorientierung voraussetzen und die letztlich eine bestimmte Verhaltensstabilität garantieren oder ermöglichen, Hypothesen, die gleichsam das Handeln erst typisieren oder zu typisieren, in Mustersituationen zu strukturieren und zu ordnen erlauben. Das alles ist erst möglich, wenn man auf allgemeinere Zusammenhänge zurückgeht und nicht nur immer am einzelnen Fall individuell erklärt (man kann beim Erklären eigentlich überhaupt nie ganz individuell vorgehen; Erklären umfasst ja immer so etwas wie Rückgriff auf gewisse allgemeinere Zusammenhänge, auf Gesetze, Regeln, Trends usw.).

Handlungserklärungen durch Wertbezüge stellen also solche Verbindungen zwischen Allgemeinheiten einerseits und spezifischeren untergeordneten Einzelheiten etwa der bestimmten Entscheidung oder Wertung her. Natürlich kann man die Handlungserklärungen ihrerseits noch untergliedern und verschiedene Typen voneinander absetzen, was hier zu weit führen würde.

Handeln ist interpretationsimprägniert

Generell ist zu sagen, dass die Orientierung des Handelns an Werten in verschiedener Weise von Interpretationskonstrukten abhängig ist, auch insofern man das Handeln selbst auch als interpretationsimprägniert verstehen muss. Auch Handlungen sind, wie erwähnt, nur als/durch Interpretationskonstrukte (er)fassbar (Verf. 1978). Handeln ist im Grunde nichts naturgesetzlich Gegebenes, sondern geht über das durch Naturgesetze bestimmte Verhalten, etwa reflektorische Reaktionen, über das „law-governed behaviour", hinaus. Handeln heißt, dass man auch hätte anders handeln können, dass also keine naturgesetzliche Möglichkeit zwingt, genau so zu handeln. Einem Patellarsehnenreflex kann ich, wenn der Reiz gesetzt ist, nicht ausweichen; ich kann die Reaktion nicht abstellen; ein Reflex läuft gleichsam automatisch ab. Das gilt für eine Handlung nicht: Eine begonnene Handlung kann ich abbrechen, ich kann von der Regel des Handlungsablaufs abweichen, Handlungs"gesetze" und Handlungsvorschriften kann ich brechen. Deswegen kann man hier nicht von Naturgesetzen reden, sondern nur von Handlungsregeln. Auch die Situation kann ich anders auffassen, etwa umdeuten. Ich kann aus einem Handlungszusammenhang aussteigen, etwa aus einem bestimmten Spiel: ich spiele nicht mehr mit, bin der oder spiele den Spielverderber u.ä. Kurz: ich kann als Handelnder meine Handlungen, wenigstens im Prinzip, kontrollieren und gestalten. Handeln ist, soweit man seinen Ablauf über die physiologische Mikroebene hinausgehend analysiert, kein ausschließlich von strikten Naturgesetzen und Ablaufgesetzen beherrschtes Verhalten, sondern ein Verhalten, das an Regeln orientiert ist, wobei der Handelnde selbst sich an Regeln in dem Sinne orientiert, dass er Regeln befolgt, die er nicht unbedingt befolgen müsste. Das „rule-conforming behaviour" wird von den Angelsachsen als charakteristisch für das Handeln dem „law-governed behaviour" gegenübergestellt. Regeln kann ich brechen, Regeln muss ich nicht unbedingt beachten. Handeln ist regelgeleitet – und auch insofern interpretationsimprägniert. Handeln, bewusstes Handeln, intentionales Handeln ist dadurch ausgezeichnet, dass man auch hätte anders handeln können. Die Orientierung des Handelns an Regeln ist jedenfalls nicht eine strikte Gesetzesdetermination. Die Orientierung umfasst das Befolgen von Regeln wie auch das absichtliche Abweichen von Regeln, die man ex definitione brechen kann. Man hält sich an Standardverhaltensweisen und Vorschriften, an Normen, aber es muss nicht naturgesetzlich so sein, dass ich diesen Normen so folge. All das gilt natürlich erst recht für soziale Normen, Konventionen, Regeln, die institutionalisierte Regeln sind, in soziale Zusammenhänge, Lebensformen eingebettet sind. Das im Allgemeinen normenorientierte, regelfolgende oder auch regelbrechende Handeln ist also anders zu verstehen als naturgesetzliches Reagieren und Ablaufen. Es ist meistens in Institutionen eingebettetes, auf institutionelle Erwartungen und Standardabläufe bezogenes Verhalten. Ich kann mich freilich auch an Gepflogenheiten oder Quasi-Normen halten, die nur für mich individuell gelten, die ich mir vorgenommen habe. Arnold Gehlen hat einmal die Persönlichkeit definiert als „eine Institution in einem Fall": Die Persönlichkeit setzt sich selber die Regeln. Doch das ist ein Sonderfall. Man könnte aber von einem gewissen gradweisen Übergang zwischen individuellen Normen und institutionell verallgemeinerten, in einer größeren Gesellschaft oder Gruppe geltenden Normen sprechen. Auf die Normen müsste man eigentlich näher eingehen, was hier nicht geschehen kann. Hier ging es zunächst nur um die Rolle von Bewertungen in Handlungen und darum, dass Handlungen Interpretationskonstrukte sind, weil sie nur im Rahmen von zu befolgenden Regeln als Handlungen aufgefasst werden können. Eine Handlung ist nicht in erster Linie eine in der Außenwelt vorhandene Entität, kein sozusagen ontisches Wesen, keine ontologische Entität, sondern Handlungen als solche sind immer gedeutet, sie kommen nur als interpretatorische Konstrukte zustande, Handlungen sind interpretationsgeladen, interpretationsimprägniert, zum bloßen Verhalten, zu einer bloßen etwa Bewegung kommt beim Handeln nichts real oder eigenständig Existierendes, nichts Materielles hinzu, sondern der Handlungscharakter ergibt sich wesentlich durch die Interpretation. Eine Bewegung bzw. ein Verhalten wird als Handlung interpretiert, wird erst durch die Deutung zur Handlung. Eine Deutung ist per se abhängig von Konstrukten, von Modellen, von Normen. Handlungen basieren zwar meistens auf einem Trägerprozess, der sich beobachten und u.U. biologisch bzw. biomechanisch erfassen lässt: Wenn ich den Arm hebe, dann ist das physiologisch analysierbar und unterliegt auch physikalischen und biomechanischen Gesetzmäßigkeiten, aber die Institutionalisierung dieser Bewegung als Handlung – derart, dass sie z.B. ein „Winken" bedeutet oder den im Dritten Reich sog. Deutschen Gruß – das hängt sehr stark von Deutungen ab. Im letzteren Fall ist es natürlich sehr einsichtig, dass das nicht aus der Biomechanik abgeleitet werden kann.

Handlungen sind als Interpretationskonstrukte zu verstehen, zu erfassen bzw. zu konzipieren und auszuführen. Sie sind auch mehrstufig als solche zu verstehen, sie werden als Interpretationskonstrukte über einen Trägerprozess konstituiert.

Deutlicher wird der Konstruktcharakter von Handlungen jedoch bei Unterlassungshandlungen, weil ja hier ein äußerlich wahrnehmbarer Bewegungsprozess fehlt. Eine Unterlassung ist auch eine Handlung, eine solche, die man in einer bestimmten Situation vom Handelnden bzw. vom Nichthandelnden hätte erwarten können, die aber nicht ausgeführt wurde. Eine bewusste Unterlassung ist eine Handlung, die deutlich nur durch eine Interpretation aufgrund der entsprechenden normativen Erwartung zustande kommt, erfasst, erkannt, verstanden werden kann. Natürlich muss man zwischen Vernachlässigungen oder Unterlassungen im Vergessenssinne und bewussten Unterlassungen unterscheiden, bei letzteren wird absichtlich die Handlung nicht durchgeführt, auf die der Beobachtende oder derjenige, der das zu verantworten hat, vielleicht der Handelnde selbst, sich hätte kaprizieren können oder sollen. Gerade durch die interpretative Rekonstruktion und Einbettung in ein Erwartungsschema, also letztlich in eine normativ regulierte und strukturierte Situation, wird eine beabsichtigte Unterlassung erst konstituiert, erst als eine besondere Art von Handlung aufgefasst.

In der Deutung einer Handlung werden u.a. überindividuelle, soziokulturell geprägte Interpretationsmuster angewandt. Diese haben einen über Einzelindividuen hinausreichenden Geltungsanspruch und besitzen vielfach überindividuelle Geltung, sie existieren in und durch die Geltung. Das gilt nicht nur für die Konstitution und Rekonstruktion der entsprechenden Muster, sondern es gilt auch für die Normen oder die zugrunde liegenden Werte, denn jede solche Interpretation erfolgt unter Bezugnahme auf kulturelle Prägungen, auf Werte, auf Normen usw. Wir haben oben von sozialen Werten gesprochen, die in gewisser Weise institutionell gebunden, von der Kulturgemeinschaft, der Sozialgemeinschaft in gewisser Weise vorgeprägt, vorgegeben oder/und rechtlich oder anderweitig durch Kontrollen und Erwartungen institutionalisiert, also positiv oder negativ sanktioniert, sind. Solche sozialen Werte sind eng mit Normen, mit Verhaltens- und Handlungserwartungen, verschwistert.

Eine Verfestigung solcher Deutungsmuster geschieht in der Erziehung oder so genannten „Sozialisation" und durch die intersubjektive Verbreitung der entsprechenden institutionalisierten Handlungsmuster bzw. erwarteten Handlungsweisen, die eben sozial „normiert" sind, z.T. bewusst durch Sanktionen geregelt und kontrolliert werden.

Der Handelnde selbst kann sein Handeln auch als Handlung nur interpretativ verstehen, er deutet sein eigenes Handeln und konstituiert es sozusagen in Abhängigkeit von Deutungen. Ohne Interpretationsleistungen kann es überhaupt nicht verstanden werden, kann Handeln sich nicht über Verhalten oder bloßes reflektorisches oder Reaktionsverhalten hinaus erheben. Die Muster, die Weisen dieser Handlungsrekonstruktionen und -interpretationen und der entsprechenden Darstellungen und der Repräsentationen zu analysieren – das ist natürlich ein eigenes Thema, ein weites Feld. Auch hier muss der

Handelnde sich auf bestimmte Strukturen und Imagebildungen, auf Bilder, Vorstellungen generalisierter Art kaprizieren, die er benutzt, um seine Handlung selbst einerseits zu verstehen, in ein generelleres Muster einzubetten, und andererseits auch unter gewissen sozialen und Wertzusammenhängen deuten und anpassen, als normengeregelt verstehen und u.U. motivieren zu können. Entsprechend sind auch im Alltag wie in den Handlungswissenschaften, besonders der Psychologie, Konstruktbildungen üblich, die man Motive und Motivationen nennt. Auch das ist ein weites Feld. Hier soll nicht näher darauf eingegangen werden, dass man Motive und Motivationen als solche Konstruktbildungen, als Interpretationskonstrukte verstehen muss, und zwar sowohl aus der Beobachterperspektive als auch aus der Perspektive des Handelnden selbst, der bewusst sozusagen einem Motiv folgt, insofern als bei Handlungen immer Motive – und Motivationen, das heißt aktualisierte Motive – eine Rolle spielen – auch hier ist ein weites Problemfeld für eine interpretatorische Analyse gegeben. Motivationen und Motive sind auch Interpretationskonstrukte (vgl. Verf. 1987, 183ff.).

Handeln lässt sich also zusammenfassend kennzeichnen als ziel- und normenorientiertes Verhalten in sozial eingebetteten Handlungs- und Verhaltensstrukturen, ausgerichtet an Strukturimages, an Erwartungen. Es ist in idealtypischen Modellen in Abhängigkeit von den Strukturen und Strukturimages beschreibbar. Handlungen sind Interpretationskonstrukte, und dementsprechend dann auch nur durch, in Deutungen und durch entsprechende Verfahren der Interpretation zu analysieren.

3. Ist Sport noch spielhaft?

Es war ein japanischer Dichter, Akutagawa Ryûnosuke, der eine neue Spielmetapher für das Leben entwarf: „Das menschliche Leben ist wie Olympische Spiele, von einem Verrückten veranstaltet!" Und umgekehrt! so möchte ich ergänzen. Das Menschlich-Allzumenschliche, ja, gelegentlich Unmenschliche des Lebens ist gerade auch den olympischen Wettkämpfen nicht fremd. Zumal heute! Wurden die Olympischen Spiele nicht zu einem telekratischen Superspektakel umfunktioniert, das man bissig heute eher als „Kommerziade" und „Dopiade" bezeichnen könnte? Im Zeitalter der Telekratie ein effektiv kommerzialisierter Artistenzirkus mit weltweiter Allpräsenz und Höchstpreise garantierendem Nachfrageboom. Sind sie noch Spiele? Oder haben sie ihren traditionellen oder angeblich einst vorhandenen Spielcharakter längst verloren? Wenn sie als Mikrokosmos des Menschenlebens, des Weltspiels aufgefasst werden, warum sollten sie dann nicht alle Höhen und Tiefen des Menschlich-Allzumenschlichen zeigen?

„Das Leben als Weltspiel" – so überschrieb der japanische Philosoph und Theologe Katsumi Takizawa, das Wort Ryûnosukos aufnehmend, das Hauptkapitel seiner Arbeit „Weltspiel und Leben". Er interpretierte das Wort freilich anders – im Sinne einer Heiterkeit des Spiels, der notwendigen „Urabsprache", der Einheit von Lernen und Tun, der unvermeidlichen Unvollkommenheit des Leistungsspiels und des „unendlich geheimnisvollen" Symbol-Charakters des Spiels, das dessen unerschöpflichen Reiz ausmache.

Weltsymbol Spiel – das „Spiel als Weltsymbol", wie der Heidegger-Schüler und Existenzialphänomenologe Eugen Fink es formulierte: Das „Menschenspiel" ist ihm „Welt-Symbol", spiegelt im abgegrenzten, gleichsam sakralen Raum-Zeit-Bezirk „das Spiel der Welt". Der Charakter eines „heiligen Hains", die „Temenos-Struktur", mache das Spiel zum „kosmischen Gleichnis" (235): „Spielend verstehen wir anders das waltende All – als in Arbeit, Kampf, Liebe und Totenkult – uns gehen andere Seiten, andere Dimensionen auf"(225). „Im menschlichen Spiel ereignet sich eine Ekstase des Daseins zur

Welt. Spielen ist deswegen immer mehr als nur irgendein binnenwelt-
liches Benehmen, Handeln, In-Aktion-sein des Menschen. Im Spiel
,transzendiert' der Mensch sich selbst, übersteigt er die Festlegungen,
mit denen er sich umgeben und in denen er sich ,verwirklicht' hat
...“(231). Kurz: „Im Spiel des Menschen scheint das Weltganze in sich
selbst zurück, lässt an und in einem Innerweltlichen, an und in einem
Endlichen Züge der Un-Endlichkeit aufschimmern. Das Spiel ist ein
existentieller Vollzug, welcher aus einer rein immanenten Betrachtung
der menschlichen Dinge herausführt ...“(230). Doch „das Spiel der
Welt ist niemandes Spiel, weil es erst darin Jemanden, Personen,
Menschen und Götter gibt; und die Spielwelt des Weltspiels ist nicht
ein ,Schein‘, sondern die Erscheinung"(241). Das Gleichnis also
sprengt die Metapher, so fruchtbar diese scheint.

Gleichnis und Metapher sind nicht neu. Hatte nicht schon He-
raklit in seinem Fragment 52 den „Äon" ein spielendes Kind genannt?
„Die Lebenszeit ist ein Knabe, der spielt, hin und her die Brettsteine
setzt: Knabenregiment!" (Übersetzung Diels). (Mansfeld übersetzt:
„Das ewige Leben ist ein Kind, spielend wie ein Kind, die Brettsteine
setzend; die Herrschaft gehört einem Kind.") Hatte nicht auch schon
Platon in seinen Gesetzen (VII 803 c) behauptet, dass „der Mensch ...
nur als ein Spielzeug Gottes geschaffen sei, was in der Tat das Beste
an ihm ist" – und hinzugefügt, „ein jeder, Mann oder Frau", müsse
sich „diesem Umstand fügen und sein Leben lang die schönsten Spiele
spielen, die es gibt – nach einer Denkweise also, die der heute geltenden gerade entgegengesetzt ist" (Übersetzung Gigon).

Der Heraklitiker der Moderne par excellence, Friedrich Nietzsche, interpretierte (III, 376-381) kongenial die ästhetische Grundauf-
fassung vom „Spiel der Welt" als „das Spiel des großen Weltenkindes
Zeus" und sah darin „die Lehre vom Gesetz im Werden und vom Spiel
in der Notwendigkeit", den Ansatzpunkt zu seiner Lehre von der ewigen Wiederkehr, des rhythmischen Kreisens des Weltenspiels in sich:
„Das schöne unschuldige Spiel des Äon": „Ein Werden und Vergehen,
ein Bauen und Zerstören ohne jede moralische Zurechnung in ewig
gleicher Unschuld hat in dieser Welt allein das Spiel des Künstlers

und des Kindes. Und so, wie das Kind und der Künstler spielt, spielt das ewig lebendige Feuer, baut auf und zerstört, in Unschuld – und dieses Spiel spielt der Äon mit sich. Sich verwandelnd in Wasser und Erde, türmt er wie ein Kind Sandhaufen am Meere, türmt auf und zertrümmert: Von Zeit zu Zeit fängt er das Spiel von neuem an. Ein Augenblick der Sättigung: Dann ergreift ihn von neuem das Bedürfnis, wie den Künstler zum Schaffen das Bedürfnis zwingt. Nicht Frevelmut, sondern der immer neu erwachende Spieltrieb ruft andre Welten ins Leben. Das Kind wirft einmal das Spielzeug weg: bald aber fängt es wieder an in unschuldiger Laune. Sobald es aber baut, knüpft, fügt und formt es gesetzmäßig und nach inneren Ordnungen. So schaut nur der ästhetische Mensch die Welt an, der an dem Künstler und an dem Entstehen des Kunstwerks erfahren hat, wie der Streit der Vielheit doch in sich Gesetz und Recht tragen kann, wie der Künstler beschaulich über und wirkend in dem Kunstwerk steht, wie Notwendigkeit und Spiel, Widerstreit und Harmonie sich zur Zeugung des Kunstwerkes paaren müssen." (376f.)

Mächtige Metapher – in der Tat: Doch Metaphern sind tückisch. Das Spiel ohne Spieler bei Fink, die Unterstellung des „Äon" als des Spielers bei Heraklit-Nietzsche zeigen es. Kann man tatsächlich das Spiel als „ein Urprinzip alles Lebendigen", als „Urphänomen des Lebens", ja, des ganzen Kosmos verstehen, wie es der Pädagoge Hermann Röhrs im goetheschen Sinne des Begriffs ‚Urphänomen' versteht.

> „Urphänomen: Ideal-real-symbolisch-identisch.
> Ideal, als das letzte Erkennbare;
> Real, als erkannt;
> Symbolisch, weil es alle Fälle begreift;
> Identisch, mit allen Fällen." (Goethe)

Goethe meint: „Alle Glieder bilden sich aus nach ew'gen Gesetzen, /Und die seltenste Form bewahrt im Geheimen das Urbild." Das Urphänomen ist ihm also gleichzeitig vollkommenste Ausprägung der Erfahrung, wie z.B. der Magnet die reinste Widerspiegelung der Polaritätserfahrung ist: „ein Urphänomen, das man nur aussprechen darf, um es erklärt zu haben", und „Urbild"-Anfangsglied sowie idealtypische Gesetzesgestalt für die lebendig sich entwickelnde Form. „Man suche nur nichts hinter den Phänomenen; sie selbst sind die Lehre". Der ideale Typus ist für Goethe zugleich Phänomen, Beschreibungskategorie, reales Anfangsglied und die Gesetzlichkeit der dynamischen Entwicklung. Aber er warnt auch: „Wenn ich mich beim Urphänomen zuletzt beruhige, so ist es doch auch nur Resignation ..." Unterliegt nicht die Spielmetapher vom Weltspiel ohne Spieler auch einer solchen irreführenden Verzerrung, einer Konfusion von Idealtyp, Anfangsgestalt und Entwicklungsgesetzlichkeit – eine irreführende Aufblähung des Ausdrucks ‚Spiel‘, die sich heute noch in Manfred Eigens molekularbiologischen Theorie der hyperzyklischen Lebensentstehung wieder findet. Auch das Wort vom „Urphänomen" im Sinne Goethes verwirrt, verzerrt, verunklärt eher, als dass es das Verständnis fördert. Ist die Spielmetapher selbst nur als Spiel mit einer Metapher aufzufassen, oder steckt hinter dem Symbol mehr als ein irreführender Einfall? Ist die Welt als Spiel, als Tanz der Materieelemente, als immer wiederkehrendes rhythmisches Tanzspiel zu deuten? Wird hier – wie auch bei Eigen/Winkler – nicht eine Metapher unkontrolliert ins Unabsehbare überdehnt?

Und dennoch: Metaphern sind fruchtbar – regen an zu neuen, faszinierenden Deutungen, wenngleich sie nicht eigentlich das meinen, was sie wörtlich sagen. Sie müssen selbst erst im Hinblick auf konkrete Phänomene und Anwendungsbereiche gedeutet werden; dann aber können sie sogar zu echten neuen Einsichten führen. Was spiegelt sich im Spiel? Wenn nicht der ganze Kosmos – so doch das Leben? Ist das „Leben selbst ... ein Spiel", wie man (H. Hervey) Wittgensteins Sprachspielmodell kritisch entgegenhielt: Er überdehne das Modell der Spielmetapher so, dass das ganze Leben zu einem Sprachspiel würde. „Alles ist Spiel – und Brot stillt den Hunger", soll ein afrikanisches Sprichwort lauten. „Alles ist Spiel": Diese Einsicht drängte sich auch Johan Huizinga in seinem klassischen Werk Homo ludens am Ende „vielleicht mit etwas positivem Klang" auf. Huizinga ergänzt: „Das scheint billiger metaphorischer Ausdruck zu sein, lediglich Ohnmacht des Geistes; doch ist es die Weisheit, zu der Plato gekommen war, als er den Menschen ein Spielzeug der Götter nannte." Eigentümlicherweise findet sich der Gedanke auch in der Bibel, in Salomos Sprüchen (8:30f.), wo die Ewige Weisheit vor aller Schöpfung spielte, um Gott zu erfreuen, und in der geschaffenen Welt gemeinsam mit den Menschenkindern spielte. Die Schöpfung selbst ein Spiel?

Ist die Heraklitisch-Nietzschesche Metapher vom Lebensspiel eine derartige Überdehnung? Kann man die Welt oder wenigstens das Leben wesentlich als Spiel auffassen? Sind Wesensklärungen bei solchen Metaphern möglich? Wie lassen sich solche Gleichnisse und Metaphern philosophisch und methodologisch verstehen? Was lässt sich gegenüber einer vielleicht voreiligen Pauschalkritik von solchen metaphorischen Einfällen retten? (Nicht zufällig kommen übrigens Nietzsche und Wittgenstein als antiessentialistische, gegen jede Wesensontologisierung zu Felde ziehende Philosophen hier „ins Spiel"!)

Gleichnisse, Metaphern, Symbole müssen zum erkennenden und deutenden Vorgehen des Menschen in Beziehung gebracht werden. Sie sind stets nur durch Interpretationen aufzufassen, also interpretativ zu dechiffrieren. Man muss Nietzsches und Wittgensteins gegen jede Wesensphilosophie gerichteten Ansätze weiterführen, um zu einer widerspruchsfreien und zutreffenden Deutung der Spielmetaphern zu gelangen, welche die herkömmlichen essentialistischen Subsumtionen der Spieltheorien vermeidet.

Nietzsche, der große Perspektivist, verwies auf die Interpretativität jeder Welterfassung: „Tatsachen gibt es nicht, sondern nur Interpretationen" (III, 903)! Als seinen „Hauptsatz" bezeichnete er: „Es gibt keine moralischen Phänomene, sondern nur eine moralische Interpretation dieser Phänomene" (III, 485). Für Wittgenstein (PU § 371) ist „das Wesen ... in der Grammatik ausgesprochen": Wesensaussagen sind Feststellungen über tiefengrammatische Regeln zu Bedeutungszusammenhängen. Nimmt man beide Ansätze zusammen und entkleidet sie ihrer antirealistischen Einseitigkeiten, so lässt sich eine Philosophie des methodologischen und transzendentalen Interpretationskonstruktionismus entwerfen, die zu einer neuen Deutung auch der Spielphänomene führt.

Seit fünfzehn Jahren arbeite ich an einer Methodologie der Interpretationskonstrukte, die einen neuen Ansatz der Erkenntnistheorie und Wissenschaftstheorie umfasst, der von idealtypischen, mehr oder minder bewusst konstruierten Interpretationen zur Deutung unserer Welterfassungsprozesse ausgeht. Ich spreche von „Interpretationskonstrukten", die der Mensch als sprechendes und auf Deutungen angewiesenes Wesen in sozialkulturell bedingten oder in individuellen, bewussten Entwürfen perspektivisch zur Weltdeutung nutzt. (Das Modell wurde entwickelt, indem auf die Interpretationsgebundenheit, die Interpretativität, des kantischen Vernunftbegriffs und des Handlungsbegriffs sowie der Motivations- und Wertbegriffe aufmerksam gemacht wurde; bei allen diesen und vielen anderen Begriffen handelt es sich um Interpretationskonstrukte, also um begriffsstrukturelle Vorentwürfe, deren wir bedürfen, um Erkenntnis erlangen, konstituieren und deuten zu können.) Günter Abel zeigte übrigens (1984), dass Nietzsches pragmatistischer Perspektivismus auch als ein solcher umfassender Interpretationismus aufgefasst werden kann.

Ich spreche von einem Grundsatz der Interpretationsimprägniertheit jeglicher Welterfassung, der alles Erkennen, aktive Entwerfen und Handeln beherrscht. „Dass der Wert der Welt in unserer Interpretation liegt", würde ich mit Nietzsche (III, 497) betonen; freilich möchte ich den „interpretativen Charakter" alles Geschehens: es gäbe kein Ereignis, keine Realitäten an sich nicht in der Art überziehen, wie es mit Nietzsche Abel (1984, 133, 162f, s.a. 145) wohl tat. Nur jedes Benennen, Erfassen, ja, Denken des Geschehens ist unausweichlich interpretationsimprägniert. Mein Interpretationismus ist mit einem hypothetischen (freilich selbst nur als modellhaft (meta)interpretativ erfassbaren) Realismus vereinbar. Er beschränkt die Interpretativität auf die Welterfassung und -strukturierung, einschließlich jeglicher Denkweisen und der der Konstituierung von Typen, Arten, Gattungen und besonders sozialen Entitäten. Der methodologische Interpretationskonstruktivismus kann als ein transzendentaler Interpretationismus

– ähnlich dem Kantischen transzendentalen Idealismus – verstanden werden, ohne ein absoluter Interpretationsidealismus zu sein. Alle Welterfassung ist nur in Interpretationen, in Interpretationskonstrukten möglich. Dennoch muss die Welt nicht schlechthin in bloßen Interpretationen existieren, selbst wenn sie nur in notwendiger Abhängigkeit von grundlegenden Interpretationen, also durch Interpretationskonstrukte gedacht, erfasst, erkannt werden kann. – Wittgenstein variierend könnte man sagen: „Das Wesen ist in Interpretationen ausgedrückt." Ich würde nicht so weit gehen wie Günter Abel, der in einem grundlegenden „Satz der Interpretation" formuliert: „Alles, was ‚ist‘, ist Interpretation, und Interpretation ist alles, was ‚ist‘," (1984, 182). Die unabhängig von Abels Nietzsche-Deutung entwickelte Erkenntnistheorie der Interpretationskonstrukte betont nur, dass jede Erfassung interpretationsimprägniert ist, notwendig auf zum Teil unveränderliche, schon in unserer biologischen Ausstattung angelegte, zum Teil auf bewusst selektierte theoretische Konstruktionen, Interpretationen angewiesen ist. Welt ist nur in Interpretationen fassbar, strukturierbar, erkennbar, ja, denkbar, sie konstituiert sich in diesem Sinne nur in Interpretationen. In diesem Sinne und nur so kann man mit Abel sagen: „Welt, Wirklichkeit und Sinn sind nur und als Interpretation" (169).

Zumal die soziale Welt ist in der Tat nur in der interpretierenden Konstruktion. Hier gehen Interpretation und reale Erzeugung qua konstituierende Konstruktion ineinander. Im Sozialen gewinnen Interpretationskonstrukte, sind sie einmal akzeptiert und institutionalisiert, gleichsam wirksame Realität, soziale Realität. Hier wird die Interpretationsabhängigkeit aller Erfassung unmittelbar real konstitutiv. Soziales ist durch Interpretationen erzeugt, die von vielen Interpreten (annähernd) gleich gebildet, angewendet und gemeinsam getragen werden.

Hier wird sogleich deutlich, wie wichtig und neuartig dieser Ansatz für eine Theorie der Spiele und der Spielmetaphern werden kann. Nicht nur ist die Metapher vom Spiel als Weltsymbol interpretationistisch, sondern die (sozialen) Spiele der Menschen sind als soziale Erzeugnisse interpretationsabhängig konstituiert, begründet. Sie lassen sich nur interpretativ, nur in Abhängigkeit von ihren Regeln, Funktionen, Ausgrenzungen, Sinndeutungen usw. verstehen und analysieren. Spiele sind Interpretationskonstrukte – Spielmetaphern ebenfalls. Soziale Spiele sind im Gegensatz zu bloßen Metaphern eigens als institutionalisierte Interpretationskonstrukte mit einer sozialen Realität versehen, sie sind interpretativ erzeugt. Das Wesen auch der Spiele ist in Interpretationen ausgedrückt. Es gibt keine interpretationsunabhängigen Spiele an sich. Spiele – und Spielmetaphern – sind notwendig perspektivisch-interpretativ. Nicht von ungefähr sprach auch der Klassiker der modernen Spielkulturforschung, Johan Huizinga, von Beschreibungen, Erklärungen „sub specie ludi". Wiederum Nietzsche variierend könnte man sagen: Es gibt nicht (interpretationsunabhängige) Spiele an sich, sondern es gibt nur spielhafte Interpretationen. Handlungsgefüge (und in Spielmetaphern auch handlungsunabhängige Wirkungsgefüge) werden als Spiel oder spielartig gedeutet. Entsprechendes gilt für alle Spielmetaphern, spielerische Absichten und Mentalitäten („ludische Intentionalität" nach Röhrs (1981, 82)) usw.

Üblicherweise wird betont, es gäbe keine einheitliche oder generelle Theorie der Spiele: Angesichts der Vielfalt der Spielpraxis in aller Welt seien die jeweiligen Theorien „weitgehend von den weltanschaulich-existentiellen Bedingungen und ihrer politischen Begründung abhängig" (so Röhrs 1981, 72). Der Spielbegriff, meint zu Recht Wolfgang Breidert, „besitzt eine starke Disposition zur Mehrdeutigkeit und Vagheit, die aber gerade in diesem Falle auch etwas von der Sache selbst indiziert". Deshalb seien „alle Versuche, ‚das' Spiel zu definieren und ‚die' Spiele zu klassifizieren, gescheitert, jedenfalls immer in einigen Punkten unbefriedigend oder einseitig." Zudem sieht er auch, dass der Spielbegriff interpretationsabhängig ist und dass Interpretationen selbst als Spiele gedeutet werden können: „Diese vielfältigen Schichtungsmöglichkeiten bilden den Grund dafür, dass es keine allgemein verbindliche Spieltheorie geben kann, die alle Bereiche abdeckt." So könne es nur „differenzierende spezielle Arbeiten zu einzelnen Bereichen oder Aspekten des Spiels bzw. von Spielen" geben, die aus der Vielzahl der Perspektiven und vieldeutigen Bezugspunkte auswählen und meistens in Bezug auf andere „Gegenbegriffe" zum Spiel reflektieren wie „Ernst, Ruhe, Verbindlichkeit, Arbeit, Regelhaftigkeit, Regellosigkeit, Absichtlich-, Zweckhaftig-, Sinnhaftigkeit, Gerichtetheit usw."

Diese These des Ungenügens gilt auch für alle Ansätze, die das Spiel auf andersartige Funktionen oder Triebe – außer dem genannten „Spieltrieb" selbst – zurückführen wollen. Sie alle leiden unter Einseitigkeit. Aristoteles verstand das Spiel als Erholung oder Lockerung durch Abwechslung. Schopenhauer sah im Spiel ein Gegenmittel gegen Langeweile, (umgekehrt herrscht für Paul Valery das Spiel dort, „wo die Langeweile das zu entbinden vermag, was der Eifer gebunden hat" (zit. nach Caillois, 12)). Schiller und Spencer betonten als wesentliche Eigenschaft des Spielens die Funktion des Abreagierens von überschüssiger Energie. Andere sahen im Spiel eine bloße Ersatzbefriedigung oder Reaktivierung atavistischer Triebe generell (so z.B. G. St. Hall), oder eine Katharsis (Reinigung, H. Carr). Biologische Verhaltensforscher wie Konrad Lorenz meinten das Spiel unter Leerlaufhandlungen triebmäßig vorgegebener Dispositionen zu Appetenzverhalten sehen zu können. Ähnlich nannte der verhaltensbiologisch orientierte Psychologe J. Hegg die zweckfreie funktionslose Befriedigung vorgeschalteter Appetenzen an Ersatzobjekten ohne Auslösung der entsprechenden Endhandlung im Spiel charakteristisch: Die satte Katze spielt noch mit einem Knäuel. Auch hier wird die Resttriebhaftigkeit instinktmäßiger Antriebe spielhaft leer laufend oder ersatzhandelnd „abgearbeitet". Der klassische Spieltheoretiker unter den Biologen, Karl Groos, kennzeichnete die Einübungs-, Sozialisations- und „Vorahmungs"-Funktion als spielkonstitutiv an. Der große Entwicklungspsychologe Jean Piaget sah im Spiel die Möglichkeit der nachahmenden Akkomodation, während die Psychoanalytiker Freud und Adler auf die Funktion eines symbolhaften Auslebens und Herauskehrens des Unbewussten abhoben. Eine Weiterführung und Spezialisierung der Groosschen Einübungs- und Sozialisierungsinterpretation ist die von Sutton-Smith, der wie das englische Forscherpaar Whiting die Abbildung von gesellschaftlicher Komplexität im Spiel und dessen „integrativen Charakter" (1978, 114) betont: Für ihn sind „Spiele Sozialisationssysteme in bezug auf Konflikt und Macht", die sich mit der sog. Konflikt-Enkulturations-Hypothese erklären lassen: Erziehungskonflikte erzeugen eine Bereitschaft, „sich symbolischen Systemen (Spielen) zuzuwenden, die (in ihren Rollenumkehrungen) diese Konflikte abbilden" und durch dieses Replay symbolisch zu lösen oder wenigstens zu mildern gestatten: „Eine über längere Zeit sich erstreckende Beteiligung an diesen Spielformen führt zum Erwerb von Verhaltensweisen, die funktionalen Wert für kulturell nutzbares Verhalten haben (d.h. Transfer ermöglichen)" (106f.). Insofern handle es sich um „wohlwollende Konflikte" (benevolent conflicts), nicht um traumatische psychoanalytische (ebd. 99). Sutton-Smith definiert den Spielbegriff strukturell und funktional: „Spiel ist diejenige freiwillige Aktion, die eine dialektische Struktur hat und reversible Handlungen ermöglicht" (ebd. 98). (Gibt es nicht noch andere derartige Aktivitäten – wie z.B. die Zufügung von Beleidigungen?) „Die dialektische Struktur des Spiels" entsteht für Sutton-Smith „aus einer Synthese zuvor bestehender Konflikte", sie erzeuge ein adaptives dialektisches Verhaltenspotential: Gerade durch seinen „antizipatorischen Charakter ... entstehen in ihm Prototypen des Verhaltens, die gemäß ihrer Bedeutung für zukünftiges Verhalten entweder potentiell integrativ oder potentiell innovativ sein können. Solche kognitiven Prototypen schließen konative Flexibilität und affektive Autonomie ein. Soziales Spiel beinhaltet communitas" und Kreativität (ebd. 96).

Der Neomarxismus betont umgekehrt die Verdrängung wirklicher, zumal politischer Probleme und politischer Wirklichkeit ins Unbewusste, also die soziale Ablenkungsfunktion. Schließlich fasst Heinrich Kutzner das Spiel als „aktive Synthesis" oder als „aktiven Traum" auf: Eine vom zentralen Nervensystem „selbst hervorgebrachte, potenzierte Spontaneität, worin die Sinne nicht abgeschaltet, der Weltbezug nicht unterbrochen, sondern erst spontan hergestellt wird ... in einem selbstgeschaffenen, ausgegrenzten Bereich": im Spiel „werde das kosmische Rauschen (Undifferenziertheit) zentralnervös repräsentiert, nicht nur wie im Schlaf analogisiert; eine Repräsentation, die mit der Spiellust zusammenfällt..." Das sei die materialistische Entsprechung der Formel ‚Spiel als Weltsymbol'" (1975, 153 f.).

Roger Caillois schließlich, der neben Huizinga den wohl wichtigsten Klassiker über die Theorie der Spiele geschrieben hat, Die Spiele und die Menschen: Maske und Rausch, extrahiert aus früheren Definitionen „eine wesentliche Definition des Spiels", die das Spiel als eine freie, fröhliche, raum-zeitlich abgetrennte und abgegrenzte, hinsichtlich Ablauf und Ergebnis ungewisse, unproduktive, geregelte, konventionelle (außerhalb der üblichen Gesetze stehende) fiktive Betätigung auffasst, „die von einem spezifischen Bewusstsein einer zweiten Wirklichkeit oder einer in bezug auf das gewöhnliche Leben freien Unwirklichkeit begleitet wird" (1982, 16). Er betont ausdrücklich, dass diese Kennzeichnungen rein formal seien und „nichts über den Inhalt der Spiele" aussagten. Jedoch scheint er diese Merkmale durchaus als wesentliche (notwendige und hinreichende) Kennzeichen des Spiels zu verstehen. Sollte doch auch Caillois den Spielbegriff, wenn auch formaler und abstrakter, essentialistisch, wesensphilosophisch interpretiert haben? Merkmale an sich würden dann Spiele an sich wesentlich auszeichnen. Dennoch sind Caillois' zu besprechende und zu ergänzende Typen der Spiele nicht wirklich essentialistisch aufzufassen, sondern als hypothetische Strukturierungskonzepte, also in meiner Theorie als Interpretationskonstrukte (zu einer Weiterführung von Caillois' Typologie vgl. den unten folgenden Exkurs). Eine interpretationistische Deutung kann auch hier fruchtbar anschließen! Sie kann dabei aufgeführte und diskutierte Merkmale generell aufgreifen, als Anregung verstehen und interpretationistisch umdeuten, und sie kann in diesem Sinne zu einer übergreifenden interpretationistischen Spieltheorie führen, ohne an einen echten oder scheinbaren Essentialismus gebunden zu sein.

Die Einsicht, eine umfassende einheitliche Spieltheorie sei nicht möglich, bezieht sich in der Tat auf inhaltlich essentialistisch verstandene Theorien. Sie schließt nicht aus, dass übergreifende interpretationistische, sozusagen auf höherer abstrakterer Ebene angesiedelte theoretische Deutungen nicht doch erfolgreich sein könnten. Nur essentialistisch lässt sich die Einheit nicht mehr deuten oder gar erzwingen. – Solche kritischen Bemerkungen beziehen sich nicht nur auf inhaltliche Bestimmungsmerkmale des Spielbegriffs, sondern ebenso auf formalstrukturelle und funktionalistische wie auch auf Versuche, ihn durch triebmäßige Bindungen oder durch soziale Regeln zu kennzeichnen.

Exkurs

Nach den Werken von Karl Groos, Frederik J.J. Buytendijk und Johan Huizinga hat zweifellos Roger Caillois einen weiteren und wohl differenziertesten Klassiker zur Theorie und Einteilung der Spiele geschrieben. Dennoch muss und kann unter interpretationistischen Gesichtspunkten die Einteilung der Spielarten Caillois' weitergeführt werden. Es wurde nämlich schon bald klar, dass diese Einteilung der Spiele nach den jeweils vorherrschenden Momenten des Wettstreits (Agon), des Zufalls (Alea), der Maskierung (Rollenversetzung oder – vertauschung, Mimicry) und des Rausches (Ilinx = griech. „Wasserstrudel") unvollständig ist, in der Tat „noch nicht den ganzen Umkreis des Spiels" „umfassen" kann, wie übrigens Caillois selbst feststellt (S. 19). Jedoch beansprucht er etwas inkonsequent, dass diese vier idealtypischen Akzentuierungsformen den Bereich der Spielarten in „Quadranten" unterteilten, die je von einem dieser Grundtypen regiert werden. Überformt werden diese Grundkategorien durch die Spielweisen des unbekümmerten und wenig geregelten Vergnügens (gr. Paidia = play) und des verpflichtenden, konventionell recht strikt geregelten institutionalisierten Spiels (lat. Ludus = „game"). Caillois entwickelt nun Übersichten und Tabellen (46, 65), die das Spektrum zwischen ungeregelten und strikt regelbeherrschten Spielen anhand von Beispielen illustrieren und auch die Übertragung dieser Grundkategorien auf außerspielerische Bereiche und Institutionen sowie Korruptionsformen aufführen. Kindliche Nachahmungs- und Puppenspiele stehen beispielsweise unter der Kategorie Mimicry und der Spielweise Paidia, während olympische Endkämpfe unter der Kategorie Agon dem Element ludus (game) verpflichtet sind. Toto-Lotterien stehen unter Alea und Ludus. Der Genuss des Drehschwindels beim Walzer ist zu Paidia unter Ilinx, dagegen jener der Riesenfelge beim Wettkampf zu Ludus unter Ilinx zu rechnen. Caillois entwickelt nun eine Kombinationstheorie der Spielarten entsprechend den möglichen Paarungen der Grundkategorien, wobei sich Wettkampf und Rausch sowie Zufall und Verstellung gegenseitig ebenso ausschließen sollen wie Zufall und strikte Regelung (Ludus). Die vorherrschenden Grundverbindungen sind demgegenüber die Paarung von Agon und Alea (die parallel und komplementär zugleich sind) sowie die zwischen Mimicry und Ilinx. Das erste Paar wird prototypisch durch Beispiele geregelter Spiele wie von Wettkämpfen oder Glücksspielen dargestellt, während das Paar Mimicry und Ilinx eher ungeregelten, entfesselten Formen Raum bietet. Nur diese letztere Verbindung ist für Caillois wahrhaft kulturschöpferisch (89), innovativ (daher auch der Untertitel Maske und Rausch), während die Bindung von Wettkampf und Glückschance nicht innovativ sei. (Kurz zuvor (86) gibt er jedoch zu, „der Wettkampf und die Verkleidung könnten Kulturformen erschaffen": Also auch eine Verbindung von geregeltem Wettkampf und Verkleidung/Verstellung, im Extrem von Sport und Theater, könne innovativ sein.)

Es wurde bald bemerkt, dass Geschicklichkeitsspiele (games of skill) fehlen. Ebenso vermisst man Ritualspiele der Einordnung ohne Verstellung, explorative Neugierspiele ohne Mimicry oder Rausch, kooperative Leistungsspiele ohne Agon und meditative Automatisierungs-, Rhythmus- oder Routinespiele, die allerdings von Caillois in Gestalt der chinesischen Zerstreuungsspiele unter der Bezeichnung „wan" (43f.) erwähnt, wenn auch nicht eingeordnet werden. Im Übrigen könnte man sich auch einen Wettkampf im Aushalten eines rauschartigen Zustandes – sei es bei schwindelerregenden Dreh- oder Turnbewegungen oder im Höhen- oder im Tiefenrausch auf den Bergen oder unter Wasser – vorstellen. Auch wären auf Zufallsentscheidungen beruhende Verstellungsspiele (z.B. ein spielerisches Würfeln um die Übernahme von sozialen Stellungen oder Rollen) denkbar.

Das Hauptgerüst der Cailloisschen Theorie leidet darunter, dass die Einteilung der verschiedenen Paare nach den „vorherrschenden Momenten" eigentlich unterschiedlichen Kriterien folgt – einerseits dem Entscheidungsmechanismus für das Spielergebnis (Wettkampf oder Zufall/ Glück) bzw. einer Spielform (Verkleidung/ Verstellung/ Maskierung) oder deren Kennzeichnung durch einen erstrebten Zustand (Rausch), wobei nicht immer die Freude am Sichverstellen oder Sichverkleiden mit einem genussvoll erstrebten fiktiven Zustand übereinzustimmen braucht. Dass Geschicklichkeit bzw. Leistung durch die Selbsterprobung/Selbstbewährung ohne Wettkampf fehlen, dürfte auf eine typisch abendländische Tendenz zurückgehen, die Leistung an intersubjektive Vergleiche, also an geregelten Wettkampf koppelt. Wettkampf ist zwar ein mächtiges Instrument der Leistungssteigerung, aber es gibt auch Leistungsfreude und Selbstbewährung ohne Wettkämpfe. Viele, gerade auch besonders kulturschöpferische Leistungen sind ohne Wettkämpfe zustande gekommen. Wie viele hier in der westlichen Welt neigt auch Caillois dazu, die Steigerung von Einzelleistungen als fiktiven Wettkampf mit sich selbst zu interpretieren, dies lässt sich aber analytisch nicht ohne Schwierigkeiten durchhalten.

Die Unterteilung Caillois' leidet also daran, dass unterschiedliche Kriterien verwendet werden und dass nicht nur nicht alle Spielarten erfasst werden, sondern wesentliche fehlen, die nicht auf eine Kombination der Grundkategorien Caillois' zurückzuführen sind. Zumindest müsste man Könnensspiele (Dynatos oder Dynamis), Neugierspiele (Neotera, vgl.: „Neotenie" in der biologischen Verhaltensforschung) bzw. Kreativspiele (Poiesis) als nicht erfasste eigenständige Grundkategorien hinzufügen.

Weitere übergreifende Unterscheidungen wären zu berücksichtigen – und wichtig für eine Theorie der Spiele. Es wäre zu differenzieren zwischen Selbsterweiterungsspielen und Einordnungsspielen, die beide keineswegs generell von Mimicry-Spielen erfasst werden. (Die Frage wäre auch, ob die bei Caillois vergessenen Selbstdarstellungsspiele in eine dieser Kategorien fallen müssten und ob normale rhythmische Genussspiele (mit Flow-Phänomenen) zu einer der beiden Kategorien oder direkt unter Ilinx gezählt werden müssten.)

Allgemeiner wäre auf den Dimensionen „resultatorientierte" versus „prozessorientierte" Spieltypen und „konfrontative" versus „kooperative" Spiele zu unterscheiden. Agon und Alea müssen nicht notwendig resultatorientiert, Mimicry muss nicht notwendig prozessorientiert sein. Auch Könnensspiele können unter beides fallen: Das Resultat meines eigenen Könnens kann mich freuen und Spielziel sein, ebenso wie das Genießen des Könnensprozesses. Konfrontative Spiele müssen nicht mit Agonen zusammenfallen, man kann sich auch Naturhindernissen und -kräften konfrontieren und diese zu überwinden suchen. Schließlich wäre zwischen Könnensspielen und Zufallsspielen zu unterscheiden. Könnensspiele müssen nicht, wie erwähnt, notwendigerweise unter den Agon fallen, obwohl dies typischerweise und häufig – zumal in der westlichen Kultur – so ist. Die Könnensspiele müssten sich untergliedern in Geschicklichkeits-, Kraft-, physische Ausdauerspiele und Spiele des sozialpsychischen bzw. sozialen Ausharrens. Als Unterkategorie aller dieser könnten wiederum Wettkampfkönnensspiele wie auch spielhafte Varianten psychischer Selbstüberwindung in den genannten Unterarten der Könnensspiele figurieren. Vielleicht wäre auch das Aushalten eines Risikos oder Wagnisses nicht nur vom Zufall und Glück abhängig, also eine Unterform der Könnensspiele, oder zumindest eine Mischform von Spielarten des Könnens und des Zufalls.

Man sieht insgesamt, dass eine differenziertere Unterteilung phänomenangemessener, wenn auch vielleicht weniger übersichtlich und weniger elegant ist als die eher eine Systematik vortäuschende als wirklich erfüllende Unterteilung Caillois'. Natürlich würde die Dimension der Regelungsstärke zwischen „play" und „game" wie bei Caillois alle diese Einteilungen überformen.

Eine solche differenziertere Sichtweise wäre sehr nützlich und könnte zu einer angemesseneren Theorie der unterschiedlichen Spielarten und der Einteilung der Spiele führen, als sie der an sich fruchtbare, aber eben lückenhafte Ansatz Caillois' liefert. Man hat Caillois – meines Erachtens zu Unrecht – vorgeworfen (z.B. Kutzner 169), er habe den historischen Zusammenhang gegenüber der bloß gesellschaftsstrukturellen Analyse außer Acht gelassen und könne daher „die geschichtliche Zuspitzung" von Agonen und Alea in der Gesellschaft nicht ausmachen. Ich glaube allerdings nicht, dass es Aufgabe einer formalen Strukturtheorie der Spielarten ist, diese geschichtliche Entwicklung abzubilden, sondern die theoretische Einteilung der Phänomenvielfalt ist eine notwendige, wenn auch nicht hinreichende Voraussetzung für die Darstellung von geschichtlichen Wandlungsprozessen. Caillois ist sich dessen auch bewusst, wenn er seine Strukturtheorie mit der scheinbar gegensätzlichen Kulturentstehungstheorie Huizingas (alle Kultur entstehe aus dem Spiel) konfrontiert und beiden eher relative Berechtigung belässt (S. 67, 74). Interessanterweise vermutet Caillois selbst, dass bestimmte vorherrschende Kombinationen von Spielarten, die „beständig und universell erscheinen", auch „zutiefst die Typen der Gesellschaften zeigen müssten" (95) und kennzeichnen dürften. Das gilt natürlich auch für historische gesellschaftliche Wandlungen, für kulturelle Unterschiede und besonders für den Kulturwandel beim Zusammenstoß unterschiedlicher Traditionen. Historische Beschreibungen von Wandlungsprozessen und insbesondere Versuche zu deren Erklärung setzen strukturelle Typendifferenzierungen voraus. Mehr sollte die formale Struktursoziologie der Spielarten nach Caillois nicht leisten. Und mehr kann auch die generalisierende Erweiterung von Strukturtypen in der hier geschilderten Weise nicht einlösen. Immerhin kann sie beanspruchen, notwendige psychologische und klassifikatorische sowie begriffliche Konstruktionen zu liefern, die das Geschäft der Beschreibung und Ordnung und vielleicht letztlich der genetischen sowie funktionellen Erklärungen der Spiele in unterschiedlichen Kulturen der Menschheit ermöglichen bzw. erleichtern. Der hier skizzierte Erweiterungsversuch über den Raster der Grundkategorien von Caillois hinaus müsste natürlich selbst noch systematisch weiter ausgearbeitet werden und, wie Caillois es in so unübertrefflich eleganter Weise tut, mit vielfältigen historischen Beispielsmaterialien angereichert werden.

Insgesamt jedenfalls ist klar, dass eine bewusste interpretatorische Konstruktbildung, die Wahl eines interpretationskonstruktionistischen Ansatzes gegenüber einer essentialistischen Deutung von Phänomenkategorien, eine größere Flexibilität und eine Verfeinerung der Vorstellungs- und Erklärungsmöglichkeiten erlaubt, wie sie den bisherigen essentialistischen Spieltheorien fehlt. Zwar brauchen feinere Differenzierungen, vollständigere Klassifikationen nicht zu einem interpretationistischen Ansatz führen. Doch scheint ein Vorteil eines interpretationistischen Ansatzes darin zu bestehen, dass er die Aufmerksamkeit auf die Konstruktbildungen lenkt und somit flexibler differenzierte Erweiterungen und Ergänzungen ermöglicht. Dabei ist wichtig, dass die Betrachtung sozialer (auch etwa sportlicher) Aktivitäten als Spiele notwendig eine interpretative Perspektive umfasst, dass spezifische derartige Interpretationskonstrukte entwickelt werden und sich als mehr oder weniger fruchtbar erweisen können. Ferner ist es nötig, die Züge der Objekte im Anwendungsbereich auf die Interpretationsperspektive hin auszuwählen und auszulegen. Spielarten und -typen bewusst als Interpretationskonstrukte zu sehen und dadurch das ganze Reich der (menschlichen und z.T. auch der tierischen) Spielwelten und der metaphorischen Verwendungsweisen des Spielbegriffs über menschliche Handlungen hinaus zu erfassen, dürfte sich im Interesse einer angemesseneren Analyse empfehlen. Dasselbe gilt natürlich für die Erfassung spielerischer Momente, Mentalitäten und Handlungsinterpretationen in angrenzenden sozialen Bereichen wie etwa in der Wissenschaft, politischen Auseinandersetzung und im Sport, der traditionell einfach global dem Spielbereich zugeordnet wurde, heute aber oft ebenso pauschal von diesem ausgeschlossen wird. Sieht man deutlich, dass es um die Wahl einer interpretativen Perspektive geht, wenn man bestimmte Züge eines Verhaltens als mehr oder weniger spielerisch deutet, so dürften sich differenziertere und feinere Urteile

nahe legen als zu umfassende und oft voreilige Subsumtionen, wie sie
den traditionellen Begriffsgerüsten und Methoden des Essentialismus
und der Wesensphänomenologie entstammen.

Ähnliches gilt übrigens auch für die traditionelle notorische
These vom Eigenweltcharakter des Spiels und des Sports. Buytendijk
spricht sogar von einer „Außerweltlichkeit" des Spiels und des Sports
über die herkömmliche „Zweckfreiheit" und Nutzlosigkeit hinaus.
Vom „Eigendasein als Vitalität" im Sport schrieb auch Jaspers (1930,
62 ff.). Spiel und Sport werden angesichts der hypostasierten Eigen-
weltlichkeit leicht zu Fluchtbereichen: der Spieler, sprich: der Sportler
flieht den Ernst des Lebens, verkriecht sich in der Nische des Nicht-
ernstes. Mag dies für die Paidia- und Play-Elemente des Kinderspiels
in mancherlei Hinsicht zutreffen, so ist diese Struktur auf den Hoch-
leistungs- oder gar Berufssport allenfalls in einem symbolisch-
semantischen Sinne übertragbar: Sport und Sportleistung bzw. -erfolg
als „nicht linguistisches Kommunikationsmittel" zur Selbstdarstellung
und Selbstmitteilung im Rahmen eines spezifischen sozialen Subsystems, das von eigenen Mythen, Ideologien und Projektionssystemen
strukturiert sein mag, die dem Teilnehmer wie auch dem Zuschauer
Identifikations- und Sinnerschließungs- sowie Sinnvergewisserungs-
möglichkeiten bieten. (Französische Humanwissenschaftler wie Michel Bouet, Roland Barthes und Georges Mangnane haben diese Iden-
tifikationsmöglichkeiten differenzierter darzustellen versucht (vgl. a.
Lenk 19742, 1985).

Auch die Entweltlichungstendenz und der Eigenweltcharakter
von Spiel und Sport sind keine Angelegenheit des Alles oder Nichts,
der scharfen Grenzen oder einer unübersteigbaren sozialen Kluft, dies
ist zumal in der Entwicklung des Hochleistungs- und Wettkampfsports
in den letzten Jahrzehnten deutlich geworden: Die Integration des Pro-
fessional- und Spitzensports in die Welt von Kommerz, Politik, Beruf
und öffentlicher Resonanz sowie technischer Eskalation (man kann
geradezu von einer sportlich-technologischen Aufrüstung reden und
über „Spitzensport" ironisieren) ist offensichtlich. Zudem handelt es
sich bei den Bereichen des institutionalisierten Sports wie auch bei

den weniger geregelten Spielhandlungen, soweit sie sozial betrieben wurden, stets um soziale Untersysteme, die sich nicht vom allgemeineren sozialen Zusammenhang wirklich ausgrenzen und abtrennen lassen.

Auch zur Erfassung dieser Beziehungsverhältnisse und der historischen Wandlungen der bzw. der Übergänge zwischen diesen Subsystemen ist eine interpretationskonstruktionistische Methode wesentlich besser geeignet als traditionelle essentialistische Subsumtionsverfahren. Eine differenziertere Darstellung dieser Verhältnisse und zugleich eine Kritik traditioneller Eigenweltlichkeitsthesen müsste natürlich noch genauer ausgeführt werden.

Im methodologisch-interpretationistischen Ansatz wird ein Handlungs- oder auch ein Wirkungsgefüge nicht einfach anhand von Wesensmerkmalen des Spiels unter den Spielbegriff subsumiert, sondern solche komplexen Gefüge werden von einer bestimmten Perspektive aus als spielerisch interpretiert. Je nach Durchführungsweise, sozialer Einbettung, Deutung durch Partner und kulturelle Tradition kann ein Handlungsgefüge samt seinen Regeln und Standards als Spiel gedeutet werden. Es kommt mehr auf das Wie, das Verhalten und das Zueinanderpassen von Deutungen, ja, auf die historische Entwicklung von solchen an, als auf bloße äußere Fakten. Der Einnahme einer spielerischen Perspektive oder Deutungsgewohnheit auf Seiten der Handelnden entspricht die Interpretation durch Beobachter oder Wissenschaftler. Sie deuten das Handlungs- und Regelgefüge bzw. die in diesem stattfindenden Handlungen als spielartig, als zu einem identifizierbaren Spiel gehörig. Wie alle Handlungen und Handlungsgefüge sind auch Spielhandlungen und deren Gefüge typische Interpretationskonstrukte, die erst in der Deutung als solche identifiziert und erkannt werden können. Handlungen und Spiele sind semantisch geladen: Deutungen und Bedeutungen, die spielhafte Interpretation, der oft sog. „Spielsinn" und die konstitutiven Spielregeln gehören in diesem Sinne zum Entstehen eines Handlungsgefüges als eines Spiels hinzu. Natürlich müssen die sozial akzeptierten Interpretationen der Handelnden, der Alltagsbeobachter und auch der beschreibenden und erklärenden Wissenschaftler aufeinander abgestimmt sein. Interpretative Komponenten konstituieren mehr oder minder explizit den allgemeinen Spielbegriff sowie die Auffassungen spezifischer Spiele mit. Über solche Deutungen durch die Mitspieler selber gewinnen solche interpretativen Komponenten soziale Realität. Hier ist, wie oben erwähnt, durch soziale Teilnahme und Institutionalisierung ein Interpretationskonstrukt sozial realisiert. Das Bewusstsein, dass es sich „um ein Spiel" oder gar „nur um ein Spiel" handelt, prägt ersichtlich diese Interpretation, die Deutung des spielerischen Verhaltens und die Identifikation von Spielern mit. Man „spielt" sozusagen auf verschiedenen Ebenen: auf der des beobachtbaren Verhaltens und auf der der verständnisvollen Deutung zugleich. So können etwa Konflikte des sog. Ernstlebens spielerisch abgebildet, symbolisch wiedergegeben werden und zugleich als Replay, also als bloßes Spiel erlebt und identifiziert werden. Sutton-Smith' These vom integrativen Funktionscharakter des Spiels findet hier ebenso eine eingängige Erklärung wie Hylands Auffassung, Spiele seien besonders durch „reaktive Offenheit" („responsive openness") gekennzeichnet.

Eine solche interpretatorische Offenheit erlaubt erst, ein Kontinuum zwischen den relativ ungeregelten Kinderspielen einerseits und den scharf regelkontrollierten Sportspielen andererseits aufzuspannen. Im Englischen hat man die terminologische Unterscheidung zwischen ‚play' und ‚game', die deutlich die Differenz zwischen dem wenig geregelten offenen Spiel und dem strikter kontrollierten Wettkampfspiel reflektiert. In der sozialen Realität gibt es viele Übergänge, die am angemessensten durch differenzierte Interpretationsmodelle nachzuzeichnen sind. Die interpretationistische Perspektive hat die Möglichkeit, die unterschiedlichen Konkretisierungen und Regelungsgrade dennoch in ein zwar höherstufiges, abstrakteres Modell zu integrieren, ohne an essentialistische Wesenskriterien in Bezug auf das Vorliegen einzelner Merkmale gebunden zu sein.

Die Mehrebenenbindung im Bewusstsein der Spielenden selbst beschränkt sich übrigens auch nicht auf das Menschenspiel, sondern findet sich durchaus auch bei höheren Tieren. Der Ethnologe Gregory

Bateson hat seine Theorie des „double bind", also der Doppeldeutigkeit im Bezug, auch an Beispielen des Spiels dargestellt. Auch dem
Übergang zum Sportspiel und einer Weiterentwicklung der These
können wir so näher kommen. Gerade das Spiel – schon das Spiel der
höheren Säugetiere, besonders das der Primaten – dient Bateson als
ein Ausgangspunkt für seine Theorie: Hunde, Affen verwickeln sich
in Beißspiele, beißen, zwicken spielerisch, doch gleichzeitig wissen
sie, wie auch ihre Spielpartner, dass sie nur spielen. Sie nehmen die
Spielhandlungen in doppelter Perspektive wahr, ordnen sie sozusagen
in eine „Doppelbindung" ein. Aggressivität im Spiel des Beißens
täuscht Hass und Ernstkampf vor. Der Gegner wird eingeschüchtert
und bekommt Angst. Auf der zweiten Deutungsebene jedoch wird
diesen Hinweisen der ersten Ebene widersprochen, indem in einer Art
von höherstufiger Mitteilung signalisiert wird, dass die Aggressions-
handlung nicht echt ist, sondern nur simuliert wird. Das Reinbeißen,
das Zwicken ist nur vorgetäuschte Aggression, selbst keine wirklich
aggressive, sondern eher eine freundschaftlich-spielerische Handlung,
die auf der höheren Ebene mitteilt: „Ich beiße dich nicht wirklich, ich
spiele mit dir und mag dich". Der Widerspruch zwischen diesen beiden Ebenen kann nur durch die höherstufige Mitteilung, dass es sich
um zwei Ebenen handelt und dass die Handlung gleichzeitig von den
Bedingungen beider Ebenen geprägt ist, sozusagen rituell gespielt
wird, entdramatisiert werden. Der Bereich wird gleichsam ausge-
grenzt, indem er von außen betrachtet und in einen Sonderbereich –
eben den des Spiels – verortet wird. „Dies ist nur ein Spiel", ist die
notwendige Mitteilung, damit die engagierende Wechseldynamik zwischen Ernst- und Spielcharakter aufrechterhalten werden kann. Freilich ist der völlig im Spiel Aufgehende, der sich mit seiner Rolle nahezu total identifiziert, nach Bateson „erstaunlich unfähig", zu diesen
höherstufigen einschränkenden Entdramatisierungsmitteilungen zu gelangen. Obwohl das Spiel selbst geradezu „eine spezielle Verbindung
von Primär- und Sekundärprozessen" dieser Art ist, wird der allzu
ernsthafte Spieler mit steigendem Engagement im Spiel immer weniger in der Lage sein, die perspektivische Widersprüchlichkeit inner-

halb des Spielrahmens zu erkennen und durch das Gewahren der Doppelbindung zu entdramatisieren. Spiele sind zutiefst mit solchen paradoxalen perspektivischen Deutungen und dem Schwanken zwischen den Perspektiven verbunden: Sie „spielen" selbst zwischen Ernst und Spaß. Die spielerischen und ernsten Elemente sind unlöslich miteinander verquickt, ineinander verwoben. Der allzu ernste Spieler spürt zwar die Widersprüchlichkeit, kann und will sie aber nicht auflösen und ändern, sondern existiert ernst und voll in diesen paradoxen Situationen. Ist der Spieler nicht mehr imstande, die übergeordneten Mitteilungen über den Rahmen und die perspektivische Deutung zu verstehen, kann er nicht mehr die paradoxen Situationen ausgrenzen und in einen eigenen Bereich einordnen, so neigt er zur Entwicklung einer schizophrenen Geisteshaltung. Schizophrenie kommt nach Bateson oft auf diese Weise zustande. Zumindest lässt sich deren Entstehung phänomenologisch so beschreiben.

Es bedarf keiner näheren Ausführungen, um diese Deutung des Spiels auf die des Wettkampf- und Hochleistungssports zu übertragen. Hier greift sie eigentlich noch viel überzeugender, wird doch das Oszillieren an der Grenzscheide des Ernstes hier viel glaubwürdiger dokumentiert, viel leichter die spielerische perspektivische Mitteilung: „Dies ist doch nur Sport!" vergessen. Im existentiell gewichtiger gewordenen Profi- und Höchstleistungssport wird der Ernstcharakter übergewichtig, so dass hier die Paradoxie zur vollen Gültigkeit gelangt, zu einer wirklichen Verstrickung in einer Art „Falle" führt. Verstrickt in der „Double bind"-Situation zwischen existentiellem Ernst des sportlichen Überlebenskampfes bzw. Siegenmüssen und der traditionellen Deutung des Sports als eines bloßen Spiels oder einer ritualisierten Scheinaggression ohne Ernstcharakter kann der Athlet geradezu schizophrenieähnliche Geisteshaltungen entwickeln. Der Sportkampf gerät allzu leicht ernst und brutal, darf aber nicht zu ernst und unfair geführt werden. Verstrickt in die Doppelbindung zwischen Ernstcharakter und spielerischer Fairness hat der heutige Hochleistungssport offenbar die Züge der paradoxen Polarität eines solchen „Double-bind" nach Bateson angenommen. Die Erkenntnis der Doppelperspektive, die Unterscheidung der Ebenen des interpretativ durch das Bewusstsein: „Dies ist ja nur Spiel!" zurückgenommenen oder gemilderten Verhaltens scheint im Ernstcharakter des modernen Wettkampf- und Hochleistungssport verloren gegangen zu sein – umso mehr, je existentieller der sportliche Erfolg zählt und über Karrieren und Zukunftschancen entscheidet. (Ein Olympiasieg ist heute in manchen Sportarten ein Garant für Millionenverdienst.) Die Orientierung nimmt neurotische, quasi schizophrene Züge an oder wird in den Totalernst hineinprojiziert, indem die Ernst-Interpretation alleinbestimmend wird. Mit der Ernsthaftigkeit scheint im Sportspiel („game") der spielerische Charakter (das Element des „Play") zurückgedrängt zu werden. Huizingas These, das Spiel sei nun „allzu ernst geworden, die Spielstimmung ... mehr oder weniger aus ihm gewichen", ist für den ernstgewordenen Wettkampfsport, insbesondere den Professionalsport, sicherlich richtig, wenn es auch paradox erscheint, dem Sport deswegen jeden Zusammenhang mit dem Kult und der Kultur abzusprechen. Eine solche Wertung erscheint nur verständlich im Rahmen von Huizingas Hauptthese (122), dass die Kultur im Spiel beginne und „die antithetische und agonistische Grundlage der Kultur ... im Spiel gegeben" sei, „das älter und ursprünglicher ist als alle Kultur". Der Wettkampf gehört nach Huizinga zwar „in die Kategorie des Spiels", denn er weise „alle formalen" und „funktionellen Kennzeichen des Spiels auf": Ursprünglich sei der Wettkampf als Spiel ein grundlegendes Kulturelement. Er habe sich aber im modernen Hochleistungssport „aus der reinen Spielsphäre" entfernt, sei nun „ein Element sui generis: Nicht mehr Spiel und doch auch kein Ernst": „eine andere, selbstständige Äußerung agonaler Instinkte". Daher stehe der Sport heute „neben dem eigentlichen Kulturprozess". Er sei „vollkommen weihelos geworden" und habe „keine organische Verbindung mehr mit der Struktur der Gemeinschaft". Er bleibe, „wie bedeutsam er auch für die Teilnehmer und Zuschauer sein mag, eine unfruchtbare Funktion, in der der alte Spielfaktor zum großen Teil abgestorben" sei. Dies klingt paradox, ja, absurd, wenn Huizinga andererseits der Politik, dem Recht, dem Geschäftsleben und dem traditionellen konventionellen Kriege durchaus Spielcharakter in seinem Sinne, Regelungen durch eine Art Gentlemen's Agreement, zugesteht und wenn er überdies, wie erwähnt, der Folgerung: „Alles ist Spiel" zuneigt. Orientierte sich der Historiker zu sehr an essentialistischen Kategorienmerkmalen des „Play-" im Gegensatz zum strikter geregelten „Game"-Begriff? Hat er gerade historische Wandlungen in kulturellen Interpretationen und Spielauffassungen nicht genügend berücksichtigt? Oder ist er einfach der überzogenen Einseitigkeit seiner These zum Opfer gefallen, Kultur sei ausschließlich aus dem Spiel, zumal aus dem antithetischen Wettspiel im Sinne eines relativ verbindlich geregelten „play" entstanden? Die Einseitigkeit überträgt sich allzu leicht auf die negative Deutung.

Im Gegensatz zu Huizingas Meinung findet man auch heute noch durchaus spielerische Elemente im Hochleistungssport – zumal dort, wo es nicht um existentielle Karrieren, nicht bloß um Erfolgs- und Leistungsprämien und um das Sichdurchsetzen um fast jeden Preis geht. Zugestandenermaßen ist in Kampfspielen wie dem Berufsfußball, Eishockey, amerikanischen Football, im Berufsboxen, in Höchstleistungswettkämpfen der publikumsträchtigsten unter den olympischen Sportarten (in denen olympische Medaillen, wie erwähnt, Millionenprämien und -werbeverträge bedeuten) der traditionelle Spielcharakter nahezu völlig gewichen: Insoweit hat Huizinga mit seiner Diagnose recht. Jedoch finden sich in anderen, gesellschaftlich, telekratisch und ökonomisch nicht so interessanten Sportarten durchaus – trotz höchster Leistungsstärke und ernstem Einsatz der Teilnehmer – auch noch spielerische Elemente und Reaktionen sowie Äußerungen von Menschlichkeit und Humanität wie z.B. herzliche Beglückwünschungen, ja, echt gemeinte Umarmungen zwischen Wettkampfteilnehmern. Dies wird vielleicht in Spitzenwettkämpfen der nichtolympischen Sportarten wie zuletzt den World Games 1989 in Karlsruhe deutlicher, findet sich aber auch in Amateursportarten bei den Olympischen Spielen – wie etwa beim Rudern (das weder televisionär noch ökonomisch interessant ist). Es zeigt sich auch hier, dass Huizingas These tendenziell etwas Richtiges meint, aber zu pauschal ist er wohl seinen essentialistischen Subsumtionen und Merkmalskriterien sowie seiner einseitigen Kulturentstehungstheorie aufgesessen. Beides führte ihn trotz seiner richtigen Erkenntnis einiger Tendenzen des modernen Höchstleistungssports – zu einer irrigen und absurden Deutung. Man mag ja wie Ingham und Loy der Meinung sein, dass „Sport ein verzerrter Rahmen von Spiel" („a distorted frame of play") sei, ja, geradezu eine „prostituierte Spielform" darstelle, das zum Mittel sensationeller Erregung und zur Verbreitung und Durchsetzung ideologischer Interessen diene. Wenn dies für manchen Höchstleistungssport richtig sein mag, bedeutet dies nicht, dass jegliches spielerische Teilelement aus allen Sportarten, nicht einmal aus allen Hochleistungsdisziplinen, verschwunden wäre, wie Huizinga meint. Nicht einmal in idealtypischem pauschalierenden Zuschnitt kann dieses gelten.

Gegenüber essentialistischen Subsumtionstheorien hat der interpretatorische Ansatz den Vorteil, viel differenzierter und abgewogener kontinuierliche Zuordnungen vornehmen zu können – im klaren Bewusstsein, dass es sich um interpretierende Konstrukte, um wandelbare und eventuell bewusst veränderbare Zuschreibungen mittels Idealtypen handelt. Wandlungen und Unterschiede, selbst einzelne extreme Entartungen und Entgleisungen können so viel differenzierter dargestellt werden. Sie ordnen sich auf einem Kontinuum zwischen den Polen „Play" im weitesten Sinne und striktem „Game" an. Interpretationsmuster sind diese Zuschreibungen allemal.

Eine solche Interpretation kann dann auch traditionellen, einst essentialistisch gemeinten Deutungen des Sports als eines geregelten antithetischen oder agonalen Spiels gerecht werden.

Das Spielerische des Sports wurde z.B. besonders von Moser (183 ff.) an Beispielen aus dem Skisport und Bergsteigen hervorgehoben. Hier ist „all das verkörpert und variiert, was das Spiel als solches auszeichnet", „das freie, vergnügungsmässige, überflüssige Handeln", eigne Regeln, bestimmter Spielraum, begrenzte Spielzeit, Wiederholbarkeit, „Ordnung ... und Rhythmus, ... Spannung und Entspannung", „Ungewissheit", Geglücktsein, „Spielgeheimnisse", Nichtalltäglichkeit, Abenteuerlust, ökonomische Nutzlosigkeit usw. „Gefühle" können zur „Grundlage einer höheren Spielgattung werden" (186). Selbst „im härtesten Training" findet sich noch „spielerische Gesinnung". Das selbstironische „sachliche" Überspielen des kalkulierten Risikos zeigt, dass sogar „das Bergsteigen Spiel" ist, aber „ein ernstes Spiel"(!) – unter Einsatz des Lebens: der Berg als „hypostasierter Gegner", der eine bergsteigerische Idee und Aufgabe symbolisiert. So schrieb der Bergsteiger-Dichter Oskar Erich Meyer (und Paul Preuß, ein herausragender Spitzenbergsteiger vom Anfang dieses Jahrhunderts, der später bei einer Bergtour verunglückte, nahm dies als Motto auf die erste Seite seines Tourenbuches): „Wir, die wir in den Bergen nicht nur die Schönheit, sondern auch den Kampf suchen und durch den Kampf die Schönheit, die aus unserer eigenen Seele kommt, wir wissen ganz genau, dass ein Zufall uns einmal aus Siegern zu Besiegten machen kann. Nur wer dies nicht einsieht, spielt leichtsinnig mit seinem Leben; wer das Spiel klar überschaut und trotzdem ein ‚Ja' zu dem Spiele sagt, den darf man nicht schelten; es gibt Gewinne, die des höchsten Einsatzes wert sind." (zit. nach Bergsteiger 1986, Heft 8, 58). Existentieller Ernst findet sich, fand sich stets im Bergsteigen. So interpretieren selbst die Teilnehmer diesen Sport als ein „ernstes Spiel". Sport ist nach Moser geregeltes agonales Spiel – wie die Wissenschaft, wie der Dialog von „spielerischer Antithetik", von „ästhetischer Antinomik" gekennzeichnet (188, 190 ff.) – und als solches ein „Symbol des Lebens (190). Heidland (36 f.) definiert geradezu den Sport als „agonales ganzheitliches Spiel". Man muss freilich auch solche essentialistisch-subsumtiven Definitionen im angeführten interpretatorischen Sinne deuten...

Dass Kinderspiele, Spiele zum bloßen Zeitvertreib vielen Autoren nicht als „sportlich" gelten, dürfte schon oft deutlich geworden sein. Zwar ist das geregelte Sportspiel (game) wie die Spiele (play) gekennzeichnet durch freiwillige Teilnahme, Unproduktivität (im arbeitstechnisch-ökonomischen Sinne), Abgegrenztheit vom alltäglichen Lebensernst, ohne unmittelbare soziale Zielfunktionen (soziale Wirkungen nur als Nebenprodukte), durch „absorbierende", doch flexible und schnell aufhebbare Rollenidentifikationen.

Aber es gibt charakteristische Unterschiede, die nach Weiss (1969, 132-146) die Abgrenzung zwischen Spiel und geregeltem (Sport-) Spiel (und erst recht dem Wettkampf) erforderlich machen: Sportspiele sind trotz letztlich freiwilliger Teilnahme mehr als etwa Kinderspiele mit der Übernahme von Verpflichtungen für eine Mannschaft und/oder Repräsentationsgruppe verbunden; die Abgrenzung vom Alltag geschieht durch Signale, genau vorgeschriebenen Anfang, Verlauf, Abschluss, Unterbrechungsmodus, die alle geradezu bis ins einzelne geregelt sind. Die Ungewissheit ist geringer insofern, als Überraschungen nur innerhalb des engeren Regelspielraums auftreten – allerdings durch beide agierenden Parteien. Die Fülle der Möglichkeiten ist mehr eingeschränkt durch verbindliche, sanktionsgestützte institutionalisierte Regeln als beim Spiel. Als Spezialfall des geregelten Spiels (game) ist das Sportspiel durch die hervorstechende Rolle leiblicher Anstrengung und körperlicher Aktivität gekennzeichnet. Glücksspiel gilt nicht als echter Sport.

Die genannten Merkmale, die Weiss nach Caillois vom Spiel zum Teil auf das Sportspiel überträgt, treffen auch auf den sportlichen (Einzel-)Wettkampf zu – wenn auch mit einer stärkeren Kanalisierung und einer noch weitergehenden Einschränkung der Vielfalt der Aktionsmöglichkeiten. Doch die Energie wird in wesentlich höherem Maße organisiert, die Ungewissheit über mögliche Aktionen drastisch reduziert gegenüber dem Spiel und dem Sportspiel. Daher ist die Unterscheidung nötig. Sie ist freilich wiederum eine interpretatorisch-analytische. VanderZwaag (1972,72) möchte die Phänomene des Normalsports und des Spiels auf einem Kontinuum anordnen. Der Leistungssport erfordert dabei eine neuerliche Ausdehnung des Kontinuums über den Sport hinaus, die ihn weiter noch vom Spiel entfernt.

Obwohl sportliche Wettkämpfe also insgesamt manche Merkmale der Spiele aufweisen, bietet die totale Subsumtion, also das essentialistische Unterordnen, jedes „ernsten", anstrengenden Sports unter dem Begriff „Spiel" für eine genauere Analyse zu wenig informative Differenzierungsmöglichkeiten. Viele Autoren (z.B. Weiss 1969, 9, 24, 133, 139ff.; Slusher 1967, 8; Frayssinet 54) widersetzen sich daher dem Versuch, Sport bloß als besondere Form des Spiels aufzufassen. Auch Michel Bouet (1969, 12ff.) führt Merkmale an, die den Sport vom Spiel unterscheiden: Im Sport werden Resultate erreicht, bestimmte Techniken erlernt, Anstrengungen und Gefahren durchstanden; Askese wird geübt und Objektivität erstrebt. Der Radrennfahrer J. Bobet wies jede Ähnlichkeit von Sport und Spiel zurück: „Um sich der Vollkommenheit anzunähern, um die Leistung des Menschen zu verbessern, hat man nicht mehr das Recht, sich zu amüsieren."

Auch hier kann der interpretationistische Ansatz die essentialistischen Alles-oder-nichts-Subsumtionen in Frage stellen, differenzierter „spielartige Züge" zuschreiben und „spielerische Mentalitäten" identifizieren. „Sport ist Spiel" – eine solche Subsumtions-These ist ebenso halbwahr und halbfalsch wie Huizingas gegenteilige These. Ein methodologisch-interpretationistischer Ansatz erlaubt es jedenfalls, Einseitigkeiten pauschaler Urteile über das Spielerische im Sport aufzulösen und einer differenzierteren Sicht zuzuführen. Der interpretationistische Ansatz kann darüber hinaus eine neue Grundlage zu einer phänomenangemesseneren, weil Kontinuitäten und Übergänge berücksichtigenden Sicht des Spiels und somit zu einer neuen Philosophie des Spiels bieten. Er mag Spielmetaphern zulassen, dem Verständnis aufschließen und zugleich deren Gültigkeit beschränken wie deren Berechtigung würdigen. Er mag zwar einen relativ abstrakten und höherstufigen, aber immerhin einheitlichen methodologischen Ansatzpunkt für die Deutung aller Spielphänomene geben, ohne auf eine essentialistische Merkmalskombination eingeschränkt zu sein. Der Ansatz der Interpretationskonstrukte kann, ja, muss sich selbst als ein Interpretationsmodell verstehen. Theoretische Deutungen, Interpretationskonstrukte sind selbst variable Interpretationen. Sie selber können „spielerisch" sein, Interpretationsspiele. Das Modell erfasst sich selbst – wie die mythische Ourobourus-Schlange, die sich selbst vom Schwanze her auffrisst.

Um Nietzsche zeitgemäß methodologisch zu variieren: Der interpretative Charakter aller Modelle: Es gibt keine interpretationsu-

nabhängigen Phänomene zu erfassen, sondern nur interpretationsim-
prägnierte Erkenntnisse, Darstellungsweisen, Erklärungen. Spiele und
Spielarten sind Interpretationskonstrukte. Interpretationen und deren
Modelle, selbst das erkenntnistheoretische Modell des Interpretationskonstruktionismus sind variabel, interpretativ, selbst Interpretationsspiele! Das Spiel der Interpretationen ist unvermeidlich und end-
los.

4. Aspekte einer Pragmatisierung der Ethik – Auch für die Sportethik

„Wir müssen uns klar machen, dass alles ethisch orientierte Handeln unter *zwei* voneinander grundverschiedenen, unaustragbar gegensätzlichen Maximen stehen kann: es kann „gesinnungsethisch" oder „verantwortungsethisch" orientiert sein. Nicht, dass Ge-sinnungsethik mit Verantwortungslosigkeit und Verantwortungsethik mit Gesinnungslosigkeit identisch wäre. Davon ist natürlich keine Rede. Aber es ist ein abgrundtiefer Gegensatz, ob man unter der gesinnungsethischen Maxime handelt – religiös geredet –: „Der Christ tut recht und stellt den Erfolg Gott anheim", oder unter der verantwortungsethischen: dass man für die (voraussehbaren) *Folgen* Seines Handelns aufzukommen hat." Später heißt es bei Max Weber, von dem auch dieses Zitat stammt, in demselben Aufsatz „Der Beruf zur Politik": „Es ist nicht möglich, Gesinnungsethik und Verantwortungsethik unter einen Hut zu bringen...". Noch später aber sagt er: „Gesinnungsethik und Verantwortungsethik" seien „nicht absolute Gegensätze, sondern Ergänzungen, die zusammen erst den echten Menschen ausmachen..." (1956, 174f., 177,184).

Im Folgenden möchte ich gerade zeigen, dass heute das ethische Denken diese idealtypisch reine Gegensätzlichkeit überwinden muss und kann, dass man Elemente der beiden Ethiktypen Webers verbinden muss und auf diese Weise zu einer praxisnäheren und pragmatischen Ethik gelangt. Dies eröffnet dann auch Möglichkeiten für eine praxisnähere ethische Behandlung von alltäglichen Handlungsbereichen, die institutionell geregelt sind, ermöglicht die Entwicklung einer sozial offeneren Ethik, ja, sogar einer neuen Ethik der Natur. Schließlich mag diese Pragmatisierung Anstöße zur Ausbildung neuer Bindestrich-Ethiken geben: Die Sportethik, die hier das Thema sein wird, Ist eine dieser zu entwickelnden Bindestrich-Ethiken.

Zunächst zurück zu Webers Ausdrücken: Diese sind missverständlich! „Gesinnungsethik" klingt psychologistisch, als seien Ethik und die ethische Argumentation bloß Reflexe der tatsächlichen empirischen Gesinnung der Person. Es geht aber nicht um das psychische Erleben oder gar Rationalisieren, sondern in der Ethik geht es um vernunftmäßige Rechtfertigung – bei jenem Zweig, den Weber „Gesinnungsethik" nennt, um Rechtfertigung aus obersten Prinzipien allein. Reine „Prinzipienethik" wäre ein besserer Ausdruck.

Noch stärker sind die Bedenken beim Ausdruck „Verantwortungsethik". Hier geht es nicht in erster Linie um Verantwortlichkeit allgemein, sondern um die Berücksichtigung der Handlungsfolgen bei der ethischen Rechtfertigung – ohne „absolute" (von jeglicher Folgenbetrachtung losgelöste) Prinzipien. „Folgenethik" oder „konsequentialistische Ethik" wäre ein weit besserer Ausdruck gewesen.

Weber versteht beide Ethiktypen doch wohl im Sinne seiner Methodologie der Sozialwissenschaften als beschreibende Idealtypen, extreme idealisierte, überstilisierte Polarbegriffe, die nie rein ausgeprägt in der Wirklichkeit vorkommen, sondern Maßbegriffe, Standards sind, an denen sich praktisch wirklich vorkommende ethische Handlungsorientierungen vergleichen, beurteilen, sozusagen „messen" lassen. Und er wollte wohl den historischen Wandel von einem zum anderen dominierenden Ethiktyp in der Geschichte des Abendlandes schildern. Er verwendete seine Idealtypen deskriptiv.

Dann aber stellen sie eher konträre idealisierte Gegensätze dar, die nicht das Spektrum der Möglichkeiten ausschöpfen. Sie sind keine kontradiktorischen Gegensätze, d.h., man kann beiden nicht folgen; nicht jeder, der ethisch – aber nicht rein verantwortungsethisch – argumentiert, muss dann rein gesinnungsethisch argumentieren und umgekehrt. Aber es handelt sich eigentlich auch nicht um konträre Gegensätze, denn man kann sich eventuell zugleich auf beide Idealtypen berufen: Auch das Urteilen nach den obersten ethischen Prinzipien kann Folgen berücksichtigen. Dies wird sogar meist oder wenigstens oft der Fall sein. Deshalb hat zum Beispiel Frankena in seiner *Analytischen Ethik* (1972) die den „Gesinnungsethiken" Webers entsprechenden deontologischen Ethiktheorien weiter gespannt.

„Deontologische Theorien" bestreiten, „dass das Richtige, das Pflicht-
gemäße und das moralisch Gute *ausschließlich*, sei es auf direkte oder
indirekte Weise, eine Funktion dessen ist, was im außermoralischen
Sinne gut ist oder was das größte Übergewicht von guten gegenüber
schlechten Folgen für einen selbst, die Gesellschaft, bzw. die Welt
insgesamt herbeiführt. Sie behaupten stattdessen, dass es jedenfalls
auch andere (moralische; H. L.) Gesichtspunkte gibt, welche eine
Handlung oder Regel zu einer richtiger oder pflichtgemäßen machen –
Gesichtspunkte, die mit dem positiven bzw. negativen Wert ihrer
Konsequenzen, nichts zu tun haben ..." (Frankena 1963, 33f.)

Diese sehr weite Auffassung der deontologischen Ethiktheorien hat zur Folge, dass hier, im Gegensatz zu Max Webers Ansatz,
die Disjunktion vollständig ist: Jede nichtdeontologische Ethik ist eine
Folgenethik, eine konsequentialistische Ethik, und umgekehrt (Frankena setzt allerdings M. E. fälschlich konsequentialistische und teleologische Ethiken gleich – oder sind die Ausdrücke für ihn gar syn-
onym?). Teleologische Ethiktheorien sind solche, deren grundlegendes Kriterium für das moralisch Richtige, Gute, Falsche, Böse,
Schlechte usw. ausschließlich in außermoralischen Werten gründet.
Dann aber ist keineswegs jede teleologische Ethik konsequentia-
listisch: Z.B. könnte jemand eine ästhetische oder eine biologistische
oder sonstige naturalistische nichtkonsequentialistische Grundlegung
der Ethik vorschlagen (man denke etwa an Nietzsche).

Bleiben wir noch ein wenig bei Frankena. Er unterscheidet auf
der deontologischen Seite (analog der üblichen Unterscheidung von
Handlungs- und Regelutilitarismus bei den konsequentialistischen
Theorien) zwischen handlungs- und regeldeontologischen Theorien.
Da normative Ethik immer auf Begründung, argumentative Rechtfertigung, damit auf Typen, Regeln und Verallgemeinerung gerichtet ist,
bleibt eine reine, Situationsethik, derzufolge jede Einzelhandlung ganz
gesondert, ohne allgemeine Regeln zu beurteilen ist, praktisch und
prinzipiell eine Unmöglichkeit. Wer zudem „in einer konkreten Situation ein moralisches Urteil abgibt", verpflichtet sich geradezu, „dasselbe Urteil in jeder vergleichbaren Situation abzugeben" (Frankena

1963, 45). Argumentative Begründungen, die einen Sollanspruch rechtfertigen sollen, sind implizit unerlässlich auf Typisches bezogen, beanspruchen eine gewisse Allgemeingültigkeit. Zumindest versteckt verwenden handlungsdeontologische Ethiktheorien Prinzipien oder Regeln. Der reine Handlungsdeontologismus ist daher – ebenso wie der pure Handlungsutilitarismus – inkonsistent.

Obwohl Frankena mit den deontologischen Ansätzen liebäugelt, meint er darüber hinaus, „bisher" habe auch kein Regeldeontologe ein „konflikt- und ausnahmefreies System konkreter Regeln über unsere tatsächlichen Pflichten geliefert" (ebd. 47). Dies gelte selbst, wenn man mit William David Ross zwischen ausnahmefreien Prima-facie-Pflichten und Regeln und tatsächlichen Pflichten unterscheidet. Mein Versprechen, einer Kaffee-Einladung zu folgen, kann von einer übergreifenden Pflicht – etwa, einem Unfallopfer zu helfen – außer Kraft gesetzt werden, obgleich man allgemein Prima-facie-Versprechen halten sollte.

Frankena sieht Kants Ethik – zu Recht – als eine prototypisch regeldeontologische Theorie an: Schon Max Weber schwebte diese als *die* Gesinnungsethik vor. Hatte Kant nicht ein Prinzip zu vollständigen Regelbegründung geliefert? Frankena (1963, 52) rekonstruiert zwar Kants kategorischen Imperativ fehlerhaft: „Wenn Du allein im Dunkeln bist, pfeife – das dürfte eine Maxime sein, die man als allgemeines Gesetz wollen kann." Dies aber meint Kants, kategorischer Imperativ gerade *nicht* nur: Es geht nicht nur um das Wollen-Können, sondern um das Wollen-Können-*Müssen* oder -*Sollen*: „Handle repräsentativ! Handle so, dass jeder so handeln können wollen *muss*". Kant sagt wörtlich: „Handle so, als ob die Maxime deines Handelns durch deinen Willen zum allgemeinen Naturgesetz werden *sollte*" (AA IV, 421). „Man muss" dies „wollen können" (ebd. 424). Kant drückt sich allerdings manchmal etwas missverständlich schwach aus – als gehe es um das tatsächliche oder mögliche empirische Wollen und nicht um das begründete, einsehbare, also notwendig zu unterstellende Wollen. „Handle *nur* nach derjenigen Maxime, durch die du zugleich wollen

kannst, dass sie ein allgemeines Gesetz werde" (a. a. 0.). Das „Nur"
enthält jedoch auch ein verpflichtendes Sollensmoment.

Wenn Frankena (1963, 52) zu Recht meint: „Keinesfalls, so
scheint es mir, ist man zu einer Handlung schon deshalb moralisch
verpflichtet, weil man sie allgemein befolgt sehen möchte", so trifft er
hiermit sicher nicht Kants Intention, der den letzten Nebensatz eher in
dem folgenden Sinne formuliert (oder zu formulieren) hätte: „... weil
man sie allgemein befolgt sehen wollen *muss*". Frankenas Kantkritik
ist also zu kurzschlüssig, weil sie dessen Ethikansätze teils fehlrekon-
struiert, teils zu oberflächlich nimmt. Doch generell möchte ich Frankena Kant gegenüber darin Recht geben, dass Kant allenfalls eine
notwendige Bedingung, aber keine *hinreichende* für Moralität gegeben
hat: Der moralische Standpunkt „erschöpft sich nicht darin, dass man
bereit ist (oder bereit sein muss; H. L.), seine Maxime zu verallgemei-
nern" (Frankena 1963, 53). Das könnte erstens auch für andere, zum
Beispiel kulturelle, erzieherische, soziale Bildungsgesichtspunkte gelten. Und „zweitens" hat Kant selbst (AA IV, 424) neben den engeren
moralischen „unnachlasslichen" Pflichten „verdienstliche" („weitere")
Wertverwirklichungs-Aufforderungen gesehen, deren strikte Beachtung nicht *gefordert* werden kann, deren Erfüllung aber gerade angesichts moralischer Werte besonders hoch zu schätzen ist (Kant sprach
hier allerdings auch von „„Pflichten" in höherem moralischen Sinne –
von „verdienstvollen" oder „weiteren Pflichten", deren Nicht-
Verwirklichung in der Allgemeinheit zwar widerspruchsfrei *gedacht*,
aber nicht widerspruchsfrei *gewollt* werden kann (AA IV, 424). Auf
eine mögliche interne Kritik der Kantischen Anwendung des Moral-
prinzips auf einzelne Fragen wie die des Selbstmords soll hier verzichtet werden.)

Der reine Deontologismus bleibt also in der Tat zu „abstrakt
und formal". Man braucht also offenbar zusätzliche, praxisnähere, inhaltliche Zusatzprinzipien, um alle ethischen Phänomene erfassen o-
der auch nur die ethischen Pflichten i.e.S. festlegen zu können.

Frankena versucht dies zu erreichen, indem er – ähnlich wie
traditionelle eher utilitaristische Ethiker, etwa Sidgwick – Zusatzprin-

zipien annimmt, die zwischen den Regeldeontologismen und dem e-
benfalls, aber auch nicht puristisch rein, vertretbaren Regelutilitarismus vermitteln: Neben den Prinzipien der Gerechtigkeit, Verallgemeinerbarkeit und Gleichheit erkennt er ausdrücklich ein „Prinzip der
Wohltätigkeit oder Nützlichkeit (an), das eine Maximierung der
Summe des Guten in der Welt (d.h. genauer des Übergewichtes von
Gutem gegenüber Schlechtem) fordert" (1963, 61).

Frankena meint, alle diese Prinzipien setzten noch ein „Urprinzip", das *„Prinzip des Wohlwollens"* voraus, „obzwar sie nicht aus
ihm *ableitbar* sind" (1963, 64). Er formuliert dies Wohlwollensprinzip
so:

Wir haben ausnahmslose (Prima-facie-)Pflichten dann und nur
dann, „wenn, es in irgendeiner Form um die Verbesserung oder Ver-
schlechterung des Wohles unserer Mitmenschen geht" (1963, 65). Das
„Dann" ist wohl nicht problematisch, jedoch das „Nur dann" sehr.
Dadurch wird diese Bedingung zum obersten Kriterium erklärt. Es
zementiert sozusagen den anthropozentrischen Gesichtspunkt der E-
thik, die Symmetrie von Rechten und Pflichten („Nur wer moralische
Pflichten hat, hat auch moralische Rechte" – vgl. Kant, AA VIll, Metaphysik der Sitten Paragraph 16, Verf. 1983; haben hier nicht Tier
und Natur ihr moralisches (Quasi-)Recht verloren?). Wir kommen erst
heute mühsam von diesem strikten Anthropozentrismus, von dieser
moralischen Selbstvergötterung des Menschen etwas los. „Der
Mensch – die vertikale Anmaßung" – dieser Satz aus einem Theater-
stück De Obaldias gilt wohl auch für die Hauptströmung der abendländischen Ethik. Manche schießen freilich gleich wieder weit über
das Ziel hinaus, wenn sie (wie z.B. Spaemann) eine Form von Kants
Kategorischem lmperativ auf jedes Ding ausdehnen: Man solle jedes
Ding nicht nur als Mittel, sondern stets zugleich auch als Selbstzweck
betrachten, Aber all das ist hier nicht Thema.

Das Wohlwollensprinzip wird von Frankena übrigens, sehr irreführend so genannt (er selbst fällt auf die Fehlbenennung herein, indem er später das ethische Liebesgebot („Agapismus") mit dieser
„Pflicht, Gutes zu tun", gleichsetzt (Frankena 1963, 74).

Allgemein dürften sich in der analytischen Ethik – wie wir sahen – generell weder ein konsequenter deontologischer Ansatz einer von allen praktischen Konsequenzen und pragmatischen Umständen absehenden Wertethik noch ein strikter, nur an Auswirkungen orientierter Utilitarismus aufrechterhalten lassen (s.o.). Sowohl eine absolute, keine Rücksicht auf Konsequenzen und menschliche Umstände nehmende rigoristische Perspektive als auch ein totaler Utilitarismus könnten in pragmatisch bestimmten Handlungszusammenhängen zu Ungerechtigkeit, inhumanen oder unfairen Konsequenzen führen und liefern keine Basis für ein dem moralischen Wertempfinden entsprechendes Gleichberechtigungs-Prinzip: Der höchste Gesamtnutzen bzw. Durchschnittsnutzen könnte mit großer Ungerechtigkeit gegenüber Einzelnen einhergehen. – In der Tat scheint eine *gemischte Theorie*, in die notwendig gesamtnutzentheoretische Momente und deontologische Komponenten eingehen, die einzig sinnvolle Basis für eine realistische, den moralischen Intuitionen angemessene und zugleich pragmatische Ethik zu sein (u.a. Frankena, z.B. 61). Dies schließt natürlich modifizierende Folgerungen für den bisher allzu strikt aufgefassten Gegensatz zwischen utilitaristischen und rigoros-absolutistischen deontologischen Ansätzen ein. (Ethische Argumentation muss stets auf Allgemeinheit (Universalisierbarkeit) und Regelhaftigkeit ausgerichtet sein). Eine Vermittlung zwischen dem Extremidealtyp eines abstrakt formulierten Purismus und der total adaptiven Praxisanpassung entspricht der vermittelnden weiteren moralischen Perspektive zwischen rigorosem Individualismus und einer totalen moralischen Sozialorientierung. Statt eines strikten ethischen Individualismus und eines „moralischen Sozialismus" lässt sich sozusagen nur ein „ethischer Sozialliberalismus" rechtfertigen und praktizieren (wie schon z. B. in Rawls' Gerechtigkeitstheorie). Extreme mögen aus didaktischen Gründen der Kontrastpointierung und -profilierung, aber kaum noch als alleinige Leitlinie einer realistischen und praxisnahen Ethik sinnvoll sein. Wenn, wie Frankena (1963, 64 und 141) – übrigens ganz unkantisch und zu Recht! – mehrfach betont, „die Moral für die Menschen geschaffen ist, nicht der Mensch für die Moral", und wenn der Mensch

ein soziales Wesen ist, das auf Einbettung in die Gesellschaft angewiesen ist, so ist die Moral auch für die Gesellschaft und den *sozialen*
Menschen geschaffen und kann nicht in totaler Abstraktion hiervon
konzipiert werden. So möchte ich dafür plädieren, dass die Ethik in
der Tat sozialer werden, allgemein pragmatischer werden muss. Insoweit erfolgt die Einführung eines inhaltlichen Sozialgebots sicherlich
zu Recht, obwohl sie nicht so neu ist. Neu in der ethischen Tradition
wäre demgegenüber eine Ethik, die nicht nur auch soziale Adressaten
kennt, sondern auch soziale Träger, wie Gruppen oder zum Beispiel
Mannschaften. Selbst Institutionen werden heute zunehmend ethisch
relevant. Dies jedoch bildet natürlich ein gewichtiges ethisches Problem: Denn Institutionen an sich kann man nicht allein oder gar persönlich verantwortlich machen. *Direkt* ethisch *verantwortlich* im ursprünglichen Sinn sind immer Menschen, u.U. allerdings speziell in
besonderen institutionellen Rollen.

Allgemein gesagt, scheinen sich die Zeiten einer ausschließlich
liberalistischen Individualethik der moralischen Verpflichtung zu
wandeln – bei aller Aufrechterhaltung der moralischen Integritätsrech-
te des Individuums. Mit der Ausdehnung der technisch-wissenschaftlichen Manipulations- und Einwirkungsmöglichkeiten sowie der
Langzeiteffekte von unter Umständen irreversiblen Änderungen der
weitgehend künstlich geprägten Umwelt entstehen weitergehende
Verantwortlichkeiten, die zumindest die Relevanz moralischer Urteile
zeitlich, sozial und räumlich ausdehnen (vgl. Verf. 1997, 1998). In einer durch technische Eingriffe, ökonomische Abhängigkeiten, ökologische Systembedingungen näher zusammenrückenden, immer enger
verflochtenen Welt kann keine Moral der bloßen Nächstenliebe mehr
genügen, sondern die Ethik muss darüber hinaus von einer zu prakti-
zierenden Verantwortung für die Gesamtmenschheit getragen werden
– nicht nur für die Existierenden, sondern auch für die Nachwelt und
für die Institutionen. Die Ölkrise, die Probleme der Umweltver-
schmutzung, der Schadstoffemissionen, der Strahlenbelastbarkeit, der
Lagerung radioaktiver Materialien sowie die Ozonloch- und die CO_2-
Krisen haben dies in drastischer Weise verdeutlicht. Moralität muss

systemnotwendig mehr als bisher eine Angelegenheit funktionaler Überlebenserfordernisse und humaner Lebensverbesserungen für die Gesamtmenschheit sein, und nicht mehr nur allein für sie. Auch eine Ethik anderer Naturwesen, Naturarten, und eventuell sogar der Öko- und Natursysteme ist zu entwickeln. Die Moralität muss sich zudem zunehmend auf soziale Pflichten, die aus globaler Gesamtverantwortung entstehen, und auch auf moralische Werte einlassen, die über jede bloße Verpflichtung hinausgehen. Ethik sollte nicht mehr missverständlich bloß mit individualistischer Pflichtmoral gleichgesetzt werden. Der tiefe Graben zwischen Pflicht und individualistisch-persönlich nicht direkt zurechenbaren, nicht einklagbaren, aber moralisch hochzuschätzenden Werten muss angesichts dieser wachsenden Wirkungsverflechtung überbrückt werden. Die Ethik muss stärker gesamtmenschheits-orientiert, sozialer, kooperativer werden. Die positive Goldene Regel: „Tue, leiste das, was du in bedürftiger Situation hoffen und erwarten würdest, das andere dir gegenüber tun", sollte einiges von ihrer moralischen Unverbindlichkeit, von ihrer bloßen Appellfunktion verlieren. Auch Kant kannte – wie erwähnt – „verdienstliche" („weitere") Pflichten. Sie sind angesichts dieser Wirkungsverflechtung und der Öffnung der ethischen Perspektive für *soziale* Güter künftig höher zu bewerten: Es gibt also in der Tat höherrangige (nach Kant „verdienstliche") Pflichten der Wertentsprechung, die allerdings auch mit der persönlichen Selbstachtung verbunden sind und unter Umständen eine eben nicht rechtliche, d.h. nicht juristisch einklagbare, aber ethische Sozialpflicht zum Beitrag im Interesse anderer oder der sozialen Gesamtheit, u.U. auch einer Gruppe oder eines Teams, etablieren. Ohne dass die moralischen Rechte des einzelnen beschnitten werden sollen und dürfen, hat auch die Gesellschaft als Gesamtheit der Menschen, der moralischen Partner und als Repräsentanten der Idee der Menschheit und der Humanität berechtigte Erwartungen gegenüber den einzelnen – Ansprüche, für die sie gegebenenfalls sogar Opfer insinuieren, erwarten, wenn auch zumeist nicht in persönlich und individuell zurechenbarer Weise einklagen kann. Die Dichotomie von Unverbindlichkeit und Pflicht stellt sich in der Praxis nicht so puristisch-rigoristisch, wie es viele Ethiker und auch Hans Jonas in seinem Buch *Prinzip Verantwortung* (1979) traditionell-liberalistisch unterstellen.

In einer sich ständig wandelnden Welt kann die Ethik auch nichts Statisches bleiben, Sondern sie muss sich bei aller Konstanz der Grundimpulse der gewandelten geschichtlichen Bedingungen der menschlichen Existenz der erweiterten moralischen Relevanz humaner Aktionen und Kreationen und dem immens vergrößerten Bereich des „Machbaren", auch des sozial und institutionell Machbaren, also künstlich menschengemachten Bereichen wie dem Sport und Seinen Problemen, stellen. „Neue Aktionsmöglichkeiten aktualisieren erweiterte (und modifizierte) Verantwortlichkeiten" (Verf. 1979, 73): Z.B. gewinnt in der zunehmend technisierten Welt die Verantwortung für die Wahrung ökologischer Gleichgewichte und für Natur und Kreatur ebenso an Bedeutung wie jene, die sich angesichts drohender regionaler oder globaler Überbevölkerungsgefahr und der Geburtenkontrolle einstellen. Wenn die ethische Grundorientierung selbst sich auch weniger gewandelt haben mag, so veränderten sich doch die Anwendungsbedingungen drastisch. Das ethische Nachdenken und Beurteilen betrifft den handelnden, besonders auch den Neues schaffenden, die Welt verändernden Menschen. Die Welt ist angesichts der dynamischen Entwicklung ständig neu weiter zu erschaffen", sozusagen zu erfinden, besser: weiter zu „entwickeln". „Inventing Right and Wrong" heißt der Untertitel von Mackies *Ethik*. (Es entsteht hier freilich das Problem der Universalisierung der Allgemeingültigkeit. Das Problem der Verbindlichkeit des Gemachten, des eigentlich Konventionellen stellt sich beispielhaft gerade bei Institutionen.) Die Moral darf sich nicht auf ein Entwicklungsniveau der Vergangenheit beschränken. Ohne einen aufklärerischen Impuls, einen Appell zum stets erneuerten Praktisch-Werden der Vernunft, kann es keine Verfeinerung ethischen Denkens geben. Die „dynamisierte Ethik" detaillierter auf die immer dominanter wendenden Institutionen und deren Entwicklung, etwa auch des Sports, zu beziehen, ist z.B. eine dringliche Zukunftsaufgabe für eine sozial geöffnete pragmatische Ethik. Viel-

leicht können die Regelungen des Sports („fair play" usw.) hier geradezu prototypische Beispiele/Paradigmen für die Entwicklung oder
Weiterentwicklung einer institutionellen oder institutionsorientierten
pragmatischen Ethik liefern.

Bezieht man diese Idee nun auf spezielle Institutionen und soziale Bereiche, so ergeben sich bereichsspezifische Untervarianten o-
der Abwandlungen der pragmatischen Ethik. So beispielsweise im
Sport: Man kann es hier nicht mit einer allgemeinen Einsicht in die
Nützlichkeit des Beachtens der Spielregeln für alle bewenden lassen,
wie Warren Fraleigh in seinem Buch *Right Actions in Sport* (1984)
(das ansonsten in seiner Anwendung des „moral point of view" nach
Kurt Baier auf den Sport sehr empfehlenswert ist). Er argumentiert
aber zu rein, zu „blauäugig" sozusagen. Erstens macht er nicht einsichtig, warum ein Einzelner spezifische Vorteile von der Beachtung
der Spielregeln hat, obwohl er dies gleichsam utilitaristisch argumen-
tierend behauptet (sowohl auf der individuellen wie der allgemeinen
sozialen Ebene). Dies gilt nur, wenn wirklich *alle* den Spielregeln folgen. Das aber ist bekanntlich kaum jemals der Fall. Nur im Falle einer
deontisch perfekten Welt (in der jedes moralische Gebot erfüllt ist o-
der wird) gilt das Argument Fraleighs. Diese idealen Überlegungen
mögen zwar zur theoretischen Begründung von idealen Geboten führen (und das ist es ja auch, was Fraleigh will), aber sie lassen sich
nicht unmittelbar und wirksam in die Praxis umsetzen. Hierzu gibt das
Werk außer Appellen keine Hilfe. Die Gebote lassen sich so nicht
kontrollieren oder auch nur verwirklichen, effektiv machen. Appelle
allein nützen nichts oder nicht viel, man muss die Transmissionsrie-
men in die Praxis haben bzw. betätigen. Kontrolle allein reicht hier
auch nicht – im ethischen Sinne jedenfalls, allenfalls im rechtlichen.
Ohnehin stellen wir in allen unseren institutionellen Bereichen eine
Tendenz zu einer immer stärker steigenden Verrechtlichung und zur
Bürokratisierung fest, zum formalen Fixieren und Kontrollieren von
Regeln. Von Motiven, moralischen Gründen wird immer mehr abgesehen. Man entwickelt kaum noch ein schlechtes Gewissen, falls es
sich um kleinere Übertretungen institutioneller Normen handelt. „Und

wozu auch?" sagt man sich. Weder ist die Institution sehr moralisch oder gar überhaupt ethisch (Ethik ist meist etwas Individuelles), noch sind etwa die Repräsentanten der – selbst der öffentlichen – Institutionen besonders vorbildlich. „Du sollst dich nicht erwischen lassen!" scheint im Umgang mit institutionellen Regelungen geradezu ein oberstes Gebot, vor allem beim Doping im Sport: Man gilt oft geradem als dumm, nicht „clever" genug, wenn man nicht im Eigeninteresse handelt, gegebenenfalls täuscht oder intrigiert. Dem Möchte-gern-Macht-Gehabe und -Geklüngel im Funktionärsbereich des Sports ist dieses Verhalten keineswegs fremd. Man nimmt all dieses und sich sogar ernster, als es sinnvoll ist. Sportpolitik als Machtpolitik selbst im Freizeitbereich, in Ersatzjagdgründen sozusagen, ist eigentlich recht lächerlich, aber leider die weit verbreitete allzumenschliche Realität. Die Ellenbogengesellschaft macht vor dem Freizeitbereich nicht halt. (Und mittlerweile reüssierte der große Sport längst zu einem hochernsten Business!)

Aber die Athleten betrifft all das genauso. Und dies ist Fraleighs Anliegen. Nur ist der moralinfreudige Appell in einem Kontext, in dem es um übertriebene Diskriminierung zwischen Ersten und Zweiten, Sieg oder Niederlage – fast hätte Ich gesagt: „Alles oder Nichts!" – geht, ebenfalls etwas lächerlich. „Sei fair!" gilt Immerhin auch dem Freiburger Humangenetiker und Molekularbiologen Hans Mohr als das zuerst zu nennende *wissenschaftsethische* Gebot! Es ist ähnlich wie beim „publish or perish" der Wissenschaft. Man darf dort keine Daten fälschen oder manipulieren. Aber in dem Karrieresystem der Wissenschaft ist, wie der Soziologe Bernhard Barber feststellte, der Anreiz oder die Verführung zur Verletzung geradezu eingebaut. – Besonders für jüngere und für nicht sehr originelle Wissenschaftler ist die leichte Fälschung eine ständige Versuchung, zumal in weicheren Humanwissenschaften. Viele Fälle sind beispielsweise in der biomedizinischen Forschung aufgedeckt worden (wie besonders Broad und Wade berichten). – Der Wissenschaftler, der der „Fälschung" oder des „unethischen" Verhaltens überführt worden ist, ist meist in seiner Karriere erledigt, selbst dann, wenn von seinem Fehltritt keine Menschen betroffen sind. (Es gibt allerdings einige wenige Ausnahmen, dass etwa Plagiatoren dennoch in der Wissenschaftsverwaltung reüssierten.) – Es wird eben mit Hausmacht und harten Bandagen gekämpft in Politik – und leider auch im Sport – und oft sogar selbst in der Wissenschaft! Ethik scheint überall hier Sentimentalität oder gar Schwäche.

Nun aber zurück zum Sportler: Obwohl meist andere Menschen betroffen sind (Verletzungen, unmittelbare Übervorteilungen etc.), wird der Sportler keineswegs so nachdrücklich sanktioniert oder bestraft wie ein Wissenschaftler. In der Konkurrenz des Sports ist die Verfehlung zur Unfairness besonders nachdrücklich eingebaut. Noch stärker als bei der Wissenschaft gilt das „social-trap"-Paradigma: Wenn alle sich an die Spielregeln halten, profitiert derjenige, der sie als einzelner – möglichst verdeckt – bricht, am meisten – mehr jedenfalls, als wenn er sich auch an die Regeln hielte. Das Problem der „sozialen Fallen" hat Fraleigh überhaupt nicht bedacht. Hiervon kann aber in der sozialen Realität nicht abstrahiert werden (Übrigens heute immer weniger selbst bei den Wissenschaften.)

Verunklärend kommt hinzu, dass die unbeabsichtigten Fouls mit den verdeckten, beabsichtigten unkontrollierbar zu verschwimmen drohen. Jeder Wasserballspieler kann ein Lied davon singen. Das kann schließlich dazu führen, dass die so genannte Moral sich auf die Schein-Einhaltung der Regeln reduziert, verdeckte Fouls aber beabsichtigt oder gar propagiert werden – etwa vom Trainer. Das „Geh ihm in die Beine!", „Kill him!" sind dann schon Üblichkeiten. Der Gegner wird gezielt spielunfähig gemacht. „Winning is not everything, it's the only thing!" wie die Football-Trainer Tatum und Vince Lombardi kolportierten. „Nice guys finish last" pflegte der Basketball-Coach Leo Durocher zu sagen.

Nun, wenn alle dem „social-trap"-Paradigma folgen, verliert dies natürlich seinen Vorteil für den einzelnen. Die Fallen-Bilanzierung löst sich auch im Negativen auf, wenn alle dasselbe tun, alle die Regeln zu ihrem Vorteil umgehen (wollen). Das ist die negative Lösung einer dem Gefangenen-Dilemma verwandten Situation. Die zunehmende Brutalisierung in vielen Kampfspielen heutzutage scheint auf diese dilemmaträchtige Dynamik zurückzugehen.

Der Appell an „sportsmanship" hilft hier wohl wenig. Dies zeigt unfreiwillig der recht dürftige Appell des Deutschen Sportbundes und der Kirchen, der unter dem Titel „Ethische Prinzipien unverzichtbar" 1980 veröffentlicht wurde. Dort heißt es: „Die Achtung der Würde des Menschen und die Einhaltung ethischer Grundsätze sind im Sport unverzichtbar: Fairness, die Anerkennung des anderen in seiner Eigenart und Individualität, das Recht auf Unversehrtheit der Person ebenso wie die Bereitschaft, sich für den anderen einzusetzen und auch den Gegner als Partner anzuerkennen, sind Grundwerte, die den Sport tragen. Kirchen und Sportorganisationen appellieren daher an alle, die mit dem Sport zu tun haben, diese Grundwerte zu erhalten und nicht preiszugeben". Und: „Sie appellieren an Zuschauer, Sportler, Trainer und Betreuer, die Regeln der Fairness stets zu achten, die Unversehrtheit der Person zu respektieren und Sportler und Mannschaften als Partner anzuerkennen. Die Massenmedien können dazu einen wichtigen Beitrag leisten". Der deklamatorisch-appellative Charakter dieses Aufrufs klingt entweder sehr „blauäugig", oder wie ein implizites Eingeständnis der Kontroll-Ohnmacht. Ethisch gesehen hülfe aber strikte Kontrolle allein auch hoch nicht: „Kontrolle ist gut, Vertrauen ist besser!" War es bei Lenin nicht umgekehrt? Doch eine Sportmoral, die *nur* unter Zwangsgesetzen und durch rigorose Kontrollen aufrechterhalten werden kam, ist keine. Andererseits muss man auch die Folgen, die institutionellen Möglichkeiten der Regelung und Kontrolle berücksichtigen und kultivieren. Ideen allein seien müßig, meinte einmal Arnold Gehlen. Doch scheint das institutionelle Denken im Sport heutzutage übertrieben zu werden. Man verlässt sich fast nur noch auf Kontrolle und andererseits allenfalls auf Appelle. Die aber werden schon eher in den Breitensport und den Normalleistungssport abgedrängt.

Keating hatte bereits in seinem Buch *Competition and Playful Activities* (1978) daher scharf zwischen „athletics" und „sport", zwischen Hochleistungssport und Amateurnormalsport unterschieden.

„Sportsmanship" – also Sportethik – bezieht er nur noch auf den letzteren Bereich. Den ersteren Bereich schreibt er ethisch sozusagen auf der moralischen Verlustliste ab: Hier zählt nur noch der Sieg. „The strange paradox of sportsmanship as applied to athletics is that it asks the athlete, locked in a deadly serious and emotionally charged situation to act outwardly", Keating bei diesem Paradox. Die „nice guys" sollen eben Breitensport betreiben. Eine Lösung bieten weder Keating noch Fraleigh an.

Keating fordert das Ideal des „ehrenhaften Siegs" („honorable victory") auch vom spitzensportlichen Athleten. „The code of the athlete demands that nothing be done before, during, or after the contest to cheapen or otherwise detract from such a victory" (52). Fairness or fair play (sic! H. L.), the pivotal virtue in athletics, emphasizes the need for an impartial and equal application of the rules, if the victory is to signify, as it should, athletic excellence. Modesty in victory and a quiet composure in defeat testify to an admirable and extraordinary self-control and, in general, dignify and enhance the goal of the athlete".

Wundervoll gesprochen! Zu schön, um realistisch zu sein. Das Paradox verbleibt. Was kann der Athlet sich dafür kaufen, wenn allein der Sieg noch zählt! Allenfalls tröstliche Minderung der kognitiven Dissonanzen nachträglich, um mit der Niederlage leben zu können? Dabei ist das nach Bill Musselman, ebenfalls einem berühmten Basketballtrainer, „schlimmer als der Tod": „Defeat is worse than death, because you have to live with defeat". „Everytime you lose, you die a little bit", meinten die Football-Coaches Allen und Brown.

Das Paradox verbleibt. Eine deontologische Patentlösung ist nicht in Sicht. Man muss die pragmatischen Umstände berücksichtigen. Wie lässt sich die Überwertigkeit des Siegens, die Singulärsieger-Orientierung, die dem westlichen Sport aus der agonal orientierten griechischen Kultur vererbt wurde, wirksam herunterspielen – gerade auch öffentlich?

Doch auch eine rein utilitaristische Lösung ist – nach den obigen allgemeinen Überlegungen – nicht zu erwarten. Und das zeigt sich gerade im Spitzensport. Der Regelutilitarismus wäre hier noch genauer zu diskutieren. Der Sport selbst setzt sich ja unverständlicherweise in Rechtfertigungszwang, etwa mit der nationalistisch „überkandidelten", Medaillenzählerei, „wissenschaftlichen" Leistungserwartungs-Analysen, Plansollvorgaben, Medaillenplanzahlen vorweg usw. „Jetzt zählen nur noch Goldmedaillen" sagte ein hauptamtlicher Cheffunktionär eines großen Sportverbandes bereits vor den Olympischen Spielen in München 1972. Wirklich *nur* – und nur Goldmedaillen?

Zynismus im Umgang mit dem sich ja um sein Bestes bemühenden Athleten-„Material"? Politische Zwangsneurose durch den eingebildeten öffentlichen Druck? – Fördergelder müssen effektiv den Output erbringen. Der deutsche Michel will Medaillen sehen für sein Geld.

Man könnte all das weiter ausmalen, was ich hier nicht tun will. Stattdessen könnte der Sport einiges tun, um die Singulärsieger-Orientierung abzubauen, eine gewisse Humanisierung in den bürokratisch manchmal bis Ins Ungerechte überperfektionierten Wettkampfsport einzubringen. Auf gewisse logische und pragmatische Inkonsistenzen der Bewertungsregeln habe ich schon vor einem Vierteljahrhundert und später mehrfach aufmerksam gemacht. Passiert ist wohl nicht viel. (Nur im Schwimmen unterscheidet man heute „humanerweise" nicht mehr nach Tausendstel-, sondern nur noch nach Hundertstelsekunden, nachdem es in München vorkam, dass der um zwei Tausendstel Unterlegene weiter geschwommen war – die Bahn war ungenau gebaut, aber noch im Nahmen der zulässigen Bauabmessungen – und eigentlich der Sieger hätte sein müssen). So haben wir 1984 zwei Olympiasiegerinnen im 100-m-Freistil. Ist daran irgendetwas Anstößiges oder ein Schönheitsfehler? Eher im Gegenteil!

Im Gegensatz zu Scott Kretschmar, der 1984 eine doppelt enttäuschende, dünne Übersicht über Ethik und Sport gegeben hat: doppelt enttäuschend, weil a) so wenig substantielle Literatur zum Thema vorliegt – hier hatte Kretschmar zumindest damals Recht – b) weil Kretschmar selbst keine systematische, konstruktive oder auch nur kritische eigene Position entwickelt – im Gegensatz zu Kretschmar bin ich der Meinung, dass man nicht erst ein „klares" entwickeltes metaphysisches Grundverständnis, was Sport letztlich sei, entwickelt haben muss, bevor man sich zur Sportethik Gedanken machen kann . Man kann durchaus auch heute Überlegungen allgemein handlungsethischer Art im Sport anwenden. Doch das ist nur die eine Seite.

Auf die andere hat Elk Franke (bereits 1982) pointiert aufmerksam gemacht: Eine Sportethik, eine institutionelle Ethik des sozialen „Subsystems Sport", sei gerade keine (bloß) am Akteur orientierte Handlungsethik. Sie sei keine pure Sportler-Ethik. Institutionelle Konstitution und Rekonstruktion des Sports als Institution sollen die wichtigen ethischen Prinzipien und Werte integrieren und das Verständnis der Sporthandlungen überlagern. Die Sporthandlungen selbst werden dann erst unter den institutionellen Sondernormen beurteilt, bewertet. Die Institution ist sozusagen Medium der Konstitution wie der ethischen (besser: institutioneninternen moralischen) Beurteilung. Unabhängig von den konstitutiven Interpretationen und Regeln ist dann die Verwertung der Resultate oder Leistungen unter externen Gesichtspunkten. Dieses Vorgehen erlaubt einerseits die Selbstbezogenheit, Selbständigkeit, Eigenbedeutsamkeit des Sports und es erlaubt andererseits dessen externe Verwertung, Vermarktung, ohne der Identifizierbarkeit des Sports Abbruch zu tun. Franke sieht all das als eine Art differenzierende und soziologisch realistischere Lösung des Zweckfreiheitsproblems im Sport.

Wieweit auch dabei (ähnlich wie bei Kuchler 1969) Ethos und Ethik, Moral und Ethik nicht genügend auseinander gehalten werden, soll hier nicht diskutiert werden.

Wichtig scheint mir jedenfalls zu sein, dass die pragmatische und soziale Orientierung einer Sportethik oder Sportmoral von Franke deutlich gesehen und betont wird. So weit stimme ich mit ihm überein. Allenfalls würde ich die Gegensätzlichkeit zur Sportlerethik abschwächen: Sicherlich geht es nicht *nur* um ethische Beurteilung der Handlungen und der Handelnden: Eine Analyse (oder „Rekonstruktion") der institutionellen konstitutiven Regeln und Institutionen ist in der Tat wesentlich, doch es geht immer noch auch um Handlungsbeurteilung und Rechtfertigung (z.T. gerade in Abhängigkeit von den konstitutiven Regeln der Institution). Schließlich aber ist auch die Institution selbst nicht ethisch neutral, insbesondere wenn ihre ungeschriebenen Verhaltensregeln sich vom konstitutiven Ausgangspunkt entfernt haben. Wird Brutalität die Regel (modal wie u.U. normativ), dann ist ein ethisches Urteil über die Wirklichkeit dieser Institution begründet abzugeben. Dem einzelnen Athleten kann man dann kaum moralische Vorwürfe machen. Die Doppelmoral der Urteile über Fouls ist eine ähnliche Scheingroteske wie jene über den reinen Amateurismus oder die leistungssteigernden Drogen. Das System scheint's zu verlangen, Trainer, Betreuer – wissenschaftliche und nichtwissenschaftliche – arbeiten damit. Aber wehe dem Athleten, der erwischt wird! Ihn trifft's. Er hat gegen das „Elfte Gebot" verstoßen. Die grauen Eminenzen waschen meist ihre Hände in Unschuld, oder empören sich gar mit, bekennen sich zu Verbotsregeln oder arbeiten diese gar in Gremien mit aus. Irgendwelche Wissenschaftler scheinen irgendwo stets fieberhaft daran zu arbeiten, *neue* Mittel zu entwickeln und auszuprobieren, die auf der Dopingliste noch nicht erfasst sind. Andere Wissenschaftler arbeiten ebenso fieberhaft daran, solche neuen Mittel wieder durch Tests zu erfassen usw. *Difficile satiram non scribere!* Sport und Sportler drohen in diesem Wechselspiel unterzugehen.

In der Tat kann man gerade im Sport keine isolierende individualistische Handlungsethik allein mehr vertreten, die von allen pragmatischen Umständen und Kontexten abstrahiert. Die institutionelle und soziale pragmatische Einbettung wird hier besonders augenfällig. Es wäre Scheinheiligkeit, vom Sportler (wie vom Wissenschaftler in der Wissenschaftsethik) zu verlangen, den moralischen Helden gegen sein eigenes System, dessen Teil er ist, zu spielen. Die Amateurkonzeptionen spiegelten lange genug diese Art von schon psychologisch absurder Doppelzüngigkeit der Moral. Natürlich soll hier keiner generellen Exkulpierung des Athleten das Wort geredet werden. Auch der Handelnde trägt weiterhin, allgemein ethisch gesehen, Verantwortung in der Handlungssituation. Auch im Sport gibt es nicht nur Rollenträgerkontakte, sondern es ereignet sich auch *reales* menschliches und persönliches Handeln zwischen Menschen (wenn auch unter Sonderregeln, die dem Alltagszusammenhang z.T. entzogen sind: Wer darf schon im Alltag wie der Boxer oder die Boxerin jemandem ungestraft einen Hieb auf die Nase versetzen?). Doch bleibt die allgemeine Handlungsethik gerade auch in sportlichen Bereichen trotz der Sonderregeln – trotz vergrößerter Risiken – großenteils gültig. Eine *schwere* Verletzung durch ein Foul auf dem Fußballfeld ist immer auch die Verletzung der Person *und* der Persönlichkeitsrechte des Partners und nicht nur ein Regelverstoß zu Lasten des Rollenspielers. (Dies gehört etwa zum Unterschied zwischen Sport und Drama, wie ich in *Die achte Kunst* (1985) näher begründete. Es ist ähnlich wie beim wissenschaftlichen Humanexperiment. Zwei Ethiken – die allgemeine und die bereichsspezifische – überlappen sich. Besser: die allgemeine überformt die spezifische noch, geht vor. Die diffizile Überlappung, Überformung und das Verhältnis beider Ethiken sowie der entsprechenden Rechtsforderung und des bereichsspezifischen Ethos verweist auf die unerlässliche Berücksichtigung pragmatischer Umstände. Ohne dass sie sich in totale Dogmatisierung oder Vergesellschaftung auflöst, muss die Ethik praxisnäher, institutionen-, gruppen- und gesellschaftenorientierter und pragmatischer werden. Das gilt besonders auch für die im Wesentlichen erst noch zu entwickelnde Ethik des Sports mit Ihrer institutionsmoralischen und –ethischen Teilkomponente und mit dem Teilbereich Ethik des Sportlers selbst.

5. Fairness in der Erfolgsgesellschaft?

„Der Sport hat sich gewandelt. Die Moral, unter der heute zum Wettkampf angetreten wird, ist ohne Zweifel eine andere als vor zwanzig oder dreißig Jahren. Doch wenn dann jemand das Kind beim Namen nennt, ist alle Welt betroffen.

Der Karlsruher Philosoph Professor Hans Lenk (53), 1960 Ruder-Olympiasieger im Achter, bezeichnete jetzt das ‚Foul als Notwendigkeit im Spitzensport‘. Er führte aus, daß sich in einem absoluten Erfolgssystem wie dem Hochleistungssport zwangsläufig betrügerische Strategien herausbilden müßten.

Lenk: „Es wird gehandelt nach der Maxime des 11. Gebots: Du sollst dich nicht erwischen lassen. Verletzungen werden zum Kavaliers-Delikt, das faire Foul zur Notwendigkeit.“

Diese Gedanken des Olympiasiegers bestürzen durch ihre Geradlinigkeit und weil sie zu einem Zeitpunkt geäußert werden, als beide großen Kirchen zu mehr Fairness im Sport aufgerufen haben.

Ein frommer Wunsch.

Das Foul als Notbremse, die Schwalbe zum Herausschinden des Elfers, verbotene Mittel im Trainingsaufbau und Suche nach Methoden, um Regeln zu unterlaufen – Erfolg scheint anders nicht machbar, der Griff zum großen Geld würde ins Leere führen. Die Gedanken des Professors aber auch, wenn man sie ungefiltert als Freifahrtschein zum Erfolg betrachtet. Dann ist der Sport erledigt.“[7]

Wenn man so ungeschminkt und ungefiltert die Wahrheit als Freifahrtschein zum Erfolg präsentiert bekommt, kann man nur noch erstaunt zur Salzsäule erstarren oder sich als Säulenheiliger auf eben dieser Säule im Yoga-Sitz niederlassen. So schön ist eine Beschreibung selten zu einer Wertung, ein deskriptiver Satz über einen Sys-

---

[7] Wolfgang JUCKEL in *Sport-Bild* vom 04.05.1988.

temzusammenhang zu einem normativen Gutheißen, zu einem „Freifahrtschein zum Erfolg" um fast jeden Preis, umgewandelt worden. Der Schreiber dieser Glosse, der Journalist Wolfgang Juckel, hatte freilich weder recherchiert noch den diesbezüglichen Vortrag gehört, sondern seine Glosse – wie so beliebt in seiner Zunft – nach dem Motto verfasst: „Laß juckeln, Kollege der Feder, wenn nicht auch des Arguments". Immerhin attestiert er ja fairerweise eine bestürzende „Geradlinigkeit": „Etwas Fairneß muß erlaubt bleiben" – das ist auch die Überschrift des Artikels. Übrigens gilt das auch für Recherchen von Sportjournalisten. Auf den Brief, den ich ihm daraufhin geschrieben habe, hat er natürlich nicht geantwortet, ich weiß also nicht, ob er irgendwie betroffen gewesen oder überhaupt irgendwie reagiert hat. Von einer erfolgten Korrektur habe ich jedenfalls nichts erfahren, aber das braucht mich vielleicht auch nicht zu jucken. Das allgemeine strikte Fairness-Gebot wurde wohl auch selten so direkt zu einer Beliebigkeitsempfehlung für geeignete demonstrative Einzelfälle herabgeschraubt. „Etwas Fairneß muß erlaubt bleiben" – in solchen Fällen, in denen man zu zeigen es sich leisten kann. Nur in solchen noch? Vom Gebotsgesetz bzw. von einer Konkurrenznorm mit Muss-Charakter zum Erlaubnisfall? Welch ein Wandel, der doch ungewollt genau das ausdrückt, was in unseren Zeiten und in der professionellen Verhärtung des Sports in der Tat gängig geworden ist.

Charakteristisch scheint mir zu sein, dass Sportjournalisten wie auch Sportfunktionäre notorisch unfähig sind, ironische Untertöne zu verstehen und eben die Rede vom „Elften Gebot" wohl wirklich nicht verstanden haben, weil sie diese für bare Münze nahmen und nehmen. Übrigens ist diese Fähigkeit, sich nicht selber allzu ernst zu nehmen bzw. sich selber unter Umständen ironisch zu verstehen, weder auf Sportfunktionäre noch auf Sportjournalisten beschränkt: Auch den meisten Politikern bei uns und, um die professionelle Verortung meiner selbst auch nicht auszulassen, den meisten Philosophen ist sie fremd.

Was hatte ich denn damals wirklich gesagt? Meine These war: In Konkurrenz- und Hochleistungssystemen, die den Erfolg absolut setzen und ihn unbedingt anstreben, entwickeln sich zwangsläufig rücksichtslose und auch betrügerische Strategien, um zum Erfolg zu gelangen. Dabei gilt es natürlich, das „Elfte Gebot", die heimliche Obernorm sozusagen: „Du sollst Dich nicht erwischen lassen", zu wahren. Es erfolgt eine Spaltung in eine zum Teil heimliche *Erfolgs*- und eine öffentliche *Compliance-Moral* bei Akteuren, unter Umständen aber auch bei Organisatoren, Managern und Betreuern, und damit gehen Verwischungs- und Abschiebungsstrategien, Alibi- und Ablenkungstaktiken bezüglich der Verantwortlichkeit einher. Das „Elfte Gebot" dominiert offensichtlich auch im Spitzensport – wie auf der Autobahn. Verletzungen der traditionellen Regeln gelten nicht nur dort als Kavaliersdelikte. Wer nimmt sie noch ernst – außer eben jenen, die sie beschwören, oder solchen, die eben erwischt wurden. Manche sagen es gar frank und frei heraus wie der Eigner und Skipper Bill Koch, Multimillionär und damals Besitzer des viertgrößten US-Energiekonzerns, der 1992 in seine Yacht „America" und in den America's Cup, das „härteste Segelrennen der Welt", 60 Millionen US-Dollar steckte: „Natürlich ist es unmoralisch, was ich mache. Aber Moral lässt sich nun einmal nicht gesetzlich regeln." (Zitat nach FAZ 4.5.92).

Mit der Fairness scheint es also zu stehen wie nach Paul Valéry mit der Zukunft: Sie ist auch nicht mehr das, was sie einmal war. Ausgerechnet Murphys Handbuch der Golfgesetze (also eines *Gentleman*-Sports) stellt fest: „Der erste Mythos über sportliche Fairness besteht in der Behauptung, es gäbe sie!"

Doch es gibt die Fairness, es gibt auch sportliche Fairness; es gibt hervorragende Beispiele des besonders fairen Einhaltens von Regeln und auch normale Erfahrungen fairen Verhaltens – sozusagen des „Fair-Haltens" sowohl im Sport, selbst im Hochleistungssport, wie auch in der beruflichen und wirtschaftlichen Leistungs- und Konkurrenzwelt. Aber natürlich trifft das „Sich-fair-Halten" ebenso auf Schwierigkeiten und Probleme in der Praxis – und zwar auf desto größere, je schärfer die Konkurrenz ist, wie sie etwa im *Höchst*leistungssport oder durch die verschärfte wirtschaftliche Konkurrenz im Zuge der Globalisierung anwuchs und immer noch wächst.

„Fairness", so könnte der berühmte Verfasser des *Wörterbuchs des Teufels*, Ambrose Bierce, definiert haben, „Fairness is a virtue extolled in public by those who are about covertly to betray and undermine it"[8]. Wie umschrieb der bekannte Kabarettist Dieter Hildebrandt die allerexklusivste Sportart „Fair play"?: „...das Foul so versteckt machen, dass der Schiedsrichter es nicht sieht"!

Fairness – plakativ gewürdigt, selten befolgt; Fairness – je lauter gepredigt desto leichter umgangen. In der Tat: Die Praxis macht die Schwierigkeiten. Idee und Ideal sind gut; mit der sozialen Wirklichkeit, der Praxis, dem menschlichen Umgang hapert es vielfach: menschlich-allzumenschlich   –   oder   gar: allzu menschlich-*un*menschlich manchmal in der allzu ernst gewordenen Konkurrenz?

Ideale sind schön – und auch nötig, zumal sie darauf angewiesen sind, verbreitet zu werden. Doch wie sagt das afrikanische Sprichwort: „Worte sind schön, doch Hühner legen Eier"! Eine Erkenntnis, die freilich auch dem gebildeten Europäertum der Tradition nicht ganz unbekannt war: Gottfried Seume erinnert uns in seinem *Spaziergang nach Syrakus* daran: „Nicht das Predigen der Humanität, sondern das Tun hat Wert!" Und der gepflegt-ironische Erich Kästner echote vor acht Jahrzehnten: „Es gibt nichts Gutes, außer man tut es!" Beides gilt natürlich ebenso für die Fairness und das faire Verhalten bzw. den fairen Umgang miteinander – gerade in Bereichen harter, aber geregelter Konkurrenz.

Was ist nun, wie definiert sich Fairness? Und wie entstehen diese Schwierigkeiten? Was lässt sich absehen – und was lässt sich tun, um die Probleme und Folgen der Verhärtungen in der Konkurrenz und beim Unterlaufen fairer Regeln zu vermeiden oder mindestens zu vermindern?

---

[8] Leider hat Bierce diese Tugend nicht selber so definiert, obwohl sie dem amerikanischen Ironiker, der mit der englischen Gentleman-Tradition vertraut war, bekannt gewesen sein musste. Meine Pseudodefinition ist seiner Definition der „Treue" nachempfunden: „Fidelity – a virtue peculiar to those who are about to be betrayed".

Fairness ist die ureigenste Tochter des Sports, die Zukunft haben sollte, haben wird und zwar in unserer ganzen Gesellschaft, auch in der Wirtschaft. Fairness ist der Wert, den der Sport sozusagen der anderen großen und umfassenden Kultur vermacht. Dieser Wert ist ein Wert mit besonderem Anspruch, der in unserer Gesellschaft, einer Konkurrenz-Erfolgs-Leistungsgesellschaft in vielen öffentlichen Bereichen uns ganz besonders ans Herz gelegt wird und offenbar sehr wichtig ist. Aber dennoch muss man offen reden, und wir dürfen kein Blatt vor den Mund nehmen – und wir müssen auch sehen, dass es mit der Fairness sowohl in der Wirtschaft als auch im Sport zunehmend schwerwiegende Probleme gibt. In Hochleistungssystemen, die den Erfolg unbedingt und unnachgiebig anstreben, entwickeln sich zwangsläufig auch rücksichtslose und betrügerische Strategien. Es folgt manchmal geradezu eine *heimliche Spaltung der Moral*, nach außen hin macht man Lippenbekenntnisse zum Fairnessprinzip, nach innen folgt man dem geradezu sprichwörtlichen „elften Gebot": „Du sollst Dich nicht erwischen lassen!" Die öffentliche Compliance-Moral einerseits und die heimliche rigorose Erfolgsmoral andererseits ist natürlich nicht nur das Problem im Sport. Es gibt eine Reihe von Ablenkungs- und Abschiebestrategien – einige werde ich noch erwähnen – der Rücksichtslosigkeit und Verhärtung der Konkurrenz in vielen Bereichen unserer Gesellschaft. Allenthalben dürfte erfahrungsgemäß das siegreiche Bestehen in den Wettbewerben, sei es im sportlichen, wirtschaftlichen, sei es im politischen oder gesellschaftlichen Erfolgsbereich, einen zusätzlichen Druck setzen. Ist die Druckverschärfung sozusagen in das System eingebaut, ist der Erfolg allzu gewichtig geworden, dann wirken schöne Reden und Regeln alleine natürlich nicht mehr. Verlangt man nicht dann etwa im Sport geradezu das Unmögliche, wenn man rücksichtsvolle Fairness vom Athleten einfordert und den Ernst der Konkurrenz andererseits existentiell – und das heißt oftmals heutzutage auch finanziell – gewichtiger macht, prämiert und besonders hervorhebt. Man spricht manchmal von den „zwei Codes": „Sieg oder Niederlage", als ob es nichts Anderes gäbe und als ob das nicht schon eine eindimensionale Verkürzung ist. Immerhin war es der große Rudertrainer und Pädagoge, mein Lehrer und Freund Karl Adam, ein oftmals als solcher angegriffener angeblicher „Leistungsfetischist", der gesagt hat: „Nicht gewinnen ist kein Scheitern." Wenn man sich wirklich ehrlich bemüht und arbeitet, darf Nichtgewinnen nicht als Scheitern zugerechnet werden.

Im Folgenden werde ich *erstens* ein bisschen eingehen auf den Begriff der Wettbewerbs- oder Konkurrenzfairness, und zwar in Absetzung von anderen Fairnessbegriffen, die in der Sozialphilosophie häufig diskutiert werden, sog. Beteiligungsfairness zum Beispiel. *Zweitens* komme ich auf Dilemmasituationen und Systemzwänge zur Unfairness, insbesondere natürlich an Beispielen des Hochleistungssports zu sprechen. Sie sind aber auch allgemeiner aufzuzeigen an so genannten *sozialen Fallen*, die in vielen gesellschaftlichen Bereichen, natürlich auch in der Wirtschaft, auftreten und vielfach schon erkannt und untersucht worden sind. *Drittens* möchte ich einige kurze Vergleiche und Unterschiede zwischen der Regelung sportlicher und wirtschaftlicher Konkurrenz, insbesondere in Hinsicht auf die Fairnessproblematik eher andeuten als ausführlich diskutieren. Nach einem Übergangsabschnitt über Unfairness u.a. in der Wissenschaft (*viertens*) soll noch *fünftens* über das *Bluffen* in der Wirtschaft und im Sport gehandelt werden – ein Thema, das mir in gewisser Weise kennzeichnend für eine mögliche fairnessbezogene Unterscheidung zwischen beiden Bereichen zu sein scheint. Schließlich werden *sechstens* fünfzehn Thesen zusammenfassender Art und ein zusammenraffendes Resümee den Beitrag beenden.

I.

Zunächst zum ersten Teil kurz etwas Begriffliches.

Ich hatte schon 1961 (veröff. 1964) versucht, das „*formelle* Fairplay",
also die förmliche Forderung zur Einhaltung von Regeln, Stilregeln
von dem so genannten „*informellen* Fairplay" zu unterscheiden. Es
war eine Unterscheidung, die zunächst relativ wenig zur Kenntnis genommen worden, aber immer wichtiger geworden ist. Sie baut natürlich auf der traditionellen Auffassung, etwa von Pierre de Coubertin,
dem Wiederbegründer der Olympischen Spiele, dass der Athlet über
das formelle Fairnessgebot hinaus im „ritterlichen Geist", wie Coubertin das damals noch recht pathetisch nannte, eben in einer Art von
quasiritterlicher Gemeinschaft der Partner eingebunden ist und dass
die „fairen und gleichen" Wettkämpfe nicht nur äußerlich formell unter gleichen („fairen") Startbedingungen und Chancen, sondern in einer Art von innerer Verbundenheit – er nannte das „Ritterschaft" –
stattfinden sollten. Das formelle Fairplay, die Einhaltung der Spielregeln, die ja auch sanktioniert wird, z.B. vom Schiedsrichter kontrolliert werden soll, ist natürlich eine *Mussnorm*, wie die Soziologen sagen, also eine sozial etablierte und kontrollierte Regel und
institutionalisierte Form von Erwartung, die nicht übertreten werden
darf. Dagegen umfasst das Ansinnen des *ritterlichen informellen* Umgehens miteinander natürlich eher eine *Ideal*- oder *Sollnorm*, die nicht
eingeklagt werden kann, die aber natürlich den sportlichen Kampf, die
sportliche Beziehung, die Partnerschaft mitbetreffen und charakterisieren soll. Natürlich ist die informelle Regal auch mit einem formellen
Fairness-*Gesetz* verbunden, man soll sich ja stets – auch im ritterlichen Geist – an die Spielregeln halten.

 Es hat hierzu in der Geschichte des Sports eine Reihe von Beispielen hervorragender Art gegeben. Das faire Spiel war ja das Übliche und ist auch heute noch in weiten Bereichen des Breitensports das
Normale. Ein berühmtes Beispiel ereignete sich bei den Olympischen
Spielen von 1928 beim Fechten. Gaudin war angeblich getroffen wor-

den, aber es war kein Treffer, sondern eine Fehlentscheidung; er sprang vor und sagte: „Ich bin nicht getroffen worden" – und der Punkt wurde dann dem Gegner zugerechnet. Gaudin war immerhin dann glücklich genug, trotzdem noch den Endkampf zu gewinnen, aber die Frage, die ich stellen möchte: Ist das heute im olympischen Endkampf in einer entsprechenden Atmosphäre noch vorstellbar – geschweige denn üblich?

Wir haben vor einiger Zeit den anderen Fall eines extremen Gegenbeispiels erlebt. Es geschah in der Tat, dass in der Vorbereitung auf olympische Winterspiele eine amerikanische Eiskunstläuferin durch (wahrscheinlich von ihrer Hauptkonkurrentin gedungene) Leute die Beine mit einer Eisenstange malträtiert wurden, um sie außer Gefecht und außer Konkurrenz zu setzen. Das war zweifellos eine echt kriminell gewordene Eskalation der totalen Erfolgs- und Siegerorientierung – um geradezu jeden Preis.

Doch um nun nicht zu negativistisch zu werden, ich kann Ihnen noch ein recht positives Beispiel aus neuerer Zeit erzählen. Vor einiger Zeit (1989) fanden in Karlsruhe die *World Games* statt. Es sind hieran keine olympischen Sportarten beteiligt, und (daher?) geht es dann entsprechend auch eben gesitteter und harmonischer zu. Da trat das ein, was beim Tauziehen gelegentlich der Fall ist, dass sich ein Athlet im Turnier verletzte. Daraufhin trat die schweizerische Gegenmannschaft nun ebenfalls mit einem Mannschaftsmitglied weniger an, obwohl das nicht von der Wettkampfregel verlangt wird. Aber es ist wohl eine Art von guter Regel oder guter Sitte, um nicht einen „unziemlichen" Vorteil gegenüber der anderen Mannschaft zu genießen, die ja nun ein Mitglied weniger aufwies. Sehr fair – das gibt es also noch! Die Frage ist nur, ob es das auch noch im Hochleistungssport auf olympischer Ebene gibt. Oder wandert die olympische Gesinnung, der einst vielbeschworene „olympische Geist", in diese Art von Freizeit-, Breiten- oder Natursport oder in die *World Games* bzw. in sog. „New Games" aus?

Ich will auf die Wandlungen der Fairnessidee im Laufe der Geschichte hier nicht eingehen; diese sind bekannt. Es ist vielfach dokumentiert, wie sich das Fairnessdenken von der aristokratischen Verhaltensorientierung oder dem Verhaltenskodex der Ritter und Gentlemen wandelte zu einer eher bürgerlichen Verhaltensregelung ohne aristokratischen Kern, wobei die geforderte *Chancengleichheit* die geordnete, geregelte Durchführung des Wettkampfes garantiert werden soll, die Standesgebundenheit natürlich wegfiel und die formale Gleichberechtigung aller Mitspieler eine Rolle spielte. – Insbesondere trat die Regelung der *Konkurrenz* immer stärker in den Vordergrund. Dabei ist übrigens heutzutage kennzeichnend (ich komme darauf noch zurück), dass die informelle Fairness immer mehr ins Hintertreffen gerät – und zwar desto deutlicher, je extremer und bedeutsamer die Konkurrenz ist.

Man muss generell wohl von einer gewissen *Minimaldefinition* der „Fairness" ausgehen: Das Gebot der *Wettkampffairness* umfasst *erstens* zumindest das Moment, die wesentlichen Spielregeln einzuhalten: Man spricht von „konstitutiven", also sozusagen das Spiel definierenden Spielregeln; wenn man sie wesentlich verletzte, würde man das Spiel nicht mehr spielen. Wer immer Hand spielt im Fußball, der spielt eben eigentlich nicht Fußball. Boxhiebe sind im Fußballspiel nicht erlaubt, aber eben in der Boxarena. *Zweitens* ist die Einhaltung sog. *regulativer*, also sozusagen der *innerhalb* des Spiels oder Wettkampfs zu beachtenden Regeln und Vorschriften geboten. Wer einen Mitspieler im Fußball „umlegt", spielt trotzdem noch Fußball, wenn er allerdings dies mehrfach und dauernd macht, dann spielt er nicht mehr lange mit – hoffentlich –, sondern sieht die „rote Karte". (Es gibt dabei durchaus fließende Übergänge; denken Sie insbesondere an Eishockey, ich komme darauf zurück.) *Drittens* gilt meistens die strikte Beachtung des Schiedsrichterurteils – als unverzichtbarer Bestandteil des Fairnessgebots. *Viertens* wird die Idee der Chancengleichberechtigung und der formalen Gleichheit der Startchancen gefordert – und dadurch zu erreichen versucht, dass man die Regeln so anordnet, dass die Chancengleichheit nach Möglichkeit realisiert und garantiert werden soll. *Fünftens* und letztens ist immer noch auch die Achtung und Beachtung des Gegners als eines Spielpartners, als einen Mitmenschen gefordert; – also sozusagen die Restidee der informellen Fairness, die somit weiterhin (üblicherweise) in die ideale Auffassung der formellen und generellen Fairness auch eingeht.

Die ersten vier Normen oder Regeln erfordern verstärkte Kontrollen. In dem Maße, in welchem die Schärfe und der Ernst der Konkurrenz wächst, wird die informelle Fairness unter Umständen aufgrund der starken und extremen Professionalisierung und des Öffentlichkeitsdrucks zurückgehen oder unter Umständen ja sogar dahinschwinden. Im Hochleistungssport müssten nun die institutionelle Einbettung und verfahrensmäßige Kontrollen dazu führen, dass die Doppelmoral der Fairnessbeschwörung nach außen unter insgeheim unfairen Manipulationen oder Regelübertretung oder Vorteilsnahme außer Funktion gesetzt oder wenigstens i.d.R. wirksam kontrolliert wird: Um Fairness wirklich zum Durchbruch zu verhelfen, müssen wir also ernst machen mit ihr, müssen wir Abschied nehmen von bloßen Lippendienstbekenntnissen oder öffentlichen Alibistrategien, wir müssen sozusagen verfahrensgestützte Kontrollen, Abänderungen, Varianten und unter Umständen sogar Umorganisationen verfolgen bzw. entwickeln.

Noch eine kleine begriffliche Abgrenzung. In der Sozialphilosophie und Rechtsphilosophie wird normalerweise von dem Fairnessprinzip, dem Fairnessgedanken in einem viel allgemeineren Sinne gesprochen (z.B. u.a. von Hart oder Rawls)[9], indem man nämlich meint,

---

[9] Solche Fairness-Überlegungen spielen in der Auffassung der „Gerechtigkeit als Fairness" (so das erste Kapitel von Rawls' berühmtem Buch *Eine Theorie der Gerechtigkeit*) eine bedeutsame Rolle. Doch ist diese allgemeine Deutung der sozialen Fairness – im Übrigen über die Grenzen unterschiedlicher Generationen hinweg – viel zu umfassend, um das übliche Prinzip der Wettkampf-Fairness zu treffen. Die angemessene Berücksichtigung der sonst Meistbenachteiligten ist ja neben dem Grundsatz der Chancengleichheit der Ausgangspunkt für Rawls` Idee zur Begründung einer gerechten Gesellschaftsordnung. Doch diese Deutung von „Fairness" ist noch weit von dem üblichen Verständnis im Zusammenhang sportlicher Auseinandersetzungen entfernt. Sie könnte als eine Verallgemeinerung dieser konkreteren Fairnessvorstellungen auf eine umfassende Sozialethik aufgefasst werden. Dabei würde sich Fairness auf die soziale Kooperation beziehen. Noch allgemeiner könnte man sogar auf die Forderung verzichten, dass die Handelnden genau bestimmten

Regeln folgen und dass nahezu alle Teilnehmer wirksam mitarbeiten müssten, also z.B. nicht „schwarzfahren" dürften, um von „fairem" Beitrag zu sprechen (Simmons). (Verpflichtungen unter diesem Fairnessprinzip würden wohl erst dann entstehen, wenn man die Vorteile bewusst akzeptiert oder in Anspruch nimmt und nicht – wie etwa ein kleines Kind – einfach unreflektiert erfährt.)

In der Sozial- und Rechtsphilosophie wird im Anschluß an Rawls oft vom Fairneßgrundsatz als einer „Regel fairer Chancen" („fair opportunity rule") gesprochen, die aber in dem erwähnten weiteren sozialen Sinne gedeutet wird: Niemand sollte diesem Grundsatz zufolge gesellschaftliche oder wirtschaftliche Vorteile aufgrund unverdienter, ihn bevorteilender Eigenschaften davontragen noch sollten ihm solche aufgrund unverdienter, ihn benachteiligender Eigenschaften verwehrt werden, weil sie oder er für diese Eigenschaften nicht verantwortlich gemacht werden können. Einige solcher möglicherweise vorteilhafter oder nachteiliger Eigenschaften sind veränderlich und können ausgeglichen werden – wie z.B. ein niedriger Bildungsstand oder ein provinzieller Dialekt; andere sind unüberwindlich wie Geschlecht, Rassenzugehörigkeit und zum beträchtlichen Teil auch der Intelligenzquotient und – für unser Thema besonders einschlägig – die körperlichen Anlagen. Die veränderlichen Fähigkeiten/Unfähigkeiten kann mit Rawls der „sozialen Lotterie" des Lebens, die unveränderlichen Talente bzw. Begabunsmängel der „natürlichen Lotterie" des Lebens zuordnen. Aufgabe des Fairneßgrundsatzes als sozialethischer Leit- und Reformregel ist es nun, solche Handikaps der „natürlichen" oder „sozialen Lotterie" des Lebens im Sinne einer Verteilungsgleichheit möglichst auszugleichen oder zu kompensieren – entweder durch unterstützende Sonderprogramme (etwa in der Erziehung) oder durch ausgleichende oder wenigstens die Benachteiligung verringernde Sondergüterzuteilung. Diese Idee der Fairneß, die Rawls heranzieht, um seine Theorie der „Gerechtigkeit als Fairneß" zu begründen, richtet sich in erster Linie auf möglichste Gleichheit der Verteilung von Gütern, Nutzen, Dienstleistungen usw. aus. Diese generelle Fairneßregel ist also inhaltlich oder *material* insofern, als sie auf grundsätzliche Gleichheit von Güterverteilungen und den Genuß von Dienstleistungen, Zuteilungen und Chancen zielt. Diese Güterausgleichsfairneß ist ergebnisorientiert.

Die allgemeine Fairneß-Grundregel des gleichen Genusses bzw. der sozialen Gerechtigkeit oder des Zugangs zu Gütern ist ebensowenig wie jene Anteiligkeitsfairneß des oben erwähnten „fairen" Anteils an den zu übernehmenden Soziallasten gerade nicht jene, die im Sport und in der Wirtschaft bedeutsam ist. Wenn wir im folgenden von dem *Prinzip Fairneß* sprechen, so meinen wir in erster Linie – wenn nicht anders betont – die Konkurrenzfairneß der gleichen Chancen und des entsprechenden Umgangs mit dem Konkurrenten im geregelten Wettkampf. Die allgemeine sozialethische Fairneßregel der ausgleichenden Vorteils- und Lastenverteilung ist von diesem sportlichen Fairneßprinzip deutlich zu unterscheiden dass Menschen hinsichtlich ihrer Anteile bei Güterverteilungen und in Bezug auf ihre Verpflichtungen einen fairen Ausgleich genießen sollten oder jedenfalls die Chancen für einen fairen Ausgleich haben müssten. Sie sollten nicht nur Vorteile ziehen daraus, sondern auch einen „fairen" Anteil als ihre Verpflichtung leisten. Natürlich das spielt bei den Kommunitaristen in der Sozialphilosophie und Gesellschaftstheorie der Zivilgesellschaft heutzutage eine große Rolle. Die Idee der „*sozialen* Fairness" ist freilich allzu umfassend, um das spezifischer *sportliche* Prinzip der üblichen Wettkampffairness zu treffen. Insbesondere gilt das natürlich für Rawls' Theorie der Meistbegünstigung der meist Benachteiligten und seine Idee der *Güterausgleichsfairness*, wie man sie nennen könnte, die sozusagen Ungerechtigkeiten aus der „natürlichen" und der „sozialen Lotterie" des Lebens in gewissem Sinne wenigstens ansatzweise kompensieren sollte.

Nun, diese Anteiligkeits- oder Verpflichtungs- oder Güterausgleichsfairness ist hier natürlich nicht gemeint, sondern im vorliegenden Beitrag geht es um die *Wettbewerbs- oder Konkurrenzfairness*. Diese ist es, die in Wettbewerben des Sports aber zumeist auch der Wirtschaft bedeutsam ist, und darauf werde ich mich hier beschränken. Das heißt, hier ist als „Fairness" die des Umgangs mit Gegnern oder Wettkampfpartnern im geregelten Wettkampf, in einer geregelten Konkurrenz, zu bezeichnen. Dieser Wettkampf, diese Konkurrenz wird ja von besonderen Regeln erst erzeugt („konstituiert" – daher: „konstitutive Regeln" s.o., Punkt 1) und dann eben auch durch Normen oder formelle Regelungen im Ablauf des Wettbewerbs geregelt. „Fairness" in diesem engen Sinne bezieht sich also auf dieses regelgeleitete Konkurrenzverhalten, also in erster Linie auf eine geregelte Auseinandersetzung – statt allgemein auf das soziale Zusammenleben schlechthin und Chancenausgleich oder Kompensation natürlicher oder gesellschaftlicher Benachteiligungen. Die Idee der Fairness ist nun bedeutsam – und wird umso wichtiger, je mehr die Gesellschaft sich aus einer Ständegesellschaft zu einer Konkurrenzgesellschaft entwickelte, je mehr individuelle Leistung und Erfolg im Wettbewerb wichtig wurden und funktionale Normen der Regelung erforderten. Das

Fairnessgebot scheint so in erster Linie eine notwendige Norm bei der Entwicklung zu einer individualistischen, pluralistischen Leistungs- und Konkurrenzgesellschaft zu sein. In diesem Sinne lassen sich natürlich auch der Ursprung und die Übertragung der Idee aus dem Sport auf die allgemeinere Konkurrenz in Gesellschaft und Wirtschaft usw. leicht verstehen. Je mehr die Gesellschaft zu einer Leistungs- und Wettbewerbsgesellschaft wird, desto wichtiger wird eine solche regelnde Verhaltensnorm. Sie hat in erster Linie funktionalen, das heißt eben formal regelnden Charakter; jedoch entsprechen ihr auch eine Einstellung und eine Haltung, die über das Formale hinausgehen sollten, also zählt in gewissem Sinne nach wie vor eine informelle Fairness (s.o. Punkt 5). Doch je formeller die gesellschaftlichen Rollenbeziehungen werden, je schärfer die Konkurrenz wird, desto mehr weicht die informelle Fairnessgesinnung der formellen Regelgeltung – und diese muss eben umso nachdrücklicher kontrolliert werden. Es entstehen Schwierigkeiten, Fallensituationen, Probleme, Konflikte oder sogar eine Art Spaltung der Moral und u.U. eine Art von quasi schizophrener Haltung, in die auch der Hochleistungsathlet hineingepresst wird.

Damit komme ich zum zweiten Teil jetzt über strukturelle und soziale Dilemmasituationen, insbesondere im Hochleistungssport.

II.

In der Fairnessdiskussion kann und sollte man sich fragen: Kann weiterhin nur der jeweilige Einzelne, der Athlet, der Trainer, der Offizielle oder auch im sekundär übertragenen Falle der Journalist oder der Vereinsvorsitzende allgemein und allein verantwortlich gemacht werden für eine unfaire Aktion oder Strategie? Oder gibt es übergreifende institutionelle Verantwortlichkeiten auch der Verbände für systemhafte Zusammenhänge und institutionelle Handlungen, die weit über die Möglichkeiten der Einzelakteure hinausgehen, ja, unter Umständen diesen vom System her in eine gleichsam paradoxe Konfliktsituation zwingen? Anzuführen wären hier als Symptome die schon erwähnte Doppelmoral des öffentlich verurteilten, vielfach insgeheim geförderten Dopings – oder Beispiele des vom Publikum, sogar von der Presse geforderten, von Trainern insgeheim gelehrten, aber nach außen eher scheinheilig abgelehnten taktischen Fouls im Fußball. Selbst Beckenbauer und Breitner haben gesagt, das taktische Foul gehöre zum Fußball; man müsse es geradezu lernen. Man müsse den Jungen aber beibringen, „richtig" foul zu spielen, also die *Notbremsenmoral* im Fußball, Eishockey, Wasserball, Handball zu beherrschen.

Alle diese Beispiele zeigen, dass der einzelne Handelnde zwischen zwei Lagern in eine konfliktartige Dilemmasituation gerät. Je mehr strukturelle und systemhafte Bedingungen und soziale Konstellationen entscheidende Erfolgsrelevanz gewinnen und bedeuten, je mehr der Erfolg selber geradezu existentielle Ernsthaftigkeit annimmt oder zugeschrieben bekommt, desto mehr wird eine umfassende institutionell-ethische Diskussion über die Verantwortung bei Verbänden und von anderen Institutionen gefordert sein. Man kann nicht nur dem einzelnen Athleten oder der einzelnen Athletin den Schwarzen Peter zuschieben. Befinden sich Hochleistungsathleten im Sport, Akteure in gesellschaftlichen oder wirtschaftlichen Konkurrenzen und auch entscheidende und handelnde Institutionen allgemein – denn das Gesagte gilt natürlich keineswegs nur für den Sport – notorisch in einer solchen Zwangssituation zwischen unterschiedlichen moralischen Fronten? Kann man dem Einzelakteur nach wie vor alle Verantwortlichkeit zuschieben, wenn eigentlich eher oder vermehrt *strukturelle Bedingungen* ihn in dieses Dilemma gebracht haben oder gar zu zwingen scheinen? Kann man mit der Entwicklung einer *Doppelmoral* des öffentlichen lippendienstlichen Wohlverhaltens und der heimlich konsequenten Erfolgsmaximierung wirklich und wirksam solchen Dilemmasituationen entgehen bzw. begegnen?

Wenn viele oder gar fast alle heimlich von der Verletzung einer sinnvollen allgemeinen Norm, wie der Fairnessregel, zu profitieren versuchen, löst sich aber die Gültigkeit dieser Norm auf. Regelungswirksamkeit und Moral verfallen. Kontrollen werden zum

Sündenbock-Suchen und -Abstempeln. Die Dynamik des Dilemmas führt zum Normenverfall. Geraten nun der Sportler, der Wirtschaftler und auch der Politiker, die sich an faire Auseinandersetzungen in der Konkurrenz halten, verdeckte Tricks aufdecken sogar oder scheuen und Foulspiel strikt ablehnen und verabscheuen, nicht einzeln ins Hintertreffen? Liegt hier nicht geradezu eine *tragische* (Dilemma-)Situation vor derart, dass auch das System der entsprechenden steuernden und kontrollierenden Werte quasi sich selber zerstört?

Regelverletzungen, die nicht geahndet werden, erzeugen natürlich, wie man weiß, zwangsläufig Nachahmer. Nicht geahndete Regelverletzungen eskalieren im Sinne einer positiven Rückkopplung, wenn sie nicht (genügend) kontrolliert werden und somit den Verletzer systematisch besser stellen. Es entwickelt sich eine Dynamik der Selbstzerstörung des sozialen Systems; und auch das gilt keineswegs nur für den Sport. Allenfalls bleibt der Schein der Normeinhaltung an der Oberfläche gewahrt, im Untergrund dagegen herrscht geradezu das Gesetz des Dschungels und der Vorteilsmaximierung oder vielleicht sogar Regelanarchie.

Ein Beispiel aus einem anderen Bereich. Ein neu ernannter Industriedirektor, es ist noch nicht lange her, sagte wörtliches Zitat:

> „Es ist mir in letzter Zeit vorgeworfen worden, ich hätte an die Ellenbogen Sporen geschnallt. Die ich damit verletzt habe, bitte ich nach Erreichung meiner Ziele nachträglich um Entschuldigung."

Ist dies der offen zynische Ausdruck einer – oder gar *der* (?) – neuen Ellenbogengesellschaftsmentalität in der Wirtschaft und im Berufsleben? Ist es ein neues Fairnessverständnis, etwa wenn ein deutscher Handballnationalspieler ähnlich wie eine Nationalspielerin definierte: „Fairness ist, wenn man sich hinterher entschuldigt." So einfach ist das – scheinbar. Offenbar muss man harte Bandagen im Erfolgskampf anlegen, um überhaupt zum Erfolg zu kommen. Verhärtung und Rücksichtslosigkeit scheinen das Rezept zum siegreichen Bestehen in der Konkurrenz zu sein. In Wirtschaft, Politik, Hochleistungssport oder auch anderen Konkurrenzbereichen, etwa im Wettbewerb der Wissenschaftler, gibt es ja nicht einmal Silbermedaillen – z.B. in der Konkurrenz um Stellen und Aufstieg oder Preise – bis hin zum allzu oft „ausgemauschelten" Nobel- oder Friedens(buch)preis.[10] Dieser Zustand, den ich in einer Vorlesung über konkrete Humanität[11] einmal den Zustand der umfassenden *„Ellenbogenisierung"* genannt habe, damit das Phänomen ein bisschen auffällt und im Gedächtnis verbleibt – eben durch dieses unschöne Wortungetüm. Wird die Norm nicht oft sozusagen nur noch als leere Hülle verbal mit weichen und vollen Lippen – eben vollmundig – beschworen, während die soziale Realität eines Konkurrenzbereiches untergründig insgeheim ganz anderen Gesetzen, eben denen des Dschungels oder der Wolfsmeute folgt? Das sind zweifellos drastische, aber vielleicht als nicht einmal zu drastische Formulierungen und Fragen, die jedoch der eingehenden Klärung bedürfen. Jedenfalls lassen sich die Probleme des fairen Umgangs mit den Regeln in den meisten Institutionen mit Auszeichnungskonkurrenz nicht mehr bloß mit Blick auf das Individuum allein und auf seine persönliche Verantwortlichkeit lösen. Es handelt sich um *strukturelle* soziale Problemkonstellationen, die ihre eigene Dynamik entfalten – und dieser kann man nicht lediglich mit Appellen, Marketing und Werbeaktionen in der Öffentlichkeit beikommen. Wird der gutwillige Akteur mit seinen Idealen immer mehr auf der Strecke bleiben? Wird er zudem noch als „blauäugig" oder als „unverbesserlicher Idealist", „Amateur" oder gar „Dummkopf" belächelt? Ist der Faire nur noch der Dumme? (Mir ist das gelegentlich auch schon so gegangen, dass ich als der dumme Faire dastand.)

In Amerika gibt es ein sehr kennzeichnendes Sprichwort (ursprünglich wohl vom Baseballspieler Durocher stammend): *„Nice guys finish last"*, d.h. genauer: *„Fair guys finish last"*, „fair fellows fail". Angesichts des erwähnten kontrastverstärkenden Alles-oder-Nichts-Denkens bleiben faire Rücksichtnahme und „ritterliches" Spiel offenbar allenthalben auf der Strecke. Darf der faire, anständige Wettkämpfer, der die Regeln beachtet und den Gegner achtet, nur noch den

---

[10] Hoffentlich macht wenigstens der Fairnesspreis eine Ausnahme! Sonst ergäbe sich eine klassische pragmatische Paradoxie.

[11] H. Lenk: *Konkrete Humanität*. Frankfurt a. M.: Suhrkamp 1998.

letzten Platz erreichen (und vielleicht für einen Fairness-Preis des IOC den Kandidaten stellen – oder gar mimen)? Darf das das letzte Wort sein? Offensichtlich nicht. Aber wie soll man in Leistungsbereichen, gerade in trainingsintensiven Hochleistungssportarten unter dramatisch gewachsenem Leistungsniveau und Leistungsdruck[12] nun doch sozusagen eine Art von Abrüstung des Konkurrenzegoismus erreichen können, nachdem man – wie heutzutage nötig – jahrelang, als Hochleistungssportler mindestens ein Jahrzehnt, lang alle Energie, Kraft, Zeit, ja sogar Ausbildungschancen und ähnliches, eingesetzt, alles auf diese eine Karte gesetzt hat? Wenn der Leistungsdruck von der Öffentlichkeit, von Medienvertretern, bis auf wenige Ausnahmen und (insbesondere früher in Zeiten der Block-Konfrontation) auch von Politikern geschürt wurde, der Öffentlichkeitsdruck dazu kam, wodurch geradezu das Anheizen der Eskalation der Erwartungen weitergetrieben wurde, immer mehr Medaillenerfolge eingefordert oder sogar logistisch und sozusagen vorgeplant wurden (und auch heute noch werden), abgerechnet werden und ähnliches, dann eskaliert die Dramatik des Dilemmas. Wenn Professionalisierung, Leistungsprämien, euphemistisch „leistungsbezogene Kostenerstattung" genannt, das Erfolgsdenken dann sozusagen ad oculos publicos dokumentieren, dann gerät

---

[12] Man kennt die berühmte Aussage der Football-Trainer Tatum und Lombardi aus den USA: „Winning is not everything; it's the *only* thing". Entsprechend drückte der Manager mit der amerikanischen Musterkarriere bei Ford und Chrysler, Lee Iacocca, die Einstellung schlicht in der tautologischen Form einer wirklichen Binsenwahrheit aus: „The winning way is the only way to be the best." Iacocca hatte im Zusammenhang mit dem Pinto-Fall, dem Skandal um einen millionenfach verbreiteten besonders unfallträchtigen Kleinwagen, das berüchtigte Wort geprägt: „Safety does not sell!" Sollte inzwischen daraus ein „Morality does not sell" oder „Fairness does not sell" als Leitstrategie in Sport und Gesellschaft geworden sein?
„Die Nummer eins zu sein" – das allein zählt in der Gesellschaft und vor allem im Sport und in den USA! Diese Überbetonung führt zur Verschärfung der Kontraste, des Gegensatzes von Sieg und Niederlage, zum Haß gegen das Unterliegen und den Gegner: „Jedesmal, wenn du gewinnst, bist du wiedergeboren; wenn du verlierst, stirbst du ein bißchen" – so Footballcoach George Allen. Ein Trainer eines eher „sanften" Sports, des Baseball, Bill Musselman, nennt eine „Niederlage schlimmer als den Tod, weil man mit der Niederlage leben muß"!

diese Geschichte aus der Balance, insbesondere wenn die existentielle Konkurrenz um Ausbildungsplätze, knappe Qualifikationen, Zugänge, Ressourcen usw. hinzukommt.

Verlangt man in der Tat nicht das Unmögliche vom Athleten, von der Athletin, wenn man rücksichtsvolle Fairness einfordert und gleichzeitig den Ernst der Konkurrenz so hoch treibt? Wie soll dies angesichts der sprichwörtlichen „zwei Seelen" in der Brust des Athleten und auch des Funktionärs, der zum Erfolg verdammt ist, aber stets fair und sauber bleiben soll, möglich sein?

Die Sozialwissenschaftler haben das Modell der so genannten *sozialen Fallen* entwickelt, um derartige anscheinend unlösbare Konfliktsituationen zu beschreiben. Der Volksmund spricht vom Teufelskreis oder einer Leistungsspirale, einer „Höllenspirale". G. Hardin hat das z.B. in der Überweidung der Allmende schon 1968 in seinem berühmten Artikel (in *Science*) über die „Tragödie der Gemeingüter" („The Tragedy of the Commons") geschildert, wie sozusagen der Zwang zur Destruktion in das System eingebaut ist. Ich will das im Einzelnen nicht schildern, dafür ist hier weder Zeit noch Platz (Es geht um die Überweidung der Gemeinschaftsweiden in der Sahelzone, wenn der individuelle Besitz an Vieh *das* Statussymbol ist.). Aber wir können uns fragen, ob es so etwas gibt wie eine „Tragödie der Fairness und Moralwerte" – ganz nach diesem Muster.

Vielleicht kurz noch dies. G. Bateson, ein berühmter Psychoanthropologe und Ethnologe, hat eine ähnliche Theorie wie die Theorie der sozialen Fallen entwickelt, die er natürlich stärker auf die Psychodynamik abhob. Die Theorie des *„double-bind"*, der Doppelbindungen, der *„Beziehungsfallen"*, wie dieser Ausdruck manchmal übersetzt wird, oder der „Bezugsfallen", so gelegentlich recht schlecht übersetzt. Eigentlich ist ein zwangsmäßiger oder gar zwanghafter Doppelzwang gemeint, das *Oszillieren* zwischen den Extremen doppelter Standards – eben in dem Sinne einer *Doppelzwangsituation*. Zum Beispiel ausgemalt an den Beißspielen der Tiere, der Hunde. Denken wir an Hunde oder Affen. Diese Tiere verwickeln sich in Beißspiele, zwicken einander spielerisch. Doch gleichzeitig wissen sie, dass ihre Spielpartner und auch so sie eben nur spielen (sollen). Sie signalisieren sozusagen auf einer höheren Ebene gleichzeitig die Mitteilung: „Ich beiße dich nicht wirklich, ich spiele mit dir, ich mag dich". Diese höherstufige Mitteilung ist ganz wichtig und entdramatisiert die Aggressivität des Spiels auf der eigentlichen Aktionsebene: „Es ist nur ein Spiel!" Diese *notwendige* Mitteilung entdramatisiert. Freilich ist nun derjenige Mensch, der sich zu sehr und total in das Spiel einlässt, nach Bateson „erstaunlich unfähig", zu diesen höherstufigen einschränkenden entdramatisierenden Mitteilungen zu gelangen. Der Spieler ist also offensichtlich manchmal nicht mehr imstande, diese übergeordneten Mitteilungen über den Rahmen und die Einschränkung zu verstehen, und er neigt dann tendenziell in diesen paradoxen Situationen und Anforderungen zur Entwicklung einer schizophrenen Geisteshaltung. Bei Bateson ist das Double-bind geradezu eine Vorstufe der Schizophrenie. Man müsste das weiter ausführen. Es bedarf aber keiner näheren Ausführung, um diese Deutung des Spiels auf die des Wettkampf- und Hochleistungssports bzw. der Wirtschaftskonkurrenz zu übertragen. Zumal im Zumal im Höchstleistungssport greift sie eigentlich noch viel überzeugender, weil hier dieses Oszillieren an der Grenzscheide viel deutlicher ist und die spielerische Mitteilung. „Dies ist doch nur Sport" nur allzu oft vergessen wird. Hochleistungssport nimmt, nahm recht allgemein wirklichen Ernstcharakter an, wird so übergewichtig, dass er tatsächlich zu einer Verstrickung in eine Falle führt – in diesem Sinne der Double-bind- – der Doppelzwang-Situation. Der Athlet kann unter Umständen sogar schizophrenieähnliche Geisteshaltungen entwickeln. Verstrickt in die Doppelbindung zwischen Ernstcharakter und spielerischer Fairness hat der heutige Hochleistungssport offenbar die Züge einer geradezu paradoxen Polarität in diesem Sinne des Doppelzwangs angenommen. Quasi strukturhaft bedingt oder systemhaft erzeugte schizoide, und also zwanghafte Züge kennzeichnen im Extremfall den verbissenen Ernst des Athleten, der sich in dieser Verstrickungssituation findet. Angeheizt durch öffentlichen Druck, durch übertriebene und besonders betonte Bedeutsamkeit und Existenzernst einerseits steht er vor der ständigen kaum noch geglaubten, nur noch beschwörend appellativ wirkenden Zurücknahme durch die Fairnessregeln andererseits. Dies scheint zumindest gewisse Neurosen zu fördern oder die Verstrickung in eine quasi schizoide Situation herbeizuführen.

Kein Wunder, dass der Athlet dazu neigt, Vorteile aus der Situation der sozialen Falle zu ziehen, indem er eben Regeln, wenn er das ungesehen oder, ohne erwischt zu werden, tun kann, umgeht, heimlich zu brechen versucht, um sich von dieser relativen Selbstbevorteilung gegenüber dem Gegner nun selbst irgendwie auch ein größeres Teil abzuschneiden. Das ist natürlich eine Dynamik, die zur Verletzung von solchen Regeln wie der Fairnessnorm führt. Das so genannte 11. Gebot: „Du sollst dich nicht erwischen lassen", gilt geradezu als gesellschaftliche Leitregel – keineswegs nur gegenüber dem Finanzamt.

III.

Der dritte Teil des Vortrags bezieht sich auf Beispiele auch aus der Wirtschaft und der Politik. Auch dort kennen wir ja die entsprechenden Schwierigkeiten, die Konflikte, die ich geschildert habe, wenn etwa politisch motivierte Rückzüge aus Geschäft mit einem diktatorischen System, das Menschenrechte verletzt, von Wirtschaftsunternehmen anderer Staaten gerne benutzt werden, um ihrerseits die Lücke zu springen, das Embargo zu umgehen oder offen zu durchbrechen. Denken Sie nur an den Waffenhandel, der natürlich ganz besonders mit „harten Bandagen" arbeitet, offen oder heimlich. Fairness scheint zur Farce zu degenerieren, wenn man Boykottbewegungen betrachtet. „Non olet" meinten die Römer schon, „Geschäft ist Geschäft" unser Volksmund: „The business of business is business – not ethics" sagte ein Vertreter einer amerikanischen Business-School in einer angesehenen Universität, als man von philosophischer Seite anfragte und anbot, ob man nicht auch Kurse über Business-Ethics durchführen und mithelfen könnte. Das also wünschte man nun gerade nicht so gerne.

Genuine Ethik würde nur stören. Wie gesagt, auch in der Wirtschaft wird mit harten Bandagen konkurriert – zumal in der Globalisierungsdynamik von heute, in der es um die wirtschaftliche(n) Existenz(en), um das sprichwörtliche „Überleben" z.B. vieler mittlerer und kleiner Firmen geht. Fairness ist hier oft nicht einmal geboten, sondern verkommt leicht zu bloßen Lippenbekenntnissen und Sonntagspredigten. Manche, wie ein typischer Vertreter der Texaner, die ja immer für bissigen Witz gut sind, Burleson, sagte schon Mitte der 60er Jahre: „Ethik ist ein Fass von Würmern". In der internationalen Konkurrenz um Markbeherrschung ist Fairness offenbar geradezu „*out*" (die Jugend von heute würde gar sagen: „mega-out"). Man fühle sich „daran nicht gebunden", meinte ein Vorsitzender eines großen japanischen Konzerns und als er gefragt wurde, ob es in Japan ein Fairnessverhalten unter den Wirtschaftsbossen bzw. den großen Firmen zumal gegenüber ausländischen Konkurrenten gibt, wollte er von „Fairness" „überhaupt nicht reden": Das sei ein Begriff, den jeder anders interpretiere. Wörtlich: „Zweifellos haben wir da andere Regeln."

Zu welchen Missbräuchen der Konkurrenzkampf in der Geschäftswelt führte, zeigte sich im Anschluss an die internationale Ausmaße aufweisenden Lockheed-Bestechungsskandale schon vor mehr als zwei Jahrzehnten, als sich viele amerikanische Firmen selbst bezichtigten, dass sie unethische Praktiken verfolgt hätten und Wirtschaftsethiker wie Hoffman und Moore meinten, weit verbreitete Bestechung würde durchaus die faire Konkurrenz unmöglich machen und den Verbraucher schädigen: Aber es handele sich doch um eine weit verbreitete Praxis, die in den USA, wie da bei diesen Untersuchungen herausgekommen ist, viel stärker vorherrsch(t)e, als es irgend jemand für möglich gehalten hätte. Nun, Gott sei Dank, ist das nur im fernen Amerika so – oder? Eine US-Firma, die angeklagt worden war, in ihrem Mundspray einen billigen gesundheitsgefährdenden Alkohol verwendet zu haben und sich deshalb einer staatlichen Untersuchungskommission stellen musste, bestritt, ungesetzlich gehandelt zu haben. Ihr Spitzenmanager bekannte in Washington in aller Härte, Offenheit und Deutlichkeit und das Zitat möchte ich Ihnen nicht vorenthalten:

> „Wir sind in einer hoch wettbewerbsorientierten Industrie. Wenn wir im Geschäft bleiben wollen, haben wir nach Gewinn zu streben, wo immer das Gesetz es zulässt. Wir machen nicht die Gesetze, wir gehorchen ihnen. Warum sollen wir deshalb diesem *Heiliger-als-du-Geschwätz* über Ethik folgen? Es ist schiere Scheinheiligkeit. *We are not in business to promote Ethics.* Wenn Ethik nicht von den Leuten, welche die Gesetze machen, in diesen verankert ist, kann man nicht vom Geschäftsmann erwarten, diese auszufüllen. Unterwürfen sich die Geschäftsleute plötzlich selbst der christlichen Ethik, so wäre also eine Katastrophe die Folge!" (kursiv von H. L.)

Ein Vorsitzender und leitender Direktor eines großen Chemiekonzerns in Deutschland, S. Bucholz, sagte vor nicht allzu langer Zeit, in einem Vortrag vor dem Arbeitskreis Christlicher Publizisten:

> „Wir stehen vor dem Phänomen, dass unserer Gesellschaft diejenigen Werte, an der die Gesellschaft gesunden könnte, nicht prämiert. Güte, Nächstenliebe, Opferbereitschaft. Das gilt in der Welt der Wirtschaft als Führungsschwäche. Prämiert werden nach wie vor Werte, an denen sie (die Gesellschaft, H. L.) zugrunde geht: Durchsetzungsvermögen, Härte, Ellenbogenstärke".

Man könnte das übrigens variieren. Ich habe das gelegentlich in Anwendung auf das Schulsystem versucht, etwa in meinem Buch *Eigenleistung* (Osnabrück – Zürich 1983) auf die Begeisterung, Begeisterungsfähigkeit und Leistungsbegeisterung im Bereich der Bildungsinstitutionen bezogen. Natürlich ist das alles im Sport auch zu finden. Der Management-Psychologe J. K. Roth findet deutliche Parallelen zwischen dem Geschehen auf den Fußballplätzen und eben in der Wirtschaft. Er sagte, je unklarer die Spielregeln im Kampf, je schwächer die Schiedsrichter, je parteiischer das Publikum, je begehrter die Siegprämie, desto rücksichtsloser das Foulspiel. Doch es gäbe auch Unterschiede. Beim Fußball werde, meint der Sozialwissenschaftler treuherzig naiv, vergleichsweise fairer gespielt. Auf dem Spielfeld des *Berufes* bleibe *oft unklar, wer gegen wen spiele.* Hier sei die Leistung des einzelnen nicht so klar zu sehen, und zudem seien „die Schiedsrichter" selbst als die Chefs oft interessierte Mitspieler. Alle reden also von Fairness. Eine Firmenwerbung meint sogar: „Wir glauben, dass Ethik schon in der Firmenrezeption beginnt." Unglücklicherweise – so paraphrasieren Sonnenfeld und Lorenz – *endet* die Fairness auch meist schon dort.

Alle *reden* von Fairness. Fairnesspredigten, ähnlich wie Marketingstrategien oder die Fairnessinitiativen des deutschen Sports sind natürlich wunderbar, aber sie sind im Grunde eigentlich machtlos, um hier systemhaft etwas wirklich zu verändern. Man erkennt vielleicht nur halbbewusst oder insgeheim, dass man sich ohne grundlegende strukturelle Änderungen der Verhärtung der Konkurrenz mit all ihren Erscheinungen der Brutalisierung, des Allzu-Ernst-Werdens der Unfairness sich erwehren kann, und sucht Flucht und Verdeckung in einer Alibistrategie. Beschwören ist sicherlich besser als Nichtstun, und der Schein- und Werbeaktionismus vermag in gewisser Weise vom eigentlichen oder eigenen Nichtstun abzulenken. Oft reicht der bloße Appell aber nicht einmal zum Kurieren von Symptomen, geschweige denn zum Beseitigen der strukturell systemerzeugten und forcierten Ursachen. Und Lippenbekenntnisse allein genügen eben nicht. Beschwörende Appelle und große Verbalmaßnahmen sind eher ein Zeichen der Ohnmacht – oder stellen vielleicht gar eine unter Umständen von einigen Akteuren zynisch eingesetzten Alibistrategien dar. Oder ist die Gesetzmäßigkeit der Publicitygesellschaft den Funktionären aller Arten schon so unter die Haut gegangen, dass sie in keinen anderen Möglichkeiten mehr denken können als in Publicitymaßnahmen, die nur Worthülsen manipulieren und transportieren und in verbalistische Verbeugungen vor veröffentlichten Meinungen und öffentlichen Meinungsmachern und den Möglichkeiten der Medien abgleiten? Gleichsam als rituelle Referenz vor dem allgegenwärtigen Götzenimage? *Hauptsache, das Image stimmt, und der Sponsor zahlt.* Imagemanipulation, als Problemlösung traktiert: ein Zeichen eigentlich letztlich erfolgloser Imagegeschaftelhuberei, die gerade von der Verschärfung der eigentlichen Problematik ablenkt, die sie überdeckt, unter Umständen sogar kaschiert? Man darf meines Erachtens zweifellos im Sport den gutwilligen Initiatoren und Mitwirkenden (meistens) kaum eine irgendwie bewusste Vertuschung oder die zynischen Strategien eines Scheinaktivismus unterstellen. Ein solcher Effekt ist aber wohl doch letztlich die *Wirkung* vieler solcher Maßnahmen zur Imagebeeinflussung und Symptomkurierung. Bleiben diese Aktionen und Aktionismen isoliert, sind sie weitgehend zur Erfolglosigkeit verurteilt und erweisen sich als scheinbar mildernde Beschwichtigungsversuche der entweder ohnmächtigen oder nicht wirklich veränderungswilligen Beflissenheitsapostel der hohen Fairnessmoralität. *Kurieren am Image ist immer nur ein Kurieren am Symptom* und wirkt dementsprechend – nämlich in Wirklichkeit fast nicht. Dennoch muss man natürlich sagen: Es ist immerhin *etwas*, wenn man das Problem erkannt hat und ins Bewusstsein, auch in das Bewusstsein der Öffentlichkeit, gerückt hat, aber man hat damit nicht schon die Problemlösung.

IV.

Wie kann man angesichts einer so verfahrenen Situation hoffen, dass bloße Appelle und Beschwörungen ausreichend geeignet sind, die Paradoxien, Konflikte und deren Widerspiegelungen zu lösen? „Olympische Spiele sind billiger als Kriege und erfüllen dieselben Funktionen", schrieb die *Japan Times* in den siebziger Jahren. Wer den Hochleistungswettkampfsport zur Fortsetzung des Krieges mit anderen, harmloseren Mitteln erklärt oder ihm sogar eine entsprechende Reinigungs- und Entlastungsfunktion beimisst, fördert nur die psychische wie die soziale Verstrickung. Wird der Sport zum Stellvertreterkrieg hochstilisiert, muss die entdramatisierende Mitteilung, dies sei „nur Sport", betulich, erbaulich bis lächerlich wirken. Ähnliches gilt für den internationalen Stellvertreterkrieg um Märkte, um ökonomischen und technologischen Fortschritt, um Pro-Kopf-Einkommen, Handelsüberschüsse usw. Man „erobert" Märkte, „greift" den Gegner an und „überrollt" ihn, „kämpft", „siegt" mit fast allen Mitteln und um fast jeden Preis. Wo bleibt da die metakommunikative Zurücknahme, die sei „doch nur ein Spiel", „nur Sport"?

Freilich scheint es gelegentlich von Vorteil zu sein, den Schein zu wahren, Fairness vorzugeben, um insgeheim um so wirksamer von der verdeckten Spaltung zwischen propagierter und praktizierter Handlungsmoral zu profitieren. Die Psychologen sprechen von gespaltenem Anspruchsniveau, wenn jemand öffentlich eine niedrigere Leistungserwartung präsentiert, als er sie insgeheim aufbaut. Gespaltene Moralansprüche funktionieren umgekehrt: Wohlverhalten nach außen vortäuschen, kompromisslose Nutzung des Vorteils (sei es unter Regelverletzungen) nach innen. So kann man den weiteren Vorteil einheimsen, dass Image und Erfolgsbilanz zugleich maximiert werden. Im übrigen zeigen wissenschaftshistorische und wissenschaftssoziologische Studien, dass eine Dynamik des Betrugs auch im Hochleistungssystem der wissenschaftlichen Forschung eingebaut ist: Auch hier widerstreiten gelegentlich, aber nicht unabhängig von Systemzwängen, überzüchtetes Erfolgsstreben in der Höchstkonkurrenzgesellschaft mit der Forscherethik und (z.B. beim Humanexperiment) mit der allgemeinen Moral. Täuschungen, Betrügereien oder unlautere Wettbewerbsvorteile sind besonders in nicht experimentkontrollierten Wissenschaften nicht unüblich, zum Beispiel in der biomedizinischen Forschung an Hochleistungsuniversitäten und Forschungszentren der Vereinigten Staaten. *„Publish or perish"* – auch dies ist ein kennzeichnender Slogan. *„I was under a lot of pressure... I had to earn money for the research, or die"*, gestand J. H. Cort, ein überführter Fälscher neuer Medikamente von der Mount Sinai School of Medicine, der *New York Times* (27.12.1982). An die wirksame Selbstkontrolle des Forschers zu glauben, erscheint ebenso naiv wie der Glaube an die Wirksamkeit von Fairnessappellen in Sport, Gesellschaft und Wirtschaft. *Die heile Höchstleistungswelt ist eine Utopie* oder jedenfalls eine Illusion.

Es ist schon vertrackt mit den Systemzwängen, den Verführungen zur Unfairness in systemverschärfter Konkurrenz, zumal bei der Konkurrenz um Geltung, Gelder und Gehälter. Selbst der Präsi-

dent der Ärztekammer Niedersachsens meinte, der außerordentlich ge-
stiegene Konkurrenzdruck führe zu einem Ansteigen der „Berufskri-
minalität unter Ärzten" – etwa in Gestalt des „Abrechnens von nicht
erbrachten Leistungen, um das Einkommen zu sichern". Im verschärften Konkurrenzkampf werde auch das Werbeverbot für Ärzte „immer
häufiger unterlaufen". (Nur in Niedersachsen?)

        Glücklicherweise hat die Wirtschaft noch einige Möglichkei-
ten, das „Ethikfieber" geradezu zu nutzen. *The Economist* schrieb vor
Jahren, Ethik sei nun eine wahrhaftige „Wachstumsindustrie"
(„growth economy") geworden, und in einer amerikanischen Fernseh-
sendung (Doonesbury 10.08.1986) antwortete ein führender Invest-
ment-Banker auf die Frage, ob es für Ethik im heutigen Geschäftskli-
ma Raum gebe, überzeugt mit „ja" und zeigte einen Film (mit einer
versteckten Kamera aufgenommen) über ein Geschäftstreffen zweier
Insider in der Wallstreet beim so genannten Insider-Trading: „Jim, ich
brauche einige Insider-Informationen über den Reamco-Aufkauf.
Könnten etwa 250000 $ drin sein, Freundchen." „Nein, Stan, kann
nicht: Diese Information ist vertraulich." „Wie ist es mit 400000 $?"
„Du verstehst mich nicht, Stanley, es ist illegal. Wichtiger noch: es ist
falsch, ich könnte damit nicht leben." „O.K., 500000 $." „Zuschlag
(deal)". Kommentar des Moderators: „Ethics – a powerful negotiating
tool!" Bluff – oder nicht? „Bluff your way in..." nennt sich eine recht
beliebte US-Taschenbuchserie.

V.

Ist Bluffen in der Wirtschaft erlaubt? Gesetzlich ist es nicht verboten,
außer in der Form von Preisdumping, um Marktvorteile zu erlangen.
Manche Wirtschaftsethiker wie Carr behaupten, Bluffen sei nicht nur
eine verbreitete, sondern auch eine akzeptierbare Spielstrategie in der
Wirtschaft – wie im Pokerspiel. Andere (wie Wokutch und Carson)
halten das Bluffen für Täuschung – also für ein Verhalten, das moralisch zunächst falsch ist, erst durch besondere Zusatzrechtfertigung in

bestimmten Bereichen zulässig wird. So sei etwas das „Argument der Standardpraxis": Überall in der Wirtschaft werde geblufft, nur dann überzeugend, wenn es keine Wahrhaftigkeitspflicht gegenüber Partnern gäbe und wenn wir von ihnen erwarteten, dass sie uns ebenfalls zu bluffen versuchen. Unterstellt wird hierbei, Bluffen sei in der Wirtschaft ein akzeptierbares Verhandlungsmittel, das sich auf bestimmte Formen bezieht und nicht die Wirtschaftsaktivität samt der Verlässlichkeitsatmosphäre für den Handel unterminiere. Man hält sich an die gesetzlichen Auflagen und rechtlichen Verpflichtungen, wie sie durch die Wirtschaftsverfassung vorgegeben sind, nutzt im Übrigen nach dem Motto „Was nicht ausdrücklich verboten ist, ist erlaubt", alle Vorteilschancen. An grundlegender Wettbewerbs-, Chancen- oder gar Startgleichheit für andere Konkurrenten ist der Wirtschaftsakteur grundsätzlich nicht interessiert. Es gibt keine Fairnessregelung zur Sicherung gleicher Startchancen im wirtschaftlichen Wettbewerb. (Staatliche Startchancen, Hilfe für neuzugründende und junge Unternehmen durch Steuervorteile, Bereitstellung von Grundstücken und Gebäuden usw. werden im kommunalen wie staatlichen Interesse gegeben, sie entsprechen aber weder dem Grundinteresse noch der Zielstruktur und Selbstverpflichtung der bereits hart am Markt Konkurrierenden – außer, diese werden selbst subventioniert.) Gnadenlose Verdrängung vom Markt findet statt – unter Umständen selbst gegen qualitativ bessere Produkte, wie die Beispiele der Markteroberung durch Personalcomputer und beim VHS-Videosystem durch Großfirmen zeigen.

Wo unerbittliche Verdrängung herrscht, wo Transparenz nach Möglichkeit unterlaufen und jeder Vorteil im Sinne des elften Gebots „Du sollst dich nicht erwischen lassen" brutal genutzt wird, wo weder Interesse noch gesetzliche Regelung für eine wirklich effektive Chancen- und Startgleichheit besteht, kann von wirklich praktizierter Fairness wohl kaum die Rede sein. An wirklicher Chancengleichheit scheinen die Konkurrenten im wirtschaftlichen Wettbewerb beim „Kampf der Märkte und Gedränge" prinzipiell nicht interessiert – weniger jedenfalls als einst die Adepten im antiken „Kampf der Wagen und Gesänge".

In der Wirtschaft ist Bluffen auch innerhalb der offenen gesetzlichen Spielräume nicht systematisch durch formelle Fairnessregeln begrenzt – *anders* als im Sport. Im Sport muss das Bluffen als Finte sogleich erkennbar und im Rahmen der Regeln des Spiels erlaubt sein. Bluffvorteile durch Verletzung von *konstitutiven* Spielregeln sind im Sport nicht erlaubt. Eng umschriebene konstitutive Spielregeln, welche die Wettbewerbs- und Chancengleichheit wirklich effektiv garantieren und nicht nur in weitem Rahmen gegenüber ungesetzlichen Entartungen abgrenzen, sind im Wirtschaftswettbewerb am Markt praktisch nicht vorhanden. (Außer beim Deutschen Presserat und, eher verbal beschworen, bei den Medienverbänden.) Daher die grundsätzliche Unanwendbarkeit der positiven, garantierenden Seite des Grundsatzes der Konkurrenzfairness im Wirtschaftsleben. Umgekehrt haben wir gesehen, dass im Sport die Gefahr wie die Tendenz besteht, den Fairnessgrundsatz im unkontrollierten Bereich durch Tricks zu Imagemanipulation verkommen zu lassen – je stärker der Erfolgsdruck. Je weniger es nur um symbolische, dafür aber nunmehr um existentielle Dominanz im Sport geht, desto stärker wird Fairness tendenziell erodieren, desto eher werden taktische Fouls, unredliche Tricks und das „elfte Gebot" auch im Hochleistungssport zunehmen.

Man könnte argumentieren, Bluffen sei wie in der Wirtschaft eben auch im Sport zulässig, stelle eine weit verbreitete Praxis dar. Dies ist richtig – jedoch nur in eingeschränktem Sinne: Auf dem Spielfeld darf ein Fußballspieler mit Finten und Vortäuschungen arbeiten (im Rahmen der zulässigen, grundsätzlich Chancengleichheit garantierenden Spielregeln). Er darf aber nicht Vorteile dadurch erlangen, dass er insgeheim die Regeln selber bricht und die von diesen garantierte, formelle Chancengleichheit manipulativ zu seinem Vorteil unterminiert, wie etwa durch Doping oder andere nicht erlaubte systematische oder fallweise Verzerrungen von Chancengleichheit. Weil im Wirtschaftsleben eine Definition der Startchancengleichheit und eine Regel der Wettbewerbs-Chancengleichheit (außer über die gesetzlichen Auflagen gegen allzu starke Wettbewerbsverzerrungen) weder garantiert noch von den Konkurrenten selbst vertreten werden, kann von der Regel der Konkurrenzfairness im wirtschaftlichen Wettbewerb nicht in exakt *gleicher* Weise die Rede sein wie im Sport. Es gibt auch keine irgendwie von höherer Warte aus geforderte oder sanktionierte Ideologie oder Mahnung zur wirtschaftlichen Fairness gegenüber Konkurrenten (außer wiederum der Presserat oder ähnliche Institutionen).

Grundsätzlich könnte man dem entgegenhalten, im Höchstleistungssport seien auch die einzelnen Sportler und Mannschaften nicht mehr (etwa vergleichend oder zeitlich gemeint) an einer echten, „faire" Chancengleichheit des gegnerischen Konkurrenten interessiert, sondern *nur* noch am Sieg – und sei es um (fast) jeden Preis. Eine solche Argumentation würde aber gerade die Rechtfertigungszielsetzung im Sinne eines Standardarguments verdrehen: Dem Sinn des sportlichen Vergleichs liegen die Chancengleichheit und die Fairness unaufgebbar zugrunde. Institutionen, Intentionen sowohl der Initiatoren als auch der beteiligten Individuen stimmen hier insoweit mit dem Ideal überein. Es geht gerade darum zu fragen, inwieweit der Sport im Zuge einer zunehmenden Konkurrenzorientierung nach dem Muster der kommerzialisierten Wettbewerbe und existentiellen Ellenbogengesellschaft dieses ursprüngliche Ideal verlassen hat. Der Status quo weitgehender Fairnessverletzungen kann nicht in ein Rechtfertigungsargument bzw. zur Begründung der Vergleichbarkeit beider Bereiche münden.

Der echte Athlet, die ideale Athletin – seien er oder sie Amateure oder Professionals – ist immer noch (wie übrigens auch das Publikum, zumal das sachverständige) am Gewinnen oder bestmöglichen Bestehen gegenüber annähernd gleich starken Gegnern interessiert. Deshalb suchen hochleistungsmotivierte Athleten qualitätsmäßig hoch stehende Wettbewerbe. Sie streben nicht etwa danach, eine quantitative Anzahl untergeordneter Siege zu maximieren. Das gilt gerade auch in Sportarten, die nicht von der kommerziellen Versuchung heimgesucht werden, wie sie in manchen Disziplinen mit einer Olympia- oder

Weltmeisterschaftsteilnahme verbunden ist. Ruderer sind beispielsweise – von einzelnen, etwa Einerfahrern, abgesehen – in kommerziel-
ler und finanzieller Hinsicht und bei der Gewinnanhäufung geradezu
echte Amateure geblieben – wohl weil ihr Sport nicht genügend tele-
gen und nicht werbewirksam ist.

Gern hätte ich noch auf weitere Beispiele und Thesen aus der
Wirtschaft eingehen wollen, die insbesondere auch Unterschiede in
der Wirtschaft und in der Art des in der Wirtschaft auf Grund gewisser
unklarerer Kontrollregeln nicht so leicht kontrollierbaren Bluffens widerspiegeln. Im Sport ist sozusagen die Regel immer noch greifbarer
als in der Industriekonkurrenz. Auch der Gegner ist sozusagen noch
„greifbarer", weil direkt präsent. Und das macht es natürlich doch irgendwie einfacher. Man kann sich dort auch nicht so ausdrücklich auf
bestimmte Auslegungen von Rechtregeln im Sinne des Üblichen
(„Was nicht ausdrücklich verboten ist, ist erlaubt" usw.) in Bezug auf
alle Vorteilsnahmen usw. herausreden. Man müsste aber auch realistischerweise in der Tat sagen, dass in vielen Lebens- und Konkurrenzbereichen – zumal in professionalisierten Hochleistungs- oder Hoch-
leistungskonkurrenzbereichen – nur noch recht wenig von wirklicher
Fairnessgesinnung zu finden oder gar verbreitet ist. Überall hier, doch
generell auch im Sport – das haben wir ja gesehen – besteht die Tendenz, dass der Fairnessgrundsatz sozusagen auch zu einer Imagema-
ma(s)che nach außen verkommt und nach innen unter Umständen e-
ben auch unfaire Praktiken üblich werden. Wasserballermoral: „Nach
oben brav – und (u.U. gar) lächeln, unter dem Wassergürtel
(zu)treten."

Ich will Ihnen wenigstens noch ein schönes Beispiel aus dem
Sport bringen, bevor ich zu den zusammenraffenden Schlussthesen
komme. Das Beispiel ist von K. P. Thaler, immerhin unter dem Motto
und Titel „Spielregeln akzeptieren und sich durchbeißen" veröffentlicht! In einem Interview, schildert er einen Radrenn-„Klassiker", jenen von Paris nach Brüssel, in dessen Verlauf einer von zwei Fahrern,
die sich an die Spitze gesetzt haben, so am Ende ist, dass er zu dem
führenden Fahrer gesagt hat:

„Nimm mich mit bis ins Ziel, ich will nur Zweiter werden, Du gewinnst das Rennen!" Bekanntlich ist das Fahren am Hinterrad eben sehr viel leichter, kostet sozusagen nur 2/3 oder 4/5 der Energie wie das Alleinfahren. Die Absprache wurde also getroffen. Der eine wollte Zweiter werden, der andere machte die Führungsarbeit weiter. Das Folgende ist wörtliches Zitat: „Dann kam es zum Spurt, und kurz bevor der, der die meiste Arbeit gemacht hatte, antreten wollte, um auch optisch für die Zuschauer zu zeigen, dass er der Stärkere war, da ist der andere ganz einfach vorbeigefahren. Er hatte sich geschont, das Feld war hinten auf ein paar Sekunden herangefahren. Der Stärkere hatte sich bis zum Anschlag ausgegeben, und der andere fuhr an ihm vorbei". (So ist das Leben..., das bekanntlich den Zug-Spät-Kommenden laut Gorbatschow bestraft.)

Das gibt es auch im Sport tatsächlich: Man kann also natürlich über Absprachen und Ähnliches „bluffen" – und hierüber dann ethische Diskussionen anstellen. Das kann ich im Einzelnen nicht weiter tun. Ich wollte hier nur auf diese Probleme aufmerksam machen – und ich möchte immerhin fragen – wir haben ja leider nicht so sehr viel Möglichkeiten – was man vom Sport aus und für den Sport an einigen Möglichkeiten empfehlen kann, ich habe 15 Thesen, die ich auswahlsweise zum Schluss ganz kurz zusammenraffen will.

VI.

1. Es läge eine verschärfte Regelanwendung und -kontrolle durch alle Ebenen „eigentlich" im letztlichen Interesse aller Beteiligten, zum Beispiel unangemeldete Dopingkontrollen im Training, wie ich sie schon vor einem Vierteljahrhundert – 1975 im Reichstagsgebäude zu Berlin damals vor dem Nationalen Olympischen Komitee gefordert hatte ferner durch gesetzliche Kontrollen, Einrichtung von unabhängigen Dopingkontrollinstitutionen u.a. – und hat dabei derzeit international wiederum große Schwierigkeiten.

2. Generell müsste die institutionelle Sportethik viel weiter entwickelt werden und nicht nur die ethische Anforderung an den einzelnen allein.

3. Die wirklich unabhängige Schiedsgerichtsbarkeit, Sondergerichtsbarkeit des Sports muss ausgebaut werden.

4. Das ist ein besonders wichtiger Punkt. Nicht nur einzelne Athletinnen und Athleten sollen zur Verantwortung gezogen werden, sondern auch verantwortliche Betreuer, Trainer, Ärzte und Verbandsoffizielle, die für die Entstehung und vor allem im Einzelfall die konkrete Realisierung der strukturellen Zwänge zur Unfairness und wie die Presse sogar für die Spaltung der Moral mitverantwortlich sind.

5. Um Athletinnen und Athleten besser davor zu schützen, einzeln als Sündenböcke abgestempelt zu werden, wodurch geradezu privatistisch die allgemeine Aufmerksamkeit vom strukturellen Zusammenhang abgelenkt wird, sollte man so etwas wie einen *Ombudsmann* für Athleten [13] einführen. Ich denke, dass man damit eine gewisse Kontrollinstitution oder zumindest eine mahnende Stimme auch institutionalisieren würde.

6. Institutionelle und publizistische Möglichkeiten, um die Doppelmoral des „Fair nach außen und oberhalb der Sichtlinie, unfair nach unten", also die Wasserballmoral, zu brandmarken, sind m. E. äußerst wichtig, damit der Ehrliche im Sport nicht länger der Dumme ist und „fair guys" nicht als Letzte einlaufen müssen.

---

[13] Die Rolle des Aktivensprechers der Athleten ist nicht genau das, die ich seinerzeit einmal unter dem Stichwort „mündiger Athlet" vorgeschlagen hatte. Diese Leitkonzeption ist nunmehr schon über fast vierzig Jahre alt, aber ein Ombudsmann ist eine viel weiter gehende Institution – eine Überlegung, die so ähnlich wie Naturschutzbeauftragte, Datenschutzbeauftragte oder wie das Amt des Wehrbeauftragten zur Position eines *Fairnessbeauftragten* im Lande und/oder im Bunde bzw. in internationalen Fachverbänden führen könnte – mit entsprechender Ausstattung und Berichtspflicht.

7. Eine Bekämpfung der sekundären Unfairness in Gestalt der sensationsgierigen Reporter und Journalisten ist ein Feld, das viel weiter reicht. Die Beurteilungen des Deutschen Presserates z.B. erwiesen sich bislang als bemerkenswert unwirksam.

8. Fairnessinitiativen, Marketingmaßnahmen sind wichtig als Appelle, aber nicht ausreichend zur Lösung. Man sollte sie aber weder als Allheilmittel verkaufen, noch als Ablenkungsmanöver verwenden.

9. Eine wirksamere und glaubhafte Erziehung zum Fairnessgedanken ist besonders förderungswürdig und dringlich in einer Gesellschaft, die vielfach schon zu einer Erfolgs- und Ellenbogen- und Konkurrenzgesellschaft mit Doppelmoral verkommen ist. Schulwettbewerbe – hierzu zählen nicht nur Bildermalen und Kurzgeschichten schreiben! – sind viel phantasiereicher auszugestalten. Gerade in der Erziehung und Schule kann man das Fairnessverhalten auch positiv prämiieren, lohnend gestalten. *Fairness muss sich wieder wirklich und im Normalfall lohnen* – nicht nur im Extrembeispiel! Das alles kann man natürlich nicht allein durch den Sport und sportliche Erziehung erreichen, sondern das erfordert Einstellungsveränderungen in der Gesellschaft! „Wir im Sport können kein Reparaturbetrieb der kaputten Gesellschaft" allgemein sein, kommentierte treffend ein Abteilungsleiter für Sportpolitik im Landessportbund Niedersachsen, und daran ist natürlich viel Richtiges.

10. Man müsste in der Tat auch wieder in der Öffentlichkeit mehr betonen – was auch hin und wieder, aber zu selten geschieht –, dass der strukturelle Systemzwang zur Unfairness lediglich in kleinen, freilich besonders spektakulären Teilfeldern des Sports zum „Flächenbrand" wurde, dass demgegenüber viele Bereiche des Normal-, Erholungs- und Breitensports noch durchaus in der Regel dem Ideal und der Regel des Fair play entsprechen [14].

---

[14] Freilich ist auch hier den Anfängen zu wehren. Ich habe schon gehört, dass auch im Jugendfußball ziemlich rüde Sitten Platz gegriffen haben – sogar auch außerhalb des Spielplatzes, etwa hinsichtlich illegaler Zahlungen und unfairer „Geschäftspraktiken". Natürlich: Vorbilder zeugen immer Nachkömmlinge, und negative Beispiele

11. Ich möchte wiederholen, was ich häufig früher schon betont habe, dass wir allgemein nicht nur im Sport, sondern auch in unserer Gesellschaft eine gewisse Herabmilderung der generellen Überbetonung des Sieges, der Wichtigkeit des sportlichen oder sonstigen Konkurrenzerfolges forcieren müssen. Die „Singulär- siegerorientierung", wie ich sie früher einmal genannt habe, muss heruntergeschraubt werden. „Nicht gewinnen ist kein Scheitern." (Karl Adam)

12. Der Sport sollte sich auch gezielter den neuen Herausforderungen, der neuen Spielbewegung(en) stellen. Die Welle des Superspitzensports scheint sich in der Tat allmählich etwas überschlagen zu haben. So zeigt sich eine veränderte Interesseneinstellung für das sportliche „Do it yourself!", für das „Olympia des kleinen Mannes" (Sportabzeichen) in Gestalt von Eigenaktivitäten, Volksläufen, –Rad fahren, usw. Die Eigenaktivität ist natürlich nach wie vor entscheidend wichtig. Man kann sich fast fragen, ob die einstige olympische Idee nicht in der Tat in die nichtolympischen Freizeitsportarten ausgewandert ist oder gerade auswandert.

13. Bei all dem ist vielleicht gerade uns Deutschen eine gewisse Gelassenheit und Lockerheit vielleicht anzuraten. Die witzige Cartoon-These Hardy Scharfs von der Autobahn „Überholen! Überholen! – Nein: Üb' Erholen!" wäre zu ergänzen im gesellschaftlichen und

---

wirken meistens sogar „attraktiver" als positive. Die abgestuften Möglichkeiten, mit den taktischen Fouls umzugehen, ist natürlich eine durchaus sinnvolle, aber ins Detail gehende Angelegenheit. Im Fußball ist man ja dem offenbar jetzt schon in gewisser Weise näher gekommen, indem man neben der „gelben" und der „roten" auch eine „gelb-rote" Karte als eine Zwischenstation eingeführt hat, aber es ist natürlich letztlich etwas Absurdes, wenn man paradoxerweise ein sozusagen „faires Foul" zulässt, ja, überhaupt nur davon spricht. Das mag zwar faktisch-praktisch vermutlich gar nicht zu umgehen sein, aber es hat natürlich, ethisch gesehen, durchaus etwas Widersprüchliches oder Unsinniges an sich. Zumindest sollte man bei den strukturellen Zwängen zum unfairen Verhalten, sei es beim „taktischen Foul" oder generell, wenn man das schon nicht abändern kann, die Bedingungen und die Kontrollen handhabbarer machen, also sozusagen die Kontrollierbarkeit verbessern.

wirtschaftlichen Überlebenskampf der Märkte und Konkurrenzen durch „Überleben! Überleben? – Üb' Erleben!"

14. Fairness und Fair play sind zu wichtige Handlungs-Leitnormen und ethische Orientierungswerte, als dass man sie mit marktschreie- rischen Alibi-Anpreisungen im Ausverkaufsbetrieb der Ellenbogen- gesellschaft verramschen, explizit ignorieren oder hinterrücks um- gehen dürfte. Im Gegenteil, sie können und soll(t)en auch künftig noch Leitwerte darstellen. Ideen sind bekanntlich immer auch etwas utopisch. Aber man muss trotzdem realistisch(er) bleiben und versu- chen, Kontrollen und Handhabbarkeiten fassbarer zu machen. Die Gesellschaft lebt in der Tat auch von der allgemeinen Beachtung und Mentalität der Fairness, die sie, als extreme Konkurrenzgesell- schaft etwa, gar nicht erzwingen kann. Von dem, was über die for- melle Fairness-Forderung hinausgeht, „leben" wir in der Tat alle. Wir müssen darauf vertrauen können, dass die meisten sich fair an Regeln halten. Können wir wirklich zu einer Modernisierung der Konkurrenzgesellschaft im Sinne einer wirklichen *Fairnessgesell- schaft* kommen oder dazu durch Betonung, Analysen, Appelle, Kur- se und Preise – etwa der Fairness-Stiftung – beitragen? Wir müssen es hoffen, wünschen – und dafür, daran arbeiten. Entscheidend sind dabei nicht nur Ideen oder Appelle, sondern auch Kontrollen, wirk- same Anreize und institutionelle Vorkehrungen, Erhöhung der Sen- sitivität und sozusagen „Operationalisierungen" sowie die Institutio- nalisierung von Fairness statt eines Sich-Beschränkens auf Predigten und Appelle. Wenn man gleichsam in Kurzform eine wichtige Leit- regel zumal für die „informelle Fairness" formulieren soll, so schla- ge ich die folgende Abwandlung der *Goldenen Regel* (schon bei Konfuzius *Lunyu* XII:2 und in der Bibel Matth. 7, 12, Luk. 6, 31 be- kannt) vor:

15. „Behandle und achte den Partner und Gegner, wie Du selbst von diesem behandelt und geachtet werden willst (oder: spielerhaltend behandeln und achten wollen *musst*) und wie du willst, dass allge- meine Konkurrenzregeln eingehalten werden sollten."

Zusammenfassung

In Hochleistungssystemen, die den Erfolg absolut setzen, unbedingt unnachgiebig anstreben, entwickeln sich zwangsläufig rücksichtslose und auch betrügerische Strategien, um zum Erfolg zu gelangen. Dabei gilt es jedoch, gelegentlich das so genannte „Elfte Gebot", die heimliche Obernorm sozusagen: „Du sollst Dich nicht erwischen lassen" nach außen hin zu wahren. Es folgt zumeist eine „Spaltung der Moralen" in eine zum Teil heimliche Erfolgs- und eine öffentliche Compliance-Moral bei Akteuren, unter Umständen aber auch bei Organisatoren, Managern und Betreuern. Damit gehen Verwischungs- und Abschiebungsstrategien, Alibi- und Ablenkungstaktiken bezüglich der Verantwortlichkeiten einher. Das „Elfte Gebot" dominiert offensichtlich auch im Spitzensport (Doping) – wie auf der Autobahn und gegenüber den Finanzen in der Wirtschaft. Verletzungen der traditionellen Regeln gelten nicht nur dort allenfalls noch als Kavaliersdelikte. Wer nimmt sie noch ernst – außer eben jenen, die sie beschwören, – oder jenen, die erwischt werden?

Verhärtung und Rücksichtslosigkeit scheinen das Rezept zum siegreichen Bestehen in wirtschaftlichen, politischen und zumal sportlichen Auseinandersetzungen zu sein. Der zunehmende Konkurrenzdruck in allen Bereichen symbolischer und realer Wettkämpfe könnte nur durch bessere Beachtung der Regeln der Auseinandersetzung, durch Verschärfung der Kontrollen und durch eine Verbreitung echter Fairnessgesinnung aufgefangen werden. Doch hieran mangelt es überall. Ist die Druckverschärfung in das System eingebaut, ist der Erfolg allzu gewichtig, ja existenzentscheidend, ist der Sieg zur Hauptsache geworden, so wirken Vereinbarungen und Appelle kaum noch, solange Umgehungsmöglichkeiten, verdeckte Manipulationen der Erfolgsbedingungen, unentdeckte Tricks, taktische Vorteilsnutzungen, verheimlichte Regelverletzungen möglich sind. Regeln und Verträge werden immer wieder missachtet und verletzt – selbst von denen, die sie lautstark propagieren. Wie lange hielt man sich an so genannte Fairnessabsprachen in politischen Parlamenten und bei Wahlkämpfen?

Es ist natürlich die Frage, ob etwa im Sport solche Deeskalierungs-maßnahmen wie marketingförmige Fairnessinitiativen ausreichend sind, wenn z.B. der Hochleistungssport generell eine Widerspiegelung der jetzigen Verhältnisse und Strukturen einer sich verhärtenden „El-lenbogengesellschaft" darstellt. Das Herunterschrauben des Drucks im Sport und der „Singulärsiegerorientierung" wäre sicherlich ein not-wendiger und wichtiger Teilaspekt, kann aber das Problem allein nicht lösen; denn die Verschärfung, Zuspitzung und Brutalisierung findet ja auch in Sportarten statt, die keine besonderen Prämien und Ver-dienstmöglichkeiten versprechen. Und wie kann und wie sollte man den Sport wieder zu seiner „heilen Welt" des gentleman-artigen Wohlverhaltens zurückführen können, wenn doch allenthalben Einig-keit herrscht – selbst bei Wirtschaftvertretern –, dass der Sport „eben auch ein ‚Spiegel der Gesellschaft', mit ihrem Leistungs- und Konkur-renzprinzip" sei?

Verlangt man nicht das Unmögliche, wenn man gleichzeitig rücksichtsvolle Fairness einfordert und den Ernst der Konkurrenz zu existentiell (sprich: finanziell) gewichteter Verschärfung der Konkur-renz eskaliert? „You cannot have the pudding and eat it" – at the same time!, so lehrt das englische Sprichwort. Die angestrebte Remobilisie-rung des Fairplay, die Demobilisierung der Unfairness kann nur Hand in Hand mit der Teilabrüstung der kompromisslosen Prinzipien und Mentalitäten der Ellenbogengesellschaft erfolgen – oder durch eine allgegenwärtige, unbestechliche, ihrerseits wiederum der Kontrolle unterworfene Kontrolle der Regeleinhaltung. (Eine solche Kontrolle wäre aber nur durch drastische und wirksame Aktionsmaßnahmen und deren unbestechliche Handhabung erreichbar und erforderte umfas-sendere Institutionalisierungen (auch der Kontrollen und Regelungen: man denke an die Dopinganalyse-Agenturen).)

Fairness und Fairplay sind freilich zu wichtige ethische Orien-tierungswerte, als dass man sie den Gepflogenheiten der Ellenbogen-gesellschaft opfern oder gar leichtfertig verramschen dürfte. Im Ge-genteil könnten die Ideen und *das Prinzip Fairness* unter geeigneten Regelungs- und Kontrollbedingungen, bei gelassenerer Einstellung und insbesondere angesichts der eigenständigen, erlebnisorientierten Aufbruchstimmung der jungen Generation auch künftig noch zu einem Leitwert für andere gesellschaftliche Bereiche werden.

Also doch noch kein Schwanengesang für die Fairnessidee? Ideen sind notwendig immer utopisch – ethische zumal. Man wird aber nicht die Zehn Gebote deswegen abschaffen wollen, weil sie oft gebrochen werden. Man muss freilich realistisch bleiben und die Kontrollen wirksamer machen und vielleicht auch die Extremforderungen herabschrauben. Realistische und zugleich utopische Forderungen – ein hölzernes Eisen? In der Tat – in gewissem Sinne. Ideen dürfen utopisch malen, sollten dies aber mit Blick auf die Realistik tun und auf Anwendungsbedingungen bezogen werden. Deren Kontrolle und Institutionalisierung (gerade auch durch Anreize, nicht nur durch Sanktionen!) ist nötig, um aus Sonntagspredigten realistische Normen zu machen. Wie für die Geschwindigkeitsbeschränkungen auf den Autobahnen gilt das auch für Fairnessregelungen in Sport, Wirtschaft und Gesellschaft. Die Gesellschaft lebt von der (allgemeinen) Fairnessbeachtung, die sie (als extreme Konkurrenzgesellschaft etwa) nicht erzwingen kann. Können wir zu einer Moderierung der Konkurrenzgesellschaft im Sinne einer wirklichen *Fairnessgesellschaft* kommen? Wir müssen es hoffen, wünschen und dafür arbeiten. Entscheidend sind nicht nur Ideen, sondern auch Institutionen, Kontrollen und dauernde Appelle. Der Fairness eine Chance, eine Gasse!

6. Verantwortung zwischen Individualismus und Institutionalismus

Zur Ethik und Struktur von Verantwortungstypen und institutionellen Handlungsweisen

Fragen der sog. Ethik des institutionellen Handelns und der Verantwortung allgemein – wie auch unter speziellen institutionell geregelten Rahmenbedingungen gewinnen immer stärker an Bedeutung. Einige sollen hier erörtert werden. Freilich möchte ich nicht fundamentale philosophische Begründungsfragen erörtern. Meine Ausführungen sind also gleichsam neutral gegenüber den Begründungsfragen, ob man diese nun transzendental-pragmatisch nach K.O. Apels Ansatz oder pragmatisch-pragmatistisch in einem weiteren Sinne oder ganz anders angeht. Man erzielt schnell Einigkeit darüber, dass zur Ethik im Zusammenhang institutionellen Handelns institutionelle Grundregeln als notwendige Bedingungen gehören. Ob diese notwendigen Bedingungen nun transzendental begründet sind oder nicht, ist in diesem Zusammenhang nicht so wichtig, und ob man diese institutionellen Grundregeln auf das Sprachverhalten reduzieren kann, ist vielleicht auch nicht so entscheidend. Im Zentrum soll hier ein anderer Gesichtspunkt stehen: ein Aspekt, den ich vor mehr als einem halben Jahrzehnt schon zu diskutieren versucht habe in einem Bändchen über „Pragmatische Vernunft". Ich möchte in drei kurzen Skizzen darauf zurückgreifen.

Der erste Punkt ist, dass die Ethik in einer sich schnell wandelnden Welt nichts Statisches bleiben kann, sondern dass auch, wenn eine Konstanz der Grundimpulse gegeben ist, doch die Anwendungsbedingungen ethischer Normen sich ändern entsprechend den Herausforderungen neuer Situationen in einer gewandelten Welt. Heute gibt es ja in vielerlei Hinsicht eine neue ethische Situation, man denke etwa an die Gentechnologie. Es ist nötig, dass die Ethik – auch die philosophische – sich diesem Gesichtspunkt stellen muss. Damals habe ich formuliert – und das ist eigentlich das, was später auszuführen sein wird –, dass erweiterte Macht und neue Aktionsmöglichkeiten erweiterte und modifizierte Verantwortlichkeiten aktualisieren. Z.B. gewinnt in der technisierten Welt die Verantwortung für die Wahrung ökologischer Gleichgewichte und für die Natur und Kreatur ebenso an Bedeutung wie jene Verantwortlichkeiten, die sich angesichts drohender regionaler oder globaler Überbevölkerungsgefahren und der Geburtenkontrolle einstellen.

Zweitens: der amerikanische Moralphilosoph Frankena meint, dass wenn die Moral für die Menschen geschaffen ist und nicht der Mensch für die Moral, wenn der Mensch ein soziales Wesen ist, das auf Einbettung in die Gesellschaft angewiesen ist, Moral doch in erster Linie auch für den sozialen Menschen, d.h. unter Berücksichtigung auch von gesellschaftlichen Bedingungen, geschaffen und konzipiert werden muss, aber nicht in totaler Abstraktion hiervon verstanden werden kann. Ferner habe ich drittens ausgeführt – und das leitet schon zum zweiten Teil des Referats über – dass mir die Zeit einer ausschließlich liberalistischen Individualethik, einer moralischen Verpflichtung des Individuums im traditionell-liberalistischen-individualistischen Sinne überholt zu sein scheint. Das bedeutet nicht, dass nun von individueller Verantwortung nicht mehr geredet werden könnte, sondern nur, dass die moralische und ethische Diskussion geöffnet werden müsste für soziale Aspekte und Probleme der Verantwortlichkeit, nicht nur in dem Sinne, dass auch soziale Pflichten als Muss-Normen erfüllt werden. Das letztere war ja auch in der traditionellen, etwa der Kantischen Ethik durchaus der Fall, sondern ich betonte, dass die Ethik geöffnet werden muss auch für soziale Güterwerte, für Soll-Normen, die nicht Mussnormen sind, für hochzuschätzende Empfehlungen, für soziale moralische Ideale – über moralische Regeln hinaus. Deutlich wurde besonders im Anschluss an die gesamte Diskussion über die Gerechtigkeitstheorie von John Rawls, dass man die Kantische, traditionell sehr eingeengte Ethik erweitern sollte. Kant sah selbst im Wesentlichen die Ethik als eine Pflichtethik. Moralische Gebote sind Regeln, die unbedingt gelten und denen man sich auch in freier autonomer Zustimmung unterstellen muss. Er sah allerdings

auch, dass es außer den bei ihm so genannten strengen, engen „unnachlasslichen Pflichten" sog. weitere „verdienstliche" Pflichten gibt,
d.h. Pflichten, denen im gewissen Sinne eher der Charakter einer Soll-
Norm statt einer Muss-Norm zukommt. Kant meinte, die ersteren, die
Muss-Pflichten, seien solche, deren Nichtbeachtung zu einem allgemeinen. geradezu logischen, Widerspruch führen würde; die ver-
dienstlichen Pflichten seien solche, wo nur der Wille im Grunde mit
sich selbst in einen Widerspruch führen würde, wenn man diesen Soll-
Normen nicht entspricht. Während die ersteren moralische Handlungspflichten sind, sind die letzteren eher Normen der moralischen
Selbstbeurteilung (und somit auch der Selbstachtung).

Mit anderen Worten meine ich allgemein, die Moral und die
Ethik müssten sich öffnen für soziale Werte und für Soll-Normen über
die traditionelle Auffassung der Pflicht-Normen hinaus. Das ist aber
nur ein Punkt hinsichtlich der sozialen Öffnung, der andere Punkt wäre: Wie kann man die Verantwortung von Gruppen für gemeinschaft-
liches Handeln oder sogar von Institutionen theoretisch und moralphilosophisch fassen? Wie mir scheint, sprechen viele Zeichen dafür,
dass wir mit unserem traditionellen individualistisch-liberalistisch
ausgerichteten Verantwortungsbegriff nicht mehr auskommen? In der
vernetzten Welt von heute führt dessen ausschließliche Verwendung
sogar zu Schwierigkeiten. Erstens gibt es viele Handlungszusammen-
hänge, in denen sehr viele Personen verantwortlich oder mitverantwortlich sind und man nicht einen einzelnen allein verantwortlich machen kann, es sei denn bloß im symbolisch-politischen Sinne, wie der
Ressortminister der Öffentlichkeit gegenüber für Handlungen seiner
Untergebenen „verantwortlich" ist (selbst wenn er moralisch unschul-
dig oder gar uninformiert war) – und unter Umständen seinen Hut
nimmt, politisch zurücktritt – oder häufiger auch nicht. Das scheint
schon zu zeigen, dass doch noch eine traditionell-liberalistische Ver-
antwortungsvorstellung auch in diesem Zusammenhang wirkt. Vor ein
paar Jahren habe ich einen Aufsatz in unserer Universitätszeitschrift
veröffentlicht, in dem das Beispiel eines GAU auftritt und fragte: Was
nützt es, wenn nach einem GAU der Leiter des Kernkraftwerkes ein-

fach zurücktritt, demonstrativ die Verantwortung übernimmt oder zur Verantwortung gezogen wird? Darauf erhielt ich damals einen wütenden Brief eines Physikers aus Jülich. Dieser schrieb mir, wie ich überhaupt dazu käme, so unverantwortlich daherzureden? Erstens sei der GAU eine völlig fiktive Konstruktion; er käme nie vor. Zweitens, wenn er einträte (diese Argumentation ist ja kennzeichnenderweise schon logisch widerspruchsvoll), sei rechtlich alles sauber geregelt – wenigstens in der Bundesrepublik. Das war also der Argumentationsstil über Verantwortungsverteilung im Prä-Tschernobyl-Zeitalter (Harrisburg lag zwar noch davor, aber von der dort geschehenen Kernschmelze wusste die Öffentlichkeit noch nichts.) Dieser Brief beschreibt eine typische Sündenbock- oder Verantwortungsverschiebungsstrategie: Wenn alles geklärt ist, ziehen wir eben die personellen Konsequenzen, und es sind irgendwelche Leute verantwortlich (zu machen.) Die Dimensionen der Wirkungen übersteigen jedoch heute diesen behördlich-rechtlichen Verantwortungsbegriff der individualistischen Zuschreibung. Das gilt natürlich eben auch für Abschiebungsstrategien der Experten über Disziplingrenzen hinweg. An meiner eigenen Hochschule gibt es eine längere Diskussion mit einem Kollegen aus der Elektrotechnik, der gemeint hatte, wir Techniker, wir haben unsere Mondlandung jetzt hinter uns, jetzt sollen die Geistes- und Sozialwissenschaftler kommen und – bildlich gesprochen – ihre Mondlandung vornehmen und für uns das Wertproblem lösen. Im Grunde ist es eine ähnliche Strategie wie bei dem Physiker, nur positiv gewendet – zur Kompartementalisierung von moralischer und Expertenverantwortung: Die Geistes- und Sozialwissenschaftler, in erster Linie auch die Philosophen, als traditionell an Ethik orientierte Denker, seien dafür verantwortlich, das Wertproblem zu lösen und uns dann exakte, präzise anwendbare Lösungen an die Hand zu geben. Mein Freund Werner Becker hat kürzlich gerade in einem Zeitungsartikel gemeint, die Ethik würde völlig falsche Erwartungen wecken, notorisch Unerfüllbares versprechen – wie ich es eben am Beispiel des Elektrotechnikers geschildert habe. Also: nun löst uns mal schön die Probleme. Ethiker an die Front! Das ist meines Erachtens in der Tat eine Überforderung, die man gar nicht erst aufkommen lassen sollte. Ich glaube nicht, dass man den Schluss wie Werner Becker ziehen kann, im Grunde sei Ethik heute allenfalls eine Art „Notration" oder etwas Alibihaftes – etwas, das eigentlich ein bloß politisches Bedürfnis erfüllt; man könnte – meint Becker – im Grunde auf Moral verzichten, man könne alles mit politischer Abstimmung oder Konsensusstrategien erbringen. Moral wäre dann nur etwas Politisches. Das halte ich nicht für zutreffend. Ich glaube, dass in der Tat ein erheblicher Fortschritt im Bewusstsein und in der Behandlung moralischer Probleme darin bestehen kann, dass eben die öffentliche und allgemeine und natürlich auch die jeweils individuelle moralische und ethische Bewusstheit erhöht wird. Zwar ist die Verbreitung moralischer Ideen und Normen u.a. auch Sache politischer Erziehung, aber Ethik und Universalmoral lösen sich nicht in bloße politische Konsensbildung auf! Das ist eine Einsicht, die man eben auch dem Bereich Sport wünschen sollte. Und hierzu könnten Fairplay-Aktionen hilfreich sein. Sie sind vielleicht notwendige bildende Vorausmaßnahmen; sie liefern aber keine Lösung der moralischen Probleme selbst.

Verantwortungsprobleme und -typen

Man kann durchaus in Verbindung mit der Kantischen Idee des Primats der praktischen Vernunft behaupten, dass der Mensch in erster Linie ausgezeichnet ist als das Verantwortung tragende und das zur Verantwortungsübernahme fähige Wesen und dass diese Eigenschaft ihn seit eh und je auszeichnet. Man braucht nicht mit Kant einer Meinung zu sein, dass nur derjenige, der Pflichten hat, also Verantwortung tragen kann, auch Rechte haben kann, dass also z.B. Tiere oder andere Naturwesen, u.U. auch. Natursysteme, überhaupt keine Art moralischer „Rechte" hätten, sondern dass sie nur in Ansehung des Menschen Rechte hätten. Kant hat in der Metaphysik der Sitten gemeint, Tierquälerei sei nur deshalb verboten, weil es auf die menschlichen Nerven verrohend wirken könnte, insbesondere natürlich im Zu-

sammenhang der Erziehung, aber ansonsten hätten Tiere und Naturwesen absolut keinen moralischen Status. Das braucht und kann man
meines Erachtens heute nicht mehr so strikt vertreten, dennoch ist es
richtig, dass Verantwortung zu tragen, oder die Fähigkeit dazu, nach
wie vor den Menschen auszeichnet. Und in erster Linie gilt das natürlich für die moralische Verantwortung. Aber Verantwortung und moralische Verantwortung sind nicht dasselbe. Zunächst einmal muss
man sich überlegen, dass `Verantwortung` ein Wort ist, das vieles umfasst. Schon von der Sprachverwendung her heißt es ja: bereit zu sein
oder genötigt werden zu können, sich zu verantworten, jemandem auf
etwas zu antworten. Wir sind nicht nur für etwas, für eine Handlungs-
aufgabe, Betreuung usw. verantwortlich, sondern auch gegenüber jemandem oder vor einer Instanz und – das würde ich hinzufügen – in
Bezug auf einen Standard, auf einen Kodex, einen Verantwortungs-
maßstab. Es handelt sich also um einen Beziehungsbegriff. Der Begriff „Verantwortung" bleibt also zunächst zu allgemein, zu formal, um
nun schon alles aussagen, Moralisches auszeichnen zu können. Wenn
man solche Überlegungen zugrunde legt, kann man zu einer Typologie der unterschiedlichen Verantwortlichkeiten kommen, die ich in einigen Diagrammen darzulegen versuchen möchte. Dabei werde ich
von den Instanzen abstrahieren. Deren Anführung würde die Darstellung komplizieren. Instanzen, denen gegenüber Verantwortlichkeit besteht oder entsteht, sind leicht hinzudenken. Sie würden zur weiteren Aufteilung jedes Diagramms in alternative Schemata führen.
Solche Instanzen, denen gegenüber jemand verantwortlich ist, sind
herkömmlicherweise Gott, dem gegenüber sich der Gottgläubige verantwortlich weiß, die Menschheit oder die Idee der Menschheit (wie
es etwa bei Kant oft heißt), die Gesellschaft, der Staat als eine Institution, das Recht als Rechtssystem oder als Rechtsidee, schließlich auch
andere Institutionen und Organisationen. Diese Mehrdeutigkeit wäre
bei einer schematischen Analyse des Verantwortungskonzepts durchaus zu berücksichtigen. Stattdessen möchte ich zu den Diagrammen
übergehen:

Schema I

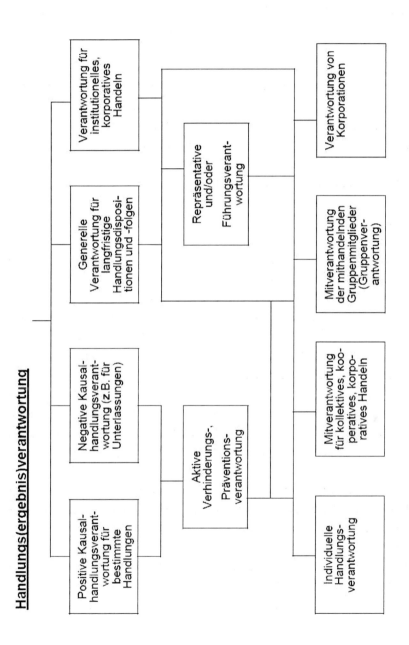

Es geht beim Schema I um ein Übersichtsschema für die Handlungs-verantwortung, für die Verantwortung für Handlungsergebnisse und Handlungsfolgen. Jemand ist vor einer Instanz für die Folgen seiner Handlung in Bezug auf einen Standard oder Maßstab verantwortlich zu machen. Der nächstliegende Typ ist zunächst die positive Kausal-handlungsverantwortung. Das heißt, dass ich für die Folgen meiner eigenen Handlungen verantwortlich bin, und zwar für die direkten, von mir verursachten Folgen. Davon muss man die negative Kausal-handlungsverantwortung unterscheiden, die etwa durch Unterlassun-gen aktiviert werden kann. Es ist ja ein Problem in der analytischen Philosophie, ob eine Unterlassung eine Handlung ist oder nicht. Die analytischen Philosophen retten sich zumeist mit der Idee, dass Unter-lassungen eben doppeldeutig sind. Es gibt bewusste Unterlassungen, die als Handlungen gezählt werden, und es gibt unbeabsichtigte Unter-lassungen, die aus Vergesslichkeit oder Unaufmerksamkeit entstehen und normalerweise nicht als Handlung gezählt werden. Natürlich fin-det man einen Zwischenbereich, etwa den der Fahrlässigkeit – z.B. auch in der Rechtsdiskussion. Doch hierauf kann ich hier nicht einge-hen. Aber es gibt natürlich auch die Möglichkeit einer aktiven Ver-hinderungsverantwortung, die man Präventionsverantwortung nennen könnte. Wenn beispielsweise jemand als Ingenieur oder Kontrolleur die Aufgabe hat, besondere Störfälle zu verhindern, ist Präventions-verantwortung gefragt. Sie ist nicht dasselbe wie die negative kausale Handlungsverantwortung im Sinne der Unterlassungsverantwortung, sondern sie gleicht der positiven Handlungsverantwortung, obwohl es im Allgemeinen nicht um die Verhinderung der Folgen eigenen Han-delns geht. Man könnte aber sagen, diese präventive Handlung gehöre schon zur Rollenverantwortlichkeit des entsprechenden Ingenieurs o-der Kontrolleurs (s.u.).

Dann gibt es noch die Verantwortung institutionellen Han-delns, etwa desjenigen, der in einem Amte handelt. Darauf werde ich später noch etwas ausführlicher eingehen, deswegen möchte ich hier nicht viel dazu sagen. Beispielsweise ein Leiter / Vorsitzender einer bestimmten Institution hat eine Art von Führungs- oder Befehls- oder

Anordnungsverantwortung im Amte zu tragen (Eine Rollenverantwortung), die er im Führungshandeln wahrzunehmen hat. Sie ist auch nicht immer identisch mit der kausalen Handlungsverantwortung. Nun können solche Typen von Verantwortlichkeit auch u.U. bei kollektiven Handlungen von Gruppen gemeinschaftlich getragen werden. (Davon später.)

Zu unterscheiden von diesem Konzept der Handlungsverantwortung im Allgemeineren, eher schematischen Sinne, ist deren inhaltliche Ausfüllung, die üblicherweise mit der Übernahme von Rollen und Aufgaben verbunden ist – das, was man als Aufgaben- oder Rollenverantwortung oder als formelle Verantwortung im beruflichen oder sonstigen institutionellen Zusammenhang bezeichnen könnte (s. Schema II). Im Einzelnen brauchen diese Typen nicht ausführlich erläutert zu werden. Die Verantwortung zur Rollenwahrnehmung und Rollenausführung, Rollenausfüllung, zur Übernahme von Rollenpflichten aktualisiert die damit gegebene spezifische Handlungsverantwortung – etwa in beruflichen Situationen. Sie ist die Verantwortung, alle Aufgaben zu erfüllen, die mit der Rolle im Zusammenhang stehen. Sie muss sozusagen in der Situation aktualisiert werden. Die aufgeführte Loyalitätsverantwortung gegenüber einzelnen Personen, etwa gegenüber Vorgesetzten, Mitarbeitern usw., kann formell oder informell sein. Die Verantwortung des institutionellen Handelns übernimmt wiederum im Zusammenhang mit der Rollendifferenzierung der Vorsitzende oder jener vorgeordnete oder repräsentativ handelnde Mitarbeiter im Rahmen der definierten Rolle. Im Allgemeinen ist diese auch an spezifische Ämter gekoppelt. Man müsste natürlich über den Zusammenhang und die Unterscheidung dieser Verantwortungstypen des rollen- und institutionellen Handelns noch mehr sagen, als das hier möglich ist. Auf das institutionelle Handeln komme ich später zurück.

Schema II

Rollen- und Aufgabenverantwortung

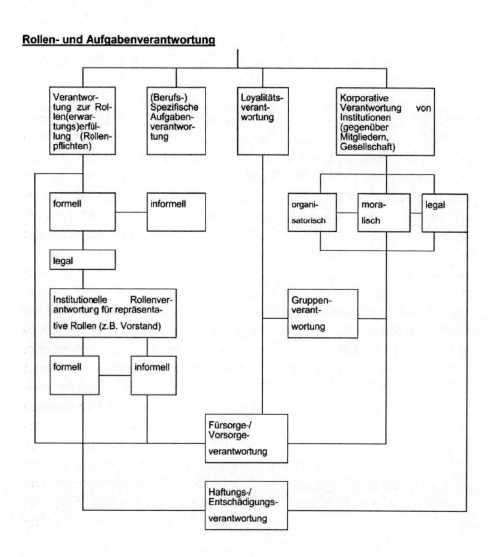

Es gibt auch eine (etwa rechtliche) Verantwortung von Institutionen selbst gegenüber betroffenen Mitgliedern usw.. Der Staat beispielsweise hat ja auch eine Verantwortung für das Wohl und Wehe seiner

Bürger. Er ist aber kein personales moralisches Subjekt, doch kann er zur Verantwortung gezogen werden; er kann z.B. verklagt werden. Das wäre im rechtlichen Sinne zu diskutieren. Die Frage ist natürlich, ob dies auch im moralischen Sinne sinnvoll sein kann. Ist der Staat auch moralisch verantwortlich zu machen? Unser intuitives Empfinden bejaht dies („Rechtsstaat"). Hier geht es freilich noch gar nicht um moralische Begriffe, sondern eben um die Aufgaben- und Rollenverantwortung im eher formellen Sinne. Haftbarkeits- und Entschädigungsverantwortung, wie sie etwa bei H.A.L. Hart, einem englischen Rechtsphilosophen, besonders diskutiert werden, spielen natürlich hier auch eine Rolle. Sie brauchen i.a. nicht übereinzustimmen mit der kausalen Handlungsverantwortung; Jemand kann haftbar sein für etwas, was er gar nicht getan (verursacht) hat. Das ist sogar in manchen Zusammenhängen der Normalfall. Man denke etwa an Kinder, für die u.U. ihre Eltern haften.

Sodann gibt es eine Verantwortungsart, die Hans Jonas in seinem Buch „Das Prinzip Verantwortung" (1979) besonders hervorgehoben hat, nämlich eine generelle Sorge-für-Verantwortung oder „Seinsverantwortung" für Abhängige. Diese Fürsorge- oder Vorsorgeverantwortung unterscheidet sich von der Handlungsverantwortung, konkretisiert sich aber u.U. in einer bestimmten solchen. Die Eltern sind für ihre Kinder verantwortlich, und zwar nicht nur in Hinsicht auf Einzelhandlungen. Sie sind nicht nur für die Folgen ihrer eigenen Handlungen, sondern sind wesentlich für das Wohlergehen des Kindes, für dessen „Sein" sozusagen, für Unterhalt, Existenzbedingungen und Lebensqualität verantwortlich. Hans Jonas behauptet in seinem Buch, dass diese Art von Sorge-für-Verantwortung, diese erweiterte Verantwortlichkeit heutzutage eine wesentlich größere Bedeutung hat als zu allen Zeiten zuvor. Er glaubt, diese Sorge-für-Verantwortung habe die traditionelle kausale Handlungsverantwortung abgelöst. Das scheint mir unrichtig zu sein. Beide Verantwortlichkeiten sind nach wie vor zentral wichtig; Jonas hat die Akzentverschiebung ein wenig falsch gewichtet oder schief ausgedrückt. Man kann ihm zunächst einmal entgegenhalten, dass er selbst mit dem Beispiel der Eltern und des Politikers und dessen Verantwortung für die Bürger argumentiert. Beides mal handelt es sich um ein Beispiel, das keineswegs neu ist oder typischerweise mit der Entwicklung der modernen technischen Welt zu tun hat; sondern es sind ganz uralte Beispiele. Diese Seinsverantwortung ist also keineswegs so neu; und die alte Handlungsverantwortung ist keineswegs abgelöst worden, sondern besteht weiterhin. Es gibt keine Ablösung des alten durch einen neuen Typ, sondern allenfalls eine Dramatisierung oder Akzentverschiebung. Neu sind eventuell manche Gegenstände dieser Fürsorgeverantwortung wie etwa gefährdete Tierarten und ganze Ökosysteme. Soweit die kommentierte Kurzübersicht über die ersten Schemata von Verantwortungstypen.

Interessanter für unseren Zusammenhang ist allerdings noch die moralische Verantwortung – die (allgemein-)moralische Verantwortung, wie man sie nennen könnte (Schema III). Die (universal-)moralische Verantwortung ist beispielsweise nicht spezifiziert auf Rollen oder bestimmte Positionsträger. Sie ist zwar durch eine bestimmte Situation u.U. aktiviert; man denke an die (moralische) Verpflichtung zur Hilfeleistung in einer Unfallsituation. Insofern ist sie situationsaktiviert. Sie ist persönlich; sie kann nur persönlich sein, wird einer Person, einem Subjekt zugeschrieben. Oft ist sie natürlich auch im Zusammenhang zu sehen mit der Handlungsverantwortung; aber auch sie ist nicht unmittelbar identisch mit dieser. Es kann aber auch eine indirekte Verantwortlichkeit im moralischen Sinne vorliegen für durch Folgen meiner Handlungen indirekt Betroffene, wobei die Folgenkette vielleicht gar nicht mal so schnell deutlich wird. Beispielsweise wenn Sie etwa an die Bhopal-Katastrophe von 1984 denken: Die Firma hatte dieses Werk zur Methylisocyanat-Herstellung deswegen in Indien angelegt, weil dort die gesetzlichen Sicherheitsauflagen und -vorkehrungen nicht so drastisch waren wie in den USA. So brauchten nach dem Gesetz etwa sehr teure automatische Kontrollsysteme nicht eingebaut zu werden. Hier kann man natürlich von einem moralischen Versagen der Firma sprechen, zunächst freilich wohl nicht von einem rechtlichen Gesetzesbruch, weil die indischen Gesetze in keinerlei Weise eine solche Kontrollsicherung durch automatisierte Alarmanlagen, Selbstabschaltungen u.ä. vorschrieben. Aber die Entscheidung z.B., u.a. aus diesen Gründen ein Werk gerade dort zu bauen (es gab natürlich auch andere Gründe: billige Lohnarbeit usw.), ist, wie sich jetzt eben herausgestellt hat, in gewissem Sinne als ein moralisches Versagen der Firmenleitung anzusehen.

Schema III

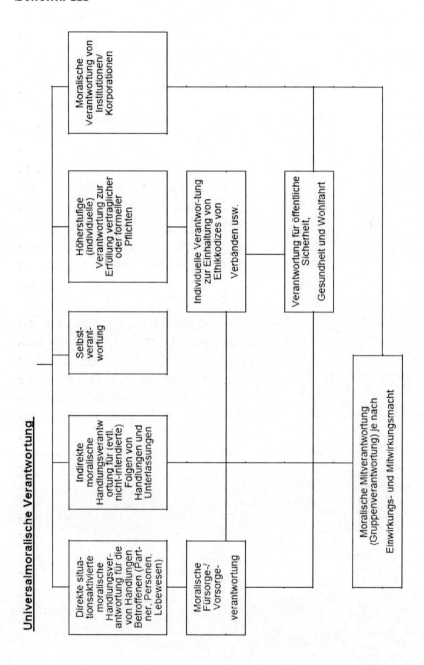

Es gibt übrigens – ähnlich indirekt wirksam – auch eine allgemeine höherstufige Verantwortung zur Erfüllung von übernommenen Pflichten und Aufgaben. Damit meine ich folgendes: Moralische Verantwortung ist nicht nur auf der untersten Ebene durch Handeln zwischen Partnern in einer bestimmten Situation aktiviert, sondern es besteht auch eine moralische Verpflichtung, verbindlich übernommene Aufgaben und eingegangene Verträge zu erfüllen. Es gibt sozusagen eine höherstufige moralische Verantwortung zur Erfüllung von übernommenen Pflichten, seien es Handlungspflichten, Rollenpflichten, Aufgabenpflichten oder was für vorab eingegangene oder u.U. implizit mit der Rolle übernommene Pflichten immer. Insofern muss man sagen, dass auch die moralische Verantwortlichkeit nach Typen gestuft ist.

Es gibt wesentlich auch berufsspezifische etwa durch Ethikkodizes einer berufsständischen, beispielsweise einer wissenschaftlichen Gesellschaft geforderte Verantwortung gegenüber der Öffentlichkeit, zur Erhaltung der Lebensqualität und Wohlfahrt der Allgemeinheit. Diese sind spezielle Rollenpflichten. Erst sekundär untersteht die Erfüllung einer Berufspflicht auch moralischer Verantwortung. Das ist ein weites und interessantes, moralphilosophisch in Deutschland noch wenig erschlossenes und wenig kultiviertes Feld. Zuerst waren die Ärzte im Zusammenhang mit den Nürnberger Kriegsverbrecherprozessen daran interessiert, Berufskodizes aufzustellen. Die Einhaltung von Berufskodizes ist natürlich auch unter die höherstufige Verantwortung zu rechnen. Die spezifischen Ethikkodizes werden zumeist freilich fälschlich direkt als moralische Verpflichtung aufgefasst. Interessant und wichtig ist besonders für die Sozial- und Geisteswissenschaften der Ethikkodex der American Psychological Association von 1977 geworden, der auch im Zusammenhang und in Auseinandersetzung mit den Milgram-Experimenten zum Autoritätsgehorsam bei unmoralischen Befehlen (Stromstößeapplikation im Scheinexperiment) entwickelt worden ist.

Ferner ist in den angegebenen Diagrammen der Verantwortungstypen gemeinschaftlich zu tragende Verantwortung aufgeführt.

Klar ist, dass man unterscheiden muss zwischen der rein individuellen moralischen Verantwortung und einer gemeinschaftlichen Gruppenverantwortung: der Mitverantwortung, wie ich sie nennen möchte. Diese ist allerdings nicht eine kollektiv, sondern eine distributiv mitzutragende Verantwortung, die moralisch nicht mit der Mitgliederzahl schwinden darf. Die Mitverantwortung kann als Handlungsverantwortung bei Rollen- und Aufgabenproblemen und in moralischem Sinne relevant werden.

Noch ein paar Bemerkungen über den Zusammenhang dieser drei Tafeln und einige weitere hinsichtlich der Probleme der Verantwortungsbeteiligung beim kollektiven Handeln. Einmal sagte ich schon, dass das erste Schema der Handlungsergebnisverantwortung schematisch formal ist, sozusagen nur übergeordnet, strukturell orientiert und inhaltlich eigentlich erst noch gefüllt werden, konkretisiert werden muss. Dies kann geschehen durch die spezifische Zuordnung der inhaltlichen Rollen- und Aufgabenverantwortung. Eine andere Möglichkeit, die diese zum großen Teil überlagert, ist durch die rechtliche Konkretisierung der Verantwortung gegeben, auf die aber in diesem Zusammenhange nicht einzugehen ist, obwohl sie ebenso wichtig ist wie die sonstigen Rollenverantwortlichkeiten. Schließlich und besonders einschlägig ist hier die moralische Verantwortung als Konkretisierungsmöglichkeit der schematischen Handlungsverantwortung zu nennen. Um Missverständnisse zu vermeiden, möchte ich von universalmoralischer Verantwortlichkeit sprechen, also das Wort `universalmoralisch` statt `ethisch` verwenden. Das ist aber nur eine terminologische Frage. `Ethik` sollte m.E. reserviert werden für die philosophische oder theologische Disziplin des Nachdenkens und Diskutierens über moralische Fragen. `Universalmoralisch` statt `moralisch` benutze ich, um bestimmte Unterschiede zu besonderen Gruppenmoralen herauszuheben (die im Übrigen moralneutral oder gar unmoralisch im Sinne einer „Gangstermoral" oder „Mafiamoral" sein könnten). Universalmoralisch bedeutet im Kantischen Sinne „unbeschränkt verallgemeinerbar", „universalisierbar", „für jeden gültig". Die universalmoralische Verantwortbarkeit ist diejenige, die für jeden in vergleichbarer Situation gilt, wenn sie aktiviert wird. Sie ist also nicht auf spezifische Rollenbereiche, Themen usw. eingeschränkt.

Die Zuschreibung von Verantwortung, scheinbar auch von universalmoralischer Verantwortung kann nun, wie etwa John Ladd, ein amerikanischer Ethiker, schreibt, häufig auch als ein Mittel benutzt werden, um Verantwortlichkeit in einem vollständigeren moralischen Sinne zu vermeiden oder von sich abzulenken. Jede im Gruppensinne begrenzte Verantwortlichkeit kann als Abschiebungsstrategie missbraucht werden. Die universalmoralische Verantwortung ist dagegen selbst unbeschränkt und unbegrenzt, sie gilt für jeden Menschen in gleicher Situation gleich. Sie kann der Grundidee nach gerade nicht delegiert oder abgeschoben werden. Sie ist situationsabhängig, wird u.a. in Handlungssituationen aktiviert, aber natürlich nicht nur so. Sie kann nur persönlich getragen werden, während manche der erwähnten spezifischen Verantwortlichkeiten wie etwa die Haftbarkeit auch für Verbände und Gruppen kollektiv gelten können. Die moralische Verantwortung kann in der Tat nur von Personen übernommen und getragen werden. Institutionen sind zunächst keine Personen, deswegen können sie nicht eigentlich moralisch verantwortlich sein. Carl-Friedrich von Weizsäcker meinte zwar, die Wissenschaft für die Folgen ihrer Entdeckungen verantwortlich machen zu können – zwar nicht legal, aber moralisch. Doch fragt man sich, wie das überhaupt zugehen kann. Die Wissenschaft als Institution ist kein Moralitätssubjekt, sie kann nicht moralische Verantwortung haben. Gemeint sind sicherlich – als Institution – die Wissenschaftler; doch die Frage bleibt natürlich, ob man eine quasimoralische Verantwortung der Vereinigungen einführen könne. Dies wäre auch für Sportverbände und Verbandsvertreter relevant: Ist etwa die Sportärzteschaft für Dopingfragen moralisch mitverantwortlich? Und die Trainer bzw. die Verbände und ihre entsprechenden Ausschüsse?

Moralische Verantwortung ist jedenfalls nach Ladd nicht etwas, das einfach zwischen Individuen aufgeteilt werden kann oder das sich ausschließlich auf ein Individuum gegenüber anderen erstreckt. Es ist „vollkommen schlüssig", sagt er, „zu behaupten, dass mehrere

Individuen dieselbe Verantwortlichkeit auch gemeinsam tragen können. Wenn sie dies tun, können wir von kollektiver Verantwortlichkeit oder Gruppenverantwortlichkeit sprechen". (1982a, 11).

Jedoch ist, glaube ich, besser von einer gemeinschaftlich getragenen Verantwortung oder von Mitverantwortung zu reden, um kollektivistische Missverständnisse zu vermeiden. Man könnte fast gleichsam paradoxal von einer gemeinschaftlich getragenen Einzelverantwortung sprechen, die betont, dass auch die Gruppenverantwortung im originären moralischen Sinne dem einzelnen Mitglied zugeschrieben, von diesem mitgetragen wird. Die moralische Verantwortung ist in diesem Sinne stets auf Personen bezogen. Wie kann nun aber moralische Verantwortung gemeinsam getragen werden? Kann es möglich sein, so etwas wie eine Abschiebungsstrategie nach dem Motto: „Teile die Verantwortung und sei entschuldigt", auszuschließen? (Divide et te exculpa!) Faktisch ist das eine beliebte Strategie, eine Art moralisches St. Floriansprinzip bei der Verantwortungszuschreibung, eine Variante des Sündenböckeabstempelns oder schlicht der Verantwortungsablehnung oder -verwischung.

Ich glaube, dass es vier strukturelle Verteilungsprobleme bei dieser Gruppenverantwortlichkeit gibt. Hier möchte ich sie wenigstens nennen: Das erste ist in gewissem Sinne das schwierigste und für unseren Zusammenhang interessanteste. Es besteht nämlich darin, dass die Gruppenverantwortung im Sinne dieser gemeinschaftlich getragenen Mitverantwortung im Zeitalter von Gruppenhandlungen, von Großprojekten nur sehr schwierig zuzuschreiben bzw. auf den einzelnen Handelnden zu beziehen ist. Wie soll der einzelne sozusagen an der Gesamtverantwortung teilhaben, da er doch nicht die Gesamtverantwortung für das Handlungsvorhaben übernehmen kann? Man denkt etwa an ein Beispiel wie das Manhattan-Engineer-District Projekt zur Entwicklung der ersten Atombombe. Ist jeder einzelne in gewissem Sinne mitverantwortlich zu machen – für die Entwicklung – oder gar auch für den Bombenabwurf über Hiroshima, der nur durch die Beteiligung Tausender ermöglicht wurde? Ich habe schon auf das Beispiel der Diskussion über einen eventuellen GAU verwiesen und erwähnt, dass hier eine bloß formalistische Übernahme der Verantwortung heute nicht mehr genügen kann. Jedenfalls reicht offensichtlich das traditionelle politische Modell der bloß formal symbolisch getragenen Verantwortung durch den obersten Leiter in keiner Weise aus, jedenfalls nicht als moralisches Modell. Kann man nun ein Verteilungsmodell entwickeln, das die Aufgabe hat, gleichsam die Mitverantwortung so zu strukturieren, dass die am Projekt Mitbeteiligten auch an der Verantwortung mitbeteiligt sind, ohne dass die Verantwortung aufgeteilt wird im Sinne einer Subtraktion, Diskontierung o.ä., also ohne immer desto kleiner zu werden, je mehr Leute daran teilnehmen? Es findet sich ja ein charakteristisches Phänomen – etwa im politischen Bereich –, dass die demokratischen Gremien z.B. beim Verfahren geheimer Abstimmung, häufig einer Art Verwässerungseffekt der Verantwortlichkeit unterliegen. Kein einzelner kann sozusagen persönlich einfach verantwortlich gemacht werden.

Es gibt übrigens interessanterweise in der Sozialpsychologie einen Effekt, den „risky-shift"-Effekt nach Stoner, der sich sogar z.B. an amerikanischen Bergsteigergruppen am Mount Everest bestätigte. Er besagt, dass Gruppen in gewisser Weise risikoreichere Entscheidungen treffen, als wenn ein einzelnes Mitglied der Gruppe die Entscheidung allein treffen und verantworten müsste. Ähnliches dürfte durchaus auch für die Verantwortung in Gruppen generell zutreffen. Dieser „Schub zum Risiko" in Gruppen wurde bei den Mount-Everest-Besteigungsgruppen sogar empirisch kontrolliert und bestätigt; er fand sich selbst in Situationen, in denen das Leben der Beteiligten auf dem Spiele stand! Hatten sich Angst- und Verantwortungsbewusstsein im Gruppenkontext verringert?

Wie soll man nun die Mitverantwortung in komplexen Handlungszusammenhängen systemhaft oder modellhaft aufgliedern, ohne insgesamt und in den einzelnen Kontingenten zu einer abnehmenden Verantwortung zu kommen, ohne dass sich die Verantwortung also durch „Aufteilung" verringert? Zumindest im Prinzip müsste ein Verteilungsmodell diese Gefahr ausschalten oder minimieren. Zugleich muss die jeweilige Mitverantwortlichkeit auch nach der Intensität der

Handlungsbeteiligung und der Eingriffs- und Kontrollmöglichkeiten gestaffelt sein. Das heißt, derjenige, der an der Spitze einer Organisation oder Institution steht oder im Zentrum des Handlungs- und Wirkungsgefüges, hat natürlich „mehr Verantwortung" als derjenige, der nur in einem kleinen Bereich am Rande mitarbeitet. Aber dieser Mitarbeiter am Rande hat auch seine Mitverantwortung zu tragen – schon um die notorischen Ausreden auf den Befehlsnotstand hin ausschließen zu können. Es gibt in der Tat die Möglichkeit, die Mitverantwortung in einem Modell aufzugliedern. Ich arbeite zusammen mit einem amerikanischen Ingenieur und Philosophen daran, graphentheoretische Methoden dabei einzusetzen, so dass also die Verantwortung mit der wachsenden Zentralität der Eingriffs- und Kontrollmacht größer wird, aber nicht mit der zunehmenden Zahl der Mithandelnden (ver)schwindet. Die Verantwortung ist sozusagen nur quasi-verteilbar, ohne wirklich aufteilbar zu sein. Sie ist nicht echt teilbar, sondern nur beteiligungsoffen; sie ist eben mitzutragen, ohne irgendwie quantitativ verkleinerbar zu sein: Geteilte Verantwortung ist sozusagen nicht halbe, sondern doppelt getragene Verantwortung. Ein solches Modell würde in gewisser Weise eine Möglichkeit zur Bereinigung dieses ersten strukturellen Mitverantwortungsproblems darstellen. Man muss im Einzelnen noch darüber diskutieren. Es ist natürlich klar, dass durch solch ein Modell allein die Verantwortungs-, die Beurteilungs-, Überlagerungs- und sonstige Konflikte, insbesondere auch jene zwischen den unterschiedlichen Verantwortungstypen, wie ich sie erwähnt habe, nicht von vornherein aus der Welt geschafft werden. Solche Konflikte können nicht durch ein Passepartout oder Allheilmittel gelöst werden.

Die zwei anderen Verteilungsprobleme der Verantwortlichkeit seien nur noch erwähnt. Das erste tritt in Zusammenhängen auf, in denen strategisch gehandelt wird – dort, wo also verschiedene Handlungsträger miteinander konkurrieren, gegeneinander handeln. Wie sind dort bei bestimmten Handlungsfolgen nun Verantwortungen für Gesamtwirkungen aufzuteilen und zuzuschreiben? Man denke auch etwa daran, dass Handlungsfolgen der verschiedenen Handlungsträger sich aufschaukeln, kumulative oder synergistische Effekte ergeben können. Das Waldsterben beispielsweise ist ein solcher Effekt, für das man sicherlich nicht einen einzelnen Handelnden verantwortlich machen kann – insbesondere zu einer Zeit, in der man noch nicht einmal alle Faktoren übersieht, die eine instrumentelle Rolle spielen. Es bleibt der einzelne in seiner Handlungswirkung nur unterschwellig schädlich, aber die Gesamtwirkung ergibt eine beträchtliche Schädigung aller. Wie soll man da sozusagen die Verantwortungsbeteiligung regeln? Kann man etwa das japanische Verursacherprinzip nach der statistisch ermittelten und vermuteten Schädigungsbeteiligung durch benachbarte Verschmutzer schon als ausreichend ansehen, oder ist unser bisheriges Verursacherprinzip der nachgewiesenen Schädigungswirkung ausreichend? Offensichtlich verfängt das letztere nicht, wenn es um einen unterschwelligen Beitrag des Akteurs zur Schädigung geht.

Ein weiteres , zweites, dem ersten verwandtes Verteilungsproblem der Verantwortung, das übrigens auch in Varianten im Sport eine Rolle spielt, ist das Problem der Tragödie der Gemeingüter nach Geritt Hardin, der in Science 1968 beschrieben hat, wie in der Sahel-Zone das Problem der Überweidung der Allmende entsteht. Aufgrund einer durchaus legitimen Anreicherung des Viehbestandes der einzelnen Bauern und durch Summation entsteht aus dem Handeln aller einzelnen so etwas wie eine nicht mehr zu tragende Gesamtkonkurrenz und eine anschließende Katastrophe. Die Bezeichnung „Tragödie der Gemeingüter" sagt das ja sehr plastisch aus. Entwicklungshilfe durch Brunnenbau verschiebt oder gar verschärft das Problem nur. Eine Variante dieses Dilemmas der Kooperation bei konkurrierenden Interessen und Koalitionsmöglichkeiten ist auch das bekannte Gefangenen-Dilemma, auf das hier nicht näher eingegangen werden kann. (Dieses spielt allerdings auch im Sport eine Rolle – etwa beim Doping oder bei der Eskalation der Trainingslasten und Verletzungen.)

Das vierte Problem in dicsem Zusammenhang ist die Frage der unvorhergesehenen oder ganz unvorhersehbaren Systemwirkungen und Nebenfolgen. Kann man Verantwortung tragen für etwas, das in einem System eine Nebenfolge ist, die man noch nicht vorausgesehen hat oder gar nicht voraussehen konnte, sogar nach dem letzten Stande von Wissen und Technik? Ist der Mensch, könnte man allgemein fragen, heutzutage nicht für mehr verantwortlich, als er voraussehend und damit bewusst verantworten kann? Müsste er nicht im Sinne etwa des erwähnten Jonas`schen Modells der erweiterten Verantwortung für von ihm und seiner Macht abhängige Wesen auch für ungesehene Nebenfolgen seiner technischen und wissenschaftlichen Großunternehmungen Verantwortung übernehmen? Dieses Dilemma wäre ein Problem, das sich insbesondere im Zusammenhang mit der technischen Entwicklung und Innovation in der Weiterindustrialisierung stellt. Ist der Mensch auch hier sozusagen verantwortlich für mehr, als er eigentlich im traditionellen Sinne verantworten kann? Herkömmlich ist der Verantwortungsbegriff ja so dimensioniert, dass man eigentlich nur verantwortlich gemacht werden kann für etwas, was man voraussehen kann, was man selbst durch Handlung bewusst beeinflussen kann bzw. beeinflusst hat. Das ist ein sehr schwieriges Problem, und ich sehe bisher auch keine wirkliche, sinnvolle, generelle Lösung.

Eine Frage, die sich im Zusammenhang mit der Verantwortung des Wissenschaftlers häufig gestellt hat und bisher auch kontrovers beantwortet ist, ist die Unterscheidung zwischen interner und externer Verantwortung des Experten. Das Problem betrifft ähnlich natürlich auch Institutionen wie das soziale System des Sports. Inwieweit ist die interne Verantwortung des Mitgliedes der Zunft und den Regeln der Zunft gegenüber zu unterscheiden von der externen Verantwortung gegenüber möglicherweise von den innerinstitutionellen Handlungen Betroffenen außen? Auch darauf ist hier im Einzelnen nicht einzugehen.

Zur Struktur und Ethik institutionellen Rollenhandelns

Stattdessen soll im zweiten Hauptteil zur Frage der institutionellen Ethik, genauer: zur Ethik institutionellen Handelns, Stellung genommen werden. Freilich soll die ethische Frage auch auf solche Perspektiven von Institutionen erweitert werden, die über das Handeln des einzelnen hinausgehen. Es ist vor einigen Jahren ein Buch erschienen, herausgegeben von Ch. Hubig, „Ethik des institutionellen Handelns" (1982). M. W. ist es im deutschen Sprachbereich bisher das einzige, das dieses Thema explizit aufnimmt, allerdings nur auf das normengeleitete sowie das repräsentative Handeln in Institutionen bezieht. Dort wird das institutionelle vom individuellen Handeln unterschieden: „Unter institutionellem Handeln versteht man landläufig Vorgänge wie Gesetze erlassen, Subventionen bewilligen oder streichen, den Diskontsatz senken, die Geschwindigkeit auf Autobahnen begrenzen..." usw. (ebd. 64). Gemeinsam ist den institutionellen wie individuellen Handlungen „die Realisierung von Zwecken als gewünschten Sachverhalten". Doch meint Hubig, es gebe bei institutionellen Handlungen ein weiteres Charakteristikum – nämlich, dass sie die Möglichkeiten „eröffnen oder restringieren" für die „Zwecksetzung durch Individuen, indem sie unter wertabhängigen Präferenzstrukturen die Risiken, Gratifikationen und Sanktionen verändern oder überhaupt erst konstituieren" (ebd. 65). Institutionelles Handeln ist sozusagen eine Metastufe höher als individuelles anzusetzen, es beschränkt die Möglichkeiten individuellen Handelns oder erweitert dessen „reale" Möglichkeiten. Es ist also sozusagen ein auf Institutionalisierung individueller Zwecksetzungen gerichtetes Handeln. Hubig versucht dann, verschiedene Ebenen des institutionellen Handelns zu unterscheiden; das ist hier im Einzelnen nicht zu verfolgen. Jedenfalls ist das institutionelle Handeln zusammenfassend von ihm definiert worden als „ein Handeln..., das mittels Organisationen Institutionalisiertheit hervorbringt, fortschreibt, verändert (z.B. abbaut)" (ebd. 70). Im Lichte dieser Überlegungen scheint die Delegation der Ausführung institutionellen Handelns an Individuen eher symbolisch zu sein; die faktische Ausführung ist Resultat des Handelns der Organisation als einer Gesamtheit, als eines komplexen Handlungsmittels sozusagen. Hubig spricht auch von einer personalen Repräsentation eines institutionellen Vorganges in Gestalt eben dieses institutionellen Handelns. Das ist im Grunde das, was oben als Handeln im Sinne der stellvertretenden Rollenverpflichtung des Rollenträgers, als institutionelles

Handeln in der repräsentativen Rolle etwa des Vorsitzenden, des Führers oder des Amtsträgers angeführt wurde. Hubig meint, cs gäbe nur zwei Sorten des institutionellen Handelns – nämlich einmal institutionelles Handeln als Amtshandlung, und zweitens Wahlen zu Ämtern, Handlungen der Rollenbesetzung bzw. -ermöglichung (rollen- und pflichtenkonstituierende Bestimmungshandlungen) – das heißt also Wahlen, die für eine institutionelle Rollenbesetzung vorgenommen werden, aber noch außerhalb oder im Vorfeld der eigentlichen Institution oder Institutionalisierung stattfinden. Man könnte demgegenüber hervorheben, das seien sicherlich noch nicht alle Typen institutionellen Handelns. Die institutionelle Entscheidung selbst ist ja auch eine Art von Handeln, vielleicht ein anderes Handeln als das Handeln des repräsentativen einzelnen. Der Staat, oder etwa ein Verband wie der Deutsche Sportbund, handelt ja auch durch seine Verbandsorgane und deren institutionelle Akte, nicht nur jeweils durch ein einzelnes allein handelndes Subjekt. Es kann für eine institutionelle Handlung, man denke etwa an ein Gerichtsverfahren oder -urteil, ein Beitrag von vielen Handelnden zusammen erst die Handlung der Institution definieren oder ausmachen. Insofern kann man eigentlich das institutionelle Handeln in diesem Sinne nicht kategorial reduzieren auf das individuelle oder rollengebundene Handeln in repräsentativer Funktion. Das individuelle Handeln in repräsentativer Funktion ist sicherlich nur ein wichtiges und typisches Beispiel. Doch werden auch institutionelle Gruppenhandlungen definiert und konstituiert, die nicht auf Einzelhandeln allein zurückgehen. Ich glaube daher, dass moralisch relevant für die Ethik im Zusammenhang mit den Institutionen nicht nur diese auf individuelle reduzierbaren Handlungen sind, die Hubig anführt, sondern dass man mindestens fünf verschiedene Gesichtspunkte hier einbringen muss, die sich z.T. auch auf die Werte, Ziele und Normen der Institution selbst beziehen. Das folgende erweitert also kritisch Hubigs Entwurf und auch Vossenkuhls Beitrag in demselben Band. Vossenkuhl setzt, fälschlich, wie ich denke, institutionelles Handeln einfach mit regelgeleitetem Handeln gleich und schränkt dieses auf teleologisches (zweckorientiertes) Handeln ein. Dabei würde also z.B.

jedes Spiel, jedes kultische, rituelle Handeln, jedes Routinehandeln ohne bewusste Zwecksetzung von vornherein herausfallen. Alles dies wäre kein institutionelles Handeln. Eine kontraintuitive Konsequenz. Es gibt institutionelles Kulthandeln ohne manifeste Zweckorientierung. Man sieht also, dass man hier u.U., wenn man zu extrem operiert, zu absurden Konsequenzen und Begriffsbildungen gelangt.

Daher möchte ich fünf verschiedene Sorten des institutionellen Handelns unterscheiden: einmal das institutionelle Amtshandeln, es wurde ja schon erwähnt. Zum zweiten das ebenfalls erwähnte kollektive institutionelle Handeln der Institution selbst – ein Handeln im anderen, metaphorisch-symbolischen Sinne; vielleicht sollte man hier einen anderen Ausdruck verwenden, und nicht von „Handeln" reden, da ein solcher Prozess der Zustandsänderung auf einer ganz anderen Ebene stattfindet. Drittens könnte man institutions-konstituierende Handlungen wie Wahlakte davon abspalten, diese sind allerdings u.U. institutionelle Handlungen einer anderen Institution, die erst zur Konstitution der betreffenden Institution führen. Viertens, und das wäre ein Sonderfall, wäre ein Handeln in oder in Bezug auf Institutionen anzuführen, soweit die Werte oder Ziele oder Normen der Institution selbst verändert werden oder betroffen sind. Normalerweise ist ein solches „Handeln" innerhalb einer Institution nur in Grenzen erlaubt, beispielsweise in der Freiheitlich-demokratischen Grundordnung sind gewisse verfassungsändernde Aktivitäten per institutioneller Selbstbeschränkung nicht als institutionell zulässig definiert. Man kann aber auch Institutionen von außen zu ändern suchen, und die Frage wäre, ob das auch als ein institutionelles, sprich: institutionsbezogenes Handeln aufzufassen wäre, wie die institutions-konstitutiven Handlungen etwa im Sinne von Wahlen zur Bildung einer Institution. (Man kann darüber diskutieren, ob es sich hier um zwei verschiedene Sorten institutionellen Handelns handelt.) Ich habe sie erst einmal nebeneinander aufgeführt.

Fünftens ist es meines Erachtens wichtig, dass eine moralische Bewertung (und u.U. Abänderung) der Institutionsziele, -werte und -normen auch möglich sein muss und darf. Bewertungen sind auch

Handlungen - individuelle oder kollektive, mit Anspruch auf Allgemeingültigkeit versehene etwa. Das ist etwas, was in dem Band „Ethik des institutionellen Handelns" kaum erwähnt wird – mit Ausnahme etwa des Referats von Engfer. Engfer setzt sich mit der Kantischen Unterscheidung zwischen „privaten" Amtshandlungen (Amtshandlungen heißen bei Kant seltsamerweise „private" Handlungen) und öffentlicher Kritik, dem „öffentlichen Vernunftgebrauch" auseinander, den man als Gelehrter machen können soll. Er bezieht sich auf diese Unterscheidung, um die Möglichkeit der Kritik an Zielen, Werten und Normen der Institution zu begründen. (Hubig und Vossenkuhl z.B. setzen institutionelles Handeln im Grunde einfach mit instrumentellem Handeln in Institutionen oder organisatorischem Handeln gleich: Man hat also gegebene Ziele, die mit der Institution vorgegeben sind, zu berücksichtigen, bzw. zu verwirklichen, kann diese Ziele aber – wenigstens im Rahmen des institutionellen Handelns – nicht verändern. Dies erscheint mir kurzschlüssig. Institutionen können auch institutionell (durch institutionelles Handeln) manche Ziele und Normen ändern – bei Wahrung ihrer Identität freilich nicht alle Ziele. Man denke etwa an die Verfassungsgerichtsbarkeit. Auch dieses Problem kann hier jedoch nur angedeutet werden.

Ein praktischer Syllogismus institutionellen Handelns

Ich möchte abschließend das Beispiel eines praktischen Syllogismus im Zusammenhang mit der Diskussion Engfers an einem Fall des normengeleiteten Rollenhandelns in Institutionen erläutern und auch kritisieren und abwandeln.

Es geht um einen praktischen Syllogismus des institutionellen Handelns, welches Personen als durch Normen gebundene oder verpflichtete verantwortliche Mitglieder der Institution ausführen. Das allgemeine Schema (nach Engfer 1982, 110) ist das folgende:

1. X muss (als verantwortliches Mitglied der Institution Y) A tun.

2. X glaubt, dass er A nur tun kann, wenn er B tut.

---

3. Also muss X B tun.

Im Beispiel des Sports etwa muss man als Verteidiger Tore des Gegners verhindern. (Was heißt hier aber als „verantwortliches Mitglied" – der Mannschaft? Des Vereins? Des sozialen Subsystems Sport? Der Handlungspartnerschaft zum Gegner? Unter der Idee des Sports? In einer potentiellen Erziehungsgemeinschaft? In einer Vorbildrolle? Hier stellen sich verschiedene Möglichkeiten der Anbindung an die oben aufgeführten Verantwortungstypen.)

B sei nun eine konkrete Foulaktion, die das Mitglied X der Mannschaft ausführen kann, um den Torgewinn des Gegners zu verhindern. Diese Aussage kann auf den Typ der Handlung „Foulaktion" sowie auf eine spezifische Situation bezogen werden.

An unserem Beispiel illustriert, bedeutet das Schema nun:

1. X muss als Mannschaftsmitglied Tore der gegnerischen Mannschaft zu verhindern suchen.

2. X glaubt, dass er Tore u.U. (etwa in einer konkreten Situation ein Tor) nur verhindern kann, wenn er dem gegnerischen Stürmer die Beine wegsäbelt".

_____

3. Also muss X dem gegnerischen Stürmer „die Beine wegsäbeln".

Dies wäre sozusagen ein pragmatischer oder praktischer Syllogismus des bloß auf Mannschaftsdienlichkeit ausgerichteten Rollenhandelns im Sport – hier im Fußballsport. Sinngemäß erkennt nun Engfer, dass dies nicht der Weisheit letzter Schluss sein kann. Es könne ja auch die Möglichkeit gegeben sein, dass das B-Tun (hier: Foulspielen) institutionell (oder gar moralisch) verboten ist. Engfer diskutiert also noch die folgende Variante, in die statt des Satzes 2 eingefügt wird:

X glaubt, dass er B nicht tun darf (dass B moralisch verboten ist), welche zusammen mit dem obigen Satz 2 und dem zu „X will A" abgeänderten Satz 1 den Schlusssatz ergibt:

„Also darf X A nicht wollen".

Engfer verweist dabei auf institutionell-rechtliche oder moralische Beschränkungen der institutionellen Mittel (ebd. 115f.). Er diskutiert auch den Fall, dass mehrere alternative Mittel dem X möglich erscheinen, von denen „nur einige moralisch sanktioniert werden", also etwa den Spielregeln nach oder allgemein-rechtlich oder moralisch verboten sind: „Es bleibt dann erlaubt, den Zweck ... anzustreben, aber es ist aus moralischen Gründen (bzw. nach den institutionellen Regeln oder Spielregeln, H.L.) verboten, dabei bestimmte Mittel (wie etwa Foulspiel, H.L.) ... zu benutzen" (ebd. 116). Man muss und kann hier natürlich (ohne nennenswerte Beschränkung der Allgemeinheit des Arguments) voraussetzen, dass der Handelnde X weiß, dass B verboten ist. Wenn nun X glaubt, dass er A (in einer konkreten Situation oder generell als Möglichkeit in kritischen Situationen) nur als ein Handlungsergebnis der verbotenen Handlungsart Foulspiel erreichen kann, also indem er B tut, besteht eine nachdrückliche Tendenz, die institutionelle Regel zu umgehen, wenn er dies persönlich ungestraft oder ohne sicheren Nachteil für die Mannschaft tun kann. Engfer sagt allgemein: „Insofern der Ausschluss solcher höchst wirksamer Mittel aber leider häufig das Maß bestimmt, in dem ein ursprünglich gesetztes Ziel realisiert wird, gibt es auch hier die Rückwirkung auf die erste Prämisse des praktischen Schlusses" (ebd.).

Der unverzweigte Syllogismus würde erlauben weiter zu schließen:

Da X B nicht tun darf (wie er weiß), darf er A auch nicht tun (oder gar (tun) wollen). Also dürfte X A nicht tun, ja, nicht einmal wollen. Das wäre also eine im einfachsten Falle unter institutionellen oder moralischen Einschränkungen abgewandelte Modus-tollens-Variante des praktischen Syllogismus im institutionellen Zusammenhang. In der verzweigten Variante würde folgen, dass man die negativ durch Spielregeln sanktionierten Mittel, in unserem Beispiel also das Foulspiel, nicht einsetzen darf, obwohl man das Ziel „Tore verhindern" beibehalten kann. Man darf also nur die nicht verbotenen Mittel einsetzen.

Die erste Variante erweist sich natürlich als unanwendbar für den Sport. Man dürfte dann das Ziel des institutionellen – und durchaus von den Spielregeln vorgesehenen – Handelns nicht aufrechterhalten wollen. Tore darf man hingegen nur insoweit verhindern (wollen), soweit das mit erlaubten Mitteln oder Handlungsweisen geht. Es kann also nur die zweite Variante überhaupt realistisch sein. Es muss zugelassene Handlungsmöglichkeiten geben. Und nur solche dürfen benutzt werden.

Das Schema muss also abgewandelt werden: Zunächst müsste die oben erwähnte Verantwortlichkeit relativiert werden auf eine über die unmittelbare Mannschaftsdienlichkeit für die eigene Mannschaft hinausgehende. Ferner müsste der Fall der Mitteldifferenzierung ins Auge gefasst werden, wobei erlaubte Mittel zugestanden werden, oder es müsste umgekehrt das Ziel spezifiziert werden: X darf nicht mit allen Mitteln, um jeden Preis A in Angriff nehmen oder verwirklichen wollen oder tun. (Die Verantwortlichkeit könnte auch hierauf bezogen werden, dass nur erlaubte, aber keine unerlaubten Mittel benutzt werden dürfen.)

Generell ist also die von den institutionellen Regeln her gegebene (unter Umständen auch moralische) Einschränkung des Handelns in einer dieser Weisen einzubringen. Sie lässt sich aber so undifferenziert weder mit der ursprünglichen noch mit der abgeänderten ersten Prämisse abdecken. Man kann nicht manche Ziele des institutionellen Handelns im Zusammenwirken der Institution (etwa des Wettkampfsports) gänzlich – und sei es aus moralischen Gründen – aufgeben, ohne die Institution selbst aufzugeben. Ohne das Toreverhindern-Wollen wäre das Konkurrenzspiel sinnlos. (Freilich berichtet etwa David Best über einen ihm bekannten Fußballlehrer, der den Eskimos das Fußballspiel beibringen wollte, aber zu seinem Erstaunen feststellte, dass die Eskimos zwar sehr geschickt mit dem Ball umgingen, aber keinerlei Konkurrenzeinstellung entwickelten, ja, aus Gerechtigkeitsempfinden heraus nach einem erfolgreichen Torschuss ihrerseits nun der Partnermannschaft bewusst Gelegenheit für ein weiteres Tor zu deren Gunsten gab.) Die „New Games"-Bewegung eröffnet zwar interessante Perspektiven für die Weiterentwicklung des Breitensports, führt aber zu grundsätzlichen institutionellen Änderungen. Hier kann die Diskussion dieser an sich sehr interessanten Möglichkeiten nicht weitergeführt werden. Daher zurück zum praktischen Syllogismus.

Angesichts der realen Missachtung auf vielen Sportfeldern kann es nicht darum gehen, eine wesentlich bessere formale Formulierung der logischen Struktur des Syllogismus zu finden. Zudem handelt es sich letztlich ja gar nicht um eine logische Ableitung, sondern um eine inhaltliche, praxeologische (oder „prattologische") schematische Struktur. Epistemisch-logisch wäre im ursprünglichen Schema nur zu erschließen, dass X glaubt, er müsse B tun (und dies gilt auch nur, wenn in der ersten Prämisse hinzugefügt wird: „Und er weiß das").

Eine entsprechende Abänderung wäre natürlich in der differenzierten Variante zu vollziehen: Das Wollen wäre auf bewusstes Wollen zu beziehen, und die Konklusion würde auch nur den Glaubenssatz ergeben: „Also glaubt X, dass er A nicht wollen darf" bzw. in der Variante der eingeschränkten Mittel mit dem Zusatz: „außer mit den durch die Spielregeln zugelassenen Mitteln".

Ersichtlich folgt hieraus natürlich keinerlei wirkliche Erklärung des tatsächlichen Handelns. Dieses lässt sich weder völlig in rationale Erklärungen nach dem praktischen Syllogismus auflösen (viele Fouls beispielsweise ereignen sich eher affektionell, irrational), noch lassen sich Erschleichungsstrategien (manchmal im engeren Sinne übrigens sehr raffiniert rationalistisch geplant) durch derartig einfache Rationalisierungsargumente erfassen oder gar ausschalten.

Den umfassenden praktischen Syllogismus des institutionellen Handelns scheint es nicht zu geben. Dennoch kann es lehrreich sein, sich mit einfachen Varianten wie den geschilderten zu beschäftigen. Ein wirklich logisches Schlussschema im engeren Sinne dürfte allenfalls als utopisch-idealtypische Modellkonstruktion zur Strukturierung oder Beurteilung dienen können, nicht aber zur realistischen Nachzeichnung von Motivationen. Zu jeder solchen Rekonstruktion bedarf es inhaltlicher praxeologischer, motivationaler, generell verhaltens- oder handlungstheoretischer Ergänzungen.

Solche Rekonstruktionen können freilich fruchtbar sein und auch Anlass geben, die regelorientierten Verhaltensweisen in Verbindung mit einer spezifischen typologischen Zuordnung von beachteten Normen und Werten (etwa Verantwortungstypen) zu verfolgen.

All dies könnte im Vorfeld von Handlungserklärungen institutionellen Handelns stehen, wobei noch zu berücksichtigen ist, wie allgemeine Normen nun in die Erklärung eingehen: Als Handlungs"gesetze" oder eher als bewusst interpretierte, rationalisierend als Bezugsnorm in Anspruch genommene Orientierungsleitregeln, die sozusagen auf der Datenseite, also in die singulären Antezedentien der entsprechenden Erklärung eingehen.

Zudem wären die genannten Modellkonstruktionen im Wesentlichen rein deskriptiv orientiert, unterscheiden sich also von moralischen Konklusionen. Engfer hat aber bewusst eine normative Formulierung als Konklusion und für das Argument gewählt: "X muss (oder soll) B tun", „X darf A nicht wollen" usw. Die praktischen Syllogismen müssten also normenlogisch und epistemischlogisch auf ihre Haltbarkeit überprüft und relativ gerechtfertigt werden. Von solchen differenzierten Untersuchungen der Schemata von Typen institutionellen Handelns im Sinne der Normenlogik, Modallogik, epistemischen Logik und der Handlungslogik sind wir noch weit entfernt.

Generell sollte durch diesen Beitrag ein gewisser Eindruck über notwendige Differenzierungen des Verantwortungsproblems nach Typen – besonders bei Gruppenhandlungen – und zur logischen bzw. begrifflichen Struktur sowie zur ethischen Problematik einiger Weisen des institutionellen Handelns vermittelt werden. Analytische Desiderata ergeben sich natürlich für das Zusammenspiel solcher Ansätze mit den Grundregeln und Grundnormen sowie Werten von Institutionen generell wie auch für die Institutionen des Sports speziell.

7. Technik und Technologisierung im Sport

Philosophische, anthropologische und pragmatische Aspekte.

Vor mehr als einem Vierteljahrhundert habe ich im Rahmen einer analytisch-„mythologischen" und zugleich viele Aspekte berücksichtigenden kultur- und sozialphilosophischen Deutung des Leistungssports die gleichsam „mythischen Funktionen" von Technik und Sport thematisiert und gemeint: „Die Verbindungslinien zwischen der Philosophie der Technik und der des Leistungssport sind erst noch zu ziehen. – Sie dürfte fruchtbare Anregungen für beide Seiten liefern: Die Lust am Hinausrücken von Grenzsteinen, am Risiko und am „rationalisierten" Abenteuer kennzeichnet beide Bereiche zutiefst" (1972, 168).

Hinsichtlich des Sports wurde betont, dass „mythologische Interpretationen" und „mythische Funktionen" durchaus untergründig fortwirken („der Traum von der willensbeherrschten Natur und rational gesteigerten Vitalität" – auch und gerade beim „Bezwingen eines Gegners im rational-kontrollierten Kräftevergleich, im Rollenkampf – ohne eigentliche Herrschaftsabhängigkeit des einen vom anderen Partner" (ebd.). Herakles scheint der mythische Held der sportlichen Antike zu sein. Doch sind Regeln, Konventionen, kulturelle und wirtschaftliche Aspekte auch charakteristisch für den modernen Sport, zumal den organisierten Sport und Leistungssport. Insofern könnte neben Herakles auch Prometheus, der mythische Halbgott, welcher der Menschheit Feuer und Kultur gegen den Willen des obersten Gottes überbrachte, als eine mythische Figur des Sports gelten. Häufig wird Prometheus als mythische Figur und Überbringer der *Technik* und der rationellen menschlichen Naturbeherrschung gesehen. – Und in der Tat ist traditionell und auch heute noch der „Mythos" von der technischen Naturbeherrschung, dem ständigen technischen und technologischen Fortschritt ein wesentliches Grundmuster unserer dynamischen technisch-wissenschaftlichen Kultur, die sich immer mehr zu einer universellen systemtechnologischen Kultur planetarischer Dimension und ein wenig darüber hinaus entwickelt(e). Quasi „mythische" Funktionen der Naturbeherrschung des technischen Fortschritts erfordern auch eine mythologische Deutung[15] bzw. Beschreibung.

Technik und Sport wurden damals als „Brudermythen" bezeichnet (1972, 169), die noch genauer zu untersuchen wären, zumal die Verwandtschaft auf Grund der genannten wenigen charakteristischen Merkmale auf der Hand liegt.

In einer Habilitationsschrift (König 1995, 4) wurde mir vorgeworfen, ich hätte auch zehn Jahre später dieses Verhältnis nicht genauer analysiert und stattdessen „schon das Resultat einer denkbaren Untersuchung vorwegzunehmen" versucht, indem ich konstatierte: „Sport ist nicht Technologie – trotz einer gewissen (bisher nicht genügend untersuchten) Verwandtschaft" Lenk 1985, 60). Dabei wurde in dieser analytischen Unterscheidung zwischen allgemeinen Orientierungsbegriffen Sport und Technik, auf die noch genauer einzugehen ist, gerade auf die Verwandtschaft hingewiesen. Eine Untersuchung einer – sei es Merkmale analysierenden, sei es empirischen – Beziehung beider Bereiche setzt natürlich zunächst eine *analytische* Unterscheidung voraus, selbst wenn man nicht mehr guten Gewissens we-

---

[15] Obwohl der Ausdruck „Mythos" vieldeutig ist und hier nicht behandelt werden kann, soll mit dem Hinweis auf *mythische Funktionen* und *mythologische Deutungen* – im Unterschied zu *ideologisch* geprägten, normativ gebundenen aber als beschreibend oder erklärend verschleierten Orientierungen – eine werthaft *normierende* bzw. normativ wirkende sinnorientierende Deutung gemeint sein, die sich in (bloß) theoretischi-kognitiv „Versinnbildlichungen", in „typischen exemplarischen Mustersituationen" zeigt und „durch dramatische Darstellung deutlich gemacht" werden kann, „indem vertraute Formen Sinn für weniger vertraute Phänomene erschließen oder festlegen. Während die Ideologien der kognitiven Selbst- und Weltdeutung dienen, leisten Mythen exemplarisch normative Leitbild- und Sinnkonstitution in typisierender sinnlich zugänglicher Form" (1972, 155n). Von einer „*mythischen Funktion*" exemplarischer Versinnbildlichungen, Mustersituationen und Handlungsmuster wurde dabei deshalb gesprochen, weil es nicht um umfassende Weltanschauungsdeutungen oder Glaubenssätze geht, sondern um differenzierter zu erfassende sinnorientierende Funktionen, die je speziell in typischen Interpretationsmustern oder Ortungssituationen Ziel- und Wertorientierungen versinnbildlichen, tragen, ausrichten.

sensphilosophisch einen eben „essentialistischen" absoluten Unterschied zwischen Sport und Technik oder gar Technologie konstatieren könnte. Zudem war eine solche Untersuchung bereits 1976 (englisch) in dem internationalen *Journal of Philosophy of Sport* (1976) und unter dem Titel „Herakleisch oder Prometheisch? Mythische Elemente im Sport" in einer eigenen Aufsatzsammlung (1978) auf Deutsch veröffentlicht worden. (Der mittlerweile Habilitierte hatte also nicht exakt gelesen und sich nicht genau genug informiert.)

In der Tat muss man eine *analytische begriffliche* Entscheidung vornehmen, um daran anschließend genauere Verbindungen konzeptionell, unter Orientierungs- und Strukturgesichtspunkten, aber auch eventuell empirisch (was natürlich nicht Aufgabe eines Philosophen ist) herauszuarbeiten. – Eine solche Aufgabe kann hier natürlich auch nur sehr skizzenhaft umrissen werden, wird aber zum Teil durch die unterschiedlichen Beiträge des Bandes aus verschiedenen Untersuchungsperspektiven konkreter geleistet.

„Natürlich *ist* Sport nicht Technologie, aber er könnte eine Erscheinungsweise von Technologie sein. Neben vielen anderen gesellschaftlichen Teilbereichen könnte auch der Sport von der unleugbaren Tendenz allgemeiner Technologisierung in einem so hohen Grad erfaßt sein, dass eine innigere Verwandtschaft von Sport und Technologie besteht, als es die Formulierung von Lenk wahrhaben und wahrmachen will", so fährt König fort, ohne zu bemerken, dass diese Verwandtschaft gerade behauptet und anhand von einigen charakteristischen Merkmalen bereits (1976, 1979) näher umrissen wurde.[16] Es

---

[16] König (1995, 4) setzt „die Existenz des technologischen Sports" „als unzweifelhafte Tatsache voraus", will sie aber „zugleich ... erst im Verlauf der Analyse" herleiten. Seine an Adornos Gesellschaftskritik orientierte Arbeit möchte die „desanthropomorphisierenden Konsequenzen" (ebd. 174) der „sport-technologischen Identifikation von Mensch und Maschine" untersuchen, die „aus der biologischen wie auch der apparativen Technik zusammen" „sportliche Technik" ergibt, das „sport-technische System" (nach Lehnartz 1991) (König 1995, 174) erzeugt; dies dokumentiere Subjektdekonstruktion oder „normative anthropologische Konstruktion der Subjektlosigkeit" unter einem adornitisch analogisierten „Gesetz vom tendenziellen Fall der Subjektrate im technologischen Sport" (ebd. 184f). Die These der

ist unzweifelhaft, dass die Wechselwirkungen und Beziehungen zwischen dem organisierten Sport (aber auch dem nicht-organisierten), z.B. gerätgebundenen Sportarten, und der Technisierung, zugenom-

---

Desanthropomorphisierung im Sport führt zu Königs Hauptthesen: „Der technologische Sportler ist nurmehr die pure Repräsentation technologischen Wissens, physisches Abbild des metapysischen Vorbildes, desanthropomorphisierter Nachahmer ratiomorpher Idee: Sportler sans phrase" (ebd. 186). Der Sportler wird nur noch „als Objekt technologischer Praktiken" (ebd. 185) bzw. der „Messung" behandelt – jedenfalls für die Trainingswissenschaft und -technologie. Eigentlich aber müßte er eliminiert werden. Diese sporttechnologische Phantasmagorie gipfelt im Traum vom metaphysischen Körper: dem „Metakörper" (nach Virilio ein „Körper, der sich aus Ersatzorganen zusammensetzt, die effektiver sind als unsere natürlichen Organe" und damit „unabhängig von den Bedingungen seiner Umwelt", (König, 1995, 187 n.): „In ihm werden all die unökonomischen und bedrohlichen Anthropomorphismen des physisch-empirischen Körpers beseitigt und durch künstliche Apparate oder synthetisch erzeugte Organismen ersetzt. Im Metakörper wäre die Differenz zwischen der metaphysischen Idee und der empirischen Wirklichkeit des Körpers verschwunden, er wäre der maschinelle, indifferente Nullkörper oder auch Maschinenkörper. Erst als Metakörper wäre der Sportler identisch mit der Maschine." (ebd. 187) Die reine, quasi experimentelle oder experimentalistische Abziehung sportlicher Verhaltensformen auf gesetzesförmige Schablonen würde aber für den Sport dessen Ende bedeuten: „Regelmäßigkeit, Vorhersehbarkeit und stetige Reproduzierbarkeit – diese naturwissenschaftlichen Ideale experimenteller Forschung übertragen auf den Sport bedeuten sein Aus. Die Konstruktion gesetzmäßiger Reinheit im Sport ist zugleich die Dekonstruktion des Sports, weil der Sport ein Geschehen ist, das gerade nicht gesetzmäßig verläuft. Verliefe er streng nach gesetzmäßigen Regeln, wäre der Sport kein Sport. (Ist das nicht doch essentialistisch argumentiert? H. L.) Er lebt von der Ungewissheit seiner Ereignisse; darin besteht die Basis emotionaler Spannung für den Akteur wie für den Zuschauer. Die Faszination des Sports speist sich aus der Differenz zwischen dem mit dem Anspruch auf Exaktheit auftretenden theoretischen Entwurf einer sportlichen Handlung einerseits und ihrer faktischen Ungewissheit in der Ausführung andererseits; deren Divergenz ist für den Sport unverzichtbar" (ebd. 188 f.). – Abgesehen davon, dass hier in der Tat geradezu essentialistisch formuliert wird und der Technik eine ahistorische Gesetzmäßigkeit unterstellt wird (auch Technik ist historisch geworden und konkretisiert sich in historischen Zusammenhängen, Systemen, Infrastrukturen und Kulturen), ist dies eigentlich die These, die ich 1972 und 1976 (dt. 1978, 1985) aufgestellt habe, daß trotz starker Verwandtschaft und charakteristischen Zielorientierungen und grundlegenden Wechselwirkungen Sport trotz der Verwandtschaft nicht total(isiert) Technologie ist.

men haben und einen interessanten Untersuchungsbereich abstecken, dem sich der gegenwärtige Band vertieft widmen soll.

Dazu bedarf es allerdings einer Reihe von terminologischen und analytisch-begrifflichen Vorklärungen, die sich natürlich auf die geschichtliche Entwicklung der beiden gesellschaftlichen Phänomenbereiche (oder sozialen Subsysteme, wenn man will) und deren (vorläufige) Abgrenzung sowie wechselseitige Durchdringung eingehen.

Da der kurze skizzenhafte Vergleich zwischen Sport und Technik, wie ich ihn 1976 dargestellt habe, im deutschen sportwissenschaftlichen Leserkreis nicht bekannt zu sein scheint, wird hier zuvor noch einmal auszugsweise die deutsche Übersetzung (1979) des ursprünglichen englischen Textes (von 1976) wiedergegeben (unter Weglassung der Schlusspassagen zu der damaligen Gesellschaftskritik an Leistungsprinzip und Leistungsmotivation sowie der Antik-Kritik, die ich heute selber etwas anders, übrigens der damaligen Kritik entgegenkommender, sehen würde).

Ähnlichkeiten mit „Mythen" in der Technik[17]

Wer ist der Athlet, wo steht der Sportler zwischen Herkules und Prometheus? Prometheus ist der mythische Halbgott, welcher der Menschheit Feuer und Kultur brachte. Manchmal wird er als mythische Figur der Technik und der menschlichen Naturbeherrschung gesehen. Es gibt sicher Verbindungen zwischen einer Philosophie der Technik und einer Philosophie des Sports, obwohl die Verbindungsstücke, die Ähnlichkeiten und Entsprechungen noch nicht ausgearbeitet worden sind. Eine philosophische Untersuchung dieser Entsprechungen – oder wenigstens der Analogien könnte fruchtbare Anregungen für beide Bereiche ergeben. Der Wunsch und die Motivation, Grenzen hinauszuschieben, Herausforderungen und Wagnisse anzunehmen und Abenteuer in rationalisierter, standardisierter Form

---

[17] Nach dem englischen Text von 1976 und der deutschen Übersetzung von 1978, 192-195.

zu bestehen, Neuland im wörtlichen wie im übertragenen Sinne zu betreten, bisherige Leistungen zu übertreffen, neue Mittel und neue Wege zu erschließen – dies kennzeichnet beide Leistungsbereiche, die Technik wie den Sport. Ein wesentlicher Unterschied scheint zu sein: Technische Inventionen und Innovationen suchen Anstrengungen zu ersparen, Zielerreichung zu erleichtern, Umwege zu vermeiden oder gerade durch intelligente Mittelwahl und Erfindung Produktionsumwege zu erschließen, während sportliche Leistungen gerade durch das Überwinden künstlich gesetzter oder gar eskalierter Hindernisse, durch das Aushalten, Überstehen von Anstrengungen und extremen Anforderungen, durch das Vermeiden technisierter Erleichterungen und Umwege gekennzeichnet sind. Der Flug mit einem Hubschrauber auf den Mount Everest wäre keine sportliche Tat, die Besteigung des höchsten Berges der Erde ohne Sauerstoffgeräte jedoch ist sportliche Heldentat, Beschreitung von riskantem Neuland – sportlich gesehen eine Leistung, die jede an sich eindrucksvolle Steigerung *mit* Gerät noch weit überragt – und zwar im Sinne des „mythischen" Urbilds der sportlich humanen Leistung ohne wesentliche technische Unterstützung. – Sport und Technik, sportliche Situation und technisches Gerät sind zwar in vielfältiger Weise unlösbare Verbindungen eingegangen, aber der rein „mythischen" Grundsituation nach sind sie ursprünglich unabhängig voneinander. Dennoch ist es nicht überraschend, dass „der sportliche Mythos" mit seinen besonderen Traditionen sich parallel mit der abendländischen Zivilisation und dem Heraufkommen der industriellen Gesellschaft entwickelte. Angesichts der erwähnten Ähnlichkeiten nimmt dies nicht wunder, viele Zielsetzungen sind gleichartig: Der Traum von der Beherrschung der Natur durch bloße Willenskraft und eingesetzte Rationalität, durch Kontrolle und Steigerung der vitalen Kräfte, stellt ein ähnliches Machtmotiv dar, wie die Naturbeherrschung durch künstliche Geräte: Kontrolle, Macht und Beherrschung über sich selbst und über die Situation, über den Rollenpartner, etwa den sportlichen Gegner (ohne ernsthafte Machtabhängigkeit zwischen ihnen). Die Entsprechungen in den „Mythen" von Sport und Technik angesichts dieses Machtmotivs sind zweifellos noch weiterer Erforschung bedürftig. – Auch hier dürften trotz grundlegender Ähnlichkeiten kennzeichnende Unterschiede zu finden sein. Eine differenzierte Untersuchung kann sich erst entwickeln, wenn sowohl Gemeinsamkeiten als auch Differenzen in Kontrastierung und Wechselspiel verfolgt werden.

Jedenfalls scheinen die philosophischen Deutungen des Sports wie der Technik zu zeigen, dass „mythologische" Interpretationen und „mythische" Funktionen keineswegs überholte Leitbilder einer romantischen Vergangenheit darstellen müssen. In säkularisierter, wenn auch meist versteckter Form scheinen sie auch heute wirksam zu sein. Der „Mythos" der technischen Macht über die Natur und des ständigen technologischen Fortschritts stellt sicherlich ein wesentliches Motivationsmuster der abendländischen Kultur dar, ohne das z.B. die Ausgaben für Weltraumprogramme kaum verständlich wären. (Neben dem politischen Wettrennen der Großmächte im Weltraum spielt natürlich auch die „mythische" Faszination des faustisch-prometheischen Menschen, einen anderen Stern zu betreten, zu erobern, eine entscheidende Rolle.) Neuland zu betreten, neue Leistungsbereiche zu erschließen, das Unmögliche möglich, ja, wirklich zu machen ohne exzessive technische Hilfe – dies kennzeichnet den sportlichen Mythos. (Natürlich hat das Wettrennen im Weltraum auch gewisse „sportliche" Bedeutungsnuancen – ein Abenteuer, der Fahrt des Kolumbus vergleichbar, wenn Abenteuer und Wagnis im weiteren Sinne Komponenten sportlichen Verhaltens sind.)

Sind Technik und Wissenschaft sowie Sport die großen Abenteuer für den ansonsten allzu domestizierten, sesshaft gewordenen, das Eigenhandeln vernachlässigenden zivilisierten Menschen? Beziehen beide ihre Faszination zum Teil aus dem wirkungsvollen Kontrast zum Passivismus, zur Konsumentenmentalität und zum Leben durch stellvertretende massenmediale Erlebnisse in der hoch industrialisierten Gesellschaft? Jedenfalls ist das technologische Zeitalter keineswegs so rational, wie es zu sein vorgibt. Anscheinend bedarf man eigener mythischer Orientierungen, um sich in faszinierenden Zielsetzungen und Handlungsmöglichkeiten selbst deuten zu können.

Der Reiz des Grenzüberschreitens, des Fesselnsprengens, der Zwang zum Neuen in Technik und Sport, zum Noch-nie-Dagewesenen, zur Erfüllung archetypischer Träume der Menschheit gehören zweifellos dazu. Die menschliche Höchstleistung im Sport und der unter ihren Zielorientierungen angetretene Leistungssport gehören sicherlich zu diesen nur „mythologisch" völlig zu verstehenden Bereichen.

Zu den Begriffen „Technik", „Technologie", „Technisierung" usw.

Der Ausdruck und Begriff „*Technik*" geht auf den griechischen Techne-Begriff zurück, der nicht nur Kunst(fertigkeit) und diese *per partem pro toto* auch (in) teils mechanischen Handwerken, Gewerbegeschäft und Weissagung bezeichnet, sondern auch das in verständiger Weise künstlerisch *und* überhaupt künstlich Gemachte und somit auch das dadurch künstlich Hergestellte, z.B. Kunstwerk oder auch Tricks und Fallstricke, Kunstgriffe, Listen und listige Veranstaltungen. Der *technites* war der Handwerker, Werkverfertiger, Künstler, Meister und überhaupt ein Sachverständiger oder – pejorativ – ein raffinierter Betrüger. – Philosophisch hat demgegenüber eher der Techne-Begriff der Philosophen Platon und Aristoteles gewirkt, bei denen nicht nur die mit Erfahrenheit als bloße Empirie (z.B. beim Kochen oder beim ärztlichen Behandeln), sondern auch die *verallgemeinerten Begründungen durch Wissen* entscheidend sind: insofern hat *Techne* für Platon (z.B. 522c, 258d, 450a-b, 55d-56e) stets mit Wissen, Wissenschaft und „logos" zu tun, wird also als quasi verallgemeinernd-einsichtsbegründet verstanden. Zumal die angewandte Mathematik, aber auch die Techniken der Heilkunst, des Landbaus werden von Platon (56a) als Techniken („*technai*") bezeichnet, wenn auch nunmehr praktische. Was wir heute als Technik im Allgemeinen bezeichnen, wäre eher die *techne poietike*, die begründet und methodisch etwas herstellt, macht, ins Dasein bringt – und zwar *künstlich* (obwohl Platon auch vom göttlichen Demiurgen als einem „technischen" Hersteller spricht: all das der Physis, dem natürlichen Entstehen, Zuzurechnende sei durch eine

„göttliche *techne*" (265e) gemacht. Bei Aristoteles spielt demgegenüber die vorgreifliche Vorstellung, das (innere) „Bild", das sich der Baumeister vom Gebäude macht, eine entscheidende Rolle sowie auch weiterhin das methodische Vorgehen. Für beide, Platon und Aristoteles, sind die techne auf „einer prinzipiell höheren Ebene ... als Erfahrungskönnen, Übung und Routine, die noch nichts mit technischem Wissen und Verständnis zu tun haben" (Moser in Lenk-Moser 1973, 49) zu verorten.

Die „Techniken" blieben auch späterhin mit den „Künsten" terminologisch verbunden, bezogen sich freilich in der Tat auf weitgehend mechanische oder trickreiche Apparaturen, Maschinen und Machinationen wie auf spielerische Automaten, Kunsttrickvorführungen und -geräte usw., usw.; Der moderne, nunmehr bereits traditionelle und möglicherweise teils überholte Technik-Begriff des Industriezeitalters schränkt demgegenüber seinen Bedeutungsbereich auf die sog. „Realtechnik" (Gottl-Ottlilienfeld 1914, 1923[2]) ein: Maschinen, Energieerzeugungs- und Energiewandlungs- sowie Artefakt-Technik, also künstliche Gegenstände, deren Hervorbringung und Verwendung, stehen im Mittelpunkt, wobei spezifische technische Artefakte und Verfahren wiederum zur Erzeugung neuer Artefakte und Verfahren dienen können – nämlich als Werkzeuge, Werkzeugmaschinen usw. Dieser Begriff scheint sich heute als zu eng zu erweisen, muss auf Systeme, verallgemeinerte und wissenschaftlich basierte auch „abstrakte" Technologien – z.T. mathematisierte – Verfahren und auf höhere, abstrakte(re) Ebenen – z.B. Informations- und Organisationstechniken und -technologien i.e.S. – erweitert werden.

Die meisten Technikphilosophen sowohl deutscher als auch anglo-amerikanischer und französischer Provenienz sind in den letzten Jahrzehnten durchaus noch beim traditionellen, eingeengteren Begriff geblieben, wenn z.B. die Rationalität, Zweckrationalität, Kosten- und Anstrengungs- oder Energieersparnis des Mittelsystems zur wirtschaftlichen Bedarfsdeckung und allgemein zur Entlastung und Daseinsgestaltung zugrunde gelegt wurden. Oder gar wenn Technik als „reales Sein aus Ideen durch finale Gestaltung und Bearbeitung aus naturgegebenen Beständen" (Dessauer), als „Veränderung der Natur durch den Geist" (H. Beck) oder als wissenschaftlich erarbeitete „Gesamtheit der Erkenntnisse ... zur Steuerung, Umwandlung oder Schaffung von Artefakten oder Verfahren ..., um praktische Ziele, die als wertvoll gelten, zu realisieren" (Bunge), aufgefasst wird. (Karl Marx war hier schon wesentlich konkreter, wenn er technische Grundphänomene wie „Maschinerie", „Arbeitsmittel" usw. auf die produktive Tätigkeit bezieht, und die Arbeitsmittel und die Arbeitsmittel und deren Ergebnisse sowohl als Produktionsmittel bzw. als Produkte in Gestalt „vergegenständlichter Arbeit" („vergangener, objektivierter Arbeit") und auch die „Produktion im allgemeinen", sozusagen als „Abstraktion", zur „Aneignung der Natur" auf eine bestimmte Gesellschaftsform bezieht, auf eine technikgeprägte Gesellschaftsform, die freilich umgekehrt bedeutet, dass Technik nicht von gesellschaftlichen Produktions-, Entwicklungsbedingungen und Arbeitsverhältnissen sowie Arbeitsmitteln abgelöst werden kann. Der Zusammenhang von der Entwicklung der „materiellen Produktion" als der „Grundlage alles gesellschaftlichen Lebens und daher aller wirklichen Geschichte" – für die abendländisch-industrielle Gesellschaft jedenfalls – ist von Marx klar gesehen worden und auch die Verknüpfung von gesellschaftlichen und technischen Systemen zu geradezu soziotechnischen Gebilden wie auch deren geschichtliche Entwicklung. Marx sah also bereits gegenüber dem späteren klassisch-traditionellen Technikbegriff die erweiterte Einbettung der Technik in *soziale* und *historische* Zusammenhänge, sowie die Ausweitung auf *systemhafte* Produktionen und Vernetzungen. Hatte Ernst Kapp 1877 in der ersten Monographie zur Philosophie der Technik die Technik als Ausdehnung der menschlichen Organe aufgefasst, so erweiterte Gehlen 1940 die *Organerweiterung* beziehungsweise Verstärkung auch auf *Organentlastung* und *Organsubstitution* (Ersatz durch künstliche Mittel zu Zielen und Zwecken des Menschen, welche Naturveränderung ermöglichen). Lesenswert ist immer noch die Definition von Gottl-Ottlilienfeld (1914, 1923[2]): „Technik im *subjektiven* Sinne ist die Kunst *des rechten Weges* zum Zweck"; „Technik im *objektiven* ist das *abgeklärte Ganze der*

Verfahren und des Mittels des Handelns innerhalb eines bestimmten Bereichs menschlicher Tätigkeit", wobei er der „Realtechnik" als Ziel die „Umgestaltung der materiellen Außenwelt" *durch „Naturbeherr-schung"* zuordnet. Dabei ist das Ziel des „*mindesten* Aufwands" und dessen „*Einheit"* sowie Berechnung am ehesten Erfolg versprechend (1914, 206f, 211). Eine allgemeinere Definition gibt Tuchel (1968, zit. nach Rapp 1978, 43): „Technik ist der Begriff für alle Gegenstände, Verfahren und Systeme, die zur Erfüllung individueller oder gesell-schaftlicher Bedürfnisse aufgrund schöpferischer Konstruktion ge-schaffen werden, durch definierbare Funktionen bestimmten Zwecken dienen und insgesamt eine weltgestaltende Wirkung haben" (1968, 582). Hier ist die Beschränkung auf technische Objekte und Energie-erzeugungs- sowie -wandlungsverfahren bereits erweitert auf *Systeme*, die auch sozialer, kultureller, organisationeller oder informationeller Art sein könnten; sie müssen nur vom Menschen intelligent („schöpfe-risch") konstruiert worden sein und funktionalen Zwecken dienen. Die Güter-, Energie-, also traditionelle Realtechnik, ist auf diese Weise schon überstiegen.

Einen interessanten Ansatz wählt auch Sachsse, indem er Technik als ein in der menschlichen Natur angelegtes „Handeln" ver-steht, „*das einen Umweg wählt, weil das Ziel über diesen Umweg leichter zu erreichen ist"* („*technisches Handeln"*) (1978, 9). Dieser Gesichtspunkt erscheint für den Vergleich mit dem Sport besonders interessant.

Generell wird also „*Technik"* in einem sehr *weiten* Sinne ver-standen als Handlungsfertigkeit und Handlungsformierung oder gar als formale Ablaufmuster („Diagonaltechnik" im Skilauf, Maltechnik, Organisationstechnik) verstanden, während in einem *eingeschränkten* Sinne (der sog. „Realtechnik") auf künstlich hergestellte Gegenstände, also technische Artefakte, Gebilde und Systeme (technische Sachsys-teme bzw. neuerdings auch sozio-technische Systeme) abgehoben wird. Dabei wird die Gesamtheit der technischen Handlungen und ap-parativen sowie systemhaften Zurichtungen und übergegenständlichen Gebilde und Prozesse ebenfalls dem Bereich der Technik zugerechnet.

Der Ausdruck „Technik" ist also wie der Begriff „Sport" – einigermaßen vage umrissen, von weitem Anwendungsbereich und unterschiedlichen Konnotationen geprägt. Es empfiehlt sich daher, den Begriff nicht mehr wesensphilosophisch oder essentialistisch als eindeutig durch eine absolut gegebene Merkmalsmenge zu definieren, sondern eigentlich als analytischen Begriff zu verwenden, indem man weitere soziale Phänomene und Bereiche, die mit allem, was man herkömmlich mit „Technik" meint, verbunden sind, unter technischen Gesichtspunkten *deutet, interpretiert, analysiert. Das „Technische"* ist sozusagen ein komplexes *Interpretationskonstrukt*, das wir nutzen, um bestimmte Bereiche unter dem Gesichtspunkt eben technischer Ziele, Werte und Funktionalitäten und der damit verbundenen nichttechnischen, z.B. ökonomischen, Werte zu beschreiben und zu analysieren. Wie der Sport ist Technik in diesem Sinne eng mit kulturellen Bereichen, der Politik, der Gesellschaft, der Wirtschaft, dem sozialen Vereins- und Freizeitleben wie auch der Kunst verbunden. Entsprechendes gilt natürlich für die zugeordneten Wissensbereiche, Wissenschaften und freizeitlichen sowie v.a. beruflichen Tätigkeiten, von der Medizin bis zur Sportgeräte-Industrie.

Der Ausdruck *„Technologie"* war bereits 1728 von Christian Wolff eingeführt worden und bedeutete die „Wissenschaft von den Künsten und deren Erzeugnissen", also „von dem, was die Menschen mit Hilfe ihrer Körperorgane, v.a. der Hände hervorbringen". (Hier war freilich die Maschinentechnologie offenbar noch ausgespart.) Es war Johann Beckmann, der in seiner *Anleitung zur Technologie* (1777) und in seinem *Entwurf der allgemeinen Technologie* (1806) als Ökonom die „Handwerke, Fabriken und Manufakturen" sowie andere Bereiche der staatlichen Verwaltung und Kameralwissenschaft einbezog in einen eher *wissenschaftlichen Technologie-Begriff*, der die „verschiedenen Absichten, welche die Handwerker und Künstler bei ihren verschiedenen Arbeiten haben, und daneben ein Verzeichnis aller der Mittel" (1806, 5) umfasst. Die „allgemeine Technologie" „müsste die gemeinschaftlichen und besonderen Absichten der ... Arbeiten und Mittel anzeigen, die Gründe erklären, worauf sie beruhen, und sonst noch dasjenige kurz lehren, was zum Verständnis und zur Beurteilung der einzelnen Mittel, und zu ihrer Auswahl bei Übertragungen auf andere Gegenstände, als wozu sie bis jetzt gebraucht sind, dienen könnte" (ebd. 19). Hier wird also nicht nur auf die Lehre der Praxis verwiesen, sondern auch die Herausarbeitung allgemeinerer, quasi wissenschaftlich zu analysierender methodologischer Prinzipien der Technik abgehoben, wobei die Einbettung in gesellschaftliche und ökonomische Zusammenhänge durchaus gesehen wird – und sogar auch bereits der „technologische Transfer" auf andere Anwendungsfelder!. (Die Ingenieur-Technik wie auch die wissenschaftliche Technik hatten sich allerdings noch nicht relativ verselbständigt.)

In der Tat wäre es sinnvoll, wenn man den Begriff „Technologie" auf die technik-wissenschaftlichen Disziplinen und deren Verfahren beschränkte, ohne dass man deswegen gleich „Technikwissenschaft" und „Technologie" einfach gleichbedeutend verwenden müsste. Der Ausdruck „Technologie" bezeichnet in Deutschland zumindest traditionelle Methoden – und auch jeweils traditionell die *Lehre* zur Gewinnung von Rohstoffen und zu deren Verarbeitung zu Fertigprodukten oder die Erforschung der entsprechenden naturwissenschaftlichen Grundlagen und Bedingungen für technische Fertigung und Anwendung. „*Technologien*" sind in diesem Sinne also wissenschaftlich basierte *Verfahren*.

In neuerer Zeit werden insbesondere Prozesssteuerungsverfahren, Ansätze zur Systemmanipulation oder (in der Wissenschafts- und Handlungstheorie) gar *bedingte* Aussagen über Handlungsanweisungen als „technologisch" bezeichnet – was wiederum zu eng ist.[18]

In einem etwas *weiteren* und abstrakteren Sinne werden Technologien als Steuerungsverfahren für Transformationsprozesse aufge-

---

[18] Eine kennzeichnende Schwierigkeit in der neueren Diskussion entsteht daraus, daß Technik im Englischen meist als „technology", weniger als „technique" (allenfalls Handlungs- oder Verhaltenstechnik) oder als „technics" bezeichnet wird. Damit ist die Differenzierung zwischen der wissenschaftlichen und lehrmäßigen, auf die Methodologie sich stützenden Bedeutung des Ausdrucks „Technologie" in Absetzung von dem Bereich und dem Verfahren der „Technik" im engeren Sinne natürlich sprachlich kaum noch möglich.

fasst, wobei organisationelle und soziale Umsteuerungen („Sozial-technologie") einbegriffen sind.

Doch auch hier sind es die viele moderne Technologien beson-ders kennzeichnenden Aspekte, nämlich die der durchaus rational-wissenschaftlichen Grundlegung oder Konstruktion, welche unter-gründig wohl mitschwingen, aber nicht genügend berücksichtigt sind. Dasselbe gilt für den heute hervorstechenden Abstraktions- und Sys-temaspekt, der sich auf Informationsverarbeitungssysteme, abstrakte (Repräsentationen von) Abläufe(n) und auf deren systemhafte Vernet-zung bezieht. Systemanalytische und systemorientierte rationale Steu-erungsverfahren von Prozessen der Transformation von Objekten, Gü-tern, Systemen, Energien, Informationen usw. sind offensichtlich kennzeichnende Erkennungsmerkmale für die entsprechenden Tech-nologien. Technologien in diesem weiteren, abstrakten Sinne können (Verf. 1971, 134) definiert werden als *„methodisch-rationale Verfah-ren der Sytemsteuerung oder einer optimal bzw. optimierenden Orga-nisation zielgerichteter Transformationsprozesse"*. Damit werden nicht nur die herkömmliche Material- und Energieumwandlung sowie Maschinen- und Werkzeugtechnik gemeint, sondern auch die Verfah-ren umfassenderer Organisation von künstlichen Produktions- und Wandlungsprozessen wie auch Verfahren der Informationstechnik, z.B. der Nachrichtenverarbeitung, -verbreitung und -übertragung, der Systemtechnik und Organisationstechnik im engeren Sinne wie auch der Planungstechniken und sogar der Sozialtechniken bzw. Sozial-technologien. In diesem Sinne sprach ich damals von einem Übergang vom „technischen" zum „technologischen Zeitalter" (1971) bzw. vom „informations- und systemtechnologischen Zeitalter" (1973).

Dieser Ausweitung korrespondiert eine zunehmende Abstra-hierung, Überformung von Strukturen und Prozessen auf höheren, abstrakteren Schichten, also eine in Netzwerksystemen und Informati-onssystemen gestalteten informationellen Steuerung, die man als zu-nehmende Informatisierung und Virtualisierung bzw. Systemtechno-logisierung bezeichnen könnte.

Die traditionellen wesensphilosophischen und monolithischen Global-deutungen der herkömmlichen Technikphilosophien, welche die Technik bzw. auch Technologie auf *einen* kennzeichnenden Zug zu reduzieren versuchten, werden natürlich der geschilderten Vielschich-tigkeit der technischen Akzente, Merkmale, Dimensionen nicht ge-recht – wie auch nicht den modernen Entwicklungen der Technolo-gien und Technodisziplinen. Eine Ein-Faktor-Theorie der Technik oder der Technologien ist nicht mehr zu vertreten. Deshalb muss eine *viele* Faktoren berücksichtigende pluralistische Beschreibung und Theorien der technischen Phänomene und Prozesse sowie der Techno-logien und technik-wissenschaftlichen Ansätze zwar die traditionellen fundamentalen Merkmale berücksichtigen und integrieren, aber doch deutlich in transdisziplinärer Perspektive und pluri- oder multifakto-rieller Theoriebildung darüber hinausgehen. Das gilt um so mehr, als in unserer informations- und systemtechnologischen Epoche tech-nischgesteuerte Wirkungen viel stärker – z.B. als Informatisierung – in Einzelbereiche und -phänomene aller Sozialbereiche eindringen und zugleich weltweit in Informations- und Kommunikationsnetzwerken (z.B. im, bzw. durch das Internet) Wirkung zeigen, indem auch eine Quasi-Verwissenschaftlichung oder wissenschaftlich-operationale Or-ganisation oder das Management von recht abstrakten Prozeduren und Verallgemeinerungen formal-funktionaler Provenienz kennzeichnend ist. So muss die traditionelle Technikbeschreibung über Objekte, Ver-fahren, Prozeduren und Prozesse hinaus auf *Systeme* einschließlich *so-ziotechnischer Strukturen* und technologischer Handlungssysteme wie auch der entsprechenden subkulturellen, politischen, ökonomischen und neuerdings ökorelevanten Bereichen ausgeweitet werden.

   Die traditionell die Ziele, Werte und Mittel bestimmenden Ori-entierungen wie Funktionsfähigkeit (Funktionalität), also Brauchbar-keit, Machbarkeit, Wirksamkeit (Effektivität) und Einfachheit, Ro-bustheit, Sicherheit, Zuverlässigkeit, Genauigkeit, Lebensdauer, Perfektion usw., die an Output-Parametern wie Geschwindigkeit, Leistung, Kapazität usw. gemessen werden, gelten natürlich nach dem Gesichtspunkt der Output-zu-Input-Maximierung in energetischer,

Ressourcen nutzender oder mengenmäßiger Hinsicht (technischer Effizienz) nach wie vor. Machbarkeit ist dabei manchmal so verstanden worden, dass man alles auch „machen" (herstellen) solle, was man nur irgend kann. Die Idee der technischen Effizienz oder Wirksamkeit ist gelegentlich zu einem quasi-olympisch-technologischen „Stärker-Schneller-Größer-Höher-Umfassender!" (fast im Sinne des olympischen „*Citius - Altius - Fortius*") gedeutet worden und geradezu als generelle Leitstrategie verselbständigt worden. Entsprechendes gilt für die Wirtschaftlichkeit, einen Gesichtspunkt der Kostenminimierung, Rentabilität und Output-Maximierung im Verhältnis zu Aufwand und Kosten. Doch sollten, wie selbst der Verein Deutscher Ingenieure in seiner Richtlinie Nr. 3780 über „Technikbewertung" feststellt, auch außerwirtschaftliche Werte diese Effizienzwerte moderieren bzw. über den Formen auch dem Formalen nicht vergessen werden – wie z.B. qualitatives Wachstum, Wohlstand, Gesundheit, Umweltqualität, Persönlichkeitsentfaltung und Gesellschaftsqualität" (VDI, Nr.3780, 1991). Einer Verabsolutierung und Verselbständigung des bloß Technischen wird also im Sinne einer Orientierung an humanen Dimensionen und humanistischen Werten das Wort widersprochen. Dies ist eine gemeinsame Problematik, welche die Technisierung und Ökonomisierung mit den entsprechenden Trends auch im Sport teilt (z.B. Lenk 1976).

Neue charakteristische Merkmale von Techniken und Technologien sind vom Verfasser schon 1997 (Verf. 2007a, 120ff.) zusammengestellt worden, welche über die herkömmlichen Züge der klassischen Material- und Prozesstechniken hinausgehen und gerade die angedeuteten Trends der systemhaften, prozessabstrahierenden und informationellen Tendenzen der Funktionalisierung und Formalisierung sowie der sozialen Einbettungen und auch der Virtualisierung und Multimedialisierung berücksichtigen. Charakteristische Stichworte sind: 1. Orientierung und Verfahren, Prozeduren und umfassende Prozesse in Technologien, 2. systemhafte Methoden und Methodologien, 3. Informatisierung, Abstraktion, Formalisierung und Konzentration, operationale Variablenanalyse und -steuerung, 4. umfassende

Systemsteuerung und -technologie, 5. Vorwegnahme potentieller Lösungen im Sinne einer möglichst weitgehenden Optionsausschöpfung technischer Möglichkeiten, 6. interdisziplinäre Wechselwirkung, Verzweigung und Anregung („Interstimulation"), 7. künstliche Zeichen- und Systemwelten, 8. Artefaktwelten (ein sowohl symbolisches wie technologisches Quasi-Universum als gleichsam „zweite Natur" nach Plessner, Gehlen und Cassirer), 9. Technisierung des Virtuellen und Fiktionalen, 10. systematische und akkumulierende Kombination von Techno-Medien (Multimedia), 11. Vielfachmanipulierbarkeit und 12. Flexibilität durch Software-Simulationen, 13. umfassende Modellsimulation und kaum beschränkte auf Einzelerwartungen (z.B. von Kunden) zugeschnittene Multi-Adaptierbarkeit und Risikolosigkeit des computersimulativen Vorausprobierens (z.B. Computergrafik in allen Konstruktionsbereichen), 14. Modularität (funktionale auswechselbare Bausteine, z.B. funktional integrierte Mikroprozessoren) funktional standardisierte Austauschbarkeit und Vielfachanwendbarkeit, 15. Fernsteuerung und intelligente Sensortechnik, 16. Nutzerfreundlichkeit und „selbsterklärendes" Systemverhalten und Design, 17.Fehlerfreundlichkeit und 18. „intelligente" Technologie- und Systemautonomie mit bedingten Entscheidungsverfahren und flexiblen sensordatenbedingten programmgesteuerten Selbststeuerungen, 19. Metakonstruktivität und Metaautonomie („Maschinen und Programme bauen und überprüfen Maschinen und Programme, die Maschinen und Programme bauen, überprüfen usw.") (dies bedeutet die Höherstufigkeit und Aufschichtung der Technisierungen als einer Art von Selbstanwendung von übergreifenden abstrakte(re)n Operationen und Programmen höherer Ordnung), 20. Robot(er)isierung, 21. Computerisierung als Universalisierung von Prozessanalysen und − Steuerungen (Computer als universale Turing-Maschine), 22. Megainformationssysteme und Megamaschinen sowie -systeme (einschließlich sozialer, soziotechnischer und ökologischer Aspekte: also von *Sozio-Öko-Technosystemen* oder *Soziotechnosystemen*), 23."Telematisierung" und Technorealität in Gestalt von informationeller, bildlicher wie digitaler *Hic-et-nunc*-Allpräsenz auf dem Planeten im Sinne einer sekundären technologieerzeugten „Realität", wie sie durch weltweite Informationsnetzwerke aufgespannt wird), 24. informationstechnologische Geschichtlichkeit der umfassenden Informationssysteme, Expertensysteme und computerisierten Entscheidungssysteme, die quasi ein Eigenleben mit eigener Geschichtlichkeit entwickeln: („*quod non in systemis, non in realitate*"!), 25. trotz Pluralisierung der Technologien eine informations- und systemtechnologische Vereinheitlichung der Welt im Sinne einer auch interaktiven Integration der technogenen Möglichkeiten im medienelektronischen globalen Metroplex-„Dorf", 26. Wechselwirkungen und Wechselabhängigkeit aller technologischen Produkte und Prozesse im Sinne interdisziplinärer, formal-systematisierter und funktional gestalteter Integration zwischen allen technologisierten Lebensbereichen unterschiedlicher Provenienz („interareale und interdisziplinäre technologische Systemintegration"), 27. Soziosystemtechnologie als explizite Bildung und Steuerung von soziotechnischen Systemen in enger Verflechtung mit sozialen Systemen und zunehmend ökologischen Systemen (*Sozio-Techno-Öko-Systeme*), 28. organisations-, informations- und systemtechnokratische Tendenzen mit entsprechenden Gefahren (von der Systembürokratisierung bis zum Datenschutz gegen informationelle Eingriffe), 29. Informationsmissbrauchsgefahr mit Problemen des Personen- bzw. Humanitäts- und Datenschutzes, 30. Miniaturisierung (the „chipification" of everything by miniaturisation)und gar 31. Nanotechnologie, daher: 32. notorisch erhöhte Informationsspeicherkapazität und riesige Verarbeitungs- und Beschleunigungsmöglichkeit, also: 33. system- und informationstechnologische Vervielfaltung von Einwirkungsmöglichkeiten, Kapazitäten, Multiplikator- und Verzweigungsmöglichkeiten technologischen Erfolgs und, 34., auch Versagens (erhöhte Störanfälligkeit von exakt formalisierten Systemen und entsprechend 35. drastisch erhöhte Multiplikatorwirkung von Operationsfehlern oder Missbräuchen bzw. Störeingriffen.

Diese über die klassischen charakteristischen Merkmale hinausgreifenden strukturellen Züge der Neuen Technologien, Systemtechniken im informations-, systemtechnologischen Zeitalter, die sich den immer weiter im Technischen wie auch im Sozialen ausgreifenden systemtechnologischen Entwicklungen unter Vervielfachung der Eingriffsmöglichkeiten und Multiplikatorwirkungen durch technische und großtechnologische Systeme in weltweitem Maßstab verdanken – alle diese Tendenzen und Entwicklungen stellen natürlich auch besonders schwierige *ethische* Probleme der Verantwortbarkeit der doch weitgehend von Menschen „gemachten" bzw. geformten technischen Welt und der Verantwortungszuschreibung bei Großsystemen, an denen viele mitwirken und mitgewirkt haben: das Problem etwa der Verantwortung im Internet, unausgereifte Software in Risikosystemen wie bei durch Computertracking gesteuerten Flugzeugen oder Kernkraftwerken. Nicht nur neue Gesichtspunkte der Verteilung, Analyse und Zuschreibung von Verantwortlichkeit und deren rechtliche sowie institutionelle Erfassung und Kontrolle ergeben neue ethische Herausforderungen in Bezug auf Neue Technologien und Systemtechnologien, sondern auch die Einbettung und innige wechselseitige Wirkungsverflechtung von umfassenden Sozio-Öko-Techno-Systemen. – Generell stellen sich aber auch aufgrund der geschilderten Merkmale ganz neuartige Probleme für eine umfassendere und spezifisch auf die Merkmalszüge der Neuen Technologien und Systemtechnologie ausgerichteten Technikphilosophie, was bislang nur außerordentlich skizzenhaft zur Kenntnis genommen wurde (vgl. Verf. 1997, 1998 a, b).

Technisierung im Sport

Entsprechende Probleme der Neuorientierung stellen sich auch hinsichtlich der forcierten, zum Teil ebenfalls durch die geschilderten Neuen Technologien ermöglichten und herbeigeführten Technisierungen im Sport. Dies ist ebenfalls ein Bereich, der bisher auf allgemeinerer Ebene kaum behandelt worden ist, wie überhaupt die Fragen der „Technik"-Auffassung und der Technisierung und Technologisierung im Sport nach wie vor wenig behandelt worden sind, zumal wenn man die spezifischeren engeren Begriffe der Real- und der System- sowie der Informationstechniken berücksichtigt. Herkömmlich wird im Sport „Technik" im weiteren Sinne am Leitfaden des antiken *techne*-Begriffs auf Bewegungsgestalten und deren Lenkung bzw. Analyse, auf Strategien der Bewegungssteuerung usw. verstanden und weniger auf die Problematik der erwähnten Realtechniken und neuen Technologien bezogen. Allenfalls die Geräteherstellung, -verbesserung und -anwendung stand als Realtechnik-Komponente zur Debatte. Manche Geräte erst ermöglichen neue Sportarten (die zum Teil auf der konzentrierten Steuerung von solchen Geräten unter Geschwindigkeitsgesichtspunkten beruhen, z.B. Autorennen, Motorbootrennen usw.). Es gilt auch, dass die Geräteveränderung, ja, -perfektionierung zu neuen Bewegungsgestalten und eventuell gar zu Verboten führt: z.B. Glasfiberstab im Stabhochsprung, Langstreckenwettbewerbe und -rekorde im Hochleistungssegelflug, Rollausleger im (Einer-)Rudern.

Entsprechend der Unterscheidung zwischen „Technik" und „Technologie" – und dies letztere sogar in doppelter Bedeutung: einmal als höherstufige funktionale oder molare Abläufe von Organisations- und Informationstechniken sowie deren Verarbeitung, zum anderen als Beschränkung auf Technik*wissenschaftliche* Untersuchungen und Ergebnisse – soll der Ausdruck „*Technisierung*" im Folgenden auf die Übernahme oder die Einflüsse von Realtechniken in sportlichen Bereichen bezogen werden (z.B. neue Gerätmaterialien, neue, etwa windschlüpfrigere Bobs, Räder oder Radhelme usw., bessere cw-Werte bei Segel- und Ruderbooten). „Technologisierung" i.e.S. soll demgegenüber die Verwendung von strategischen Operationstechniken und entsprechende systemtechnologische Anwendungen von Management- und Informationssystemen sowie die Einführung wissenschaftlicher Planungs- und Gestaltungsstrategien für die Gestaltung des Trainings und evtl. im Wettkampf selbst bedeuten (z.B. die Optimierung von Skifahrer-Haltungen aufgrund von Windkanal-Versuchen oder die Einführung flächendeckender Systeme von Förderung, Talentsuche und -siebung sowie Förderungsmaßnahmen für Trainingswissenschaft, einschließlich der Entwicklung entsprechender praktikabler Theorien wie beispielsweise der motorischen Schematheorie oder der Einführung von kybernetischen Regelkreis-Modellen nach Adam und Schröder im Rudern). Dabei soll mit dem Ausdruck „(angewandt-)wissenschaftliche Technologisierung" die wesentliche Beteiligung wissenschaftlicher Fortschritte experimenteller oder theoretischer Art im Sport, zumal dem Leistungssport, gemeint sein. Dazu gehört auch bereits die verstärkte sportmedizinische Begleitung des Leistungstrainings, wie sie seit nunmehr Jahrzehnten durch die Sportmedizin entwickelt worden ist (z.B. Konditionsstandkontrolle durch Blutanalysen; natürlich gehört auch die gesamte Doping-Problematik hierher).

Versteht man allerdings Technisierungsprozesse qua Technologisierung (das heißt: als Anwendung praktisch-wissenschaftlicher Methoden und Analysen sowie experimentalwissenschaftlicher Forschungen) im weiteren Sinne als einbegriffen, so ist klar, dass eine erhöhte Tendenz des modernen Hochleistungssports (und zum Teil darüber hinaus in unteren Leistungsklassen) zur Technisierung und Technologisierung auf allen Ebenen besteht. Die neueren abstrakteren Technologieauffassungen schlagen auch auf das immer stärker durchorganisierte, strukturierte und effizienz-technologisch sich perfektionierende Sportsystem durch. Eine generelle Tendenz zur Technisierung und Technologisierung ist im organisierten Sport und zumal im Hochleistungs- und Höchstleistungssport unübersehbar und nimmt derzeit dramatisch zu. Das gilt, obwohl sich herkömmliche Sportauffassungen von denen der geschilderten Technikdeutungen in mancherlei Hinsicht kennzeichnend unterscheiden bzw. abgrenzen lassen, was die Grundorientierungen an einzelnen Wert- und Zielgesichtspunkten betrifft. Trotz der erwähnten pseudo-olympischen Slogans des „Schneller-Höher-Stärker" – zu ergänzen durch „Weiter, wirksamer, riskanter!" gibt es doch einige prinzipiell unterschiedliche Grundorientierungen, welche die Bereiche Technik und Sport bzw. die Anwendung der Ausdrücke „Technik" und „Sport" betreffen.

Zunächst zu den teils bereits erwähnten Gemeinsamkeiten: Das in der Technik oft eher untergründig vorhanden aber doch charakteristische Bestreben nach ständiger Überbietung des gegenwärtigen

Standes wird im Sport natürlich – zum z.B. im genannten olympischen Motto „*Citius - Altius - Fortius*" – explizit: Die ständige sportliche Überbietung wurde von Coubertin geradezu zum „Axiom" des (Leistungs-)sports hochstilisiert, das wie Newtons Axiome in der Physik nun den Sport beherrschen würde. (Die darauf sich gründende Rekordmanie zeigt sich natürlich auch in technischen Bereichen und auf anderen Lebensfeldern: höchstes Bauwerk der Erde, schnellstes Landfahrzeug (Raketenauto) usw. und neuerdings im modischen „*Guiness-Buch der Rekorde*" zeigt. Charakteristisch ist auch die geradezu „mythische" Funktion technischer und sportlicher Hochleistungen, welche die Dimensionen des bisher Erreichten sprengen (sollen): das „Hinausrücken von Grenzsteinen" (Ortega y Gasset) ist beiden Bereichen gemeinsam: der Technik zum Beispiel in der Raumfahrt oder Tiefseeforschung, dem Sport im Durchbrechen von Zeit-„Schallmauern" und bei für unglaublich gehaltenen Leistungen im Natursport (Besteigung des Mt. Everest ohne Sauerstoffgeräte – gar noch im Alleingang (Messner)). Wurde die Technik herkömmlich auch als Notwendigkeit zur Versorgung, Bedarfsdeckung und Notabwehr bzw. Befreiung von den Beschränkungen der Natur (Leben am Südpol) aufgefasst, so zeigt sich etwa am Beispiel der Raumfahrt, dass die Faszination und der Mythos von Technohochleistungen nicht notwendig mit der Versorgung der Menschheit in Zusammenhang steht, wie manche NASA-Exponenten meinen, welche (wie z.B. J. v. Puttkamer) die Kolonisierung des benachbarten Weltraumes als für die Weiterexistenz der Menschheit entscheidend ansehen, wenn die Erde dereinst einmal unbewohnbar geworden sein würde(wird). Jedenfalls ist der „Griff nach anderen Sternen"-genauer: nach anderen Planeten oder Monden – ebenso ein kulturell-mythischer Menschheitstraum wie jener der Erreichung der tiefsten Stelle des tiefsten Tiefseegrabens. Kein Wunder, dass der höchste Berg unseres Planetensystems „Mount Olympus" heißt (auf dem Mars, ca. 27.000 Meter). Die Erreichung dieses höchsten Berges wie auch die der tiefsten irdischen Stelle im Meer ist natürlich nur in Kombination mit hochspezialisierter und extrem entwickelter Technik – zumal auch der Informations- und Steuertechnik –

möglich: gleichsam eine Kombination technisch-sportlicher Superleistungen, die einen eigendynamischen Anreiz im Sinne von säkularisierten, ja säkularen, „mythischen" Funktionen darstellen. Dennoch würde man sagen, die Erreichung der tiefsten Meeresstelle in der Hochdruckkapsel ist eine *technische*, die Durchquerung der Antarktis auf Skiern mit Windsegeln, hochenergetischen Nahrungskonzentraten und GPS-Orientierung (Fuchs und Messner) eine *sportliche*. Technisierung und auch Technologisierung spielen fallweise auch bei sportlichen, nicht für möglich gehaltenen Großtaten eine Rolle: Offensichtlich wird das bei der Schallmauerdurchbrechung mit Landfahrzeugen auf dem Großen Salzsee, weniger offenbar bei der Antarktisdurchquerung.

Beim Sport sind zwar teilweise Technik und sportliche Aufgabenbewältigung bzw. Zielsetzung in Abhängigkeit von Geräten und der Organisationsplanung und angewandten wissenschaftlichen Technologisierung zunehmend involviert, und somit ist die „mythische" Faszination des absolut Neuartigen, auch der Rekorde, bei beiden in gewisser Weise vorhanden, dies kann hier aber nicht weiter diskutiert werden (s.o. u. Verf. 1972). Dennoch ist zwischen der Erreichung der tiefsten Meeresstelle in der Kapsel und der Besteigung des höchsten Berges der Erde der üblichen Intuition nach ein wesentlicher Unterschied zu konstatieren: Im ersten Falle handelt es sich wie angedeutet um eine *technische* Unternehmung – durchaus mit Neuigkeits-, Abenteuer-, und Risikowert, doch nur im zweiten um eine *sportliche* Hochleistung. (Der Everest wird ja mittlerweile auch für Abenteuertouristen von Summit-Agenturen angeboten.) Warum aber gilt die Besteigung des Everest ohne Sauerstoffgeräte als eine wesentlich größere *sportliche* Heldentat als jene mit Sauerstoffgerät? Offensichtlich spielt die Beteiligung natürlicher Körperfähigkeiten – möglichst ohne allzu große Hilfsgeräte – eine besondere, faszinierende „mythische" Rolle, die dem sport-spezifischen „mythischen" oder mythologisch zu deutenden Urbild der sportlich-menschlichen Hochleistung ohne wesentliche Unterstützung durch Technik und Technologie eine besondere Faszination zumisst (s.o.). Was man ohne (allzu viel) Technik durch Willenskraft und Disziplinierung sowie Training und durch die Ausdauer bzw. das Durchhalten erreichen kann, *das* fasziniert im Sportlichen besonders. (Für vorwiegend technische, technisierte und technologisierte Sportarten wie Bobfahren, Autorennsport usw. gilt das natürlich nur in geringerem Maße – allenfalls noch hinsichtlich der faszinierenden Konzentrations- und Durchhaltefähigkeit bzw. Reaktionsschnelligkeit.) Entsprechendes gilt natürlich auch in Bezug auf Standardsportarten und deren Verhältnis zur Geräteverwendung, Leistungssteigerung durch Technisierung oder gar Technologisierung.

Nach dem Philosophen Paul Weiss (1969) kennzeichnet „*concern for bodily excellence*" die sportliche Aktivität und Leistung, also das durch aktive Leistung errungene Herausragen in körperlicher Hinsicht. Ähnliches könnte – ohne die direkte Körperbezogenheit – für die Technik gesagt werden, obwohl sich das Herausragen hier auf Wirkungsgrade, Funktionalität, technische Effektivität und Effizienz wie auch auf Exaktheit, Schnelligkeit und Sicherheit bezieht. Manche dieser Zielsetzungen und Wertungen sind auch für den Sport charakteristisch – wie etwa Schnelligkeit –, andere hingegen gerade nicht wie beispielsweise der hohe Wert von Sicherheit und Risikominimierung. – Zudem muss „*bodily excellence*" natürlich auch differenziert werden – ein Schönheitswettbewerb ist keine sportliche Konkurrenz, und Models sind keine Modellathletinnen.[19]

---

[19] Traditionell und generell galt der Werkzeuggebrauch als ein typisch menschliches Charakteristikum, und es wurde behauptet, daß der Mensch von seiner Naturanlage her „homo technicus" oder „homo technologicus" sei, der „homo faber", der Werkzeuge gestaltet und gebraucht, ja, eigens Werkzeuge herstellt – gar mit Werkzeugen zur Werkzeugherstellung (von (angeblich) Anaxagoras über Marx, Franklin („the tool-making animal"), Bergson, Scheler, Oakley bis zu G.G. Simpson und Hans Sachsse und erst recht die Phalanx diesbezüglich philosophierender Intellektueller, von Max Frisch ganz zu schweigen). Als eindeutig charakterisierendes Anthropinon oder Anthropikum läßt sich der Werkzeuggebrauch natürlich nicht mehr auffassen: Jane Goodall wies in den 60er Jahren den Werkzeuggebrauch bei Primaten wie Schimpansen und Gorillas nach; dieser wird sogar teilweise kulturell erlernt und weitergegeben, wie sich anhand des „technischen Umwegs" des Nüsseknackens mit Steinen oder Holzscheiten im westafrikanischen Taï-Nationalpark bei Schimpansen zeigt (Boesch) oder auch beim Termitenbohnen mit Holzstöcken. Hier übrigens

wurde offenbar auch Franklins Charakterisierung durch Kameruner freilebende Wildschimpansen widerlegt (Sugiyama): Schimpansen benutzten Werkzeuge, z.B. Steine, um das hintere Ende ihres vorn zugespitzten Bohrstocks zu einer Art von Bürste breitzuklopfen und den Stock nunmehr als Mehrfach-Werkzeug zu benutzen. – Übrigens hatte wohl auch eine der ersten Homo-Arten, der *homo rudolfensis*, der ca. 2-2 ½ Millionen Jahre im südöstlichen Afrika lebte, wohl bereits Werkzeuge gebraucht (Schrenk), nicht nur der etwas später nachgewiesene (ca. 1,9 Millionen Jahre zurück) *homo ergaster*, dem das „Werkzeugmachen" heute sogar zu seinem Namen verhalf. Möglicherweise nutzten auch andere anthropoide Vorfahren unter den Australopithecus-Arten zum Teil schon Steinwerkzeuge. Einerseits sprechen diese Entdeckungen also gegen den Werkzeuggebrauch als eindeutiges Kriterium des Menschseins, andererseits scheinen sie zu erweisen, daß Vorformen des technischen Handelns – und zwar in intelligent variierender und quasi-kulturell erlernter und weitergegebener Weise – bereits „von Natur aus" zum frühen Menschen und seinen Vorformen sowie zu den nächstverwandten Schimpansen (die ja zu 98,4 % genetisch mit uns übereinstimmen) vorhanden waren.

Entsprechend wurde auch das „sportliche" Leistungsstreben, das immer besser sein wollen, die bisherigen Leistungen und diejenigen anderer übertreffen wollen nach dem homerischen Motto „Immer voranzustehen und besser zu sein (zu leisten) als die anderen" zu einem quasi-olympisch-athletisch-homerischen Komplex kompensiert (Coubertin nach Didon), von Segal der „Achilles-Komplex" genannt, also eine Charakterisierung des Menschen als des immer weiter Strebenden („*homo semper maior*" (Meckel)) oder gar des „*homo performator*", des „Leistenden" und *immer besser* und *mehr* leisten wollenden Wesens (Verf. 1983): Typisch sei für den Menschen, daß er nicht nur handelt, also planmäßig Ziele verwirklicht, sondern dies Handeln seinerseits auch immer besser leisten wolle bzw. nach Gütestandards und Wertmaßstäben bewertet und dementsprechend auch seine Leistungsfähigkeit und sein Selbstverständnis entsprechend dieser einschätzt bzw. beurteilt und von anderen bewerten läßt. Die Leistungen des leistenden Wesens müssen sich natürlich nicht auf den Sport beschränken, sind aber hier natürlich besonders einschlägig und kennzeichnend. Die sportlichen Leistungen und der Leistungssport exemplifizieren sozusagen das „Leistungsprinzip" des die eigene Leistung bislang und jene der Konkurrenten stets überbietenden Aktivität im Bereich der körperlichen Handlungen besonders „rein" (wie nach dem Rudertrainer Karl Adam auch die Sozialwissenschaftler Lenk und danach von Krockow betonten).

Mit der Charakterisierung des „*homo sportivus*" als einer Art von Naturanlage ist es zweifellos ähnlich wie mit jener als „*homo technicus*" oder gar als „*homo technologicus*"– wenn auch im Sportlichen weniger eindeutig: Sport wird in der Tat zu verallgemeinernd meist als Leistungssport oder Bereich der sportlichen Vergleichsleistungen aufgefaßt und ist als solcher natürlich zutiefst kulturbestimmt, kommt

Generell lässt sich hinsichtlich der oben erwähnten Beschreibungen der Technikcharakteristika sagen, dass Technik und Sport einen unterschiedlichen Zugang nicht nur in Bezug auf die wesentliche Beteiligung menschlicher Willenskraft und direkt körperlicher Handlungen wählen bzw. als wesentlich favorisieren, sondern auch hinsichtlich der künstlich eingeschalteten Mittel und „Umwege". Hier kann man an die erwähnte Definition Sachsses des technischen Handelns anschließen, welches dadurch charakterisiert sei, dass man *„einen Umweg wählt,* weil das Ziel über diesen Umweg leichter zu erreichen ist". Die Zwischenschaltung entsprechender technischer Mittel und technologischer Verfahren und Theorien ermöglicht eine mittelbare Erreichung einer sonst nicht möglichen Funktion, Leistung, Zielerreichung, wobei unter Umständen die Zielkonzeption erst durch die Entwicklung der Mittel konzipierbar wurde. (Obwohl es solche intelligenten Umweg-

---

wesentlich in konkurrenzorientierten Gesellschaften und besonders häufig in kriegerischen (R. Sipes) vor. Das Messen der Kräfte oder der Schnelligkeit gibt es natürlich aber auch darüber hinaus: Ich sah auf den Lofoten bei einer Wanderung eine offensichtlich gut genährte Schafherde, die auf einer ebenen Strecke von sich aus – undressiert! – immer wieder Rennen auf einer genau eingegrenzten Strecke unternahm, wobei Schnelligkeit und frühes Ankommen (gleichsam als Eines unter den Ersten) offensichtlich „motivierend" waren. Nach der siebenten oder achten Wiederholung desselben Rennens glaubte ich nicht mehr an einen Zufall oder bloße spielerische Abfuhr des Energieüberschusses ohne eine Art von „Wetteifer".
Sportliche Aktivität muß natürlich nicht an Konkurrenz gebunden sein, wie jegliche Art von Natursport (Überwindung der Gletscherwand, Erreichung des Gipfels überhaupt – nicht notwendig als Erster!) und andere Leistungen (z.B. das Durchstehen eines Marathonlaufs oder eines Triathlons oder gar eines drei- oder vierfachen Triathlons, was es ja auch gibt (sogar für Damen: Astrid Benöhr ist eine führende Athletin hier) zeigen. Es fällt das Rilke-Wort ein: „Wer denkt an Siegen, Überstehen ist alles!", also: es geschafft zu haben – ganz gleich in welcher Relation zu anderen Kombattanten oder quantitativen eigenen Bestleistungen oder gar Rekorden. *„Homo semper maior",* *„concern for excellence"* (Paul Weiss) *– bodily or otherwise –,* das scheint im Menschen zu liegen. Der Mensch als *Homo excellens* und *Homo performator* ist vielleicht z.T. von Natur aus darauf angelegt, selbst wenn all dies erst in konkurrenzorientierten Kulturen stärker zum Ausdruck kommt, kultiviert, hochstilisiert und raffiniert wird.

findungen auch beim Sport gibt – meist weniger technisiert[20] – ist dies jedoch nicht das Charakteristische für die Umwege, die bei sportlichen Leistungen eine Rolle spielen.

Während bei *technischen* Neuentwicklungen und Höchstleistungen die „Umwege" Mittel und Vermittlungswege zur Erreichung und auch Ermöglichung bestimmter Ziele sind, werden *sportliche* Disziplinen gerade durch das Setzen künstlicher oder gar hochstilisierter oder eigens eingebrachter Hindernisse definiert, deren Überwindung besondere Anforderungen darstellen, die gerade durch das systematische Vermeiden real möglicher technisierter Erleichterungen gekennzeichnet sind. Die Umwege werden durch das vorab gegebene Aufstellen der Hindernisse (z.T. im wörtlichen: z.B. im Reitsport Springreiten), z.T. im figurativen Sinne der „Hindernisse" aufgezwungen bzw. u.U. konventionell gesetzt. Neben der „Natürlichkeit" der einzusetzenden und geschulten körperlichen Fähigkeiten spielt also die Standardisierung durch bestimmte Einschränkungen, Hindernisse, Bestimmungen usw. beim Sport eine entscheidende Rolle. Der *Sport setzt* die Hindernisse *erst* oder *definiert* sie (wie bei Erstbesteigungen) als besondere Herausforderung, *um sie* dann *zu überwinden* – und zwar entweder *überhaupt* (Natursport, Breitensport-Marathonlauf) *oder in* messbar möglichst *bester Weise*. Dabei zählt eher absoluter Output als Ökonomisierung der Output-Input-Beziehung: Es ergibt sich geradezu ein Grenznutzeneffekt: Leistungssteigerung an der aktuellen Höchstgrenze erfordern einen immer größeren – unökonomischen – Aufwand an Training, an Einsätzen, wissenschaftlicher, technischer und „technologischer", psychologischer Beratung und Betreuung, so dass sich in der Tat auch hier ein typischer Kampf um Marginalzuwächse entwickelt: Immer größere Ein-

---

[20] Die Erfindung eines neuen Hochsprungstils durch Fosbury war eine solche intelligente Erfindung, ebenfalls die dann von Leichtathletik-Verband abgelehnte baskische Speerwurf-Technik (wie beim Diskuswurf durchgeführt) oder dereinst die Entstehung des Vierers ohne Steuermann im Rennen, als bei einer englischen Prestige-Regatta einmal der Steuermann kurz nach dem Start aus dem Boot sprang und die Mannschaft ohne Steuermann sehr viel schneller war.

sätze müssen gefahren werden, um immer kleinere Leistungssteigerungen zu erzielen. (Entsprechend wächst natürlich das Risiko mit Belastungen, Unfallgefahren, Spätschäden usw.) Selbst in einem diesbezüglichen „harmlosen" Sport, dem Rudern, heißt es für ein großes Rennen, dass man über seine scheinbaren Grenzen hinaus gehen, „schneller fahren" muss, als man eigentlich „kann". Oder man denke an den extremen Risiko-Abfahrtslauf, der Hermann Maier 1999 die Ski-Weltmeisterschaft einbrachte: Selten wurden Risikogrenzen so wild entschlossen ausgeschöpft.

Technisierung, Technologisierung beider Arten ist im Spitzensport heute zwar mehr oder minder eine notwendige, aber keinesfalls eine hinreichende Bedingung für den letztendlichen Erfolg. Die konzentrative, willensmäßige und körperliche „Form" sowie psychische Entschlossenheit und die Mobilisierung von Sonderreserven wie auch natürlich ein Großteil an Glück und Zufallsfaktoren spielen bei vielen Sportarten (z.B. gerade bei Skirennen) eine entscheidende Rolle: „*Hic Rhodos, hic salta!*" gilt nach wie vor. Die unterstützende und auf Seiten der notwendigen Vorbedingungen immer unerlässlicher werdenden „Technisierungsfaktoren" können fallweise dadurch heruntergespielt werden, dass man genormte Geräte zulassen würde, wie es sich bei den Finnendingis bewährt hat. Die technologische Materialschlacht von geringem sportlichem Wert fährt ihren Technisierungsund Technologisierungsfaktor sozusagen herunter, um dem Sportlichen größere Auswirkungsmöglichkeiten zu bieten. Dies wäre m. E. auch eine Möglichkeit für andere materialabhängige Sportarten – vielleicht utopisch im Zusammenhang von firmengesteuerten Wettrennen wie dem Autosport, aber vielleicht in Abwandlungen möglich beim Skilaufen, wenn, z.B. von Meisterschaft zu Meisterschaft wechselnd in unterschiedlichen Teildisziplinen etwa jeweils ein und dieselbe Gerätschaft mit ein und derselben Sorte oder Marke gestellt würde (aber auch das ist vielleicht utopisch ...). Es wäre also zu überlegen, ob man die „natürlich"-sportliche Komponente zu Lasten der fortschreitenden Technisierung und Technologisierung im Sport spezifisch fördert. Dies gilt natürlich nicht nur für die Geräteentwicklung, das kommerziell-technologische Wettrüsten im Spitzensport, sondern auch für andere manipulative Techniken, durch den teilnehmende Partner Vorteile erreichen oder sich gar erschleichen wollen. So ist die Entwicklung neuer Geräte und auch Sporttechniken (z.B. Hochsprungstile mit den Schaumstoff-Landematten, zumal beim Stabhochsprung) im üblichen, weiteren Sinne immer auch auf intelligente Einfälle, Eingaben und Vergleiche, also auf Möglichkeiten zum Austesten, angewiesen, aber häufig werden neue Entwicklungen und Verbindungen zunächst genutzt, um minimale Vorteile zu erlangen: Die Grenze zwischen erlaubter intelligenter Variation (z.B. Fosbury-Stil im Hochsprung) und oft erst nachträglich als illegitim erklärter Abwandlung (Rollausleger im Rudern, baskischer Speerwurf) ist natürlich willkürlich, wird oft erst im Nachhinein durch die Verbände gesetzt. Noch schwieriger ist es im Einzelfall bei technisierten Verbesserungen der Geräte: Hätte man den Glasfiberstab, der größere Höhen ermöglicht, dem Erstverwender untersagen sollen? Doch wohl nicht.

Natürlich gehört auch die pharmakologisch-biochemische Optimierung der Leistungsbedingungen zu den (im wahrsten Sinne des Wortes) Problembereichen der Technisierung und Technologisierung (letzteres in beiderlei Sinn), ohne dass dies hier ausführlich behandelt werden kann. Die detaillierten Dopingbestimmungen sind großen Teils listen- und analysetechnikabhängig, jedenfalls konventionell festgelegt. Selbst die zulässige, so genannte „Substitution" (von in dem Maße vom Körper selbst allein nicht regenerierbaren oder produzierbaren Substanzen, die für Hochleistungen „nötig" oder „unerlässlich" sind) ist ein Gummiparagraph. Und wie steht es mit dem sicherlich intelligent-erfundenen Blutdoping mit beim Höhentraining abgezapften erythrozytenreichen Eigenblut? Ist nicht eine neue Trainingsmethode, die Vorteile verschafft, auch eine hilfreiche, weil vorteilhafte „Technologisierung", wenn auch eine durch die sportliche Grundintuition zulässige? Wäre ein gesundheitlich unschädliches Doping – falls es ein solches gäbe oder gar gibt (Eigenblutdoping z.B.) – vertretbar? Und wie steht es mit Techniken des mentalen Trainings oder gar der Hypnose, die neuerdings sogar bei der Skiweltmeisterschaft öffentlich erwähnt wurde? – Grenzen müssen sein, gezogen werden – und auch gezogen werden können, d.h. in kontrollierbarer Weise. Das ist freilich sehr viel schwieriger getan als leichthin gesagt. (Ich erinnere mich noch daran, wie höhnisch bis zynisch ich belächelt wurde, als ich 1975/76 überraschende Doping-Kontrollen im Training – m. W. als einer der Ersten – forderte: im Ost-West-Sportkrieg und ohne internationalen Konsens und Kontrollen natürlich eine utopische Forderung, zumal für Sportfunktionäre mit Doppelmoral, die einerseits die Kontrolleure sind, aber andererseits ihre Athleten um fast jeden Preis siegen lassen wollen (zu müssen glaub(t)en).

US-Athleten witzelten schon lange: „No dope, no hope!" (Verf. 1985) – An der „Kröte" des Dopings scheint sich der Sport derzeit verschluckt zu haben: Selbstheilungskräfte und Strategien dürften nur begrenzt wirksam sein (obwohl der Ost-West-Sportkrieg nicht mehr besteht). Könnten staatliche Eingriffe das Problem lösen? Dieses gewinnt nicht nur eine dramatische Zuspitzung hinsichtlich der Glaubwürdigkeit des Spitzensports, sondern zunehmend auch hinsichtlich der Momente Faszination und Sponsorschaft. (die Gebote des Hochleistungssports „Du sollst dich nicht erwischen lassen" und „Hauptsache, das Image stimmt – und der Sponsor zahlt" zahlen sich auch als versteckte Maxime nicht mehr ohne weiteres aus). – Die Öffentlichkeit spielt natürlich eine kontrollierende Rolle mit: Sollte man – wie ich einst vorschlug – eine offene (d.h. möglicherweise gedopte) Klasse von Spitzensportwettbewerben von einer mit freiwillig sich strikt ständigen Kontrollen unterwerfenden Athleten und deren Wettbewerben trennen, um der Öffentlichkeit die Gelegenheit zu geben, kritisch-human zu reagieren oder gegebenenfalls ihre publizistische „Scheinheiligkeit" (also die Abstempelung des Hochleistungssports als eines Passepartout-Zirkus) nachweislich zu offenbaren? Auch solche Fragen hängen mit der Technisierung und Technologisierung im weiteren Sinne zusammen, können hier natürlich nicht detailliert behandelt werden (s.u. zum Doping).

Humanisierung und Ethik im Hochleistungssport und Sport generell

Ein Programm der Sicherung humaner Komponenten, Bewertungen und Strategien im Sport ist nach wie vor aktuell, ja, dramatischer denn je gefordert. Angesichts der skizzierten Krisenerscheinungen im Hochleistungssport und z.T. auch im Fitness-Sport, ist das Plädoyer für eine „Humanisierung im Hochleistungssport", das ich 1975 dem Nationalen Olympischen Komitee für Deutschland im Berliner Reichstag vortrug und 1977 im Gedenkband für den Rudertrainer Karl Adam veröffentlichte (1977), nach wie vor ohne Abstriche aktuell. Ich hatte mir gar die „Frechheit" erlaubt, dieselben Thesen 17 Jahre später (1992) bei einer selbstkritischen, hochrangig besetzten Diskussions-veranstaltung des Bundesausschusses Leistungssport unverändert, a-ber nach dem Überraschungseffekt der Aufdeckung durchaus kommentiert wieder vorzutragen; denn geschehen war inzwischen nicht gerade viel.

Von den 20 Thesen beziehen sich drei ausdrücklich auf Technologisierung, technische Artifizialität, Überbewertung des Siegers auf Grund künstlicher Leistungsdifferenzierung, auf das Doping und die Idee der „Natürlichkeit" des sportlichen Leistungsvergleichs mit „Chancengleichheit" (was immer Letzteres, z.B. angesichts durchaus sehr unterschiedlicher gesellschaftlicher Unterstützung, heißen mag). Ich erlaube mir wiederum diese drei der zwanzig Thesen in der damaligen Form zu zitieren. Ein weitergehender Kommentar ist auch heute kaum nötig – außer, dass die Humanisierungsproblematik wie auch ethische Fragen im Leistungssport nach wie vor dringlich, ja, heutzutage geradezu dramatisch geworden sind – wie seiner Zeit vorausgesehen.

16. Auf dem Wege zu einem neuen partnerschaftlichen Modell der sportlichen Leistungen (das Erbringen der Leistung sollte, wo diese messbar ist, mehr zählen als der Sieg über den Konkurrenten; der Gegner ist der notwendige Partner, ohne den weder Gewinnen noch Leistungssteigerung in Bereichen extremer Anforderungen möglich sind) *sollten eklatant „ungerechte" Leistungsbeurteilungen durch sporttechnisch gerechte Bewertung ersetzt werden: Gleiche Leistungen* im Sprung und im Gewichtheben *sollten als solche zählen und ausgezeichnet werden und nicht durch künstliche Zusatzbestimmungen* wie geringere Zahl der Versuche, ein um weniges geringeres Körpergewicht (*innerhalb* der Gewichtsklassen) *in eine sekundäre, die effektiv erbrachte Leistung nicht ändernde Ungleichheit" umgemünzt werden.*

Grotesk geradezu der Zwei-Tausendstel-Sekunden-Unterschied, der in München 1972 über Gold und Silber im 400-m-Lagen-Schwimmen entschied – angesichts der Tatsache, dass Unebenheiten des Beckenrandes, der Anschlagtafeln schon in Größenordnung des Tausendstel-Sekunden-Abstandes liegen. Der Schwimmverband änderte nach den Spielen die Regeln der Zeitdokumentation – so schwammen die beiden siegenden Athleten eine bis auf die *hundertstel* Sekunde offiziell bestimmte gleiche Zeit; es musste aber dabei bleiben, dass einer nur" die Silbermedaille erhielt.

Technische Artifizialität sollte nicht dort noch Unterschiede erzeugen, wo in der Leistung keine mehr echt oder sinnvoll erkennbar sind.

Genauso grotesk – geradezu dem Sinn der Mehrkampfdisziplin widersprechend – war die Bewertung des leichtathletischen Fünfkampfes der Damen in Montreal: Bei Punktgleichheit wurde die eine Sportlerin gegenüber der anderen zurückgesetzt, weil sie in drei Übungen schlechtere Teilergebnisse aufwies als diese. Doch der Sinn des Mehrkampfes besteht gerade in der durch Punktaddition zustande kommenden Gesamtleistung, bei der man eben unter Umständen Schwächen in der einen durch besondere Stärken in der anderen Disziplin ausgleichen kann. Eine „ungerechte" Bewertung auf Grund einer „ungerechten" Regel, wenn man sie an der Idee der Auszeichnung durch Leistung misst und weniger an der offenbar noch allzu gängigen Meinung, dass es notwendig einen und nur einen Sieger zu ermitteln gelte. Selbst in reinen Kampfsportarten, die häufig durch eine entscheidende Situation entschieden werden, gibt es unentschiedene

Kämpfe. Das Finale im olympischen Leichtschwergewichtsringen wogte 1912 neun Stunden hin und her und endete unentschieden; beide Athleten erhielten eine Silbermedaille – sie hätten wahrlich beide Gold verdient!

> Der Überbewertung eines Siegers bei gleicher oder angesichts annähernd gleicher Leistungen könnten die internationalen Sportverbände ohne große praktische Schwierigkeiten entgegenwirken, wenn sie die Regeln modifizierten, die zu einer künstlichen Leistungsdifferenzierung dort führen, wo nach der effektiven Leistung kein meßbarer oder sinnvoller Unterschied mehr zu konstatieren ist. Das Internationale Olympische Komitee könnte mitwirken, etwa indem es endlich alle Finalteilnehmer zur Siegerehrung lädt.

17. Die Manipulationsvorwürfe der Sozialkritiker erwiesen sich als wenig differenziert, weil in ihnen Manipulation aufgrund von fremden Interessen nicht von Selbstmanipulation, beides wiederum nicht von Erziehung und von erstrebten Trainingseffekten deutlich unterschieden wurde. Wenn sich aber offenbar die Groteske entwickelt, dass anscheinend in manchen Disziplinen, wie z.B. im Kugelstoßen und Gewichtheben, nur derjenige noch weltrekordnahe Leistungen vollbringen kann, der längere Zeit anabole Muskelpräparate eingenommen hat, so ergibt sich eine dramatische Zuspitzung der Sinnfrage für die sportliche Leistung. *Drastisch sanktionierte, Über die ganze Saison verteilte Kontrollen scheinen der einzige Ausweg, wenn der als Langzeiteffekt wirksamen medizinischen Manipulation entgegengewirkt werden soll. Die internationalen Verbände müssten hier im Interesse nicht nur der Gesundheit ihrer Athleten, sondern auch ihres öffentlichen Prestiges und des Images ihres Sports veranlasst werden können, wirksamen Kontrollen zuzustimmen – wenn sie sonst etwa die Absetzung ihrer Sportart vom olympischen Programm riskieren.*
Den Athleten allein kann man die Verantwortung nicht überlassen[21], weil sie weder die Übersicht über medizinische Folgen noch

---

[21] Wenn Karl Adam in späterer Zeit der Ansicht war, dass die Entscheidung darüber, ob „ein Athlet seine physiologischen Leistungsvoraussetzungen etwa durch Anabo-

die psychische Verfassung für eine nüchterne Lagebeurteilung haben (können), wenn es nach Jahre – oder gar jahrzehntelangem Training um den letzten, oft nur für entscheidend *gehaltenen* Vorteil geht; und es geht ja auch um die soziale Sicherung der Chancengerechtigkeit (s.u. Punkt 18).

> Sinnvollerweise müßte gefordert werden – im wohlverstandenen Interesse des Sports und aller Athleten –, dass schon im Zweifelsfall gegen nachweisliche oder auch nur wahrscheinliche Schädigungen eingeschritten wird, sofern objektivierende Kontrollmethoden vorhanden sind.

Es ist dies freilich leichter gefordert als gesichert. Der Teufel sitzt besonders hierbei im Detail, zumal eine generelle Dopingdefinition weder in Sicht noch wahrscheinlich ist. Wenn ein Pharmakologe (in den 70er Jahren, H. L.) bei einem Hearing der gemeinsamen Kommission des NOK und des DSB allen Ernstes erklärte, es gebe gar keine echt leistungssteigernden Pharmaka, und: wenn man zwei Mohrrüben esse, sei dies gesund, bei zehn aber „Doping" – wenn ein prominenter Sportmediziner ergänzte, *eingespritzter M*öhrensaft (wenn er nicht „therapeutisch" notwendig gewesen sei) sei Doping – so illustriert dies nur die (damalige und – feiner gestrickt, unter Berücksichtigung

---

lika verbessern will, nur / der Athlet / selbst treffen kann" und dass „Funktionär, Sportmediziner, Trainer ... die Pflicht zur Aufklärung über die Wirkung, aber nicht das Recht der Bevormundung" haben (Adam, 1975, 169), so kann ich ihm in bezug auf den ersten Teil nur sehr bedingt folgen. Eine letzte Entscheidung kann zwar nur der Athlet treffen, ob er ein in seinem Besitz befindliches Mittel schluckt oder nicht – und zunächst ist nur er existentiell betroffen, doch viele Entscheidungen anderer um ihn herum (bei Beratung, Zugänglichmachen eventueller Mittel usw.) sind unerlässlich und beeinflussen die Entscheidung des Athleten. Außerdem ist nicht nur dessen Körper betroffen, sondern die Situation ist eine soziale in bezug auf die Chancengerechtigkeit, Fair-Play-Idee, Natürlichkeitsidee des Sports (s.u. Punkt 18) usw. Ein Motto wie: „Meine Muskeln gehören mir!" würde, überall befolgt, den Sport dem Wildwuchs der Manipulationen ausliefern. Psychisch wäre der Athlet zudem trotz des Ideals der Mündigkeit – das aber eben eine ideale Sollforderung, ein Leitbild, ein Fernziel ist – zumeist in der Stresssituation der Wettkampfsaison mit dieser ihm aufgebürdeten Verantwortung überfordert.

der zulässigen sog. „Substitution", – auch noch heutige, H. L., 1999)
Verzwicktheit der Situation und die Ratlosigkeit der Gelehrten.

18. Eine Idee der „Natürlichkeit" des sportlichen Leistungsvergleichs liegt der überall geforderten Chancengerechtigkeit („Chancengleichheit") zugrunde. Sie wird in Umrissen kenntlich an ihren Gefährdungen und Durchbrechungen – nicht nur durch
pharmakologische, sondern auch etwa durch technologische Leis-
tungsbeeinflussungsmöglichkeiten, besonders in Sportarten mit einem
relativ komplizierten Gerät wie Bobfahren, Segeln, aber auch schon
im Stabhochsprung usw. Aufwand an Geldmitteln, Forschungskapazi-
tät und technischer Raffinesse können „Wettbewerbsverzerrungen"
zur Folge haben.

*In hochtechnisierten Sportarten könnte eine absolute
Norm(ier)ung – wie schon beim Dinghisegeln bewährt – gegen die
technologischen Verzerrungen wirken. Zugunsten der Chancengerechtigkeit, der Chancengleichheit in Bezug auf das Gerät könnte man auf
die t e c h n i s c h beste Weiterentwicklung des Geräts verzichten.
Denn Sport ist nicht Technologie, sondern eben die Nutzung „natürlicher" Mittel, Ausschöpfung „natürlicher" Ressourcen durch intelligente Disziplinierung und Variation von Verhaltensweisen. Es wäre
eine angesichts der erwähnten pharmakologischen und technologischen Gefährdungen eminent wichtige, stets aktueller werdende Aufgabe der Sportphilosophie, die zugrunde liegenden Konventionen und
Konzeptionen der „Natürlichkeit", der als natürlich zuzulassenden
(oder der als unnatürlich auszuscheidenden) Variationen möglichst
eingehend zu analysieren. Diese Aufgabe dürfte generell und auch im
Detail sehr schwierig sein. Weder eine vollständige Kasuistik noch eine alle Einzelfälle erfassende Regel können erwartet werden, aber
doch Leitlinien, die zu praktikablen praktischen Orientierungen führen. Diese Aufgabe ist umso wichtiger, als Sinn-, Wert- und Zielprob-
leme des gesamten Sports auf dem Spiele stehen.*
Soweit die Forderungen der Formulierung von 1975.

Zu Fragen der Technisierung und Humanisierung des Sports.

„Am Anfang war das Wort" – „am Ende steht das Selbstzitat!" Hier freilich ist das nicht nur aus Gründen der Ironie, sondern auch wegen der noch immer weitgehend ungeänderten Situation durchaus gerechtfertigt. Das *Humanitätsproblem* stellt sich im Sport heute wohl noch dramatischer als vor einem viertel Jahrhundert. Deshalb noch einmal sein Selbstzitat, diesmal nur über ein Dutzend Jahre alt!

Humaner Sport zwischen Macht, Markt und Medien

Die humane Basis des Sports sollte angesichts der Eskalierung der künstlichen Leistungssteigerungen nicht vergessen werden. Aus erzieherischen wie ethischen Gründen darf das vernünftige Maßhalten nicht zugunsten der Faszination reiner Höchstleistung vernachlässigt werden. Mentoren mit Überblick, die selbst nicht unter dem beruflichen Zwang einer Leistungseskalation stehen, sollten hier ihren Einfluss geltend machen. Verantwortungsbewusste Athleten, Trainer, Funktionäre wären – stünden sie der publizistisch hochgeschraubten Leistungserwartung und der zensorhaften Besserwisserei mancher inkompetenter Journalisten allein gegenüber – allzu leicht überfordert.

Es wird deutlich, dass die Begrenzung und die Grenzen sportlicher Leistungen auf verschiedene Weise verstanden werden müssen: Naturgegebene biologische Leistungsgrenzen sind von kulturgesetzten, ethisch begründeten Grenzen deutlich zu unterscheiden. Die letzteren sind bewusst gesetzte Normen. Man kann sie übertreten, bzw. sie könnten auch anders sein. Diese beiden Arten von Begrenzungen sind unterschiedlich zu behandeln und zu beachten: Die ersteren spielen in naturwissenschaftlichen Diskussionen des Sports eine Rolle, die letzteren in sport-ethischen.

Die Grenzen der Humanität sind nicht quantitativ abzustecken, dennoch muss es Orientierungsmarken, kontrollierbare Leitlinien geben. Wo Sport aufhört, Sport zu sein, lässt sich nicht naturgesetzlich feststellen, sondern ist eine Sache der ethischen Beurteilung unter Einbeziehung der Ideen von Humanität, Sittlichkeit und eines vernünftigen Maßes – wandelbar bei festgestaltetem kulturellem wie geschichtlichem Kern. Eine ernsthafte Sportethik, die sich nicht nur in oberflächlichen Allgemeinunverbindlichkeiten erschöpft, ist bisher noch kaum entwickelt worden. Nicht einmal eine ausführliche Begriffsklärung, eine analytische Ethik im Rahmen der Sportphilosophie existiert. (Die selbst noch unzureichende pädagogische Diskussion des Fair-Play-Prinzips, dieser vom Sport entdeckten ethischen Grundnorm sozial geregelten und institutionalisierten Verhaltens, bildet eine gewisse Ausnahme.)

Ethisches Urteil ist nie allein in Form eines allgemein anwendbaren Rezeptes möglich. Ein kontrollierbares, einfach anwendbares, allgemeingültiges Raster aber ist für die Praxis des Sports als Leitlinie, als Orientierungsmaßstab nötig. Man kann voraussagen, dass die sport-ethischen Fragen sowie die Probleme der Anwendung und Durchsetzung ethischer und humaner Grundsätze im Sport ein Hauptproblem der künftigen Diskussion um den Hochleistungssport bilden werden.

Die Philosophie des Sports muss sich dieser Herausforderung stellen; die Sportpraktiker in den Verbänden sollten die Notwendigkeit solcher Leitlinien anerkennen, um zu verhindern, dass der Leistungssport in der Eskalationsspirale zu einem sinnlosen nationalistisch motivierten Sportwettrüsten gerinnt. Auch angesichts des fast „mythischen" Faszinosums der einmaligen, der unüberbietbaren Leistung darf der Sport das Humanum, den einzelnen Sportler, nicht vergessen. Die Grenzen der Humanität verlaufen enger als die manipulierbaren Grenzen der Physiologie.

Unversehens hat sich heute die Diskussion um die charakteristischen Züge des modernen Sports und zumal des Hochleistungssports wieder in eine Humanisierungsdebatte umgewendet, eine Diskussion, welche die traditionelle Debatte der gesellschaftswissenschaftlichen Leistungskritiker aus den sechziger und siebziger Jahren verallgemeinert, die wie Habermas (1958) den Sport „längst" zu „einem Sektor

der Arbeitsrationalisierung" gestempelt hatte – charakterisiert von rationellster Effizienzmaximierung und marktgerechten Big Business-
Tendenzen sowie Show-Elementen: Der Sport wird „verdoppele" nur
„die Arbeitswelt. Und die Individuen werden ihm...zu Substraten von
Maßeinheiten". Hatte Adorno die These aufgestellt, der Sport ähnele
„den Leib tendenziell selber der Maschine an", hätte die Funktion,
„die Menschen zur Bedienung der Maschine um so unerbittlicher einzuschulen", gehöre also „ins Reich der Unfreiheit, wo immer hin man
auch organisiert" „Fitness für die Arbeit indessen ist wohl einer der
geheimen Zwecke des Sports" (1969,65), so muss man dies heute
wohl etwas differenzierter sehen. Einerseits ist die Professionalisierung und Kommerzialisierung wie vorausgesagt eingetreten. Andererseits ist die funktionale Fitmachung für die industrielle Arbeit wohl
kaum noch als geheimer Zweck des Sports aufzufassen. Eher ergibt
sich in einer „sitzenden", zum Teil sitzen gebliebenen Gesellschaft
von Immobilisten – gerade auch auf Arbeitswegen – eher die Funktion
des Sports, eine Ausgleichsbewegung sowohl in körperlicher Hinsicht,
als auch in psychischer Motivation der Leistungsverbesserung, Selbststeigerung, Eigenerfahrung von Eigenhandlungen und Eigenleistungen
zu bewirken. Man darf also den Höchstleistungssport und Hochleistungssport nicht als repräsentative alle Funktionen – etwa des Breitensports und Erholungssports ansehen, obwohl auch in letzterem
Kommerzialisierungs- und gelegentlich auch eine starke Orientierung
an Leistungssteigerung zu finden ist. Natürlich spielen Spitzensportler
für normalen Breitensport eine motivierende Vorbildfunktion, doch
lassen sich nicht alle Gesichtspunkte der Leistungssteigerung im Training, samt Technisierung und Technologisierung derart pauschalisieren, wie es die Gesellschaftskritiker und Technokratietheoretiker jener
Jahre taten. So hat auch der Technik-Philosoph Jacques Ellul, keineswegs ein neo-marxistischer Gesellschaftskritiker, bereits 1954 überpauschalisiert, wenn er im Sport nur die Ausdehnung des technischen
Effizienzgeistes sieht, der zur Funktionalisierung und Körper- und
Bewegungsformen sowie zur absoluten und brutalen Selbstausbeutung
des Individuums und seines Körpers führe, ja, geradezu aus dem

Sportler „ein Stück des Apparats" mache, einen „Massenmenschen der totalitären und technischen Kultur" (1954).

Wie wir ist in totalitären Systemen der Sport in der Tat in dieser Weise benutzt, eher missbraucht worden. Die Tendenz freilich zur freiwilligen Selbstausbeutung ist auch im Höchstleistungssport unserer Tage nicht ausgeschlossen. Dies war schon vor der umfassenden Kommerzialisierung und auch unabhängig von der überstarken Politisierung im Höchstleistungssport etwa olympischen Katlibers der Fall. Hatte nicht schon der Olympiasieger Connolly von 1956 konstatiert, ein Höchstleistungsathlet tendiere dazu, alles zu machen bzw. zu nehmen, „was ihn nicht gerade umbringt", um den höchsten Erfolg zu erreichen? In der Tat ist dies für den Höchstleistungssport – freilich im Wesentlichen nur für diesen – ein paradoxes Problem: Ich hatte erwähnt, dass man „schneller laufen, rudern, fahren muss, als man eigentlich könnte". Eine Hochleistung oder Höchstleistung – das gilt übrigens auf künstlerischem oder wissenschaftlichem Gebiet ganz ähnlich, wird hier aber gesellschaftlich goutiert, ja, gefordert – ist in der Tat nur zu erreichen, wenn das ganze Leben strikt darauf abgestellt ist und diese Höchstleistung bzw. der höchste Erfolg motivational gleichsam als „die wichtigste Sache der Welt" angesehen und verfolgt wird. Für eine Höchstleistung muss man eben alles einsetzen bzw. auf die Karte setzen. Sport also doch „die wichtigste Nebensache der Welt"? Wohl kaum im Höchstleistungsbereich, wohl kaum auch im kommerzialisierten Normal-Professionalsport z.B. des Profi-Fußballs, wo trotz allen täglichen Trainings Höchstleistungsanforderungen, wie sie in ausdauerintensiven Sportarten seit Jahrzehnten gang und gäbe sind, immer noch nicht zu finden sein dürften. Es ist wohl doch die Öffentlichkeit mit ihrer absoluten Herausstellung einzig und allein des Siegers (also der erwähnten Singulärsiegerorientierung), die diese Motivationsdramatik, wenn nicht erzeugt, so doch außerordentlich verstärkt. (Verführungen zur Unfairness, zum „Tricksen", zum Unterlaufen der Chancengleichheitsregel durch extreme, evtl. Grenznutzen-Vorteile ausschöpfenden Technisierung und Technologisierung, wie etwa auch Doping, sind natürlich in dieser Situation verständlich – um so mehr, je stärker sich auch ein sportlicher Erfolg in barer Münze auszahlt.)

Durch verschärfte Kontrollen allein wird sich dieses Problem nicht lösen lassen. Der Erfindungsreichtum der intelligenten „Trickser" geht allemal noch dem mühsam bürokratischen Kontrollieren und Standardsetzen voraus – wenn auch unter dem Grenznutzen-Gesetz der schwindenden marginalen Nutzenzuwächse. Letztlich hilft im Höchstleistungssport nur eine Entdramatisierung der Singulärsiegerorientierung, wie ich es schon in den 70er Jahren gefordert hatte, und eine Rückkehr zur Humanisierung, wie skizziert. Humanes und ethisches Predigen allein hilft dabei auch nicht, wenn man nicht das System und zumal das auch der öffentlichen Bewertung und materiellen Förderung oder leistungsabhängigen Prämien-Entlohnung humanisiert. Die Humanisierung des Leistungsprinzips (Verf. 1975) steht gerade auch im Sport – wie auch in der Arbeitswelt – auf dem Tapet.

In diesem Zusammenhang der nötigen Humanisierung reicht es natürlich nicht, dem Sport an sich – oder auch nur dem Hochleistungssport per se – die maschinisierende Tendenz und Selbstausbeutungsmentalität geradezu automatisch zuzuschreiben, wie Adorno oder auch Ellul dies getan haben und der eingangs erwähnte Habilitant es nur paraphrasiert. Sport an sich und auch sportliche Hochleistungen sind differenzierter zu beurteilen. Einerseits ist der Athlet nicht nur fremdmanipuliert, sondern selbstmotiviert zur bestmöglichen Eigenleistung (selbst wenn eben diese Motivation zum Teil publizitär-gesellschaftlich verstärkt wurde oder auch zum Teil aufgedrängt sein mag). Andererseits sind gerade Hochleistungsathleten durchaus nicht manipulierte Roboter, die bloß wie Maschinen oder „diesen sich anähnelnd" reagierten, automatenhaft, roboterartig. (Selbst im Zuge der Bewegungsautomatisierung notwendige, langweilige, repetitive Übungen und Vorbereitungen (Krafttraining) sind durchaus motivational im Sinne eines Eigenerlebens *strukturiert*, ja, geradezu mit höherstufig-indirekten „Lusterlebnissen" der Erfolgssteigerung verbunden.) Darüber hinaus ist der strikt und absolut orientierte Höchstleistungssport natürlich in keiner Weise repräsentativ für alle sportlichen Bereiche, obwohl Vorbildwirkungen und Nachahmesequenzen natürlich nicht zu leugnen sind.

Kurz und gut: Die Verbindung der von den damaligen Gesellschaftskritikern angegriffenen Technisierungs- und Technologisierungstendenzen wird „dem Sport" generell und sogar auch „dem Hochleistungssport" sind nicht so automatisch, wie die Adornosche Anähnelungsthese oder die Königssche Dehumanisierungs- oder Deanthropomorphisierungsbehauptung es nahe legen.[22] Kein Zweifel: gewisse Selbstausbeutungen und Enthumanisierungseffekte lassen sich fallweise konstatieren. Humanisierung im Sport, zumal in Hochleistungssport, tut wirklich Not, aber es ist keine apriorische, begriffliche oder automatische Kopplung des Sports mit allumfassenden Enthumanisierungseffekten festzustellen. Auch der Sport ist letztlich menschlich – oft allzu menschlich. Es ist in der Tat eine Aufgabe, ihn human zu gestalten, zu halten.

---

[22]Die These der „innigen Verwandtschaft" ist aufgrund ihrer Unspezifiziertheit so offen, daß sie trivialerweise als weder empirisch noch begrifflich gestützt ausgewiesen ist. Was unter „innig" hier verstanden wird, wird füglich nicht näher erläutert.

8. Leistungsmotivation in Sport und Gesellschaft

Die sportliche Leistung ist, wie schon erwähnt, ein wahrhaft exemplarischer Bereich für die freiwillig und persönlich erbrachte Eigenleistung, für selbstmotivierte eigene Handlungen, die unter strikten Beurteilungsmaßstäben stehen, als „besser" oder „schlechter", als „hervorragend" oder „misslungen" gewertet werden – und zwar vom Handelnden selbst wie von anderen Partnern, Gegnern und der Öffentlichkeit. Die sportliche Leistung kann als Vorbild der Eigenleistung gelten. Eigenleistungen können einzeln oder in Gruppen vollbracht oder versucht werden. (Ich erinnere an das Eingangsbeispiel des olympischen Achterfinales.)

Das Phänomen der Eigenleistung ist natürlich viel allgemeiner. Auf dessen Bedeutung für die Selbstdeutung – zumal mit und bei der anthropologischen und sozial-psychologischen Untersuchung – möchte ich im Folgenden näher eingehen.

Exkurs über Leistungsmotiv und Leistungsmotivation

Was treibt einen Sportler beim Rennen an, sich besonders anzustrengen? Warum strengt sich der besonders erfolgreiche Athlet bei einem Kreissportfest weniger an als im olympischen Endlauf? Warum nimmt der ein Schüler den Klassenaufsatz wesentlich ernster als ein anderer? Was beeinflusst die Leistungsbereitschaft, das Leistungsstreben, die Anstrengungsbereitschaft am wesentlichsten? Wie wirken sich Erfolg und Misserfolg auf die spätere Leistungsbereitschaft bei der gleichen Aufgabe aus? Gibt es Auswirkungen auf andersartige Handlungen? Alle diese Fragen spielen im Blickpunkt der Leistungsmotivationsforschung eine große Rolle. Sie sind schrittweise in der Entwicklung der Theorie immer genauer berücksichtigt worden.

Motive wurden immer als Sammelbegriffe für Antriebe, Neigungen, Strebungen, Beweggründe, Bedürfnisse, Willensregungen oder „milde Zwanghaftigkeit", „überwertige Ideen" verstanden, die das Handeln ausrichten, leiten. Sie sind von der Situation in gewisser Weise abhängig, unterscheiden sich aber von Person zu Person und können durch verschiedenartige Auslöser wirksam werden. Motive sind also relativ dauerhafte kennzeichnende Neigungen einer Person, das Handeln immer wieder ähnlich auf das Motivziel hin auszurichten.

Von den Motiven, die einer Person recht zeitüberdauernd zukommen, wird die Motivation unterschieden. Motivation ist sozusagen das in und vor der wirklichen Handlung wirksam werdende Motiv. Sie „wird als ein Prozess gedacht, der zwischen verschiedenen Handlungsmöglichkeiten auswählt, das Handeln steuert" und auf bestimmte „Zielzustände richtet und auf dem Wege dahin in Gang hält". Motivation erklärt die Zielgerichtetheit des Handelns (Heckhausen 1980).

Das *Motiv* ist also recht *konstant* für eine Person, die *Motivation veränderlich* je nach Situation, Handlungsart und -bewertung. Motiv bleibt, die Motivation wechselt, zeigt aber dennoch typische Verläufe. Beides sind wissenschaftliche Begriffe. Sie sind konstruiert, um das Handeln zu erklären.

Leistungshandeln ist immer durch die Orientierung an einem Tüchtigkeitsmaßstab gekennzeichnet. Dies gilt für das Leistungsmotiv wie für die Leistungsmotivation. Das *Leistungsmotiv* ist das für eine Person recht dauerhafte Bedürfnis (Motiv), sich hohe Ziele zu stecken und diese zu erreichen, sich selber anzuspornen, seine bisherigen Leistungen zu übertreffen. Kennzeichnend ist, dass die Handlungen auf einen Tüchtigkeitsmaßstab (Gütemaßstab oder Anstrengungsmaßstab) bezogen sind. Neben diesem spielen größere oder geringere Fähigkeiten sowie höhere oder niedrigere Ansprüche gegenüber sich selbst beim Wirksamwerden der Leistungsmotivation, also bei der als wirkend gedachten Leistungsbereitschaft, eine Rolle. Auch Züge der Situation, Selbstdeutungen, Bewertungen des eigenen Erfolgs oder Misserfolgs spielen deutlich mit.

Leistungsmotivation kann also zusammenfassend als die Neigung beschrieben werden, nach einem bestimmten Ziel zu streben, wenn das Leistungsmotiv entscheidend mitwirkt. Eng hängt mit dem Leistungsmotiv das Geltungsmotiv zusammen: das Bestreben, die

Wertschätzung oder die Geltung des eigenen Ich vor sich und anderen zu bestätigen oder zu erhöhen.

Die Motive des Leistungshandelns gliedern sich auch in Teilbestrebungen – nämlich das Bedürfnis, Misserfolge zu vermeiden (*Misserfolgsmeidungsmotiv*), und die „Hoffnung auf Erfolg" (Heckhausen), das *Leistungsmotiv* im engeren Sinne.[23]

Der wichtigste Grundsatz (nach Atkinson und McClelland) lautet: Die wirksame Leistungsmotivation hängt vom Leistungsmotiv ab, aber auch von der Wahrscheinlichkeit, mit der die Erreichung des Zieles erwartet wird, und von der Wertschätzung dieser Zielerreichung. Erfolgswahrscheinlichkeit und Erfolgsattraktivität bestimmen zusammen mit dem Leistungsmotiv die Stärke der Leistungsmotivation. Multipliziert man die Erfolgswahrscheinlichkeit und den Wert des Erfolgs mit dem des Leistungsmotivs, erhält man den Wert der handlungsanregenden Leistungsbereitschaft (Leistungsmotivation).

Ganz entsprechend wächst nach diesem Ansatz die Neigung, mit Misserfolge zu vermeiden, mit der Stärke des Misserfolgsmeidungsmotivs sowie mit der Misserfolgswahrscheinlichkeit und dem Abschreckungswert des Misserfolgs. Dies ist der zweite Grundsatz der ersten, sehr einfachen Leistungsmotivationstheorie (nach Atkinson).

Je größer die Wahrscheinlichkeit des Erfolgs, desto kleiner die eines Misserfolgs. Man nahm außerdem an, dass der Abschreckungswert seiner Stärke nach der Erfolgswahrscheinlichkeit entspricht, je-

---

[23] Entscheidend für die Entwicklung der Leistungsmotivationstheorien (nach Atkinson und McClelland) war, dass man das Leistungsmotiv und das Misserfolgsmeidungsmotiv recht gut durch psychologische Verfahren (sogenannte projektive Tests – besonders den Thematischen Apperzeptions-Test (TAT) messen kann: Erfundene Geschichten (meist nach Bildvorlagen) gestatten, die Häufigkeit der Hinweise auf Leistungserlebnisse, auf Erfolg und Mißerfolg festzustellen und auszuwerten. Auch verwendet man Vorlagen und ein entsprechendes Frage-Antwort-Gitter (Leistungsmotivgitter nach Schmalt). Der wichtigste Unterschied für die Theorie ist der zwischen *hoch Leistungsmotivierten* und *Misserfolgsmeidungsmotivierten* (eher „Ängstlichen"). Dieser Unterschied liegt den meisten Voraussagen der Theorie zugrunde. Die in einer Handlungssituation wirksame Leistungsmotivation wurde nicht unmittelbar gemessen, sondern aus Grundannahmen der Theorie berechnet.

doch mit umgekehrten Vorzeichen: Bei besonders leichten Aufgaben ist die Scheu vor Misserfolgen und Blamagen größer!

Jeder unterliegt *beiden* Motiven, dem Leistungsmotiv und dem Misserfolgsmeidungsmotiv – freilich unterschiedlich stark. Der beide Motive zusammenfassende *Hauptsatz* der Leistungsmotivationstheorie besagt, dass die *Gesamtneigung, eine Aufgabe auszuführen, sich als Differenz aus der Leistungsmotivation und der Misserfolgsmeidungs-motivation zusammensetzt* – sowie aus andersartigen (so genannten „externen") Motivationen.

Berücksichtigt man dies und die zuvor angegebenen Annahmen, so ergibt sich: Die Gesamtneigung zu einer Leistungshandlung ist außer von den erwähnten andersartigen Motivationen abhängig von der Differenz zwischen „Hoffnung auf Erfolg" und „Furcht vor Misserfolg" (also von der personspezifischen „Nettohoffnung" nach Heckhausen) sowie von der Erfolgswahrscheinlichkeit.[24]

Nimmt man an, dass Erfolg die Erwartung weiterer Erfolge begünstigt, Misserfolg diese erniedrigt, so kann Misserfolg bei leichten wie Erfolg bei schweren Aufgaben hoch Leistungsmotivierte weiter motivieren. Erfolg bei leichten Aufgaben entmotiviert diese eher,

---

[24] Der Zusammenhang stellt sich in einer „umgekehrten U-Kurve" dar (s. Abb. 1, obere Kurve): Bei mittlerer Erfolgswahrscheinlichkeit, wenn die Aufgabe nicht zu schwer und nicht zu leicht ist, ist die Leistungsmotivation bei vorwiegend Leistungsmotivierten am größten. Bei einfachen Geschicklichkeitsaufgaben, in denen man z.B. die Schwierigkeit der Aufgabe selbst wählen konnte, ergibt sich für Leistungsmotivierte eine Bevorzugung der mittleren Schwierigkeit: In Ringwurfspielen etwa werden mittlere Entfernungen zu den Zielen bevorzugt ausgewählt – nicht zu schwere Aufgaben (die zu selten Erfolg verheißen) aber auch nicht zu leichte Aufgaben (die einen sehr geringen Befriedigungswert haben). Gerade umgekehrt verläuft das Geschehen nach einer entsprechenden U-Kurve (s.a. Diagramm zur Illustration auch einiger Folgerungen) bei eher Ängstlichen (vgl. untere Kurve): Die Misserfoglsmeidungsmotivation ist bei Unsicherheit am größten; unsichere Aufgaben werden gemieden. Zusammen überlagern sich die Kurven: Die Gesamtneigung beider Verläufe ist sehr unterschiedlich, je nachdem, ob jemand vorwiegend erfolgsmotiviert (positive Nettohoffnung: Das Leistungsmotiv überwiegt das Misserfolgsmeidungsmotiv) oder eher ängstlich (negative Nettohoffnung) ist.

während er eher Ängstliche motiviert. Misserfolg bei schweren Aufgaben entmotiviert Misserfolgsmeidungsmotivierte.

Dies alles ist recht plausibel: Leichte Erfolge werden für hoch Leistungsmotivierte und besonders für Höchstleistungsmotivierte uninteressant. Für den Olympiasieger ist es wie gesagt nicht sehr attraktiv, bei einem Kreissportfest zu starten. Dementsprechend ist seine Leistung meist auch dort recht schwach. – Leichte Erfolge machen hingegen den Ängstlichen selbstbewusster: Der Ängstliche wagt sich nach erfolgreichen tastenden Schritten weiter vor.

Aus dieser ersten Theorie leiten sich einfache Folgerungen ab, die sich zum guten Teil bestätigen ließen:

Unter sonst gleichen Umständen (gleiche Erfolgswahrscheinlichkeit und -attraktivität) entscheidet die *Stärke des Leistungsmotivs über die Höhe der Leistungsmotivation* (entsprechend bei Misserfolgsmeidungsmotiv).

Die höhere *Nettobilanz* zwischen Leistungs- und Misserfolgsmeidungsmotiv entscheidet entsprechend über die *Gesamtmotivation* zu einer Handlung (bei sonst gleichen Umständen und Abscheu von anderen Motiven).

Aufgaben unsicheren Ausgangs werden von Leistungsmotivierten bevorzugt, von eher Ängstlichen gemieden.[25]

Der Anreiz hochgeschätzter Erfolge ist für Leistungsmotivierte größer als der geringerer Erfolge und stärker als für eher Ängstliche. Ein hochleistungsmotivierter Sportler strebt eher danach, in einer Nationalmannschaft zu kommen, als sich – Fähigkeit vorausgesetzt – mit einer Kreisauswahl zu begnügen. Und er tut dies eher als ein eher Ängstlicher.

---

[25] Dies zeigte sich auch bei der ersten amerikanischen Mount-Everest-Mannschaft: Hochleistungsmotivierte neigten dazu, leichte (langweilige) Aufgaben zu meiden; sie wollten aber auch nicht das Unmögliche erreichen. Zudem ergab sich ein „Schub zum Risiko", zu risikoreicheren Entscheidungen der Gruppe, als sie die einzelnen Mitglieder getroffen hätte.

Die *Freude am Erfolg* ist bei höher Leistungsmotivierten größer – besonders in einer einheitlichen Gruppe von Leistungsmotivierten (die soziale Wertschätzung der Leistung stärkt den Anreizwert).

Leistungsmotivierte strengen sich in einer leistungsbetonten Situation (Wettkampf) *stärker an* als in entspannter Atmosphäre und mehr als wenig Leistungsmotivierte. Durchschnittlich leisten sie in leistungsbetonten Situationen mehr als in entspannten. Höher Leistungsmotivierte sind – besonders bei Misserfolgen – anstrengungsfreudiger. Sie überschätzen sich gelegentlich („Aufbauschung des Anspruchsniveaus").

Gewöhnung an Erfolg *wirkt langweilig*. Die Leistungsmotivierten setzen dann ihre Ansprüche höher (wie bereits die Anspruchsniveauforschung in den dreißiger Jahren ermittelte (Hoppe, Lewin)). Umgekehrt neigt man bei andauerndem Misserfolg dazu, das Anspruchsniveau herunterzusetzen, „kleinere Brötchen zu backen".

Allgemein verlaufen – wie erwähnt – die Vorgänge bei Personen, die in erster Linie Misserfolge zu vermeiden suchen, umgekehrt. Das gilt besonders für den Übergang zu anderen Aufgaben: Höher *Leistungsmotivierte* weisen bei Misserfolgen in leichten Aufgaben die *größere Beharrungstendenz*[26] auf.

Von wenigen Ausnahmen abgesehen – wie etwa im erwähnten paradoxen Fall –, konnte diese frühere Theorie der Leistungsmotivation recht befriedigend viele Abläufe des Leistungshandelns wiedergeben, insofern Wahlen der Aufgaben nach Schwierigkeiten betroffen sind. (Deswegen wird diese Theorie auch „das Risikowahlmodell" ge-

---

[26] Paradoxerweise kleben die eher Ängstlichen manchmal trotz Misserfolgen länger an schweren Aufgaben – vielleicht weil andere Aufgaben und der Übergang zu jenen ihnen noch drohender bevorstehen. Das Motiv, Misserfolge zu vermeiden, ist allerdings in sich noch aufzugliedern. Man konnte es z.B. auflösen in zwei weitgehend voneinander unabhängige Misserfolgsängstlichkeiten – nämlich die aufgrund eines mangelnden Selbstvertrauens in die eigene Fähigkeit und jene aufgrund der Furcht vor sozialen Folgen (Schmalt).

nannt). Als Vergleichstheorie des „Mehr oder Weniger" (hoch gegenüber niedrig Leistungsmotivierten) ist die Theorie recht brauchbar[27].

---

[27] Die Theorie geriet jedoch auch an Grenzen: Hoch Leistungsmotivierte setzen ihre
Ansprüche höher, wählen nicht nur Aufgaben mittlerer Schwierigkeit (unsichere Erfolgserwartung), sondern sie neigen eher dazu, sich *schwerere* Ziele und Aufgaben
zu setzen, als es dem Mittelwert (50 % Erfolgswahrscheinlichkeiten) der Theorie
entspricht. Außerdem waren die Selbstdeutung des Handelnden, sein Wissen über
die Motive und die Rückwirkung von Erfolg oder Mißerfolg auf die nachfolgende
Selbstdeutung und Leistungsbereitschaft noch nicht in der Theorie berücksichtigt
worden.
Der größten Wirksamkeit der Handlungsausführung entspricht auch nicht die größte,
sondern eine *optimale* Motivationsstärke, die hinter dem Höchstwert zurückbleibt
und desto niedriger ist, je schwieriger und verwickelter die Anforderungen sind.
Psychologen kennen die Leistungsbeeinträchtigung durch „Untermotivation" und
„Übermotivation". Ein besonders übermotivierter, leistungsstarker Olympiaruderer
konnte z.B. nur mit einer vorgeblichen Beruhigungstablette, die in Wirklichkeit bloß
Traubenzucker war, zu einem Rennen starten. Er gewann mit dem Placebo später
eine Goldmedaille. Im Unterschied zu solchen zu Verkrampfung neigenden Über-
leistern gibt es natürlich auch Unterleister, die nur in stark anregenden Leistungssi-
tuationen optimale Leistungswirksamkeit entfalten, unter Alltagsbedingungen aber
weder besonders ausdauernd noch wirksam arbeiten/leisten.

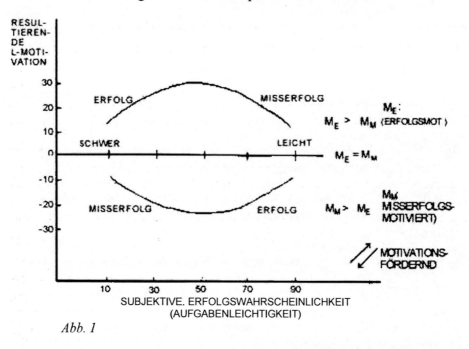

Abb. 1

I. Erfolg erhöht die subjektive Erfolgserwartung; wiederholter Misserfolg erniedrigt die subjektive Erfolgserwartung (erwartete Aufgabenschwierigkeit)

Unabhängig davon:
II. Misserfolg motiviert Erfolgsmotivierte; Erfolg motiviert Misser-
folgsmotivierte;
III. Ständig leicht errungener Erfolg demotiviert Erfolgsmotivierte;
Misserfolg demotiviert Misserfolgsmotivierte
(Die Einflüsse überlagern sich.)

Weitere Entwicklungen der Theorie versuchten, die Rolle der Selbstdeutung, der Rückwirkung und der Zukunftsgerichtetheit wie den
Wunsch nach richtiger Information über die eigene Begabung einzu-
beziehen.

Besonders die Theorie der *Ursachen-Selbstzuschreibung (Kausalattribuierung* nach Weiner) führte die Selbstdeutung, die eigene Verarbeitung des Leistungsergebnisses durch den Handelnden selbst, als einen motivbestimmenden Faktor ein. Die Selbstdeutungen beeinflussen natürlich die gefühlsmäßige Verarbeitung und die Erfolgserwartung in Bezug auf künftige und ähnliche Aufgaben. Insbesondere werden für Erfolg oder Misserfolg entweder äußere Umstände wie Glück, Pech, Schwierigkeit der Aufgabe oder innere Faktoren wie Fähigkeit oder Anstrengung verantwortlich gemacht. Der Handelnde neigt dazu, sich seinen Erfolg oder Misserfolg vorwiegend bestimmten unter diesen Faktoren zuzuschreiben. Entsprechend gestaltet sich seine Leistungsbereitschaft in der Zukunft. Hoch Leistungsmotivierte und eher Ängstliche unterscheiden sich wiederum charakteristisch nach dieser Art der Zuschreibung. Hoch Leistungsmotivierte schreiben ihren Erfolg vorrangig ihrer hohen Fähigkeit und besonderen Anstrengung zu, also inneren Faktoren. Eher Ängstliche schreiben ihren Erfolg häufig äußeren Umständen wie dem Glück, dem Zufall oder der Leichtigkeit der Aufgabe zu. Eigene Misserfolge führen sie vorrangig auf persönliches Versagen oder den Mangel an Fähigkeiten zurück.

Manche dieser Faktoren – wie Begabung oder Aufgabenschwierigkeit – sind nicht subjektiv zu verändern, andere – Anstrengung oder Glücksumstände – sind variabel. Erfolgsmotivierte neigen beispielsweise dazu, Misserfolge der mangelnden Anstrengung zuzuordnen – und erhöhen dementsprechend die Anstrengung. Schreibt ein Ängstlicher den Misserfolg seiner mangelnden Begabung zu, so motiviert ihn das nicht stärker, denn die eigene Begabung ist für ihn nicht zu verändern.

Innere Zuschreibungen wirken besonders auf die Gefühle: Habe ich mich bei einer wichtigen Aufgabe nicht genug angestrengt, so fühle ich Scham; ein Erfolg bei einer sehr anstrengenden Aufgabe erfüllt mich mit Stolz.

Zuschreibungen zu stabilen, unveränderlichen Faktoren führen oft zu typischen Einstellungsänderungen: Der Ängstliche, der einen

Misserfolg seiner mangelnden Begabung zuschreibt, wird Erwartungen und Ansprüche herunterschrauben.

Für die persönliche Verarbeitung von Leistungserfolgen und -misserfolgen ergibt sich ein einfaches Vierfelderschema:

		Personabhängigkeit der Zuschreibung	
		innerlich	äußerlich
	unveränderlich	Begabung	Aufgabenschwierigkeit
Zeitliche Veränderlichkeit	veränderlich	Anstrengung	Zufall

Für das Thema „Eigenleistung, Eigenhandeln" ist natürlich die Theorie der Ursachen-Selbstzuschreibung außerordentlich wichtig. Eigenhandeln ist wesentlich abhängig von der Selbstdeutung, von „wahrgenommenen" ebenso wie oder manchmal sogar eher als von „tatsächlichen" Ursachen (Weiner). Zur Eigenleistung, Eigenhandlung gehört die Eigendeutung. Dies gilt besonders für zeitlich länger andauernde Handlungsbereitschaften, für die Entwicklungsdynamik der Motivation. Die Selbstdeutung hängt von der eigenen Verarbeitung der Erfolgs- bzw. Misserfolgserlebnisse ab und beeinflusst wiederum die Erwartung von Erfolg bzw. Misserfolg und somit die Eigenleistungsbereitschaft. Es handelt sich um eine durchaus verwickelte Dynamik des Motivationsgeschehens, das hier im Einzelnen nicht weiter behandelt werden kann (vgl. Weiner, Heckhausen 1980).

Heckhausen hat (1980, 1981) das Leistungsmotiv auch noch als ein Selbstbewertungssystem aufgefasst. Der Handelnde vergleicht sein Leistungsergebnis mit einem Standard, schreibt sich im Verhältnis zu diesem das Ergebnis selbstbewertend zu, erzeugt sozusagen „Zufriedenheit oder Unzufriedenheit mit sich selbst oder ... Stolz auf sich selbst oder Beschämung und Ärger über sich selbst". Er bekräftigt dadurch wiederum das Motiv im Sinne der positiven Selbstbewertung. Erfolgsmotivierte scheinen ihre Selbstbewertung in erster Linie aus Erfolgen zu gewinnen, da sie Erfolge mehr der eigenen Fähigkeit und Misserfolge eher „noch unzureichender Anstrengung" oder äußeren Ursachen zuschreiben. Sie bestätigen „durch ihre voreingenommene ... Selbstbewertung ihr bestehendes Motivsystem: d.h. ein System, in dem ... dem Erfolgsanreiz ... ein maßgebenderes Gewicht zukommt".

Vorweggenommene Selbstbewertungen beeinflussen nach diesem Ansatz die Leistungsmotivation. Auf die Dauer entwickelt, wandelt und stabilisiert bzw. bestärkt oder gar verstärkt sich das Leistungsmotiv in der vergleichenden Selbstbewertung sozusagen eigenwirkend. Es kann tendenziell als selbstverstärkend gelten. Man schreibt sich selber das Ergebnis ursächlich zu und verstärkt dadurch das Motiv. Das Motiv ist ein dynamisches, sich selbst bekräftigendes und stabilisierendes System. Die „Selbstbewertung" ist hiernach „eine Kernkomponente des Motivsystems ..., die zu dessen Stabilität über Zeit beiträgt". Das Motivsystem erhält sich sozusagen selbst am Leben, zeugt und pflanzt sich selbst fort. Vorweggenommene Selbstbewertungen späterer Ergebnisse gehen als Verstärker in das Motivsystem selbst ein. das Prinzip Eigenleistung hat sozusagen selbstmotivierende Kraft.

III Leistungsarten – Leistungsprinzipien

Von der gesellschaftlichen und ökonomischen Leistung ist die individuelle „Leistung" als produktive oder kontrollierende persönlich erbrachte, als nützlich oder beachtlich bewertete Handlung bzw. als das entsprechende Handlungsergebnis zu unterscheiden, das als Bemessungsgrundlage sozialer Chancenzuteilung und Entlohnung gilt. Leistung ist abhängig von Bewertung und Deutung, setzt – wie erwähnt – Tüchtigkeits-, Güte- und Schwierigkeitsmaßstäbe voraus sowie bestimmte förderliche individuelle und soziale Bedingungen (zum Beispiel ein individualistisches, Selbstverantwortlichkeit betonendes aktivistisches Lebensgrundgefühl und etwa liberale Gesellschaftsstrukturen).

Leistung kann unter verschiedenen *Aspekten* beurteilt werden: etwa unter dem Ertrags-, Anstrengungs-, Aufwands-, Wettbewerbs-, Fähigkeits-, Konkurrenz-, Talent-, Kontroll-, Störungsfreiheits-, Sicherheitsaspekt. Leistungserfüllung kann sich als Markterfolg, Produktivität (Output:Input), Outputerhöhung, Inputminimierung, Pflicht- und Aufgabenerfüllung, individuelle Anstrengung, Überbietung anderer und als Ausschöpfung von Fähigkeiten, Ressourcen darstellen.

Ein durchgehend anwendbarer einheitlicher Maßstab der Leistungsbemessung lässt sich nicht erkennen, wie die nachfolgend im Diagramm aufgeführten Profile von leistungsbezogenen Handlungsarten im Vergleich illustrieren. Darunter ist die Handlungsweise des Chirurgen (wohl auch für den Unfallchirurgen repräsentativ) ebenfalls angefügt.[28]

PROFILE VON LEISTUNGSBEZOGENEN HANDLUNGS-ARTEN

FÄHIGKEITSBEZOGEN[29]	ANSTRENGUNGSBEZOGEN
EIGENHANDELND (AKTIONSLEISTUNG)	DARBIETEND („PRÄSENTATIONSLEISTUNG")
AUFGABENBEZOGEN	WETTBEWERBSBEZOGEN
EIGENMOTIVIERT	FREMDBESTIMMT
KREATIV	ROUTINEARTIG
LUSTVOLL GETÖNT; FREUDEBRINGEND	UNLUSTERZEUGEND

---

[28] Nach meinem laienhaften Beurteilungsvermögen, dessen Ergebnis jedoch mein Sohn (Facharzt für Anästhesie) überprüft hat.
[29] Nach A. Talent, B. Qualifikation

GRUPPENBEZOGEN; (KOOPERATIV; TEAMARBEIT)	INDIVIDUALISTISCH
PROZESSORIENTIERT	RESULTATORIENTIERT
ÄUSSERLICH (PHYSISCH) HANDELND ODER HERSTELLEND	GEISTIG-SYMBOLISCH KONTROLLIEREND; DISPONIEREND
VORRANGIG EIGENMOTORISCH; KÖRPERLICH	PSYCHISCH
LANGFRISTIG DISZIPLINIEREND	KURZFRISTIG KONZENTRIERT
ERBLICH PROGRAMMIERT	(VOLLSTÄNDIG) ERLERNT

Einige Anwendungen:

Das *Leistungsprinzip* erkennt materielle und soziale Belohnungen/Entschädigungen sowie Aufstiegs- und Lebens(verbesserungs)chancen nach der persönlichen Leistung (besonders der beruflichen) zu (Leistungsprinzip als soziales Zuteilungs- und Verteilungskriterium). Man hat freilich das mikro-ökonomische (Wirtschaftserfolg) vom sozial-psychologischen (Leistungsbereitschaft) und dem sozialen Leistungsprinzip (Zuteilungskriterium) zu unterscheiden. In unserer Gesellschaft gelten aber auch andere Gestaltungs- und Verteilungsprinzipien wie zum Beispiel Prinzipien der sozialen Unterstützung, Wahl, Repräsentation, Arbeitsauseinandersetzung usw.

Der Grundgedanke des soziologischen Leistungsprinzips ist: Die Verteilung und Zuerkennung materieller und sozialer Belohnungen/Entschädigungen sowie der Aufstiegs- und Lebens(verbesserungs)chancen soll (ausschließlich) nach der persönlichen, individuell erbrachten Leistung (besonders jener in der Berufsarbeit) ausgerichtet und gewährleistet werden (Leistungsprinzip als soziales Zuteilungskriterium).

PROFILE VON LEISTUNGSBEZOGENEN HANDLUNGSARTEN		BERGMANN	MARATHONLÄUFER	KUNSTTURNER (EINZELWETTKAMPF)	CHIRURG
FÄHIGKEITSBEZOGEN	ANSTRENGUNGSBEZOGEN	ANSTRENGUNGSBEZOGEN	ANSTRENGUNGSBEZOGEN	EHER FÄHIGKEITSBEZOGEN (TALENT)	EHER FÄHIGKEITSBEZOGEN (QUALIFIKATION)
EIGENHANDELND (AKTIONSLEISTUNG)	DARBIETEND (*PRÄSENTATIONSLEISTUNG)	EIGENHANDELND	EIGENHANDELND	BEIDES	EIGENHANDELND
AUFGABENBEZOGEN	WETTBEWERBSBEZOGEN	AUFGABENBEZOGEN	WETTBEWERBSBEZOGEN	WETTBEWERBSBEZOGEN	AUFGABENBEZOGEN
EIGENMOTIVIERT	FREMDBESTIMMT	FREMDMOTIVIERT	EIGENMOTIVIERT	EIGENMOTIVIERT	EIGENMOTIVIERT
KREATIV	ROUTINEARTIG	ROUTINEARTIG	ROUTINEARTIG	KREATIV	EHER ROUTINIERT
LUSTVOLL-GETÖNT; FREUDEBRINGEND	UNLUSTERZEUGEND	UNLUSTERZEUGEND	Z.T. UNLUSTERZEUGEND	EHER LUSTVOLL-GETÖNT	U. U. BEIDES
INDIVIDUALISTISCH	GRUPPENBEZOGEN (KOOPERATIV; TEAMARBEIT)	NEUTRAL	INDIVIDUALISTISCH	INDIVIDUALISTISCH	INDIVIDUALISTISCH
PROZESSORIENTIERT	RESULTATORIENTIERT	RESULTATORIENTIERT	BEIDES	EHER PROZESSORIENTIERT	BEIDES
ÄUSSERLICH (PHYSISCH) HANDELND-ODER-HERSTELLEND	GEISTIG-SYMBOLISCH KONTROLLIEREND; DISPONIEREND	ÄUSSERLICH-MATERIELL	NEUTRAL	SYMBOLISCH KONTROLLIEREND	BEIDES
VORRANGIG EIGENMOTORISCH; KÖRPERLICH	PSYCHISCH	KÖRPERLICH (EIGENMOTORISCH)	STÄNDIG EIGENMOTORISCH	BEIDES	EIGEN- (FEIN) MOTORISCH
LANGFRISTIG-DISZIPLINIEREND	KURZFRISTIG-KONZENTRIERT	LANGFRISTIG-DISZIPLINIEREND	LANGFRISTIG-DISZIPLINIEREND	KURZFRISTIG-KONZENTRIERT	KURZFRISTIG-KONZENTRIERT
ERBLICH PROGRAMMIERT	(VOLLSTÄNDIG) ERLERNT	ERLERNT		BEIDES	ERLERNT

Definitionen des Leistungsprinzips in der Literatur: Heckhausen (1974): „Mit Leistungsprinzip (ist) eine Entschädigung für „geleistete" Arbeit gemeint, die der aufgewandten Dauer, Mühe und Qualifikation der Arbeitstätigkeit entspricht". – Offe (1970): „Immer wenn und nur wenn nach einem objektiven (von der Person unabhängigen) Kriterium bestimmte „Leistungsstandards" von einem Individuum erfüllt werden, folgt eine formale Zulassung zu einer Berufsposition und/oder eine Veränderung seines Arbeitseinkommens und/oder eine Änderung seines Arbeitseinkommens und/oder eine Veränderung der Arbeitsaufgabe innerhalb derselben Organisation und/oder die Zuweisung von formaler Autorität".

Ferner hat man folgende Ebenen zu unterscheiden (Széplábi 1974): das (makro-)ökonomische Leistungsprinzip, das Leistung und Leistungsfähigkeit im Sinne des Wirtschaftserfolgs und des Wirtschaftswachstums deutet, muss unterschieden werden vom sozialpsychologischen Leistungsprinzip der Leistungsbereitschaft und Leistungsmotivation sowie vom im engeren Sinne soziologischen Leistungsprinzip im Sinne eines sozialen Zuteilungs- und Gestaltungsprinzips. Diese verschiedenen Varianten müssen deutlich auseinander gehalten werden. Sie sind auch entsprechend ihrer sozialen Wirkung unterschiedlich zu beurteilen.

Das Leistungsprinzip erkennt also materielle und soziale Belohnungen/Entschädigungen sowie Aufstiegs- und Lebens(verbesserungs)chancen nach der persönlichen Leistung (besonders der beruflichen) zu (Leistungsprinzip als soziales Zuteilungs- und Verteilungskriterium). Übrigens hat das soziale Zuteilungsprinzip „Leistung" als idealtypisch verstandene Orientierungsleitlinien in humanisierter Modifizierung und Mischung mit anderen Prinzipien seine gute relative Berechtigung. Es setzt freilich ein Prinzip, wie das der Chancengleichheit (Chancengleichberechtigung, Chancengerechtigkeit), voraus – ebenfalls das Konkurrenzprinzip sowie Normen der Vergleichbarkeit und Feststellbarkeit der Leistungen. In unserer Gesellschaft gelten aber auch andere Gestaltungs- und Verteilungsprinzipien wie zum Beispiel Prinzipien der sozialen Unterstützung, Wahl, Repräsentation, Arbeitsauseinandersetzung usw.

Ausgewählte soziale Zuteilungs- und Gestaltungsprinzipien, die konkurrierend oder gemischt mit bzw. neben dem Leistungsprinzip in unserer Gesellschaft gelten sind (erweitert nach Bolte):

1. Sozialprinzip,

2. Subventionsprinzip,

3. parlamentarisches Prinzip politischer Entscheidung,

4. Verhandlungs- und Arbeitskampfprinzip,

5. Besitzprinzip,

6. Vererbungsprinzip

7. Abstammungsprinzip (Adelsprinzip),

8. Lebensalterprinzip (Höchst-, Mindestalter),

9. Anciennitätsprinzip (Senioritätsprinzip),

10. Zugehörigkeitsprinzip (Konfession, Partei, Staatsbürgerschaft usw.),

11. Loyalitätsprinzip,

12. Wahlprinzip,

13. Repräsentationsprinzip,

14. Gesundheitsprinzip (Piloten),

15. Familienstandsprinzip,

16. Geschlechtsprinzip,

17. Alimentationsprinzip („klassisches" Beamtentum),

18. Machtprinzip,

19. Standesprinzip,

20. Besitzstandswahrungsprinzip,

21. Präsentationsprinzip (Schönheitsprinzip, Telegenität, publizistische Wirksamkeit usw.)

Da alle diese Prinzipien irgendwo in unserer Gesellschaft, zumeist zusammen mit anderen, eine Rolle spielen, findet sich in Wirklichkeit eine Vermischung dieser Prinzipien mit dem Leistungsprinzip. Die Gesellschaft ist nicht ausschließlich nach dem reinen Leistungsprinzip organisiert. Sie ist also keine totale, perfekte oder strikte Leistungsgesellschaft. Auch im Grundsatz der Bundesrepublik Deutschland heißt es in Art. 33: „Jeder Deutsche hat nach seiner Eignung, Befähigung und *fachlichen Leistung* den gleichen Zugang zu jedem öffentlichen Amt." (Bezugnahme auf das Leistungsprinzip im Grundgesetz.)

Für die Vermischung des Leistungsprinzips mit anderen Prinzipien und die Ausgestaltung sowie Anwendung des Leistungsprinzips sind geschichtlich gewachsene kulturelle Werte, sozialphilosophische Grundüberzeugungen sowie sozialpolitische Entscheidungen verantwortlich. Politische Momente spielen beispielsweise eine Rolle bei den Entscheidungen, ob 1. das Leistungsprinzip in unserer Gesellschaft überhaupt und in welchen Teilbereichen es gelten soll (GG Art. 33), 2. ob und in welcher Mischung es mit anderen Prinzipien anerkannt werden soll, 3. welchen Gesetzen der Leistungswettbewerb folgen soll (Kartellverbote usw.), 4. welche Handlungen als leistungsrelevant, als Leistungen anerkannt werden, 5. welche Leistungsmaßstäbe dem Leistungshandeln und dem Vergleich verschiedenartiger Leistungen zugrunde gelegt werden sollen, 6. welche Entlohnung bzw. Chancenzuteilung im Sinne persönlicher Zumessung bei der Anwendung der gewählten Leistungsmaßstäbe zuerkannt wird bzw. sich in der Gesellschaft ausprägt und 7. wie stark die Betonung der Leistungsorientierung und Leistungsbereitschaft im Erziehungsbereich sein soll (erweitert nach Bolte).

Das soziologische Leistungsprinzip ist mit seiner intuitiv einsichtigen Gerechtigkeit, seiner Motivationswirkung sowie nach seinen erzieherischen Aufgaben noch keineswegs historisch erschöpft oder gar überholt. Freilich muss das Prinzip moderiert und sozial sinnvoll angewendet bzw. eingeschränkt werden. Abstrakte Leistungen und Leistungssteigerung an sich wären sozial sinnlos. Besonders die erzieherischen Möglichkeiten einer human sinnvoll und sozial verantwortlichen und kreativen Leistungsorientierung sollten dabei im Vordergrund stehen.

Eigenengagierte Leistung, selbstmotiviert und eigeninteressiert erbracht, nenne ich kurz *„Eigenleistung"*. In meinem Buch „Eigenleistung: Plädoyer für eine positive Leistungskultur" (1983) wird der Unterschied zwischen eigenmotivierter und *fremd*bestimmter Leistung deutlich herausgearbeitet. Wenn Eigenleistung und Eigenhandeln wesentliche kreative Momente des Lebens sind, so müssen diese gerade in der Erziehung als unerlässlich gefördert und gefordert werden. Im Blick auf die vielfältigen Leistungsarten sollte das kreative Leistungsprinzip dabei nicht bloß ökonomistisch missdeutet werden. Eigenmotivation sollte dabei dem teilweise noch notwendigen Leistungszwang vorangehen. Jeder unnötige Leistungszwang sollte allmählich reduziert werden, sollte ideell der kreativen Eigenleistung weichen. Die Persönlichkeit entwickelt sich in ihren kreativen Eigenleistungen. Das Prinzip Eigenleistung ist kulturell, erzieherisch und gesellschaftlich unverzichtbar.

Eine *Leistungsgesellschaft*[30] kann im strikten Sinne als eine Gesellschaft verstanden werden, die soziale Ränge, Chancen, Positio-

---

[30] Notwendig für eine <u>Leistungsgesellschaft</u> ist, dass 1. die meisten oder wenigstens viele Mitglieder dieser Gesellschaft Leistung schätzen und erstreben; 2. die Gesellschaft einen besonderen wirtschaftlichen Leistungsstand aufweist bzw. favorisiert; 3. ein Leistungsprinzip allgemein für die Zuteilung von sozialen und materiellen Chancen bzw. Entlohnungen zu den jeweiligen Leistungen des einzelnen sorgt; 4. das Effizienzprinzip gilt, wonach es als richtig gilt, gesetzte Ziele mit möglichst geringem Aufwand zu erreichen oder bei gegebenem Einsatz den Erfolg zu maximieren oder zu erhöhen; 5. der Konkurrenzkampf anerkannt wird; 6. Talente, Fähigkeiten und Qualifikationen zu Leistungen besonders betont, gefordert und gefördert werden; 7. das Ergebnis persönlicher Eigenleistung bzw. Leistungstalente, Leistungserwartungen und Leistungsbereitschaft die Beurteilung des einzelnen bedingen sowie 8. grundsätzlich eine ideale Chancengleichheits- oder Chancengerechtigkeitsregel für Leistungen und für die Leistungsschulung anerkannt ist.

nen, Aufstieg, Entlohnung, Einfluss und Anerkennung allein nach der beruflichen individuellen Leistung bemisst und zuteilt. Unsere Gesellschaft ist in diesem Sinne keine strikte oder totale Leistungsgesellschaft, da – wie erwähnt – andere Prinzipien ebenfalls Zuteilungs- und Verteilungskriterien darstellen. Deshalb sollte man eher von einer Leistungsgesellschaft im weiteren Sinne sprechen, in der die Zuteilung nach Leistungsprinzip eine vorrangige, aber nicht ausschließliche Rolle spielt.

Es hat sich in der nunmehr vierzig Jahre währenden Debatte um die Gesellschaftskritik am Leistungsprinzip und an der Leistungsgesellschaft gezeigt, dass auf Leistungsorientierung und -förderung nicht verzichtet werden kann und dass das Leistungsprinzip auch keineswegs einer humanen Gesellschaft entgegenstehen muss. Aber wichtig ist es, zwischen eigenmotivierter und fremdverordneter Leistung zu unterscheiden. Mit Eigenleistung meine ich in erster Linie die erstere, die eigenmotivierte, eigenengagierte, freiwillig erbrachte persönliche Leistung. Sie bezieht sich auch auf symbolische Leistungen und solche, die sich erst durch Deutung verwirklichen oder ausdrücken, auf Deutungen beruhen wie in der Kunst, der Wissenschaft und auch im Sport. Sie muss sich mit den genannten, anderen Charakteristika (und weiteren) kombinieren. Ein menschliches Leben ist vielleicht sogar im tiefsten Sinn zunächst Eigenleisten, bewertbares, kreatives personales Eigenhandeln; dieses ist das Element und Vehikel engagierten und „wirklichen" Lebens im ursprünglichen Handlungssinn. Im Handeln und im Leisten liegt der Sinn, im selbstbestimmten, eigengestalteten, zielorientierten Tätigsein. Die Persönlichkeit, wenigstens die der abendländischen Gesellschaft, spiegelt und bildet sich vorrangig in Ausdrücken, Werken und Handlungen des einzelnen – also in Leistungen im weitesten Sinne des Wortes. Darstellungsleistungen gehören hierzu ebenso wie insbesondere neuartige, einzigartige Handlungen, durch welche das Individuum sich auszeichnet – vor anderen, aber auch vor seinem eigenen Anspruch, über seine bisherigen Leistungen hinaus, durch die der einzelne sich selbst „beweisen", vor sich selbst und anderen bestätigen kann als jemand, der etwas Eigenes oder gar Besonderes vollbringt oder zu vollbringen fähig ist. Selbstverständlich spiegelt sich die Persönlichkeit nicht nur in Leistungshandlungen (alle Personen nur nach deren Leistung oder Leistungsfähigkeit zu bewerten, wäre inhuman), aber Leistungen bieten besondere Auszeichnungsmöglichkeiten, Wege der Selbstbildung, -entwicklung und -bestätigung. In einer zur Nivellierung tendierenden, keine tägliche Bedrohung setzenden und keine Notfallreserven erfordernden, daher zivilisatorisch manchmal allzu geglätteten Lebensweise gewinnen Handlungsmöglichkeiten und Anforderungen eine besondere Bedeutung, sofern sie über die Alltagsroutine hinausreichen, den Menschen, besonders den jugendlichen Erwachsenen, zu besonderen Aktivitäten motivieren. – In einer Gesellschaft jedenfalls, die „zu wenig Spannung", zu wenige Selbstbewährungsaufgaben bietet, sucht und schafft der Mensch „sich Spannung", indem er von sich selbst etwas verlangt: Er fordert von sich eine eigene persönliche Leistung. So sahen, sähen und sehen es wir Älteren und Erzieher gern bei der jüngeren Generation. Doch die Fakten, die waren lange Zeit nicht so...

Nun zu den neueren Gesichtspunkten des Vergleichs zwischen fremdbestimmter und eigenmotivierter Leistung. Ich sprach davon, dass „Lust" gegenüber „Leistung" stets als eine Art von Gegensatz ohne eine Vermittlungsmöglichkeit gesehen wurde. Diese Gegensatzformulierung hat sich aber durch eine ausgesprochene Suggestivfrage in der Demoskopie ergeben.

Leben als Aufgabe – Leben genießen

Es unterhalten sich zwei Leute über das Leben.

Der erste sagt:

„Ich betrachte mein Leben als eine Aufgabe, für die ich da bin und für die ich alle Kräfte einsetze. Ich möchte in meinem Leben etwas leisten, auch wenn das oft schwer und mühsam ist."

Der zweite sagt:

„Ich möchte mein Leben genießen und mich nicht mehr abmühen als notwendig. Man lebt schließlich nur einmal, und die Hauptsache ist doch, dass man etwas von seinem Leben hat."

Seit der deutschen Vereinigung spalten sich die Diagramme auf. Während sich in den westdeutschen, alten Bundesländern der Trend erhält, ist in den ostdeutschen, neuen Bundesländern eine Art „Nachhol"-Entwicklung in der Lebenseinstellung zu den beiden genannten Fragen festzustellen: Die ostdeutschen Mitbürger beginnen offensichtlich mit der deutschen Vereinigung bei dem Einstellungsniveau, wie sie die deutsche Bevölkerung etwa in den 60er Jahren aufwies. Die westdeutsche Bevölkerung insgesamt – bzw. die befragte repräsentative Auswahl – nannte 1990 (wie schon 1982) zu 43 % das Leben als eine pflichtmäßige „Aufgabe"; 1996 waren es gleich bleibend 45%. Dagegen sahen 1992 62 % (!) der Ostdeutschen das Leben als eine Pflichtaufgabe (für die man „alle Kräfte" einzusetzen bestrebt ist). 1996 waren es schon 6 % weniger: 54 %! Die Pflicht- und Aufgabenorientierung in der Lebenseinstellung sinkt also. Dies zeigt sich auch umgekehrt im Ansteigen der Genussorientierung: Waren die Ostdeutschen 1990 zu 18% Vertreter des Lebensgenusses („Leben genießen"), so waren es 1996 bereits 28 %. (Hingegen blieb die Genusseinstellung in der westdeutschen Bevölkerung 1990 bei 39 % und 1996 bei 34 %).

Das Institut für Demoskopie in Allensbach hat die Frage seit langen Jahrzehnten nämlich so in unserer Bevölkerung gestellt und festgestellt, dass die jeweiligen Antworten auf die Frage, ob man das „Leben" als eine „Pflichtaufgabe" sieht oder als einen Genuss, sich immer mehr sich in der Weise verändert haben, dass das „Leben als Aufgabe", als „Pflicht" immer niedrigere Messwerte bekamen, also zurückgingen. „Das Leben Genießen" wurde immer stärker betont – insbesondere in der jungen Bevölkerung und zumal bei den Arbeitern. Es gibt also eine einschlägige Tendenz und lange wurde diese als ein „Wertewandel" diskutiert. In letzter Zeit haben sich die Akzente aber eigentlich wieder ein wenig geändert. Wir sagen und sehen es als Ältere und Erzieher natürlich gern, wenn jeder Mitarbeiter bzw. Schüler von sich selbst auch eine eigene Leistung fordert. Und wir sehen es natürlich ungern, wenn diese Art von Suggestivfrage in der Weise beantwortet wird, wie es hier geschehen ist.

Die 13. Shell-Jugend-Studie von 2000 hat bei 4544 Jugendlichen ebenfalls Fragen hinsichtlich ihrer wichtigsten Werte-Dimensionen und -Orientierungen gestellt. Die hier wiedergegebenen sind die acht Werte-Dimensionen, die einschlägig sind; die entsprechenden Daten wurden nach Clustermethode analysiert. Es ergab sich eben, dass acht verschiedene Werte-Dimensionen eine große Rolle spiel(t)en.

WERTEDIMENSION 1: „AUTONOMIE – KREATIVITÄT UND KONFLIKTFÄHIGKEIT":

Items der Skala AUTONOMIE

* selbständig denken und handeln

* allein auf Ideen kommen

* sich von unangenehmen Dingen nicht so leicht unterkriegen lassen

* die eigene Meinung vertreten, auch wenn die Mehrheit anders denkt

* keine Angst vor Konflikten haben

* den Mut haben, nein zu sagen

WERTEDIMENSION 2: „MENSCHLICHKEIT – TOLERANZ UND HILFSBEREITSCHAFT":

Items der Skala MENSCHLICHKEIT

* hilfsbereit gegenüber anderen Menschen sein

* mit anderen teilen, etwas abgeben können

* Menschen, die anders sind, akzeptieren
* jeden Menschen so akzeptieren, wie er ist
* etwas für die Gesellschaft leisten
* andere Kulturen kennen lernen

WERTEDIMENSION 3: „SELBSTMANAGEMENT – DISZIPLIN UND EINORDNUNGSVERMÖGEN":

Items der Skala SELBSTMANAGEMENT

* diszipliniert sein
* sich im Griff haben, Selbstbeherrschung zeigen
* sich in eine Ordnung einfügen, sich anpassen können
* bescheiden sein
* gründlich sein in allen Dingen
* regelmäßig feste Summen sparen

WERTEDIMENSION 4: „ATTRAKTIVITÄT – GUTES AUSSEHEN UND MATERIELLER ERFOLG":

Items der Skala ATTRAKTIVITÄT

* auch in 20 oder 30 Jahren noch gut aussehen
* sich auch mit 30 oder 40 Jahren noch jugendlich anziehen können
* viel Geld auf der hohen Kante haben
* in seinem Leben einmal viel Geld verdienen
* vor allem Spaß haben und viel erleben
* das eigene Äußere

WERTEDIMENSION 5: „MODERNITÄT – TEILHABE AN POLITIK UND TECHNISCHEM FORTSCHRITT":

Items der Skala MODERNITÄT

* sich für Politik interessieren

* politische Zusammenhänge verstehen

* mit Computern umgehen können

* mit Technik umgehen können

* Ämter in wichtigen Organisationen übernehmen

* technisch immer auf dem neuesten Stand sein, gut ausgerüstet sein

WERTEDIMENSION 6: „AUTHENZITÄT – PERSÖNLICHE DENK- UND HANDLUNGSFREIHEIT":

Items der Skala AUTHENZITÄT

* so bleiben, wie man ist

* tun und lassen können, was man gerade will

* frei von Verpflichtungen sein

* sich nicht von anderen beeinflussen lassen

* den eigenen Kopf durchsetzen

* immer sagen, was man denkt

WERTEDIMENSION 7: „FAMILIENORIENTIERUNG – PARTNER, HEIM UND KINDER":

Items der Skala FAMILIENORIENTIERUNG

* in einer glücklichen Partnerschaft leben

* Kinder haben

* eine eigene Familie aufbauen, in der man sich wohl fühlt

* sich später ein angenehmes Zuhause schaffen

* seinen Kindern einmal ein sicheres Zuhause bieten

* treu sein

WERTEDIMENSION 8: „BERUFSORIENTIERUNG – GUTE AUSBILDUNG UND INTERESSANTER JOB":

Items der Skala BERUFSORIENTIERUNG

* eine vernünftige Ausbildung

* umziehen, wenn es der Job erfordert

* ein solider Beruf, mit dem man auf eigenen Beinen steht

* ein Beruf, der einem auch später etwas bedeutet

* einen sicheren Arbeitsplatz finden

* eine interessante Arbeit finden

Für unsere Zwecke sind natürlich besonders die Werte-Dimensionen „Berufsorientierung", „Authentizität", und vor allen Dingen „Attraktivität" und „materieller Erfolg", „Selbstmanagement Disziplin" usw. wichtig. Ich bin etwas skeptisch hinsichtlich der Einteilung – trotz der empirischen Grundlagen bei der Werte-Dimension **4**: „Attraktivität und gutes Aussehen" sowie „materieller Erfolg" sind meines Erachtens trotz der Cluster-Zusammenballung nicht *dieselbe* Dimension, sondern es sind *zwei* verschiedene Dimensionen. (Methodisch sind also zweifellos noch einige Fragen offen, die wir nicht diskutieren wollen.) Ich will hier nur die Erhebungsresultate erwähnen, die sich in Bezug auf die Leistungsorientierung und Leistungsdiskussion herausgestellt haben. Und es sind in der Tat die neuesten, gerade seit einigen Monaten vorliegenden Untersuchungen!

Es wurden nun aufgrund dieser Wert-Dimensionen *fünf* verschiedene *Typen der Wertorientierung* bei den Jugendlichen festgestellt. (In Klammern findet man indem Diagramm die Prozentzahl, wie diese Typen sich auf die Bevölkerung der Jugendlichen in diesen repräsentativem Querschnitt von fast 4500 repräsentativ ausgewählten Befragten verteilen.) Da sind einerseits „die Distanzierten", die sich sozusagen auf sich selbst zurückziehen; offenbar gibt es in Großstädten davon sehr viele. Es folgen die vorwiegend „Freizeitorientierten", auch sehr stark vertreten in Großstädten. Dann, für uns besonders interessant, die „Vielseitigen", das sind jene, die in allen diesen Wert-Dimensionen besonders hohe Werte und Attraktivität finden und überall die Sozialaktiven, die persönlich Aktiven sind. Ferner „die Modernen", die stets „in" und eben „up-to-date", „modern" sein wollen, immerhin 22 Prozent. Und schließlich „die Traditionellen", 20 Prozent.

1. Die „Distanzierten" (Stichprobenanteil: 17%)

2. Die „Freizeitorientierten" (Stichprobenanteil: 16%)

3. Die „Vielseitigen" (Stichprobenanteil: 25%, davon leistungsorientiert: 63%)

4. Die „Modernen" (Stichprobenanteil: 22%(

5. Die „Traditionellen" (Stichprobenanteil: 20%, davon leistungsorientiert: 68%)

Auch in dieser Befragung stellte man wieder die „Allensbach" – Fragen nach „Leben als Aufgabe" und „Leben als Genießen" (s.o.) bzw. nach „Leistungsorientierung" vs. „Genussorientierung".

Nun stellte sich neuerdings heraus, dass im wesentlichen die „Traditionellen" und die „Vielseitigen" am meisten leistungsorientiert sind, je nach ihrem eigenen Verständnis natürlich; die „Vielseitigen" zu 63 Prozent und die „Traditionellen" sogar zu 68 Prozent. Hier haben wir doch eine ganz andere Sicht als in den bis dato vorherrschenden eher pessimistischen Analysen der Erhebungen vom Institut für Demoskopie in Allensbach. In der Totalen, also bei der Gesamterhebung, waren 52 Prozent leistungsorientiert, die sich selber so genannt haben. Die „Vielseitigen" und die „Traditionellen" unter den jüngeren Menschen liegen also weit darüber. Übrigens waren interessanterweise auch einige ausländische Jugendliche zwischen 22 und 24 Jahren mit 63 Prozent höher leistungsbestrebt als ihre Alterskollegen bei den Deutschen, die generell nur zu 56 Prozent Leistungsorientierung angaben. M. a. W. wir haben hier äußerst interessante neueste Wertestudien, die in dieser 13. Shell-Jugendstudie erstmals veröffentlicht wurden und gegenüber den herkömmlichen vergleichbaren Antworten geradezu als eine Trendwende gedeutet werden können. Vorrangig ging es bei der Erhebung natürlich um die „Modernität", die „Lustorientierung", „Freizeitorientierung" und die genannte Typendifferenzierung. Aber immerhin haben wir doch so etwas wie ein deutliches Ergebnis oder einen Trend, dass Leistung offenbar doch wieder eine gewisse Rolle spielt – wenigstens in bestimmten typischen Untergruppen (der „Vielseitigen" und der „Traditionsbewussten"). Interessanterweise ergab sich in Ostdeutschland zum Teil bei weiblichen Befragten eine höhere Leistungsorientierung als bei den Männern. Generell zeigt sich, dass entsprechend der Allensbach-Fragestellung („Leben als Aufgabe", „Leben als Genießen") hier eine gewisse Vergleichbarkeit möglich ist. (Die Fragen sind nahezu identisch.) Insofern kann man sagen, und das schließen die Autoren der 13. Shell-Jugendstudie auch, dass wir einen „soliden Anstieg in der Leistungsorientierung seit 1992" feststellen können: „Die älteren Jugendlichen bekunden öfter Leistungsorientierung als die jüngeren, die weiblichen öfter als die männlichen (! H.L.), die deutschen öfter als die ausländischen" (2000, 183). Allerdings gibt es hier die erwähnte Ausnahme der 22- bis 24-jährigen nicht- deutschen männlichen Jugendlichen, die nach dieser Erhebung erklären, „dass sie eher leistungs- denn genussorientiert" sind. Soweit also diese interessanten neuesten Ergebnisse, die erfreulicherweise die bisherigen recht leistungsdefätistischen Trend wenigstens in bestimmten „typischen" Untergruppen (zumal den „Vielseitigen" und „Traditionellen") konterkarieren.

IV Leistungskritik und Humanisierung

Die Arbeitsethik und der Leistungsgedanke sind seit drei Jahrzehnten ins gesellschaftliche Gerede geraten. Geht der Arbeitsgesellschaft die Arbeit, der Leistungsgesellschaft die Leistung aus? Schüler und Betriebsangehörige stöhnen über „Leistungsdruck". Der Stress nimmt zu. Rationalisierung und Effizienzforderungen kanalisieren das Arbeitsleben, zerstückeln die Leistungsbereitschaft. Leistungsdruck sei inhuman, meinte die Sozialkritik in und nach der Studentenrebellion. Doch schüttete sie nicht das Kind mit dem Bade aus, wenn sie Leistung mit erzwungener Leistung, eigenmotivierte und fremdbestimmte Leistung einfach gleichsetzte? Das Leistungsprinzip sei in komplexen Produktionsprozessen nicht mehr anwendbar, weil nicht mehr auf Einzelleistungen zu beziehen; zugleich werde es aber zu perfekt durchgesetzt, gefordert, vorgeschoben: Es diene als Herrschafts- und Disziplinierungsinstrument, werde von den Herrschenden ideologisch missbraucht – so einst die Kritik der damaligen Neuen Linken: Je fortgeschrittener die Technisierung und gar Automatisierung, desto weniger könne man Leistungen noch individuell erbringen oder der Person als eigene Leistung zuschreiben. Wenn es in der Produktion eher um den reibungsfreien Ablauf, um Ausschaltungen von Störungen geht, kann eine besonders hohe Einzelleistung sogar kontraproduktiv sein.

Der Tendenz nach ist bei dieser Kritik einiges richtig beobachtet. Dennoch wurde das Kind mit dem Bade ausgeschüttet. Die Gesellschaft kann es sich nicht leisten, auf Leistung zu verzichten: Wenn wir es uns künftig leisten wollten, nichts mehr zu leisten oder nur noch Routinen abzuleisten, könnten wir uns bald nichts mehr leisten. (Insbesondere können und sollten wir uns nicht auf Dauer leisten, Leistungen zu beschränken, zu „deckeln" – durch Leistungs-Budgetierung oder gar durch die Prämiierung von Leistungsverzicht – wie bei der so genannten Gesundheitsreform:[31] Wir sind auf die Erhaltung eines hohen Leistungsniveaus und einer beträchtlichen Leistungsbereitschaft angewiesen, wenn wir in der technischen, wirtschaftlichen, wissenschaftlichen Konkurrenz international bestehen wollen. Leistung ist unerlässlich. Das gilt auch für das Individuum – trotz allem modischen Gerede, trotz empirischer Erhebungen zum Verfall der so genannten bürgerlichen Arbeits- und Leistungsethik. Diese ist übrigens – wie eine frühere EMNID-Untersuchung Mitte der achtziger Jahre ergab – bei den Selbständigen und Führungskräften durchaus ungebrochen. Gibt es also eine Zweiklassengesellschaft? Steht die Gruppe der Leistungsmotivierten einer wachsenden Schicht Arbeits- und Leistungsunwilliger gegenüber? Trotz aller pessimistischen Orakel aus Allensbach ergab eine Untersuchung in der Metallindustrie von

---

[31] Im Krankenhaus meines Sohnes wurden 1999 – bis zum Jahresende (bzw. Quartalsende) – keine Hüftprothesen mehr eingesetzt, da das „Budget" (der „Plansoll"-Deckel? Das klingt geradezu (ir)real-sozialistisch!) bereits ausgeschöpft ist: eine absurde Beschränkung bei/in Notfällen – und welche Hüfterneuerung ist nicht ein „Notfall"? Es hätte mich auch gereizt, (statt des gewünschten Leistungsthemas – sozusagen meines Lebensthemas –) über paradoxe und geradezu unlogische oder absurde Dilemmata in unserem Medizinsystem zu sprechen, welche die Mediziner selber großenteils nicht verursacht haben, sondern die, in unserer Gesellschaft systemhaft entstanden, sich dem Teilsystem der medizinischen Versorgung aufoktroyieren: z.B. Überalterung, ungesunde Lebensführung (vom Bewegungsmangel über das Rauchen, Alkohol- u.a. Drogenkonsum, bis hin zur jugendlichen Motorrad(un)kultur. (Freilich müssten in unserer freiheitlich-„ökonomokratischen" Gesellschaft gerade die Unfallchirurgen systemzwanghaft am Erhalt dieser Motorraderunsitte interessiert sein. Zumindest aber sollte man den Motorradrasern eine Privatversicherung abverlangen.)

Schmidtchen (1984, 1986), dass das Bild des deutschen Arbeitslebens doch nicht derart düster ist. Man leidet zwar unter manchen Unzuträglichkeiten wie Stress und Lärm und Staub, doch drei Viertel der Mitarbeiter sind durchaus mit ihrer Tätigkeit zufrieden, fühlen sich richtig eingesetzt.

Freilich wachsen Qualifikationsanforderungen. Gilt heute schon die Regel, dass immer weniger immer mehr arbeiten müssen – insoweit sie es noch dürfen! –, damit immer mehr immer weniger arbeiten können? Zwar verzahnen sich die Probleme der strukturellen „Arbeitskräftefreisetzung" und der individuellen Leistungsunwilligkeit, doch koppeln sich höhere Qualifikationsanforderungen mit der Notwendigkeit von Leistungs-, Einsatz und Verantwortungsbereitschaft. Persönliches Leistungsengagement gewinnt an Bedeutsamkeit. Die allzu pauschale neulinke Sicht vom „Leistungsterror" war ersichtlich falsch. Die Kritik betraf nur die vorwiegend *fremd*bestimmte Leistung, die falsche und übertriebene Anwendung des Leistungsprinzips in allen Lebensbereichen und die mit extremer Leistungsorientierung verbundene Inhumanität. (Leistung total wäre in der Tat ein Unding. Alte, Kranke, Behinderte und Geschwächte und vor allem auch Kinder sollte man nicht unter totalen Leistungsdruck setzen. Dies wäre wenig menschenfreundlich.) Doch auch Mitarbeiter in Leistungsfeldern wollen als Person gewürdigt werden, Leistung aus eigener Überzeugung erbringen. Eigenes Engagement entscheidet. Nicht Leistungsdruck, sondern Eigenleistung entscheidet. Die Kritik hatte sich einseitig auf die fremdbestimmte Leistungsmotivation gestürzt, hatte die Eigenleistung fälschlich vernachlässigt. Eigenleistung kann sogar zu einem wichtigen Selbstentfaltungswert werden, in dem sich die Persönlichkeit spiegelt und entwickelt. Besonders auch in unseren Eigenleistungen verwirklichen wir uns selbst. Insofern ist die Orientierung an Eigenleistung geradezu emanzipatorisch, worauf der führende deutsche Leistungspsychologe, Heinz Heckhausen, immer wieder hingewiesen hat. Leistungsentlohnung wird zudem als relativ gerecht empfunden. Das Leistungsprinzip als allgemeine Leitlinie, Eigenleistung als grundsätzlicher Wert spielen für den einzelnen und die

Gesellschaft nach wie vor eine wichtige Rolle. Dies gilt auch, wenn man Leistungsmessungen in komplexen Produktionsprozessen nicht mehr exakt vornehmen und das Ergebnis nicht dem Handelnden quantitativ zurechnen kann.

Einen einheitlichen, für alle Leistungsbereiche durchgängig anwendbaren Leistungsmaßstab gibt es nicht (s.o.). Die Leistung eines Marathonläufers ist mit der eines Jumbokapitäns oder eines Nobelpreisträgers nur sehr bedingt vergleichbar. Man muss auch makro- und mikroökonomische Leistungsprinzipien vom sozialen – Gehalt und Aufstiegschancen sollen nach der individuellen Leistung bemessen werden – und vom sozialpsychologischen „Prinzip Eigenleistung" unterscheiden. Alle diese Leistungsprinzipien setzen eine gewisse Chancengleichheit, Regeln der Vergleichbarkeit und Feststellbarkeit der Leistung sowie zumeist das Wettbewerbsprinzip voraus. Auch geschichtlich gewachsene Kulturwerte sind wesentlich: Individualismus, Askese und Aktivismus: Solche z.T. christlichen Wurzeln des abendländischen Arbeitsethos müssen sich mit dem Interesse an Güter- und Vermögenserwerb, der Ausrichtung an Effizienz und Konkurrenz, an Rationalisierung und Investition, an Fortschrittsdenken in einer recht freiheitlichen Gesellschaftsordnung kombinieren. Wir leben – glücklicherweise – nicht in einer totalen Leistungsgesellschaft, sondern in einer Leistungsgesellschaft im weiteren Sinne: Leistungsprinzipien spielen eine wichtige Rolle – aber neben anderen Gesellschaftsprinzipien, die etwa auf sozialer Sicherung, Besitz, Wahl, Subvention oder gar Telegenität beruhen. Dies gilt nach wie vor – auch wenn in vielen Bereichen unsere *angebliche Leistungsgesellschaft* eher eine *Erfolgs*gesellschaft (u.a. auch häufig öffentlich bloß präsentierter, medien"gemachter" Erfolge oder gar Scheinerfolge) geworden ist.

Die zentrale Frage der Erziehung und des betrieblichen Lebens ist nach wie vor, wie sich Leistungsprinzipien mit Grundsätzen der Humanität verbinden lassen. Eine Leistungsgesellschaft kann keine totale, sondern muss eine humane Leistungsgesellschaft sein. Es gibt ein humanisiertes Leistungsprinzip, das die Extreme der Leistungsfeindlichkeit und der totalen Leistungsorientierung vermeidet. Dies muss für die Erziehung und für Betriebe im Vordergrund stehen. Die eigenengagierte Leistung, die Eigenleistung, besonders die eigenengagierte, kreative Eigentätigkeit muss im Zentrum stehen. Eigenverantwortung, Größe des Dispositionsspielraums, persönliches Engagement – für Bildung und Betriebe sind sie wünschenswert und nützlich. Diese Humanisierung des Leistungsprinzips ist umso förderlicher, je mehr qualifiziert, verantwortungsreicher, kreativer künftige Tätigkeiten sich gestalten.

Motivationsstärkung: Sportleistung als Prototyp

Kann man die Motivation zur Eigenleistung wirksam stärken? Höchste Eigenleistungen erbringen heutzutage die Wettkampfsportler – zumal jene in besonders trainingsintensiven, extrem den Kreislauf belastenden Sportarten. Wo kein geschäftliches Interesse (wie im Profisport) vorwaltet, muss die Einsatzbereitschaft und deren Lenkung besonders wirksam sein. Da die meisten Leistungen heute im Team erbracht werden, lassen sich typische Anregungen und Verläufe am besten an Mannschaftssportarten studieren. Aus der Gruppendynamik von Höchstleistungsmannschaften lassen sich Ansätze und Ergebnisse auf andere Leistungsgruppen – auch in Betrieben – *mutatis mutandis* übertragen. Zumindest sind Vergleiche am Extremfall interessant.

Als Mitglied und später als Trainer von Höchstleistungsrudermannschaften – darunter einem Olympiasieger- und einem Weltmeisterachter habe ich die Mannschaftsdynamik von Spitzenachtern sozialpsychologisch untersucht. Die Wechselwirkung zwischen „Leistungsmotivation und Mannschaftsdynamik" wurde im gleichnamigen Buch (Schorndort 1977[2]) eingehend dargestellt. Zusammenhänge zwischen innerem Mannschaftsgefüge und äußerer Führung bzw. äußerer Situation, von Konkurrenz und Betreuung und der Leistungsmotivation springen ins Auge. Die Verstärkung der Leistungsmotivation und die Führung des Teams hängen sehr von allen diesen Faktoren ab. Konflikte und Spannungen im Team sowie mit der Trainingsleitung treten regelmäßig auf. Man muss mit ihnen rechnen: Konflikte lassen sich nicht ein für allemal lösen, sondern nur regeln, aber so auch ins Leistungsförderliche wenden. Nicht nur harmonische, konfliktfreie Mannschaften waren der Höchstleistungen fähig, wie die Sozialpsychologie früher meinte. Führungskonflikte, Gruppenkonflikte sind normal. Ein Weltmeisterachter (von 1962) wurde von einer Leistungsclique der vier vermeintlich Leistungsstärksten beherrscht, zerfiel im Folgejahr in zwei sich befehdende Cliquen mit je einer Führungsperson, nahm aber doch an Leistungsstärke zu[32]. Jeder musste sich gegen jeden und gleichstarke Ersatzleute im Einer immer wieder einmal bewähren – im Trainingsvergleich und auch im Rennen. Diese Binnenkonkurrenz machte die Selbst- und Fremdeinschätzung in der Mannschaft objektiver, war geeignet, manche Konflikte zu regeln und zu entspannen. Man hatte einen objektiven Vergleichsmaßstab, den alle anerkannten. Cliquenkonflikte, Führungskämpfe ließen sich aufgrund der sog. soziometrischen Untersuchungen voraussagen und von der Trainingsleitung leichter lenken. Die Fülle der Ergebnisse kann hier nicht referiert werden. Was aber kann man allgemein für den Zusammenhang zwischen Leistungsmotivation und Teamarbeit lernen? Innenzusammenhalt und Außenkonkurrenz variieren entgegengesetzt. Dabei sind Cliquenkonflikte nicht notwendig schädlich, sondern eher normal und können für die Lenkung der Gesamtgruppe leistungsförderlich genutzt werden, solange sie nicht so stark geworden sind, dass sie die Mannschaft sprengen. Der Erfolg des einzelnen ist unlösbar mit dem der Mannschaft verquickt: So kann selbst innere Leistungskonkurrenz der Gesamtleistung förderlich sein. Nicht nur harmonische Teams sind zu Höchstleistungen fähig. Oft sind, freilich nicht immer, spannungsvolle Mannschaften engagierter, innovativer, leistungsstärker. Leistungshochspannung drückt sich natürlich auch in den Beziehungen der Mannschaftsmitglieder untereinander aus. Die objektivierende Wirkung einer Binnenkonkurrenz oder – wo diese nicht möglich

---

[32] Freilich war der von mir begründete und trainierte Weltmeisterachter von 1966 – bis auf eine leichte Führungskonkurrenz („Führungsdual") zwischen zwei Ruderern sehr harmonisch und vollbrachte ebenfalls die weltbesten Leistungen.

ist – einer offenen, internen Diskussion kann innere Konflikte wirksam regeln. Allgemein wirkt geregelte Binnenkonkurrenz leistungsfördernd. (Über das japanische Modell der geschlossenen Gruppenleistungsmotivation ohne innere Konkurrenz, aber bei verschärfter äußerer, müsste gesondert besprochen werden: Jedenfalls ist das japanische Teammodell der nahezu totalen Gruppenidentifikation nicht einfach in den Westen übertragbar.)

Die „demokratische" Selbstlenkung der Gruppe wird bei geregelter Binnenkonkurrenz leichter: Diese macht Leistungskonflikte sichtbar und regelbar. Man kann sie objektivierend entschärfen. Zugleich erhöht die Mitbestimmung bei der Trainingsstrategie die Identifikation mit der Mannschaft. Wer selber mitgeplant hat, identifiziert sich stärker mit der Leistung, kann angesichts erhöhten Eigenengagements unter Umständen gar Leistungsreserven mobilisieren, die mit normaler Motivation unter autoritärem Führungsstil unerreichbar bleiben. Interne objektivierende Leistungsvergleichsverfahren sind ungleich wirksamer als Leistungspredigten, als bloße Ermahnungen und Appelle. Das Prinzip Eigenleistung lässt sich auch durch Gruppenlenkung förderlich verstärken. Schließlich wirkt auch die selbstmotivierende Kraft der sich selbst belohnenden Tätigkeit, die auch bei höchstem Leistungseinsatz und Trainingsaufwand „Spaß macht", weil man sich mit ihr zutiefst identifiziert, verstärkend: Der Eigenleistungsdrang des sog. „Fließens" („das Flow-Phänomen" nach Csikszentmihalyi, s.u.) findet sich bei kreativen wie bei rhythmisch-routinehaften Tätigkeiten. Nicht nur bei Tänzern, sondern auch bei Bergsteigern, bei Chirurgen, Ruderern – bei Skilangläufern ließen sich gleichsam rauschhafte Trancezustände der sich selbst belohnenden Tätigkeit und eine entsprechende Selbstverstärkung der Motivation feststellen. Die Bereiche von Arbeit und Spiel verfließen an den Grenzen höchsten Eigenengagements.

Allgemein ist die Mannschaftssituation und deren Rückwirkung auf die Motivation bisher nicht genügend berücksichtigt worden. Gruppendynamische Wechselwirkungen lassen sich realistisch, praxisnah und wirksam zur Hochleistungsanregung und -förderung nutzen. Praktische Erfahrungen und Faustregeln aus dem Leistungssport lassen sich auf Hochleistungsteams im unternehmerischen wie im kreativen Bereich (z.B. in der wissenschaftlich-technischen Entwicklung) zum guten Teil übertragen, soweit auch hier mit hohem Eigenengagement und hoher Eigenmotivation geleistet wird. Die Leistungsdynamik ist gleich oder ähnlich. Praktische Hinweise für die Leitung und Motivierung von Teams lassen sich gewinnen und für die humane Gestaltung des Prinzips Eigenleistung einsetzen. Wie sagte der unvergessliche Rudertrainer Karl Adam, dem das westdeutsche Ruderwunder der sechziger Jahre zu verdanken ist, nur wenig überpointiert: „Die Struktur der Leistung ist auf allen Gebieten gleich."

Das eigenleistende Wesen

Die Tradition hat den Menschen als das denkende (Aristoteles, Descartes), als das handelnde (Schütz, Gehlen), als das symbolische (Cassirer), das sprechende, das arbeitende (Marx), das Werkzeuge herstellende (Franklin) Wesen zu bestimmen versucht. *Ein einziges* Kennzeichen zur Bestimmung der Menschen reicht aber keineswegs aus. Jede umfassende Lehre vom Menschen muss viele Perspektiven umfassen.

Der Mensch ist nicht in einer Definitionsformel zu erfassen. Sein Wesen bestimmt sich nicht durch einen einzigen kennzeichnenden Zug. Jede Lehre vom Menschen, jede Anthropologie – besonders jede *philosophische* Anthropologie – muss heute viele Perspektiven umfassen, muss pluralistisch sein: „Was ist der Mensch?" – eine Frage, die nur eine komplexe, vielfältige Antwort zulässt. Eine philosophische Anthropologie kann heute nur Einheit in der Vielfalt suchen. Sie muss die Ergebnisse der Erfahrungswissenschaften vom Menschen (der Humanwissenschaften i.w.S., zumal – wie immer schon – der Medizin und Humanbiologie) berücksichtigen, sie kann sich aber dennoch nicht nur auf bloß beschreibende Zusammenfassung beschränken. Sie muss versuchen, übergreifendende Zentralideen, orientierende Leitlinien dessen, was der Mensch ist und auch was er seinem Selbstverständnis nach sein soll, modellhaft herauszuarbeiten und zu einer einheitlichen Zusammenschau zu bringen.[33]

Die Charakterisierung des Menschen durch das Handeln ist heute besonders beliebt. Doch das Handeln allein als Kennzeichen des Menschen scheint zu unspezifisch zu sein: Das Besondere am menschlichen Handeln ist, dass es sich der Möglichkeit nach um ein planmäßig verbesserndes, zielstrebiges Tätigsein handelt – also um Leistungshandeln im weiteren Sinn des Wortes. *Der Mensch ist das eigenleistende Wesen.* (In meinem Buche „Eigenleistung" (1983) habe ich dies ausführlich begründet und ausgearbeitet.) Der Mensch – und nur er – kann als ein Selbst und bewusst immer besser handeln, „eigenleisten", wie ich sagen möchte. Freiwilligkeit und Eigenmotivierung sind notwendige Bedingungen der eigenen, besonders der schöpferischen Leistung. Leistung kann so zu einem Ausdruck persönlicher Handlungsfreiheit werden. Die Eigenleistung, eigenmotiviert vollbracht, ist ein Ausdruck der aktiven und kreativen Persönlichkeit. Eigenleistung ist dementsprechend kein reines Naturprodukt von Anlage

---

[33] Philosophische Anthropologie: ein Zwitter zwischen Metaphysik und Erfahrungswissenschaft, zwischen wertendem Entwurf und beschreibender Erklärung, zwischen der Deutung des Menschen als eines Naturwesens und als eines Kulturwesens. Am Leib-Seele-Problem, am Zusammenspiel der körperlichen Existenz mit seelisch-geistigen Vorgängen und kulturellen Prägungen, an der psychisch-physischen Doppelnatur des Handelns, an der körperlichen Bewegung und ihrer Deutung wird dieses Wechselspiel zwischen Natur und Geist, zwischen Körper und Seele, zwischen Materiellem und Mentalem zum besonders beherrschenden Thema. Ein anthropologisches „Weltknoten"-Problem nannte Schopenhauer das Leib-Seele-Dilemma. Das Problem der menschlichen Bewegung, Handlung und Leistung ist mit dieser „Knoten"-Frage der Philosophie zutiefst verquickt. Obwohl in der Philosophie vielfach vernachlässigt, ist es ein Zentralproblem jeder Anthropologie. Auch die körperliche Leistung und Bewegung – die stets *psycho*physisch ist –, beispielhaft etwa vertreten im Sport, aber ebenso auch im Tanz, im Arbeitsverhalten – gehört wesentlich zum handelnden Leben des Menschen, prägt dessen Auseinandersetzung mit der Welt, dessen Stellung in der Lebenswelt und in bestimmter Weise auch dessen Individualität und Kreativität.

und auch Trieb, sondern weit mehr seelische, gesellschaftliche und kulturelle, ja, geistige Errungenschaft wenn auch auf biologischer Grundlage. Sie besitzt eine besondere erzieherische Bedeutung – gerade auch dann – wenn es sich um eine symbolische Leistung handelt, die ein biologisch und rein ökonomisch überflüssiges Ergebnis erzeugt. Das anscheinend Überflüssige ist in mancher Hinsicht besonders nötig – für die kulturelle Entwicklung und zumal für die Erziehung.

Leben ist Bewegung, an Selbstbewegung gebunden: Eigenbewegung nur ist beseeltes Leben[34]; das Seelische – besonders in seinen vernünftigen Teilen – steht bei Platon dem Körperlichen voran, weil es als Eigenbewegtes der Ideenwelt näher sei und sich auch den Körper forme. Trotz seiner fragwürdigen dualistischen Theorie vermittelt uns Platon am Anfang der anthropologischen Philosophie ein bemerkenswert realistisches Bild vom Wechselspiel körperlicher und geistiger Komponenten im Menschen. Doch der Mensch ist nicht nur das sich selbst bewegende Lebewesen. Auch alle Tiere haben für Platon Seele. Was zeichnet den Menschen – besonders hinsichtlich der Bewegung – weiterhin aus?

In weiterer Bedeutung ist schon das Leben, das Bestehen im Leben selbst eine „Leistung" (man denke an Ortegas „metaphysische Anstrengung"), eine auf Verbesserung hinzielende systematisch zielorientierte und planvolle Handlungskette oder -einheit, ein spannungsvolles, geordnetes Handlungsgefüge. Auch der Leib – in seinem Doppelcharakter von „Leib haben" und „Leib sein" (Plessner) – ist nicht nur materieller Träger, sondern auch Aufgabe und Ergebnis von Bildungs*leistungen*. Man ist, zum Teil wenigstens, wozu man sich macht. „Es ist der Geist, der sich den Körper baut" (Schiller zu idea-

---

[34] „Ende der Bewegung, so Ende des Lebens", meinte schon Platon lakonisch (im „Phaidros" 245 c). Und Platon musste es schließlich wissen: Er war Ringer und nahm als Athlet an den Isthmischen Spielen teil. „Platon" war wahrscheinlich sein Sportlername, möglicherweise abgeleitet von seinen Ringerschultern („*platys*" – breit): eigentlich hieß er Aristokles. (Selbst den meisten Philosophen ist dies unbekannt.)

listisch), den Menschen formt. Zum Teil mindestens. Der Mensch ist sein Leib und verhält sich zu seinem Leibe und zu seiner eigenen Person wie zur physischen und sozialen Umwelt jeweils durch das Medium seines Leibes; dieser ist eine ständig anwesende Herausforderung und Aufgabe, der Person aufgegeben zur Erhaltung und Kultivierung. Die Person bildet sich als eine körperlich-seelische Wirkeinheit und erschließt sich die Auseinandersetzung mit der Welt und der eigenen Person unter maßgeblicher Beteiligung leiblicher Gesichtspunkte und Handlungen. Selbst die meisten psychischen Vorstellungen sind an äußeren, verräumlichten Handlungsmustern „ausgerichtet", sind nur so zu „be-greifen".

Die menschliche Bewegungsleistung gewinnt so durch das Medium des Leibes eine grundlegende Bedeutsamkeit für die Vielfalt, in der sich die Person die Welt erschließt, aber sekundär auch für ihr praktisches und deutendes Verhältnis zu sich selbst. Die Vielfalt möglicher Bewegungsarten und ihrer kulturellen wie individuellen Abwandlungen ist eine wichtige Weise, den Nuancenreichtum der Weltzuwendung, Weltbewältigung und der persönlichen Selbsterfahrung zu gestalten, zu prägen und auszudrücken. Bewegungsvielfalt ist auch ein Ausdruck persönlicher Differenziertheit; aber sie ist auch sozial und kulturell bestimmt, wie z.B. der französische Sozialwissenschaftler Marcel Mauss an eindringlichen kulturhistorischen und phänomenologischen Bewegungsstudien in verschiedenen Kulturen belegt hat. Die soziale und kulturelle Geprägtheit lässt sich an fast allen alltäglichen Bewegungen aufzeigen: Selbst die Formen des Gehens, besonders aber die Schwimmstile sind geschichtlich und von der jeweiligen Kultur geformt, überformt.

Die Ergebnisse und Thesen lassen sich unmittelbar auf den Sport und die sportliche Leistung sowie auf das Leistungshandeln allgemein beziehen. Hier sollen weitere Anwendungen – zum Teil illustriert am Sport (vgl. hierzu auch mein Buch *Die achte Kunst* (1985)) – und ergänzende Thesen zur Leistungsbewertung skizziert werden, die insbesondere auch den Bezug zum Jedermann- oder Breitensport darstellen – aber auch zu anderen Bereichen kreativer Eigentätigkeit.

Denn jedermann ist, wenigstens der Möglichkeit nach, irgendwo, – meist auch in irgendeiner Sportart ein Eigenleister.

Sportliche Bewegungen, Handlungen und Leistungen sind im Unterschied zu den Alltagsbewegungen in einem höheren Maß bewusst schematisiert, standardisiert, auf eine Zielaufgabe ausgerichtet und in Bezug auf den Ablauf kontrolliert. Sie sind zwar Handlungen in der Normalwelt, aber künstlich geformt – sozusagen „Kunsthandlungen" mit eigener Bedeutung. Dennoch gilt auch für sie, dass die Person durch das Erlernen und Beherrschen schwieriger sportlicher Bewegungen sich die Welt und den eigenen Leib bewegungsmäßig erschließt, sich dadurch neue Möglichkeiten des Selbstausdrucks und der Selbstbewährung schafft. Ähnliches gilt für Eigenleistungen allgemein.

Die meisten Leistungen basieren zwar auf natürlich-biologischen Vorgängen, sind aber nicht allein durch diese determiniert oder gekennzeichnet, sondern sie enthalten stets kulturelle Bestimmungsfaktoren, sind von Konventionen, von historischen Traditionen abhängig. Insofern muss man, wenn man Leistungen verstehen will, nicht nur von Naturgesetzlichkeit allein reden, sondern auch von einem Kulturmodell. Das Phänomen muss gedeutet werden unter hinzukommenden kulturellen Gesichtspunkten. So kann es selbst bei der sportlichen Leistung jedenfalls nicht allein um ein bloß naturgesetzliches Verständnis gehen.

Sportbewegungen etwa muss man erlernen, sich „erleisten". Bei schwer zu lernenden und zu beherrschenden wird dies besonders deutlich. Sportbewegungen sind aktive Eigenleistungen, Ergebnis einer gezielten Selbstdisziplinierung, eines gezielten Lernvorgangs. Die Vielfalt der durch Regeln umschriebenen Formen differenziert und dokumentiert, untergliedert und stellt ihrerseits die Möglichkeiten des Bewegungsverhaltens dar und damit auch des persönlichen Ausdrucks, der Persönlichkeit in einem dynamischen Gefüge von Handlungen, Antrieben und Gewohnheiten.

Viele sportliche Eigenleistungen und Handlungen erfordern einen psychophysisch umfassenden Gesamteinsatz der Person, sind notwendige Eigenhandlungen, dienen der Selbstvervollkommnung durch den äußerlichen Ausdruck persönlicher Leistung; sie werden nur erreicht durch Eigeneinsatz in systematischem Training. Die sportliche Leistung ist eine konventionell gesetzte, künstlich geformte und fortschreitend kultivierte, kulturell gedeutete Gestalt des Ergebnisses eines psychophysischen Einsatzes der ganzen Person, Ausdruck einer Eigenleistung im Vergleich mit dem Partner (dem sog. „Gegner") oder auch im Vergleich mit dem eigenen früheren Könnensstand. Im Hinblick auf diesen Vergleich ist der sportliche Lebensstil mit seinen Trainingsgewohnheiten eine selbstgewählte Askese, eine Lebensdisziplinierung.

Es ist übrigens keineswegs zufällig, dass auch Ähnlichkeiten zwischen der Vorbereitung des Hochleistungssportlers auf einen Finalwettkampf und etwa der Vorbereitung eines Habilitanden auf sein Habilitationskolloquium oder eines Doktoranden auf seine Doktorprüfung zu finden sind, auch etwa hinsichtlich der langen vorher zu erbringenden Arbeit. Da zeigen sich ganz gleichartige Strukturen, die man durchaus auch nutzen, zum Teil übertragen kann, ohne das natürlich sklavisch tun zu können, zu sollen, zu dürfen. Eine automatische Übertragung funktioniert nicht. Es scheint so zu sein – und man kann das anhand von Beispielen eindrucksvoll belegen –, dass die allgemeinen Erfahrungen im Bestehen von Hochleistungssituationen und deren Anspannung in unterschiedlichen Bereichen einander sehr ähneln. So kann man Erfahrungen, Erkenntnisse, Routinen aus dem Bereich des Sports durchaus auch auf andere Prüfungssituationen im so genannten Ernstbereich des Lebens übertragen, wenn diese Übertragungsmöglichkeit bewusst gemacht, aktiviert und initiiert – sozusagen pädagogisch „gezündet" – wird, wenn das Problem gesehen und keine völlige Fixierung auf das sportliche Gebiet gegeben ist. Darf ich zur Verlebendigung ein Beispiel aus eigener Erfahrung einfügen? Ich bereitete mich auf das Hauptexamen in Mathematik vor – zusammen mit anderen, die eigentlich bessere Mathematiker waren, was das Fingerspitzengefühl und das Finden von Beweisen, die Beherrschung der gesamten Materie und der Methoden betrifft. Während ich aber Leistungssportler war und daran gewöhnt war, durch eine systematische Vorbereitung – damals als Intervalltraining – ganz gezielt auf einen Zeitpunkt des konzentrierten Einsatzes hinzuarbeiten und in einem bestimmten Zeitpunkt gleichsam alle Energiereserven zu mobilisieren, war ein Kollege, ein eigentlich besserer Mathematiker, nicht durch diese Schule gegangen und bekam schließlich, obwohl er im Grunde der wesentlich bessere Mathematiker war, eine wesentlich schlechtere Zensur. Er war nicht an Wettkampfverhalten, an Prüfungssituationen gewöhnt – und hatte nicht die systematische Vorbereitung auf eine konzentrierte Leistung erlernt und immer wieder geübt. Es gibt eine ganze Menge von anderen Parallelbeispielen, die den Pädagogen und erfolgreichsten Rudertrainer Karl Adam zu der bereits erwähnten These führten: „Die Struktur der Leistung ist auf allen Gebieten gleich". (besser: "ähnlich", H. L.) Ein kühnes, etwas pointiertes, wohl bewusst ein wenig übertriebenes Wort, aber sicherlich eines mit einem zentralen Wahrheitsgehalt in seiner Tendenz.

Die Prinzipien der Leistung und des unbestechlichen Leistungsvergleiche, der Konkurrenz und der Chancengleichheit lassen sich im sportlichen Wettkampf annähernd rein verwirklichen – besser jedenfalls als in jedem anderen Lebensgebiet. Sport ist ein besonders geeigneter Träger, ein Ausdrucksmittel und Vergleichsbereich für „Eigenleistungen". Rührt daher ein Teil seiner Faszination? Ähnliches gilt für andere Gebiete schöpferischer Leistungen – wie die künstlerische, die schriftstellerische, kunsthandwerkliche, musikalische aber auch die wissenschaftliche und philosophische Tätigkeit. Als Bereiche kreativen Eigenleistens sind sie alle pädagogisch von höchster Bedeutung: nötige Auszeichnungsmöglichkeiten in einer weitgehend konformistischen, gleichmacherischen Gesellschaft, die dennoch individualistische Werte betont. Sport und Kunst etwa versinnbildlichen Ideale der kulturell bewerteten Leistung, die durch die tägliche Existenzsicherung nicht erfordert wird, die aber unter anderem den Menschen zum schöpferisch handelnden, zum kulturellen, symbolisch (sich) darstellenden Wesen macht, das sich über die Alltagsnotwendigkeit der Existenzsicherung eben durch eine Leistung erhebt, die er erstrebt und hoch bewertet. Der Mensch lebt eben nicht vom Brot allein. Er lebt auch von der Eigenleistung.

Auch sportliche Eigenleistungen sind also der idealen Möglichkeit nach Merkmale einer eigenschöpferischen Persönlichkeitsentwicklung, ein Ausdruck individueller Freiheit und Selbstgestaltung. Der Sport kann – wie die Kunst, die Wissenschaft, das Kreativhandwerk usw. – als ein exemplarisches Feld für freiwillig erstrebte eigene Leistungshandlungen gelten. Alle Bereiche des Eigenhandelns sind in der verwalteten, von überindividuellen Institutionen und Organisationen beherrschten Welt von heute Reservate des individuellen Engagements geblieben. Jemand hat einmal gesagt, in dieser Welt von Institutionen sei es der Sport, in dem das Leben wirklich noch Handeln sei. Ich möchte hier alle anderen Bereiche des kreativen Eigenleistens ergänzen. Man muss diese Feststellung also auf alle Bereich des kreativen und des rekreativen, des schöpferischen und erholsamen Eigenhandels erweitern; dann aber gelten das Gesagte und das Folgende für jedes dieser Gebiete. Gerade die demokratischen Gesellschaften in der verwalteten Welt sind auf Eigenmotivation und Leistungsbereitschaft angewiesen und müssten diese in ihren Bildungsinstitutionen nachdrücklich fördern. Eigenmotivierte, sachorientierte und kooperationswillige Leistungshaltungen gilt es besonders zu unterstützen, zu prämiieren.

Eigenes Handeln, eigene Leistung sind ein wichtiger Ausdruck eines wirklich persönlichen Lebens. Schöpferische oder reproduzierende Tätigkeit in Kunst und Sport ist in einer vom Konsumentenpassivismus bedrohten Welt für Heranwachsende ein besonders attraktives Mittel und Vehikel bei der Hinführung zur Eigenleistung – eher und leichter zugänglich als etwa wissenschaftliche oder jede andere schöpferische Eigentätigkeit. Diese Bereiche sind eine Schule[35] der

---

[35] Zwar muss der eigentliche *Schulsport* natürlich Bewegungstraining und Beteiligung am Sport vorschreiben. Das führt aber in sein Dilemma: Die nötige Bewegung tut den vielen „Sportfaulen" gut, aber sie verliert durch die Verordnung an Attraktivität. Wer wird nach der Schulzeit noch ein sportliches Bewegungstraining weiterfahren, eine Sportart lebenslang betreiben? Die Schule hat es schwer, den Anreiz da-

Eigenleistung. Besonders der Sport ist eine Schule der Eigenleistung. Der Sport braucht zudem aufgrund seiner gleichsam „natürlichen" Faszinationswirkung den Jugendlichen nicht zwangsverordnet zu werden.

So kann man im Sinne der skizzierten Anthropologie des eigenleistenden Wesens die These vertreten: Sportliches Leisten ist zugleich Eigenhandeln, unverwechselbar persönliches aktives und engagiertes Leben, symbolisch bewertete Leistung. Sportliche Leistung kann der Differenzierung und Selbstbewährung sowie der sozialen Anerkennung und Bewertung des leistenden Athleten dienen. Sie ist in gewisser Weise ein „natürlicher" Vorgang, unterliegt einer bestimmten Idee der „natürlichen Bewegung" – technische Hilfsmittel sind nicht oder nur in Grenzen als notwendiges Gerät erlaubt. Sie ist aber auch kulturell und sozial geprägt: ein Kulturphänomen auf natürlicher biologischer Basis.

Zur Faszination der Eigenleistung – wiederum am Beispiel des Sports

Aus der Sicht des Sportlers selbst ist das sportliche Handeln nicht schlicht Normalleben, nicht normale Alltagstätigkeit. Es stellt sich eher als ein auf einfache Züge konzentriertes Modell des vital gesteigerten, im Wettkampf kontrastprofilierten Rollenhandelns in quasi-mythischer Symbolisierung und Überhöhung dar.

Die Faszination des Sprints, der Schnelligkeit lässt sich offensichtlich nicht erklären, ohne auf symbolisierte gleichsam „mythische"

---

zu dauerhaft zu gründen. Vielleicht lässt sich das durch spielerische „Lifetime-Sportarten erreichen, durch eine stärkere Ausrichtung des schulischen Lehrplans auf Freizeit- und Breitensport und durch eine besonders an das eigene Talent und die persönliche Leistungsentwicklung angepasste Beurteilung. Ähnliches gilt für die aktive Musik, die Anregung zur lebenslangen Hausmusik. Kann die Schule dies alles leisten?

Grundsituationen des selbstbeweglichen Menschen, auf Fluchterfahrung und so weiter zurückzugehen.

Oder man denke an Natursportarten wie das Bergsteigen: die Gegnerschaft der Natur, die sich in Gestalt der Eiswand, als lebensgefährliche Bedrohung und Herausforderung zugleich repräsentiert. Ein symbolisches Drama des Überlebenskampfs gegen Naturgewalten. Eine Versinnbildlichung oder quasi „mythische" Funktion verdeutlicht sich in typischen Beispielsituationen durch die dramatische Darstellung, indem vertraute Formen Sinn für weniger vertraute Phänomene erschließen oder festlegen, sozusagen Leitbilder sinnlich zugänglich verkörpern. Der „sportliche Mythos" zeigt den sportlichen Wettkampf gegen Gegner, Naturgewalten oder abstrakter gegen anscheinend unüberwindliche Leistungsgrenzen als ein symbolisches Rollendrama, in dem die Rollen in sichtbarer Dynamik und Drastik holzschnittartig auf einfachste Konfrontationen zusammengeschnitzt sind: Sieg oder Niederlage, Durchhalten oder Aufgeben. Die quasischicksalhafte Unabänderlichkeit der abgelaufenen Handlung und Entscheidung verleiht hochkarätigen Sportwettkämpfen (wie olympischen Endläufen) zudem das Signum des historisch Einmaligen, Unwiederholbaren. Auch dies erhöht die quasimythische Faszination. Sport also als symbolisch-mythische Darstellung gleichsam archetypischer Rollendynamik in vereinfachter Stilisierung und Konfrontation der Handlungssituation – diese These kann die symbolische Rolle und Faszination sportlicher Wettkämpfe und Leistungen für die Zuschauer und Aktivsportler in gleicher Weise erklären. Sport also als ein Mythos des leistenden Wesens. Abendländischer Individualismus, Leistungsstreben zur Selbstbestätigung und zum Selbstausdruck der Persönlichkeit: „Concern for excellence", das Herausragen durch Leistung, Leistung des Leibes so deutete der amerikanische Philosoph Paul Weiss (1969) dieses Kulturmodell.

In der Tat ist das Streben nach Leistungssteigerung im Sinne des Immer-besser-Handeln entsprechend von kulturellen Wertungen geprägt. Homers „Stets der Beste zu sein und die anderen zu übertreffen" (Ilias), dieser Achilles-Komplex der griechischen Wettkampforientierung (Segal), diese Konkurrenzorientierung im Sport ist zweifellos stark von der griechischen wettkampforientierten Einstellung geprägt. Leistungssport – ein Mekka für Konkurrenzkultur[36].

Die Prinzipien der Leistung und des unbestechlichen Leistungsvergleichs, der Konkurrenz und der Chancengleichheit lassen sich im sportlichen Wettkampf idealtypisch noch am ehesten annähern: Nepotismus, Bevorzugung, Beziehung zählen so wenig wie Reichtum oder Macht. Leistung allein zählt im Sport – wenigstens ideal. Der Sport wurde als Modell der Leistungsgesellschaft verstanden, in dem deren Werte und Leitnormen reiner zum Ausdruck kommen als in der realen Gesellschaft (Karl Adam, v. Krockow). In der Tat erscheint das sportliche Leistungsprinzip als eine Abstraktion, die eine gleichsam reine utopische Darstellung des Leistungsverhaltens erlaubt, wie es in der Arbeitswelt[37] kaum so vorkommt.

---

[36] Max Webers These über die Wechselwirkung zwischen der Entwicklung der protestantischen Ethik mit ihrem individualistischen Ethos der innerweltlichen Bestätigung eigener Auserwähltheit durch Leistung und Erfolg einerseits und der Entwicklung der unternehmerischen Leistungsorientierung andererseits scheint sich besonders auffallend auch im Sport zu verkörpern: innerweltliche Askese, Leistungsorientierung, Individualismus und Konkurrenz, Auszeichnungsstreben scheinen stärker mit protestantischen Kulturen (ehemals aber auch besonders auffällig mit marxistischen Gesellschaftsideologien) verbunden zu sein als etwa mit anderen (zum Beispiel buddhistischen und katholischen Gesellschaften (Lüschen, Seppänen)). Die kulturelle Geprägtheit der Normen und Werte des Sports lässt sich kaum stärker demonstrieren.

[37] Die sozialphilosophische Gesellschaftskritik wandte sich dementsprechend auch sogleich gegen den Sport mit dem Vorwurf, er spiegele die Leistungsnormen und Zwänge der Arbeitswelt wider und lenke die Menschen von ihren angeblich eigentlichen revolutionären Interessen ab. Man meinte sogar fälschlich, Sport mache die Menschen maschinengleich, diene nur der „Fitness für die Arbeit" und der Anpassung an die technisierte Welt, gehöre aber „ins Reich der Unfreiheit, wo immer man ihn auch organisiert" (Adorno). Man übersah aber dabei, dass die Sportler sich emotional und persönlich sehr wohl mit ihrer Leistung und ihrem Training identifizieren, die sie als unverwechselbar persönlich zurechenbare Eigentätigkeit auffassen, dass (trotz gelegentlicher Manipulationsversuche) die sportliche Tätigkeit fast ausschließlich unter dem Prinzip der Eigenmotivation steht, nicht fremdbestimmt erzwungen wird.

Die künstlerische und die sportliche Leistung haben in ihrer motivationalen Begründung – und nicht nur dort – vieles gemeinsam. Als Bereich kreativen Eigenleistens sind sie sozialpädagogisch von höchster Bedeutung: nötige Auszeichnungsmöglichkeiten einer weitgehend konformistischen Gesellschaft, die dennoch individualistische Werte betont. Beide versinnbildlichen Ideale der kulturell bewerteten Leistung, die durch die tägliche Existenzsicherung nicht erfordert wird, die aber unter anderem den Menschen zum handelnden, zum kulturellen, symbolisch sich darstellenden Wesen macht, das sich über die Alltagsnotwendigkeit der Existenzsicherung eben durch symbolisches Tun, durch eine Leistung erhebt. So versinnbildlicht auch der Athlet – wie der Künstler – geradezu einen herakleisch-prometheischen „Mythos" (vgl. Verf. 1972, 1985) der kulturellen Ausnahmeleistung eines für die Befriedigung der Grundbedürfnisse eigentlich unnötigen, aber symbolisch hochbewerteten „hervorragenden" Handelns, das aus persönlichem Engagement, aus Hingabe an eine Aufgabe, an anspruchsvolle Strebensziele entsteht. Der Mensch lebt eben nicht in der Tat vom Brot allein, sondern er benötigt sinnvolle Aufgaben und sinngebende Ziele. Die sportliche Leistung und der Sport als Institution vermögen solche Ziele zu bilden. Das anscheinend „Überflüssige" ermöglicht erst Vielfalt und Differenzierung des Daseins und der Persönlichkeit. Für das leistende Wesen vermag (wie auch der Handlungsbereich der Kunst und jener der Wissenschaft) auch der Sport erzieherisch nötige Ziele und Ideale für Einsatzfreude und Auszeichnungsstreben zu bieten.

Modernes Abenteuer, Träume jugendlichen Tatendrangs, Lust am Risiko, am fast vollständigen persönlichen Einsatz für ein ökonomisch unwichtiges Ziel, das Zusammenwirken in einer Mannschaft, das Streben, sich mit anderen zu messen, sich selbst zu überwinden, im Training und Wettkampf durchzuhalten, sich in der Trainingsdisziplin selbst zu meistern und das beste aus seiner Veranlagung und seinem Ansatz zu machen, der Wille, frei vor seinem eigenen Anspruch, vor dem Vergleich mit anderen und der jeweiligen Grundveranlagung zu bestehen – alle diese Ziele und Funktionen finden sich im sportlichen Handeln verkörpert. Eine solche Institution des Ansporns, der schöpferischen Eigenleistung kann nicht gesellschaftlich sinnlos sein, prägen doch auch die sportlichen Eigenerfahrungen die Persönlichkeit mit: Der Trainingsplatz wird zum Übungsplatz für pädagogische Herausforderungen, die Mannschaft zur Schule der Demokratie. Training und Wettkampf besonders des Hochleistungssportlers werden sich später in Erinnerung und Selbstbildnis des Athleten widerspiegeln. Die Erinnerung an die Bewährung, nicht nur um Sieg, das Wissen, im ehrlichen Einsatz das Beste gegeben zu haben – vermitteln im Rückblick Sinn, Stabilität des Selbst, Selbstbewährung. Ohne Herausforderung, ohne selbstgesetztes oder selbstangenommenes Gefordertsein keine echte Leistung, keine tiefe eigenständige Persönlichkeitsentwicklung – und jedes starke aktive Engagement ist in diesem Sinne auch Leistung im weiteren Sinne. Jede ein starkes Engagement und persönliche Identifikation sowie Initiative und psychophysischen Einsatz erfordernde Leistung kann und sollte als kreativer Ausdruck der Persönlichkeit gewertet werden.

Eigenhandeln, Eigenleistung ist ein Kriterium personaler Entwicklung, ein Ausdruck individueller Freiheit. Der Sport kann jedenfalls als ein exemplarischer Bereich des Eigenhandelns, der Eigenleistung gelten, der andere Bereiche stellvertretend mitrepräsentiert. Angesichts der modischen Baisse, der schlechten Presse jedes eigenmotivierten Leistungsstrebens in vielen Zweigen der gegenwärtigen öffentlichen Meinung muss man geradezu eine positive Leistungskultur, eine neue Kultur des kreativen (Eigen-)Leistungsprinzips fordern. Gerade demokratische Gesellschaften sind auf Eigenmotivation und Leistungsbereitschaft angewiesen und müssten sie in ihren Bildungsinstituten nachdrücklich pflegen.[38]

Sicher: Leistung ist nicht alles, und Leistung an sich, abstrakt äußerlich formal genommen, ohne sozial sinnvolle Zielsetzung ist

---

[38] Dies bedeutet nicht, dass man groteske Durchschnittsnotenarithmetik betreibt (wie gegenwärtig in unseren Schulen) und Zwangsleistungstests formalistisch über Lebenschancen entscheiden lässt, sondern dass man eigenmotivierte, sachorientierte und kooperationswillige Leistungshaltungen unterstützt und fördert.

nicht als Verhaltenspassepartout zu empfehlen. Doch ohne eigenes Leistungsstreben, ohne den Wunsch nach besonderen Leistungen, nach persönlicher Leistungsverbesserung, nach kreativer Eigenleistung wäre Kultur nicht möglich. Das kulturelle Wesen ist das eigenleistende Wesen. Dieses Leitbild umschreibt, wie erwähnt, ein wertendes Ideal, das des Menschen Streben zum Besseren ausdrückt. Persönliches Eigenhandeln, eigene Leistung ist ein wichtiger Ausdruck kreativen Lebens.

Zusammenfassende Thesen

Die folgenden ein Dutzend *zusammenfassender Thesen* möchte ich zur Eigenleistung formulieren:

1. Nur der Mensch kann persönlich handeln, „eigenhandeln". Er ist aber nicht nur bloß das „handelnde Wesen" (Schütz, Gehlen), das zweckmäßig bewusst gesetzte Ziele verfolgen und plangerecht verwirklichen kann, das darin (relativ) frei ist, sondern er ist das Lebewesen, das sich durch „Selbsttranszendenz" (durch Hinausgehen über die Grenzen des Ichs) verwirklichen kann, durch Auslegung in ein „Nicht-Ich" (Gehlen), sei es durch ein Werk, eine äußere Handlung, ein immer besseres Ergebnis. Handeln ist nicht spezifisch genug. Der Mensch möchte sich im Handeln verbessern, nach Gütemaßstäben gut oder immer besser handeln. Er möchte eben etwas leisten, sich auch mit seinem Handeln und dessen Ergebnissen zieren. Er ist daher nicht nur das „handelnde Wesen", sondern er (und nur er) ist auch „das leistende Wesen", das eigenleistende Wesen. Nur eigenengagierte Eigenleistung kann schöpferisch sein. Man könnte von einem *Prinzip der schöpferischen Eigenleistung* sprechen. Diese Art des Leistungsprinzips ist nicht überholt und unnütz am Ende, wie manche Gesellschaftskritiker in den letzten Jahrzehnten glaubten, die fälschlich das soziale und das ökonomische Leistungsprinzip der die fremdverordneten Leistungen allein als reprä-

sentativ für jede Leistungsorientierung ansahen (vgl. v. Verf. Eigenleistung 1983, S. 99ff.). *Leistung tut nach wie vor not.*

2. *Erziehung zur sinnvollen Eigenleistung ist unerlässlich.* Wenn Eigenleistung kreativ ist, so sollten alle Möglichkeiten dazu der Jugend in jeder Form angeboten, leicht zugänglich gemacht werden. Eigenleistung sollte als persönlichkeitsbildende Aktivität von großer pädagogischer und sozialer Bedeutung angesehen und gefördert werden. Sie muss gelernt, geübt werden. Dies gilt für alle ihre vielfältigen Arten: Jede schöpferische Form der Eigentätigkeit muss empfohlen, ausgebildet, immer wieder geübt werden – sei es in der Kunst, Musik, im Sport, in der Wissenschaft und Technik, im freiwilligen Sozialdienst usw. Die Chancen für persönliches Handeln und eigene Leistung sollten in allen passenden Zusammenhängen in der Gesellschaft gezielt vereinfacht und verbessert werden: Mannigfaltige Angebots- und Aktivitätsformen sind nötig – besonders für Heranwachsende. Jugendliche sollten in spielerischer Form möglichst viele und vielartige Leistungs- und Freizeitaktivitäten, Spielarten kreativen Handelns kennen, einüben und kombinieren lernen, um später ihnen gemäße Formen auszuwählen und eigenmotiviert als Tätigkeiten annehmen zu können, mit denen sie sich identifizieren, in denen sie sich ausdrücken, selbst verwirklichen. Sie sollten natürlich auch im Bereich der Schule zu einer größtmöglichen Vielfalt von Leistungsarten animiert, angeregt, motiviert (möglichst nicht oder möglichst wenig fremdbestimmt erzwungen) werden. Dies mag geschehen durch Bastel-, Mal-, Musizier-, Experimentier-, Theatergruppen, Exkursionen, ebenso wie durch die Wettbewerbe „Jugend forscht", „Jugend musiziert", „Jugend trainiert für Olympia", Bundesjugendspiele, aber besonders lokal durch Vereinsprogramme, Diskussionsabende, Alten- und Krankenhilfegruppen, usw. Auch Fahrten ins Gebirge, auf Gewässern, dosiertes Abenteuer, Bestehen gegenüber Unbilden der Natur, Bergsteiger-, Segel-, Ruderkurse und die „Outward Bound"-Kurse sind hier zu erwähnen. Schließlich Erste-Hilfe-Kurse, Sanitäterausbildung, kirchliche und sonstige Hilfsgruppen, die Wissen und Eigenleistung erfordern. Diese vielfältigen

Möglichkeiten des eigenmotivierten Handelns müssten in unseren Schulen viel stärker, viel gezielter verbessert werden. Die Schule hätte diese Sonderaktivitäten und -leistungen außerhalb der Schule zu unterstützen und anzuerkennen – mehr, als das bisher der Fall ist. Verschiedenartige Eigentätigkeiten sollten dabei fruchtbar miteinander kombiniert werden. Auch das muss man lernen, das muss gelehrt, gefördert werden. Die Vielfalt hätte sich auf unterschiedliche Grade der Bindung, Verflechtung und Anforderung auszurichten. *Eigenleistung ist vielfältig(er) anzuregen und „zu fördern" – besonders bei Jugendlichen.*

3. Insbesondere gegenüber einer strikten, harten Konkurrenz um jeden Preis, die ausschließlich orientiert ist an der Auszeichnung eines einzigen und nur eines Siegers, sollte die Zusammenarbeit, die Ausrichtung an der Gemeinschaftsleistung, nicht zu kurz kommen. Der Soziologe Bolte schreibt: „Um das zur Existenzerhaltung einer Gesellschaft erforderliche Leistungspotential bereitzustellen, scheint die Erziehung von leistungsfähigen, leistungsbereiten und kooperationswilligen Persönlichkeiten zunächst einmal wesentlicher als die von (nur, H. L.) konkurrenz- und konfliktorientierten Wettbewerbern". Gegen die sozial wie individuell fruchtbare (aber eingeschränkte) Funktion der geregelten Leistungskonkurrenz ist damit natürlich nichts gesagt. Dem Wetteifer müssten die primäre Sachbegeisterung, Teamwork und die Gruppenorientierung gleichrangig zur Seite gestellt und entsprechend gefördert werden. Wir brauchen Wettbewerbsmotivation, aber kombiniert mit Zusammenarbeitswilligkeit und wirklichem Sachinteresse. *Team-Leistung ist besonders zu fördern; Konkurrenzleistung sollte sich mit Kooperation und sachlichem Engagement verbinden.*

4. Begeisterung an der Aufgabe, an der Sache selbst, ist entscheidend für die Kunst des Eigenleistens, primäre Motivation ist letzten Endes wichtiger als sekundäre Motivation (diese ist nur Notbehelf: das Notaggregat der Antriebsarmen, nicht Begeisterungsfähigen). Auch dies muss unsere Schule mit ihrer grotesken Zehntelnotendurch-

schnittsarithmetik wohl erst wieder lernen. Begeisterungsfähige und -willige Lehrer sollen besonders ermutigt werden – auch zu vielfältigen eigenen Sonderwegen: Nur selbst Begeisterte begeistern! *Leistungsbegeisterte, zur Leistung Begeisternde an die Front!*

5. Darüber hinaus sollte man besonders die Attraktivität, die faszinierende Herausforderung durch hervorragende Leistungen zur Aktivierung des Eigenleistens nutzen. Vorbilder wirken mehr als Verordnungen. Auch die besonders starkes Engagement erfordernde Leistung kann und sollte als kreativer Ausdruck der Persönlichkeit gewertet werden. Außergewöhnliche Leistungen sind kein Resultat ausschließlich eines Dressuraktes, eines Drills, soviel Anspannung, Erschöpfung und oftmals Monotonie etwa manch ein sportliches Training, das Üben schlechthin in allen genannten Leistungsbereichen auch kennzeichnen mögen: Man kann nicht auf Befehl den Everest besteigen. Ohne Herausforderung, ohne (selbstgesetztes oder selbstangenommenes) Gefordertsein keine echte Leistung, keine wirkliche Erfüllung darin, keine eigenständige Persönlichkeitsentwicklung – Höchstleistungen sind nicht einfach durch Zwang, durch Befehl oder Verordnung zu veranlassen. Dasselbe gilt für hohe kreative Leistungen in allen Eigenleistungsbereichen. *Hochleister als Vorbilder faszinieren, wirken so erzieherisch, immer noch – und wohl auch künftig. (Jedoch sind unterstützende Maßnahmen hierfür nötig.)*

6. In einer eigenen Leistung – sei es ein Werk oder eine hoch bewertete Handlung – legt sich die Person aus. Die schöpferische Eigenleistung ist unverwechselbar persönlich; die handelnde Person hat sie vollbracht. Die *Leistung* ist und bleibt in diesem Sinne ein *Ausdruck persönlicher Handlungsfreiheit, der Freiheit des Individuums*, soviel soziale oder psychische so genannte „Manipulationen" bei Zielsetzung, Entwicklung der Einstellungen und Bewertungen im Einzelfall mitgewirkt haben mögen. Eigenmotivationen und Identifikationen spielen hierbei eine bedeutsame Rolle. *Auf Eigenhandeln und Frei-*

willigkeit kommt es an: Eigenleistung ist so ein Signum der Freiheit des Einzelnen.

7. Leistung ist dementsprechend, wie erwähnt, kein bloßes Naturphänomen, sondern zugleich leiblich-körperliche, sozial-kulturelle, ja, geistige Errungenschaft und besitzt eine tiefe soziale und pädagogische Bedeutung – gerade auch dann, wenn es sich um eine nur symbolische Leistung handelt, die nicht unmittelbar ein ökonomisch verwertbares Produkt hervorbringt oder nicht unbedingt von direktem biologischen Überlebenswert ist. *Erziehung zur sinnvollen Eigenleistung ist unerlässlich.*

8. Es bedarf daher allgemein einer neuen, positiven *Kultur der eigenbestimmten Eigenleistung*, einer *Förderung* des Prinzips *der kreativen Eigenleistung*. Die verstärkte Ausbildung einer positiveren, leistungsanreizenden Kultur (im Originalsinn des Wortes: „Pflege", „Bebauung") des selbstbestimmten kreativen Eigenhandelns, ist – besonders heute (wieder) – in unseren Bildungsinstitutionen nötig. *Wir brauchen eine neuerliche Kultivierung und Unterstützung der freien (freiwilligen) Eigenleistungen und des Eigenhandelns.*

9. Daraus folgt, dass das *Prinzip Eigenleistung* der *Humanität* verpflichtet ist. Es muss ein humanisiertes Leistungsprinzip sein. Wenn es, wie ich in dem Buche „Eigenleistung" (1983) genau entwickelte, eine wesentliche Zukunftsaufgabe ist, die „freie Eigenleistung als Humanismus zu begreifen und zu gestalten", so gilt das besonders auch für die Leistungsausrichtung im Sport: im Leistungssport ebenso wie im Breitensport, selbst wenn ersterer heute zu manchen inhumanen Übertreibungen oder gar Extremen neigt (Doping) und die Humanitätsbindung allzu oft in der rüden Konkurrenz und „Alleinsiegerorientierung" vergisst. (mein Buch „Konkrete Humanität" (1998) gibt Beispiele und Untersuchungen.) *Eigenleistung sollte human und sozial sinnvoll sein.*

10. Sportliches wie künstlerisches Handeln kann im Ideal deshalb eine besonders wirksame und exemplarische Schule der Eigenleistung

sein, weil es die Vorteile relativ leichter Zugänglichkeit und Verständlichkeit mit denen der besonderen Attraktivität und Faszination verbindet und zugleich den Handelnden ganzheitlich (physisch und psychisch in gleich starkem Maße) fordert. Der Sport kultiviert besonders eindringlich die „Hohe Kunst" der Eigenleistung. Ähnliches gilt für die künstlerische Eigentätigkeit des Amateurmusikers, -malers. *Sport, Kunst und andere kreative Tätigkeiten und Bereiche sind als recht „zugängliche" „Schulen" der Eigenaktivität besonders zu fördern.*

11. Im Zuge der „Freisetzung" nicht gebrauchter Arbeitskräfte, angesichts der strukturellen, durch die technisch-industrielle Entwicklung mitbedingten Arbeitslosenproblematik werden wir gezwungen sein, die herkömmliche Arbeitsethik, die fast nur berufliche bezahlte Tätigkeit hochschätzt, abzuwandeln: Die freiwillige Eigenleistung und Eigenarbeit – etwa die ehrenamtliche Sozialtätigkeit, das freie bürgerschaftliche Engagement oder die eigenaktive künstlerische Gestaltung –, die Hingabe an eine Eigenleistung um ihrer selbst willen werden mehr gesellschaftlichen Wert erlangen (müssen). In der Eigenhandlung zeigt sich erst der Mensch, beweist sich erst das Individuum. Der Unterschied von Arbeit und erfüllter Freizeittätigkeit sollte und dürfte sich übrigens in Grenzgebieten in Zukunft mehr als heute verwischen. *Die Demokratie braucht die engagierten Eigenleistungen, lebt geradezu von diesen – gerade auch von solchen, die sie nicht erzwingen kann: Auch gesellschaftlich sind Eigenaktivierung und Eigenleistungen absolut unverzichtbar: Sie müssen aber auch anerkannt werden: Eigenleistung muss sich wieder lohnen!*

12. Zuletzt: die leistende Eigentätigkeit kann ihren Rhythmus, ihren Wert, ihre Lust und Genus in sich selbst tragen – selbst unter Hochleistungsansprüchen. *Eigenleistung trägt den besten „Lohn", die persönliche Befriedigung, in sich selber. Sie sollte mit gelockerter Gelassenheit einhergehen.* (Das müssten viele von uns – darunter ich – noch besser lernen.)

Der Verhaltenswissenschaftler Csikszentmihalyi beschreibt die innere Form und Befriedigung von Tätigkeiten, die reiner Selbstzweck sind, die allein um ihrer selbst und des Erlebens willen gesucht werden. Er bezeichnet das ganzheitliche Erleben, das Leute fühlen, wenn sie mit völliger Hingabe handeln, als „Fließen" („*flow*"). Die Person ist sich ihrer Handlungen gewahr, aber nicht dieses Gewahrseins selbst und nicht einer Trennung von Handlung und Selbst; die Aufmerksamkeit zentriert sich auf einen begrenzten Reizbereich; die Person vergisst sich selbst; klare Handlungsaufgaben stehen in klarer Rückkoppelung mit den Handlungen. Die Person kontrolliert ihre Handlungen und die Umgebung. Das Erlebnis des Fließens entsteht aus dem Prozess, hängt nicht vom Ergebnis oder vom Zuschauen ab. Die Entdeckung von Neuem, Annahme und Ausforschung einer physischen oder symbolischen Herausforderung für persönliche Geschicklichkeit und Fähigkeit sind charakteristisch für Handlungen, die zum Erlebnis des Fließens führen können. Dieses Erlebnis kann ebenso bei engagierter beruflicher Arbeit, kreativer Tätigkeit nachweislich auch etwa beim Chirurgen auftreten, besonders natürlich bei original rhythmischen Tätigkeiten, z.B. bei Tänzern, Schauspielern und in anderen darstellerischen Berufen. Die traditionelle Trennung von Spiel und Arbeit wird in einem solchen Zusammenhang irrelevant. Im Zustand des „Fließens" konzentrieren die Handelnden ihre Aufmerksamkeit auf ein begrenztes Reizfeld, vergessen persönliche Probleme, verlieren den Zeitsinn und den Sinn für sich selbst, fühlen sich handlungsfähig und unter Selbstkontrolle und haben einen Sinn für Harmonie und Vereinigung mit der Umgebung. Das Erlebnis des Fließens ist nicht jedem und keineswegs jederzeit möglich. Dennoch kann es aber auch bei Alltagshandlungen als „Mikro-Fließen" auftreten. Es gilt, mit der Eigenidentifizierung, dem Eigenengagement mit bzw. in der Tätigkeit, die Flowerlebnisse zu fördern, das Fließen in Eigenleistungen zu ermöglichen, anzureizen, zu unterstützen.

Anstelle weiterer theoretischer Erörterungen möchte ich abschließend noch die Erfahrung des Fließens aus meiner eigenen Trainingserfahrung schildern – eine Erfahrung, die keineswegs auf das Leistungstraining beschränkt ist.

Der See ist spiegelglatt. Morgenstille. Ganz leichter Nebeldunst schwebt noch über dem Wasser. Ich rudere im Einer mein Programm: „Warmmachen" – fünf Steigerungen zu zehn Schlägen, dann fünf Zwanziger, fünf Dreißiger- fünf Vierziger – und wieder fünf Dreißiger-Steigerungen, unterbrochen durch jeweils zwanzig oder dreißig Erholungsschläge. Die Morgenstille wird nur durch das rhythmische „Pitsch" des Wasserfassens aufgeteilt. Ich habe das Gefühl, über eine eisartige Fläche zu gleiten, mit zwei großen Löffeln Löcher in die Fläche zu schaufeln und eine gerade Perlenschnur von quallenartigen Wassergebilden aufgereiht hinter mir zu lassen. Ich kann an dieser Schnur entlangblicken und die Fahrt daran orientieren. so steuert man im Training und oftmals auch im Wettkampf. Die makellos glatte Wasserfläche verführt zum Erlebnis eines unendlichen Gleitens. Bei den Streckenschlägen der Vierziger-Steigerungen stellt sich das Gefühl ein, als werde ich vom Rhythmus allein getragen: Auf den Wellen des Schlagrhythmus fliege ich leicht dahin! Die glitzernde Fläche mit dunklen Quallenansätzen entschwindet gleichmäßig „abgetackt", fast stetig fließend hinter mir. Gleichgewicht ist kein Problem. Gefangen, gefesselt in der rhythmischen Bewegung, überlasse ich mich ihr ganz. Die Streckenschläge werden ausgedehnt. Das rhythmische Fließen gewinnt Eigenwert, verselbständigt sich scheinbar. Ich überlasse mich ihm, schwinge, „fließe" mit auf der rhythmischen Bewegung, rudere in einem Zustand höchst empfindsamer Hingegebenheit, Selbstvergessenheit, genieße die Trancephase, die sich in dem Schwingen einstellt. Ein Glückserleben der vollkommenen Bewegung teilt sich mir mit. Ich wähne mich im Paradies der als vollendet erlebten Bewegung. Wie sagte die Tänzerin Athikte in Valérys „Die Seele und der Tanz"? Ich war in dir, o Bewegung, außerhalb aller Dinge ... Rhythmus trägt das Leben und lässt es gleichsam zeitlos erscheinen. Ein auffliegendes Wasserhuhn, das mit klatschenden Trippelschritten auf dem Wasser enteilt und sich in die Luft erhebt, unterbricht das Fließen. Das gleichsam paradiesische Rhythmuserlebnis ist zu Ende.

9. Das olympische Menschenbild

In seinen *Gesprächen in Tusculum* (V, 9) zitierte Cicero – übrigens nach Diogenes Laertius (VIII, 8) – den von Legenden umwobenen Philosophen Pythagoras. Dieser verstand offensichtlich etwas vom Leistungssport und von den Olympischen Spielen[39]: Das Leben der Menschen scheine ihm ähnlich, so meinte er, „jenem Markt" der Olympischen Spiele (*„vita hominum ludis Graecorum similis est"*), der mit größtem Aufwand von ganz Griechenland ruhmvoll und spektakulär gefeiert werde: Während nämlich „die einen ihren Leib übten und Ruhm und Ehre des Siegerkranzes erstrebten (*„ex robore corporis laudem excipiant"*), würden andere durch Aussicht auf Gewinn und Profit des Kaufens und Verkaufens angezogen. Es gebe aber auch jene Gruppe, „die vornehmste", „die weder Beifall der Menge noch Profit suchten, sondern nur kämen, um zu schauen, was da abläuft [...] So dienten die einen dem Ruhme, die anderen dem Gelde. Selten aber

---

[39] Diogenes Laertius kolportierte (VIII, 47f): Nach Favorin und Eratosthenes habe der junge Pythagoras zuerst während der 48. Olympiade (588-585 v. Chr.) in Olympia den Jugend-Faustkampf bestreiten wollen, und zwar „mit langem Haar und Purpurgewand". Nachdem er „unter Gelächter" vom Kinderwettkampf ausgeschlossen worden war, habe er sich sogleich bei den Erwachsenen gemeldet – und auch dort gesiegt. Darauf deutet auch ein Epigramm des Theaitetos hin: „Wenn du Pythagoras meinst, den Mann mit den Locken, mein Lieber,/ der als Boxer berühmt und aus Samos ja stammt,/ Ja , der Pythagoras bin ich; und fragst du dann einen Eleer:/ Wunderwerke wird er die erzählen von mir." (Auch in die klassische deutsche Philosophie-Geschichte von Ueberweg – Praechter hat diese Meldung über des Meisters Olympiasieg im Boxen Eingang gefunden. Dennoch ist nicht gesichert, ob es sich hier nicht um eine Verwechselung oder Legendenbildung handelt; denn es gab ca. acht weitere Pythagorasse, von diesen mehrere aus Samos stammend).– Pythagoras war (nach Moretti 1957, § 123) wohl Trainer des Schwerathleten Eurymenes von Samos und mit Sicherheit später Meister und Lehrer – auch Trainer? – des erfolgreichsten Schwerathleten der Antike, Milon von Kroton. (Milon hat übrigens ein leider verloren gegangenes philosophisches Buch über „Die Natur" geschrieben, war also auch ein philosophischer Schriftsteller. Übrigens soll selbst Platon als Ringer bei den Isthmischen Spielen gestartet sein. Es könnte sehr wohl sein, dass Platon („der Breite") sein Ringername war (denn eine breite Nase hatte er nicht!); eigentlich hieß er nämlich Aristokles, was selbst die meisten Philosophen nicht wissen!

seien jene, denen alles dieses nichts gilt und die Erkenntnissuche über alles gehe ... Diese nenne man wahrhaft ‚Philosophen'".

Olympia war damals und ist auch heute ein Brennpunkt öffentlichen Lebens, aus diesem nicht zu isolieren – so Unrecht hatte Pythagoras vielleicht nicht, wenngleich er das Fernsehen und die heutige telekratische Funktion der Olympiaden nicht voraussehen konnte.

Man sollte freilich, wie es auch heutzutage des Öfteren geschieht, die olympische Idee nicht mit einem bloßen Medienspektakel identifizieren und auch nicht mehr mit einer substanziellen inhaltlichen Friedensmission und politischen Direktaufgabe überfrachten, somit überfordern und dadurch eventuell gerade in ihrer tatsächlichen sozialen Wirksamkeit herabmindern, sondern man sollte ihren Beitrag indirekter als wirksames, Beispiel setzendes Symbol politischer Neutralität durch ein mit vielen Kulturen vereinbares, also „viel verträgliches" Wertesystem (Verf. 1964) sehen, das wegen seiner Funktionalität und relativen Formalität (Vergleichbarkeit, Verallgemeinerbarkeit, interkulturelle Attraktivität und relative Unspezifität) auf die internationale sportliche Begegnungen, Beziehungen und die Gemeinsamkeit interkulturell gleich verstandener Ziele und sekundärer Traditionen hinwirkt und die Vergleichs- und Verständnisgelegenheiten zwischen öffentlich besonders beachteten Repräsentanten verschiedener Völker und Kulturen entwickelt. Idealtypische Symbole haben ihre durchaus wesentliche quasi „mythische" Wirkung – geradezu auch in einer zu nüchternen modernen Welt, der begeisternde Ziele, besonders weltumspannende Ziele vielfach zu fehlen scheinen.

Können Olympische Spiele und Olympia-Athleten auch Elemente einer „Leitkultur" darstellen – sozusagen das Gerüst eines Menschenbildes abgeben?

Bei der Diskussion von Menschenbildern der westlich-abendländischen Kultur muss man zumindest die folgenden vier traditionellen Konzeptionen des Menschen berücksichtigen: das prometheisch-faustische Konzept des Menschen als des forschenden und nach Wissen und Einsicht strebenden Wesens. Das delphische „Erkenne Dich selbst!" und ein „Erkenne die Welt" charakterisieren das

Bild der klassischen Auffassung der griechischen Philosophen auch des Menschen als des erkennenden Wesens. An die Seite zu stellen ist diesem das christliche Bild des Menschen, wie es besonders durch die von griechischer Philosophie beeinflussten Teile des Neuen Testaments (Johannes-Evangelium, Paulus-Briefe) charakterisiert ist und zumal im christlichen Liebesgebot („Liebe Gott in allen Menschen, besonders in Deinem Nächsten!") zum Ausdruck kommt. Obwohl in der Antike, z.B. in der These des Protagoras („Der Mensch ist das Maß aller Dinge") angelegt, erscheint die vierte Auffassung des Menschen, nämlich die des praktisch-technischen Menschen als des experimentierenden Wesens, das Welt und Natur beeinflusst, manipuliert, verändert und das in die Welt eingreift bzw. diese auch durch seine Konzeptionen und Interpretationen prägt und deutet, als ein Ergebnis der Entwicklung der Renaissance und auch der Reformation bzw. der experimentalistischen Aufbruchsorientierung der Neuzeit. Das faustische und das experimentalistische Menschenbild haben unsere menschliche Welt, ja, die Biosphäre unseres Planeten an den Rand der Gefährdung gebracht, die nur überwunden werden kann, wenn die antiken Menschenbilder des einsichtigen Weisen, des christlichen Liebenden und Helfenden sowie der stoischen Einbettung des Menschen in Natur und kosmische Vernunft (oder auch entsprechende asiatische Einbettungskonzeptionen vom Menschen als des sich einfügenden und einfühlenden Naturwesens) der potentiell unbegrenzt eskalierenden Hybris des technologischen Menschen entgegenwirken können. Die Selbstvergötzung des Menschen durch seine technologische Macht kann, aber darf nicht außer Kontrolle geraten, sie müsste begrenzt und kontrolliert werden – vornehmlich durch die anderen, humanistischen Ideale des Menschen. Es scheint so etwas wie ein System von „checks and balances" in anthropologischen Konzeptionen der Geschichte zu geben, wobei die einzelnen Ideen ihre historischen Epochen hatten, sich ablösten, aber derzeit alle wichtig sind und im Grunde in eine Art von dynamischem Ausgleich gebracht werden müssten.

Herkömmlich hat man den Menschen durch viele einzelne Wesenszüge zu kennzeichnen versucht. Er wurde gleichzeitig aufgefasst als *Homo faber, cogitans, agens, loquens, laborans, creator, compensator*, also als der Werkzeuge benutzende, der denkende, der handelnde, der sprachfähige, der arbeitende, der schöpferische oder Mängel ausgleichende Mensch u.a. – Insbesondere im Sport versteht man ihn als *Homo ludens, competens* und *movens*, d.h. als den spielenden, wettkämpfenden und sich bewegenden Menschen, gar als ein „*Homo sportivus*" (Kaschuba). Eher i.e.S. philosophische Charakterisierungen wie das symbolische Wesen, das frei sich entscheidende, stets über sich hinausgreifende, noch nicht festgestellte (im doppelten Sinne des Wortes) wie das auf soziale Bindungen angewiesene Wesen ergänzen diese (noch unvollständige[40]) Liste. Jedes dieser charakteristischen Merkmale scheint notwendig, kein einzelnes bietet eine hinreichende Bedingung und dementsprechend ein klares Kriterium dessen, was der Mensch wirklich ist. Eine sinnvolle Anthropologie muss deshalb über einen Ein-Faktor-Ansatz hinausgehen; sie hat eine Theorie mit vielen Faktoren, sozusagen einen pluralistischen Ansatz, zu entwickeln. Sie kann darüber hinaus nicht nur aus der Erfahrung gewonnene Ergebnisse vereinen, sondern muss sich – wie schon angedeutet – auch auf werthaltige Leitbilder beziehen.

Ein antikes Ideal – auch aus dem Griechischen stammend – ist bei dieser Übersicht noch nicht erwähnt worden: es ist jenes, das hier im Zentrum steht, nämlich das Bild des *homerisch-olympischen* Menschen, geradezu eines „*Homo olympicus*". Auch dieses Menschenbild nach Coubertin könnte zu einer Art der humanisierenden Differenzierung, der Qualifizierung jeder Selbstgestaltung, der Verbesserung der physischen und intellektuellen Leistung (durch Selbstverbesserung und Selbstgestaltung) des Menschen dienen, ohne der außenorientierten Hybris der technischen Veränderung zu verfallen. Das homerisch-olympische Menschenbild der Selbststeigerung, Selbstvervollkommnung und der Orientierung an selbsterbrachten Leistungen und Leistungssteigerungen in der Konkurrenz natürlich-körperlicher und intellektueller Fähigkeiten kann geradezu als eine funktionale Alternative

---

[40] Zu weit umfassenderen, fast vollständigen Zusammenstellungen vgl. Verf. 1998, 2000.

(Selbst-Beherrschung und -Entwicklung statt Außenwelt-Beherrschung und -Manipulation) zum außenorientierten experimentalistischen Menschenbild des technologischen Menschen verstanden werden. Ein an Qualitätsgewinn und -steigerung orientiertes Konzept der Selbstbemächtigung könnte ein in der Bevölkerungsexplosion auf unserer Erde risikoreiches Konzept des Wachstums durch Fremdbemächtigung (Unterwerfen anderer Menschen und der Natur) bzw. durch technische Veränderung der mesokosmischen Außenwelt insofern begegnen, als Chancen der Selbstauszeichnung und -differenzierung durch Eigenqualifizierung und Selbstgestaltung statt der Fremdunterwerfung oder Weltmanipulation, die in massenhafter Konzentration zu katastrophalen Konflikten und Benutzungsresultaten führen müssten, dienen.

Eine Hauptaufgabe innerhalb einer neu zu entwickelnden olympischen Philosophie wäre erfüllt, wenn man eine philosophische Anthropologie des Leistungshandelns und der leistenden Persönlichkeit erstellen könnte. Man könnte eine solche Anthropologie nicht nur für den Sport entwickeln und anwenden, sondern gerade auch auf andere, wichtigere Bereiche schöpferischer Leistung – wie etwa die Wissenschaft, die Kunst und insbesondere die Erziehung – beziehen. Das Zusammenspiel dieser Bereiche stand herkömmlich – besonders betont von de Coubertin – auch im Zentrum der über das bloß Sportliche hinausgreifenden Auffassung von der olympischen Idee und dem olympischen Menschenbild.

Unter dem Gesichtspunkt des olympischen Menschenbildes, das sich natürlich vorrangig auf den Sport bezieht, möchte ich ein Merkmal herausgreifen, das bisher nicht genügend diskutiert worden ist. Der Mensch ist nicht nur das handelnde Wesen, d.h., das Wesen, das sich bewusst auf Ziele ausrichten kann und diese im Handeln anstrebt, sondern er ist spezifischer das Wesen, das Ziele immer *besser* durch sein Handeln zu verwirklichen strebt und nach Wertstandards und Gütekriterien beurteilt. Es ist nicht nur das handelnde, sondern *das leistende Wesen*. Eigene Leistung, schöpferische persönliche Handlung, die unter gewissen Qualitäts- und Gütemaßstäben bewertet wird, sind ideale Züge, die das Bild vom handelnden Wesen weiter verfeinern. „*Eigenhandlung*" und „*Eigenleistung*" (vgl. Verf. 1983) spielen für die Charakterisierung des Menschen eine mitentscheidende Rolle unter anderen, ebenso notwendigen Zügen. Dies gilt zumal, wenn man den Ausdruck „Leistung" in einem weiteren Sinne auffasst, also nicht schon im engeren Sinne einer messbaren und quantitativ verbesserbaren Leistung. Dies letztere wäre dann wie auch der Wettkampf (auf höchstem Leistungsniveau) besonders charakteristisch für das Eigenleisten und Eigenhandeln im (olympischen) Sport.

Eigenleistung kann verstanden werden als kreatives nach außen wirkendes Eigenhandeln. Leistung ist kein bloßes Naturphänomen – trotz natürlicher Grundlage –, sondern zugleich physische, psychophysische, sozialkulturelle, ja, geistige und symbolische Tätigkeit bzw. Errungenschaft und besitzt gerade wegen seines Handlungscharakters eine besondere soziale und pädagogische Bedeutung – selbst und besonders auch dann, wenn es sich um symbolische Leistung handelt. Auf das Eigenhandeln kommt es an. Eigenleistung ist und bleibt Ausdruck persönlicher Handlungsfreiheit, der Kreativität, des Selbstverständnisses und der Selbstentwicklung. Das Prinzip des Eigenhandelns ist eine bedeutsame – von unserer pädagogischen Theorie sowie von der philosophischen Deutung immer noch nicht genügend berücksichtigte entscheidende Bedingung der Selbstverwirklichung und des Selbstverständnisses. Es gewinnt immer mehr Aktualität in einer Welt, die mehr und mehr zu einer verwalteten wird, durch Übermacht der Institutionen bestimmt.

Bereiche, in denen das kreative Eigenhandeln besonders gepflegt und entwickelt wird, gewinnen in unserer Welt tendenziell erheblich an Bedeutung – wie etwa künstlerische und sportliche Aktivitäten. Dies gilt umso mehr, als unsere Welt nicht nur allzu sehr eine verwaltete geworden ist, sondern auch die durch Bild-, Ton-, Schriftkonserven vermittelte. Informationsberieselung und passiver Konsum sekundärer virtueller Medienwelt semantischer Konserven scheinen das Eigenhandeln immer mehr zu ersetzen, eine immer größere Abstraktion, weitere Mediatisierung zwischen das aktive personale Leben und das stellvertretende Miterleben einzuschieben. Die Mechanismen der Mediatisierung, Kodifizierung, Vorfabrizierung neigen dazu, vereint mit denen der verwalteten Welt, das Eigenhandeln in letzte ökologische Nischen zurückzudrängen: Eigenhandeln scheint nur noch Freizeithobby zu bleiben. Im so genannten Ernstbereich des Lebens „funktioniert" der sprichwörtlich gemeine Mensch nur noch, hier (eigen)*handelt* er nicht mehr. Dieses Bild ist sicherlich überzogen, doch enthält es nicht ein Moment der Wahrheit? *Mensch sein heißt kreativ sein: Homo creator* – somit heißt kreativ sein: Eigenhandeln und Eigenleistung pflegen. *Homo creator, Homo performator* – ein Ideal, das nicht verloren gehen darf und das neben *Homo competens sive concurrens*, dem Signum des Agonalen (*anthropos agonistikos*), *ein* wesentliches Kernelement gerade auch des olympischen Menschenbildes ausmacht. Wenn Leben in tiefstem Sinne persönliches schöpferisches Handeln, Leisten und aktives Durchführen ist, so sind die Leitbilder vom schöpferischen, spielenden, handelnden, leistenden und sich bewegenden Menschen notwendig miteinander verbunden, ja, verschiedene Seiten ein und derselben Charakterisierung. Schöpferisches und sinnvolles Leben ist im Grunde persönliche Aktivität, Handlung und Leistung im weiteren Sinne.

Das sportliche Handeln und Leisten ist natürlich ein ausgezeichnetes Beispiel, Träger und Medium engagierten aktiven Lebens in diesem ursprünglichen Sinne des Eigenhandelns und Eigenleistens. Es ist keineswegs trivial, festzustellen, dass der aktive Sport in einer Welt von vorherrschenden und alles beherrschenden Institutionen und bildlichen Darstellungen im primären psychophysischen Sinne noch *wirklich(e) Handlung* geblieben ist. Sportliches Handeln und Leisten kann nicht delegiert, stellvertretend abgeleistet, vorgetäuscht oder erschlichen werden. In diesem Sinne ist auch die normale sportliche Leistung Resultat intensiver Bemühung und persönlichen Einsatzes. Sie ist idealer Weise eine echte (eigenerbrachte) und ehrliche (nicht vortäuschbare) Leistung, eine Handlung, die zu einer angemessenen Wertung führt. Sporthandlungen und -leistungen erfordern besonders starken persönlichen Einsatz, manchmal – zumal bei Spitzenleistun-

gen – eine fast gänzliche „Hingabe" und Selbstüberwindung. Gerade
auch bei sportlichen Leistungen ist es nicht mit rein körperlichen Prozessen und Zusammenhängen getan, sondern es handelt sich stets um
psycho-physische. Die sportliche Hochleistung erfordert somit außergewöhnlich hohen personalen und psychischen Einsatz, mentale Vorbereitung (mentales Training!), „geistige" Vorbereitung und Verarbeitung. Darüber hinaus ist das olympische Menschenbild – wie
Coubertin nicht müde wurde zu wiederholen – nicht auf die körperliche Leistung beschränkt, sondern soll sich auf andere Leistungsqualifikationen beziehen: „Die Qualifikation stellt sich unter mehrfachem
Blickwinkel dar", schrieb Coubertin 1910, „sie kann technisch, ethnisch, sozial, moralisch sein." Coubertins olympische Idee richtet sich
auf ein allgemeines Bildungsideal, auf das Programm einer sportlichen Erziehung, das sich nur „der Materie Sport" bedient, um „körperliche, geistige und sittliche Fähigkeiten" zu steigern. Sport sei ein ideales Mittel, sich selbst zu prüfen und einzuschätzen, „sich selbst zu
kennen, zu führen und zu überwinden", sich selbst zu erziehen, und
sich selbst bewusst zu verbessern oder zu vervollkommnen. Die o-
lympische Idee ist somit ein Keim praktischer Lebensphilosophie zur
charakterlichen Erziehung. Der Sport, betonte Coubertin (1928, 1935
u.a.) immer wieder, leiste neben der physischen auch eine „moralische
und geistige Erziehung". Coubertin versteht in diesem Sinne die o-
lympische Idee als eine Idee der vielseitigen Leistungs- und Einsatz-
elite aufgrund gleicher Ausgangsposition. „Kennzeichen des Olympismus ist, dass er eine ... eine Elite" heranbilde, „aber – wohl
verstanden – eine ... völlig gleichen Ursprungs. Denn diese ist nur
durch die körperliche Überlegenheit und durch die Muskelfähigkeiten
des Individuums bestimmt, bis zu einem gewissen Grad multipliziert
mit dem Trainingswillen" (1935). Egalitäre, gleiche Bedingungen sind
wesentlich. Erst dann kann das olympische Motto, das Coubertin von
Pater Didon Pater Didon übernommen hatte, nämlich das wohlbekannte Schlagwort „*Citius, altius, fortius*!" („Schneller, höher, stärker
oder tapferer") zum Ausdruck einer im obigen Sinne verstandenen

(d.h.: selbst erbrachten, nicht erschlichenen, nicht vorgetäuschten) Eigen- und Best- oder gar Höchstleistung sein.

Der olympische Athlet ist in der Tat ein hervorragendes Beispiel, idealerweise ein Vorbild des eigenleistenden Menschen auf Spitzenniveau. Die olympische Idee mit ihrer Idee der wettkampforientierten Spitzenleistung, wie sie in dem olympischen „*Citius, altius, fortius*" und in dem Wort Homers zugleich zum Ausdruck kommt – verkörpert sich im Ideal des olympischen Athleten.

Schließlich ist Eigenleistung ein Symbol der sich selber bestimmenden und profilierenden Persönlichkeit: Selbstüberwindung, das Bewusstsein, eine schwierige Aufgabe geschafft zu haben, vermittelt das Gefühl einer besonderen Handlungsfreiheit, eben weil man sich einer selbstgewählten Aufgabe verschrieben, diese eigenständig durchgeführt und durchgehalten oder ein achtbares Ergebnis erzielt hat. Das Ziel setzt man sich grundsätzlich selbst – manchmal auch die Verfahrensregeln. So mag eine sportliche Eigenleistung das Erlebnis eigener Handlungsfreiheit aktualisieren. Zwar gibt es besonders im organisierten Wettkampf-Spitzensport Gefahren und Fälle der Manipulation, der Entfremdung und des Zwangs durch Funktionäre, autoritäre Trainer oder öffentlichen Erwartungsdruck. Aber dies sind zweifellos Verfallserscheinungen, die nicht das eigentliche beispielhafte Erleben des Athleten und die ideale Struktur der freien und freiwilligen Sporthandlung charakterisieren. Letztlich kann nur jemand sich einem außergewöhnlich anstrengenden Trainingsprogramm widmen und außerordentliche oder selbst nur relative, persönliche Bestleistungen erzielen, wenn er sich freiwillig mit dem Ziel, der Aufgabe und der Tätigkeit identifiziert. Man kann jemanden zum Marschieren zwingen, aber nicht zum Aufstellen eines Weltrekords.

Peleus gab seinem Sohn Achilles den Spruch mit auf den Weg: „stets der Beste zu sein und die anderen zu übertreffen!" (Homer: *Ilias* VI, 205; XI, 794). Diese konkurrenzorientierte Auffassung der Leistung, die von dem *Love-Story*-Autor Segal, der auch Marathonläufer war, der „Achilleskomplex" der griechischen Kultur genannt wurde, ist bedeutsam und charakteristisch für das olympische Verständnis von Leistungen. Die olympische Idee ist daher durch ein besonderes Leistungsprinzip gekennzeichnet, nämlich das der Wettkampfleistung auf Spitzenniveau. Das olympische Menschenbild ist das des eigenleistenden wettkämpfenden Wesens auf höchstem Niveau: *Homo maxime competens performansque.* Doch selbst in der olympischen Bewegung sollte nach Coubertin diese rigorose Orientierung am Besten und am Sieger relativiert werden durch sein von Coubertin vom Bischof Pennsylvania aus dessen Predigt für die Olympiakämpfer von 1908 übernommene Schlagwort: „Das Wichtigste in den Olympischen Spielen ist nicht, zu gewinnen, sondern teilzunehmen". Erzieherisch gesprochen, im Sinne der pädagogischen Deutung der olympischen Idee, ist es in der Tat wichtiger als zu siegen, unter höchstem Einsatz seine beste persönliche Leistung zu erringen, um etwa an den Olympischen Spielen teilnehmen zu können. Die förderlichen Wirkungen und Einflüsse eines langjährigen intensiven sportlichen Trainings und der Hochleistungsmotivation können durchaus von jemandem erreicht werden, der schließlich nicht die goldene oder überhaupt eine Medaille gewinnt.

Sein Bestes gegeben zu haben, sich vollständig eingesetzt zu haben, gut und fair gekämpft zu haben – das ist der Kern der olympischen Idee. Coubertin übertrug dies auf das Leben allgemein: „Das Wichtige im Leben ist nicht: gesiegt zu haben, sondern gut gekämpft zu haben", so stellte er selbst bei den Olympischen Spielen 1908 fest. Das wird gerade heute in der Öffentlichkeit der Wettkampf-, Erfolgs- und Publicity-Gesellschaft viel zu wenig beachtet.

Oft und besonders heutzutage ist es übrigens auch geradezu eine besondere Herausforderung an Charakter und Erziehung, den verführerischen Versprechungen und Verlockungen nach einem olympischen Sieg zu widerstehen, besonders für junge noch unreife, noch nicht ausreichend „mündige" Athleten. Der Olympiasieger hat sozusagen erst noch einen persönlichen Reifetest zu bestehen angesichts trügerischer Publizität und verlockender Angebote, die ihn aber vom eigentlichen Weg abzulenken, abzuziehen drohen. Pythagoras soll sogar gemeint haben, es sei (erzieherisch) sehr wichtig, in den großen

Spielen wie in Olympia zu kämpfen, teilzunehmen, aber es sei auch wichtig, dort *nicht* zu gewinnen! Der Sieg würde nur den Neid bei Freunden erregen und beim Sieger „Arroganz" erzeugen (*doxomania*)! Schon damals waren auch die Verführungen für Sieger (oft zu) groß...

Die olympische Idee hat zwar eine überaus große internationale Anziehungskraft in verschiedenen Kulturen bewiesen; sie ist verallgemeinerbar, interkulturell „viel-verträglich" und wichtig für alle Erziehung zum engagierten, aktiven Leisten und Leben unter hohem Güteanspruch. Sie wird diese Ziele aber besonders heutzutage kaum völlig von inhumanen Überspitzungen und Übertreibungen sowie von manipulativen (pharmakologischen oder psychologischen), politischen und kommerziellen Verzerrungen verschonen können. Der Wettkampf- und Leistungsgedanke, die Idee einer sportlichen Leistungselite, die Chancengleichheit, der Fairplay-Wert, das Verbot jeglicher Diskriminierung nach Rasse, Klasse, Nation, Konfession und Kultur sowie die Idee, Sportler verschiedener Sparten zusammenzuführen – all diese Ziele kombinieren sich mit dem Wunsch, sie in einem „weltfestlichen" Rahmen, dem der Olympischen Spiele, alle vier Jahre auch medienwirksam zum Ausdruck zu bringen, und mit dem Ziel der Unabhängigkeit des Sports, der Spiele, der Olympischen Komitees und der Sportler selbst zu einem Komplex, den man „olympische Idee" nennen kann, wie ich in meinem Buch *Werte, Ziele, Wirklichkeit der Olympischen Spiele* (1964) genauer untersucht habe. Das Menschenbild vom eigenleistenden Wesen gibt dieser Idee in gewisser Weise auch einen erzieherischen Akzent – ebenso wie die Verallgemeinerung der Leistungsbereitschaft auf andere, nicht-sportliche Handlungsfelder. So kann das olympische Menschenbild als des auf höchstem Niveau eigenleistenden agonalen Wesens auf andere Lebensbereiche ausstrahlen.

Idealtypische Symbole haben ihre durchaus wesentliche quasi „mythische" Wirkung – geradezu auch in einer zu nüchternen modernen Welt, der begeisternde Ziele, besonders gerade Olympische Spiele weltumspannende Ziele vielfach zu fehlen scheinen. Spiegeln nicht positiv eine herausragende „myth(olog)ische" Rolle des Sports und

des Hochleistungsathleten wider – auch heute noch, nachdem ihnen in
der Antike ja sogar ein religiöser Mythos zugrunde gelegen hatte?
Wenn man den Ausdruck „Mythos" in einem weiteren, säkularisierten
Sinne versteht, so ist dies sicherlich der Fall. „Mythos" bezeichnet ein
Modell, das Sinn und Bewertung versinnbildlicht und somit symbolisch wiedergibt und weitergibt – Sinndeutungen, die sich in der kulturellen Tradition geschichtlich entwickelten (vgl. Verf. 1964, 1972,
1976, 2005). Die Versinnbildlichung wird in typischen, exemplarischen Mustersituationen durch dramatische Darstellung deutlich gemacht, indem vertraute Formen Sinn für weniger vertraute Phänomene
erschließen oder festlegen. Mythen entwickeln und bieten Leitbilder
zur Sinnkonstitution und Sinndeutung in typisierender und zugleich
sinnlich verkörperter Form. Sie prägen und übermitteln im Sport diesen Sinn in sichtbarer, meist dramatischer und dynamischer, oft fest-
lich bzw. in geschichtlich besonders herausgehobener den Alltag ü-
berhöhender Form. Der sportliche Mythos zeigt sich besonders
fesselnd im sportlichen Wettkampf als ein symbolisches Rollendrama,
in dem die Rollen in sichtbarer Dynamik und Dramatik holzschnittartig auf einfachste Konfrontation zusammengeschnitzt sind, wobei die
dramatische Präsenz des Geschehens und besonders bei Olympia die
historische Unabänderlichkeit jeder abgelaufenen Handlung und Entscheidung unter dem Blick einer aufgeregten und engagierten Öffentlichkeit mitspielt. Sport als symbolisch-mikrokosmische Darstellung
geradezu archetypischer Rollendynamik in vereinfachter Konfrontation des Wettkampfes: Diese dramatisch-mythische Verkörperung kann
die symbolische Rolle und die Faszination sportlichen Handelns für
Zuschauer und Aktive in gleicher Weise erklären (vgl. Verf. 1972,
1985) – und dies natürlich zumal in öffentlich hoch stilisierter[41] Form,
besonders unter dem Signum des Historisch-Einmaligen bei Olympischen Spielen. Zumal hier ist der Start und die Qualifikation dafür
nicht schlicht Normalleben in einer Nussschale, nicht Brennpunkt
normaler Alltäglichkeit, sondern verwirklicht eher ein auf einfache

---

[41] Dies im doppelten Sinne verstanden – was die neue deutsche Rechtschreibung
nicht mehr unterscheiden kann.

Züge konzentriertes Modell eines vital höchst gesteigerten, pointierten, kontrastprofilierten Rollenhandelns in mythischer Symbolisierung und Überhöhung.

Die olympische Tradition, die Geschichte der antiken und modernen Spiele, die olympische Verwobenheit mit geistigen und künstlerischen Symbolen, mit philosophischen und pädagogischen Konzeptionen tut ein übrigens, um die Olympischen Spiele und ihre Idee aus der Alltäglichkeit herauszuheben. Leistungssport – besonders der olympische Wettkampf – spiegelt symbolisch-dramatisch die handelnde „kämpfende" Konfliktbewältigung des zielaktiven, sozusagen des herakleischen Menschen der abendländischen Kultur wider: Leistungsstreben zur Selbstbestätigung und zum Selbstausdruck der Persönlichkeit, der Traum von der Willensbeherrschung der Natur und einer rational, auf vorgegebene beschränkte Mittel angewiesenen gelenkten Handlung und gesteigerten Vitalität, die Lust am „Hinausrücken von Grenzsteinen" (Ortega y Gasset), am Risiko, am Herausragen, am Übertreffen des Bisherigen und die Beschränkung auf technisch eigentlich unnötige Ziele und künstlich eingeschränkte Mittel der Zielerreichung und die dramatisch-dynamische Rollenkonfrontation im Wettkampf zeichnen den sportlichen Mythos in einer säkularisierten Form und in seiner Faszination aus. Kraft, Schnelligkeit, Geschicklichkeit, Körperbeherrschung, Ausdauer – in vollkommener Beherrschung symbolisieren diese menschlichen Fähigkeiten in quasi mythischer Bedeutung Grundsituationen des Menschen (vgl. Weiss 1969). So kann die Faszination der Schnelligkeit, etwa des Sprints, nicht völlig rational erklärt werden, ohne auf anthropologische, gewisser Maßen „mythisch" symbolisierte Grundsituationen des autonom(en) beweglichen Menschen, auf Fluchtmöglichkeiten, Fluchterfahrungen, auf den Reiz der Überwindung räumlicher Distanz durch eigene Kraft und eigene Initiative und Leistungsstärke zurückzugreifen. Idealerweise wagt sich der Athlet in neue Grenzbereiche menschlichen Leistungsverhaltens vor.

So versinnbildlicht auch der olympische Athlet einen herakleischen – oder gar prometheischen? – Mythos der durchaus kulturell definierten Ausnahmeleistung eines heutzutage für die Lebensfristung unnötigen, aber symbolisch hochbewerteten hervorragenden Handelns, das aus völliger Hingabe an eine Aufgabe, an ein anscheinend kaum erreichbares Ziel entstand. Insofern hatte Pythagoras wohl nicht recht: Der Hochleistungssport, insbesondere der olympische, spiegelt nicht bedingt das Normalleben in der Nussschale, sondern ist *Symbol eines pointierten, exaltierten, besonders vitalen Lebens*. Ein moderner japanischer Schriftsteller, Akutagawa Ryunosuke, formulierte sogar: „Das Leben ist (wie) eine von einem Verrückten organisierte Olympiade" (!). (Eher eigentlich umgekehrt, möchte ich augenzwinkernd hinzufügen.) Vergaß Pythagoras die mythische Sinndeutung olympischer Wettkämpfe für Athleten und Aktive? Sein Ausspruch zielte zweifellos auf die menschlich-allzu-menschliche „Veralltäglichung" des Mythischen – ähnlich wie die bekannten bissigen Kritiken an Olympiaathleten und -zuschauern von Isokrates, Xenophanes und Epiktet.

Schon 1896 gewann de Coubertin nach dem Ende des ersten olympischen Marathonlaufs die „Überzeugung, dass geistige Kräfte beim Sport eine viel wirksamere Rolle spielen, als man ihnen bisher zuschrieb". Diese Erkenntnis hat sich auch in weiteren Dekaden der Olympischen Spiele stets wieder bestätigt: Trotz erheblich gestiegener gesellschaftlicher und staatlicher Unterstützung von Spitzenathleten, trotz geradezu systematischer Förderungssysteme und quasi wissenschaftlich systematisierter Trainingsplanung können diese gesellschaftlich manipulierbaren Faktoren nicht als die einzig entscheidenden, sondern höchstens als, heute nötige, förderliche, jedoch nicht schon als hinreichende Bedingungen für olympische Hochleistungen angesehen werden. Die Leistungsexplosion bei Olympischen Spielen war im letzten halben Jahrhundert gewaltig. Sie wäre nicht ohne systematisierte Talentauswahl, Förderung, wissenschaftlicher Forschung und leistungsfördernde Organisation, Privilegien und Mittel und besonders nicht ohne erhebliche finanzielle Unterstützung möglich gewesen.

Doch diese systematische Förderung erleichterte oder ermöglichte den Leistungsanstieg nur, konnte ihn nicht erzwingen. Wenn ein

Leichtathlet wie Fosbury durch intelligente Variation, ja Entwicklung, einer völlig neuen Bewegungsform einen neuen Sprungstil erfand, der ihm 1968 zum Olympiasieg verhalf, wenn es etliche ähnliche Beispiele (besonders von neuartigen Übungsteilen im Geräteturnen) gibt, so kann man nicht generell sagen, dass nur „mechanische", in ein System gepresste, manipulierte und determinierte „Muskelmaschinen" bloß vorprogrammierte Planleistungen erfüllten und abspulten, sondern man hat heute wie eh und je gelernt, dass die sportliche Leistung nicht auf Einfallsreichtum, außerordentliche Motivation, Einsatzbereitschaft und auf über sich hinauswachsende Persönlichkeiten verzichten kann – zumal in Bereichen, in denen heute auf dem olympischen Niveau aller Sportarten bei nahezu gleichem Talent und Austrainiertsein ein annähernd totales persönliches Engagement zu Erreichung des Außergewöhnlichen nötig ist. Die sportliche Höchstleistung bleibt selbst als höchstmöglich geförderte heute und sicherlich auch künftig immer noch unverwechselbar persönliches Handeln, personale Tat, sie kann nur in Grenzen durch ein System erleichtert, gefördert, jedoch nicht mechanisch oder deterministisch erzeugt werden. Sie bleibt personal zurechenbar. Der Athlet ist kein willenloser Rekordproduzent, sondern Persönlichkeit – mit allen Höhen und Tiefen und vielfältigen interessanten Varianten, selbst und gerade dann, wenn er im Wettkampf unterliegt.

Das olympische Menschenbild der sportlichen Höchstleistung durch systematisch trainierte Athleten im Wettkampf erfüllt immer noch eine Leitbild- und Vorbildfunktion.

10. Olympische Eliten: Zur Elitenidee im Hochleistungssport[42]

> „Elite bleibt Elite, selbst im zusammengekratzten Zustand" (Reporter der *Lübecker Nachrichten* 1958 über den ersten Deutschen Meisterachter des Ratzeburger Ruderclubs, eine Mannschaft, die aus fünf zu leichtgewichtigen Schülern und drei Studenten bestand)

Zum „Kreislauf der Eliten"

Bekanntlich ist der Elitebegriff vielschichtig. Der zugrunde liegende Gedanke der Auswahl bezieht sich vielfach auf gesellschaftliche Eliten, die nach politischer Macht, Ansehen, Herkunft, Geldvermögen usw. entstanden und entsprechend unterschiedlich rekrutiert sein können. Pareto sprach vom „Kreislauf der Eliten" in Bezug auf herrschende gesellschaftliche Schichten – eine Notwendigkeit, die zur Erneuerung und Verjüngung der entsprechenden führenden Schichten oder Klassen einer Gesellschaft unerlässlich sei. Da jede herrschende Gruppierung zum Machterhalt tendiert und entsprechende soziale Mechanismen und oft Engführungen oder gar Verbarrikadierungen erzeugt, sind geregelte Umformungen im Sinne des „Kreislaufs der Eliten" nach Pareto in der Tat Vorkehrungen gegen absolute Immobilisierung, starren Konservatismus und eventuell auch moralischen Rigorismus. Sozialer Wandel und Fortschritt ist an eine angemessene Ablösung von Eliten gebunden. Die Idee der repräsentativen Demokratie aufgrund einer jeweiligen Wahl der erwartungsgemäß zur Führungs- und Verantwortungsübernahme Bestqualifizierten drückt diese Idee eines geregelten institutionalisierten Wandels aus. Diese Überzeugung hatte im Laufe der abendländischen Geschichte soziale

---

[42] Prof. Dr. med. Dr. h.c. Ernst Jokl, dem einstigen Nestor der Leistungsmedizin und verstorbenen Freunde, zum Gedenken

Sprengkraft, wirkte sie doch den etablierten Verkrustungen und Ver-
kastungen entsprechender traditioneller Eliten-Herrschaften entgegen,
indem sie auf *funktionale* Autorität und in gewisser Weise auf Begrenzung der Führungsrollen auf ein bestimmtes bestes Leistungsalter
hinzielte.

　　　Zwar ist Gewähltwerden nicht unmittelbar eine Leistung und
kein Ausdruck einer persönlichen Leistungsfähigkeit – wenn man von
der publizitären rhetorisch-schauspielerischen Präsentation in Wahlen
und heute besonders auf dem Bildschirm und in vorstrukturierenden
Parteihierarchien und sonstigen Machtkartellen absieht –, aber die I-
dee ist, dass diejenige Person oder Personengruppe, auf die sich der
größte Konsens der Wählerschaft majorisierend konzentriert, die beste
Repräsentativität und der Erwartung nach auch die beste Vereinigung
bzw. Konzentration des Gemein(schafts)willens darstellt. Funktionale
Autorität stützt sich also auf die vermutlich umfassende Konsensauto-
risierung hinsichtlich der zugetrauten Amtsführung; die Funktionalität
der elitären Rekrutierung und des Eliten-Wandels steckt natürlich im
Verfahren und in der – nach bloßen Leistungskriterien, der persönlichen Leistungszurechnung oder Amtsführungsfähigkeit eigentlich un-
gerechtfertigten – Übertragung von Konsensbildung auf (und als) Füh-
rungsqualifizierung. Funktionale Amtsautorität wird hier eigentlich
eher nach dem politischen Prozess der Konsensbildung und Mehr-
heitsrepräsentation zugemessen, nicht nach wirklicher persönlicher
oder leistungsangemessener Fähigkeit. Rhetorische oder televisionäre
Qualifikation („Telegenität"), Hausmacht, Ausbildung oder Durchset-
zungsvermögen sowie Autoritätsgehabe bzw. die Cliquenbildungen
der entsprechenden Parteiungen und Parteien und die zugehörige Per-
sonal- und Programmpropaganda ersetzen eine wirklich adäquate Fä-
higkeits- und Leistungsbemessung. Die wirkliche funktionsangemes-
sene Eignung, also die direkt auf die Führungsaufgabe zugeschnittene
Funktionalität wird durch Vorausversprechungen, Parteiprogramme,
Überzeugungs- oder Überredungsarbeit der öffentlichen Präsentation
ersetzt: Die funktionale Amtsautorität stützt sich weitgehend auf rhetorische Qualifizierung, vorbereitende Überzeugungsarbeit in der Öf-

fentlichkeit, sozusagen im Voraus stilisierte und in Reden anvisierte vertrauensbildende Maßnahmen und nicht zuletzt Selbst- und Programmwerbung. Der „Kreislauf der Eliten" findet also – selbst bei einer Abwahl von bis dato führenden Machtgruppierungen – weitgehend auf der abstrakten rhetorischen Ebene im Reich der Scheinbarkeiten und Ex-post-Bewertungen statt. Konsens und Vertrauen werden möglichst manipulativ beeinflusst, durch Inszenierung, Selbstdarstellung usw. überhöht oder gar ersetzt. Dabei haben begabte Selbstdarsteller und Rhetoren große Vorteile, spielen oft Befähigtere an die Wand und sich in den Vordergrund. Die angeblich so funktionale (leistungsadäquate und positiv die entsprechende soziale Führungsaufgaben beeinflussende) Elitenbildung und deren Kreislauf wird auf die Ebene der Selbstpräsentation, der Präsentationsleistungen im Sinne E. Goffmans[43], manchmal geradezu der Telegenität und öffentlichen Show-Wirksamkeit übertragen. Der auf die Qualifikation der Handelnden anlegte Wettstreit der Bestbefähigten gerät zur Schein-„Gigantomachie" der Rhetoren, manchmal gar zum televisionären wahlkampfstrategischen Showbusiness. Das scheint der Preis der Mediendemokratien mit dem Zwang zur Mattscheiben-Allpräsenz zu sein. Entsprechend sind natürlich die Funktionalitätsbewertungen und die im Wechsel der betreffenden Amts- und Funktionseliten mediengemacht oder -beeinflusst, abhängig von erhaltenem oder entzogenem Vertrauen und publizitären Gemeinkonsens. Auch die Erfolgs- und Leistungsbeurteilungen sind dementsprechend medienabhängig, geschehen sozusagen ebenfalls auf der rhetorischen Ebene der Auseinandersetzung, geraten allzu oft in das bis ins Detail voraussagbare Gestreite der Parteien, der Opposition(en) gegen die jeweilige Regierung: Das ständige Gerangel um Posten in Aufsichtsräten, z.B. von Medienstationen, um medialen Proporz und entsprechende Allpräsenz sind Ausdruck dieser künstlichen Taktiken auf rhetorischen Ebenen im Kampf um Wählerstimmen, öffentliche Aufmerksamkeit, Konsensbekundungen usw. Kurz: Worte und Präsentationen ersetzen Taten und Leistungen. „Mediocrity triumphs everywhere" – sagt mir ein

---

[43] Goffmans, E., Wir alle spielen Theater, München 1969.

hellsichtiger Jugendrepräsentant aus dem ehemaligen Zaire bei der Generalversammlung der UNESCO 1985; denn, so habe ich dies gelegentlich begründet: „mediocracy favours (converts to) mediocrity". (Man braucht dabei heute nicht mehr nur aufs *American* TV zu verweisen.) Und: „The Show must go on!" Ein gesellschaftliches *Must*!

Die eigentlich auf beste Leistungsfähigkeit ausgerichtete Grundidee der *funktionalen* Qualifikationseliten der repräsentativen Demokratie gerinnt zur eher rhetorischen Medienpräsenz. Medienpräsentanz ersetzt Leistung und nachgewiesene Leistungsfähigkeit, täuscht diese vor, bemäntelt diesbezügliche Mängel, sorgt eigentlich für funktionale Unangemessenheiten. Der Kreislauf der Eliten dreht auf sich rhetorischer Ebene oberhalb eigentlicher, „echter" Leistungsbemessungskriterien – und wie wollte man gesellschaftliche und politische Führungsleistungen auch verlässlich messen? Taktiken und Strategien der Publizitätsbemächtigung (Fernsehauftritte, Einschaltquoten usw.) und der Machterhaltung und Machtgewinnung verdrängen die eigentlich der Idee zugrunde liegende Leistungsqualifikation einer stets überprüften, zeitlich beschränkten und funktional gestalteten Herrschaft der zum Handeln Bestbefähigten. Doch nach Churchill sind Demokratien immer(hin) noch die geringsten Übel unter den möglichen Gesellschaftformen...

Ein Bereich nun, in dem unabhängig von Machtzuschreibungen in Bezug auf die qualifizierende Tätigkeit ein rein (recht eng verstanden) *funktionaler* Elitebegriff im Vordergrund steht, ist natürlich der Leistungssport. Hier wird/ist Leistung standardisiert und relativ präzise bis exakt verglichen und eine symbolische Rangfolge nach Leistungshöhe und Leistungsrängen etabliert, die – der Grundidee nach – unabhängig von Machtverteilungen, Überredungsmaßnahmen, Parteistrategien und -programmen usw. bleibt. Die Leistung, die das Elitekriterium bildet, ist allerdings zunächst nicht gesellschaftlich funktional, sondern symbolisch. Durch radikale Einschränkung auf das Symbolische bei Verzicht auf gesellschaftliche unmittelbare Funktionalität (positive manifeste Wirkung auf Integration, Führung, Gestaltung und Erhaltung der gesellschaftlichen Prozesse) ist die Leistungsfunktionalität im engeren Sinne erst gewährleistet; ebenso ist die Vergleichbarkeit durch die rigorose Konzentration auf das entsprechende Messkriterium (Leistungsvergleich, Wettkampf, Rekorde usw.) garantiert (jedenfalls der Grundkonzeption nach). Entsprechend muss die Elitebildung ebenfalls im strikten Sinne auf die Funktionalität der Leistung und des Leistungsvergleichs beschränkt sein: Der Idee nach gibt es keine Leistungsvorteile nach Herkunft, Geldvermögen, politischem Machteinfluss usw. Insofern ist die funktionale Idee der Elitenbildung in diesem künstlich beschränkten Bereich geradezu am reinsten ausgedrückt bzw. ausgebildet. (Freilich überlagern sich heute doch auch televisionäre Prozesse der besonderen Faszination oder Heraushebung bestimmter telegener Sportarten, einzelner Athleten und Athletinnen nach Kriterien der so genannten Prominenz im Medienzirkus den eigentlichen elitebildenden Leistungsqualifikationen ...)

Die Idee des Kreislaufs der Eliten, der Auswechslung der oberen und führenden Ränge ergibt sich beim Leistungssport von selbst – aus biologischen Gründen der Alterung. Hier ist also ein Bereich, in dem der Kreislauf der Eliten nahezu rein realisiert ist – allerdings bei Absehen von jeglicher sozial-funktionaler Wirksamkeit der entsprechenden Elitenbildung in Bezug auf die Strukturierung und Führung der Gesellschaft.

Als ein besonders rein die Leistungskonkurrenz und -qualifizierung und die darauf aufbauende Elitenbildung beherrschender Bereich ist der Leistungssport natürlich ein besonders interessanter Gegenstand für eine exemplarische Analyse in Bezug auf Elitenbildung. Im Vordergrund steht natürlich die Idee der *olympischen* Bewegung mit ihrem besonders reinen Elitismus, einer Elitenbildung aufgrund egalitärer Hochleistungskonkurrenz, wie sie durch Baron Pierre de Coubertin, den Wiederbegründer der Olympischen Spiele, gerade vor hundert Jahren als quasi-axiomatische Grundstruktur der olympischen Bewegung und ihrer Ideologie konzipiert wurde.

Zu Coubertins olympischem Elitismus: Coubertins Idee einer ungezügelten Leistungselite

In seiner berühmten, als Radiovortrag verfassten Grundsatzerklärung „Die philosophischen Grundlagen des modernen Olympismus" erklärte Coubertin im Jahre 1935:

> Das zweite Merkmal des Olympismus ist, dass er Adel und Auslese bedeutet, aber wohl verstanden, einen Adel, der von Anfang an vollkommene Gleichheit bedeutet, der nur bestimmt wird durch die körperliche Überlegenheit des Einzelnen und die gesteigerte körperliche Vielseitigkeit und bis zu einem gewissen Grade durch seinen Trainingswillen.[44]

Nach der oft missverstandenen pathetischen Idee der *religio athletae* soll also der zweite Wesenszug der olympischen Bewegung die Idee einer sportlichen Leistungselite, einer „Aristokratie der Leistung", sein, allerdings einer Elitenbildung völlig gleichen Ursprungs im Hinblick auf soziale Vorbedingungen, Förderung, Startchancen usw.

Coubertin glaubte, dass die sportliche Elitenbildung notwendig an Konkurrenz, ja, an einen ungezügelten Wettkampf gebunden sei. Die Faszination, der symbolische Wert sportlicher Höchstleistungen, beruhe auf dieser Ungezügeltheit, dieser „Freiheit des Austobens":

> „Sport kann und darf nicht vorsichtig und zaghaft geübt werden, wenn er nicht an seiner Lebensfähigkeit Schaden erleiden soll. Man muß ihm die Freiheit des Austobens geben. Darin besteht seine Anziehungskraft, darin seine Berechtigung, das ist das Geheimnis seiner moralischen Werte. Daß man mit Überlegen wagen lerne, ist in der Ordnung, daß man aber jemand die Furcht vor dem Wagnis beibringe, wäre widersinnig und läge nicht in der Linie kraftvoller Erziehung. Die Kühnheit um der Kühnheit willen ohne wirkliche Notwendigkeit hebt den Sporttreibenden über den reinen Animalismus hinaus. Ich will damit nicht fordern, daß die wissenschaftliche Kontrolle be-

---

[44] Coubertin, P. de, Die philosophischen Grundlagen des modernen Olympismus, (1935). In: ders.: Der olympische Gedanke. Schorndorf 1967, 151.

seitigt werden solle, aber sie soll sich nur als Berater erweisen und nicht als Despot aufspielen".[45] „Der Versuch, dem Kampfsport eine Leitlinie verbindlicher Mäßigung aufzuerlegen, bedeutet eine Utopie. Seine Anhänger brauchen ungehemmte Freiheit. Darum hat man ihnen den Wahlspruch: Citius, altius, fortius gegeben, immer schneller, immer höher, immer stärker, der Wahlspruch für alle diejenigen, die es wagen wollen, Rekorde zu brechen"[46].

Für Coubertin krönt der Rekord den Leistungssport, wie Newtons Axiome die Physik beherrschten: Ihn abzuschaffen, das hieße, alles zerstören:

„... der Gedanke, Auswüchse unterdrücken zu wollen, bleibt ein frommer Wunsch der Nichtsportler ... Fügt euch also darein, ihr Jünger des widernatürlichen Glaubens an Mäßigung: Wir werden fortfahren, den Wahlspruch in die Praxis umzusetzen, den Pater Didon einst seinen Schülern mit auf den Lebensweg gab und der zum Wahlspruch des Olympischen Gedankens geworden ist: Citius, altius, fortius"[47].

Coubertin regte daher selbst an, olympische Rekordlisten zu führen. Rekorde und uneingeschränkte Leistungsverbesserung als ein Grundprinzip der Olympischen Spiele rechtfertigte Coubertin pädagogisch durch die Vorbildwirkung und durch den Wert der Selbstvervollkommnung wie auch den des gut gekämpften Wettkampfes. „Gut gekämpft zu haben", das heißt: mit vollem Einsatz, voller Hingabe, vollem Risiko gekämpft zu haben; das bedeutete für Coubertin nicht nur eines der zentralen Ziele der olympischen Bewegung und des sportlichen Wettkampfes, sondern auch des Lebens allgemein. Coubertin war ein heraklitischer Metaphysiker der Konkurrenz. Er glaubte, dass die menschliche Gesellschaft durch das Konkurrenzprinzip entwickelt würde. Wie die Griechen der klassischen Antike so schätzte auch ihr philhellenischer Schüler das Agonale und den Wettkampf.

---

[45] ebd. 112.
[46] ebd. 151.
[47] Didon nach Coubertin, P. de: Olympische Erinnerungen, 1960, 127.

Coubertins *Roman eines Wiedergekehrten*[48] endet mit einer Verherrlichung des Kampfes.

Insbesondere bietet der Sport für Coubertin ein unerlässliches System der organisierten Konkurrenz, das zur Verwirklichung erwünschter pädagogischer Ziele führt. Ähnlich dem Lebenskampf liefert der Wettkampfsport neben seinen anderen psychischen und sozialen Funktionen für Coubertin ein Ventil jugendlicher Aggressionen – eine zurzeit als sehr problematisch angesehene und in dieser Allgemeinheit zweifellos unvertretbare These. Er wollte aber das Darwinsche Motiv des Kampfes um Leben und des „Überlebens des Bestangepaßten" (*survival of the fittest*) „durch das „humanere und genauere" „Motiv des „Kampfes um Erfolg"[49] ersetzen. In dieser Hinsicht unterscheiden sich sportliche Wettkämpfe vom realen Lebenskampf. Sport kann nur indirekt, in höchst symbolisierter Form einen realen Lebenskampf abbilden. Wissenschaftlich gesprochen handelt es sich nicht um eine Isomorphie, sondern um eine Homomorphie auf die symbolische Ebene. Konkurrenz im Sport bedeutet, „Kraft gegen Kraft aus Freude an der Kraftentfaltung"[50] allein zu setzen. Indem die olympische Konkurrenz und olympische Rekorde so den Kampf und die erreichten und immer wieder überbotenen oder zu überbietenden Erfolge als Spiegelbild den Lebenskampf um Erfolg symbolisieren, stellen sie für Coubertin ein ideales Erziehungsmittel für die Ausbildung und Übung aller physischen, psychischen und moralischen Qualitäten dar, die für ein erfolgreiches Bestehen in einem gut geführten Lebenskampf nötig sind.

„Das Wichtige im Leben ist nicht der Triumph, es ist der Kampf; das Wesentliche ist nicht, gesiegt, sondern sich gut geschlagen zu haben"[51]. Coubertin fährt fort: „Diese Regel weit verbreiten,

---

[48] Coubertin, P. de, Roman eines Wiedergekehrten, Paris 1897.
[49] Coubertin, P. de, Olympisme et utilitarisme. In: Revue Olympique 1913, 70 ff.
[50] Coubertin, P. de, Die philosophischen Grundlagen des modernen Olympismus. In: ders.: Der olympische Gedanke. Schorndorf 1967, 151.
[51] Coubertin, P. de, ‚Les Trustees' de l'idee olympique. In: Revue Olympique 1908, 109 ff.

heißt die Menschheit tapferer und stärker – und dennoch edelmütiger und feinfühliger zu machen". Er erweiterte so das wohlbekannte Motto der Olympischen Spiele, das der Bischof von Pennsylvania den olympischen Athleten der Spiele von 1908 zugerufen hatte: *„The most important thing in the Olympic Games is not: to win but to take part".* Coubertin hat diesen Satz ausdrücklich als einen der „Grundpfeiler" der Olympischen Spiele übernommen.[52]

Dieser Grundsatz jedoch scheint zu einem Widerspruch in Coubertins Grundzielen der Olympischen Spiele zu führen; denn der olympische Wahlspruch *„Citius, altius, fortius"* erwähnt nicht die Idee der Teilnahme und des gut (d.h. auch: fair) geführten Wettkampfes als das Wichtigste bei den Olympischen Spielen.[53]

Pädagogisch könnte man im Sinne Coubertin den Satz des Bischofs von Pennsylvania heute in folgender Weise deuten: Die olympische Qualifikation erfordert einen derart hohen Leistungsstand und ein derart strenges Training, dass Coubertins Leistungseliten bildendes Hauptziel (Höchstentwicklung der physischen Leistungsfähigkeit und -bereitschaft) durch die gesicherte Teilnahme nach einer erfolgreichen Olympiaqualifizierung bereits verwirklicht erscheint. Die Idee der Teilnahme an den Olympischen Spielen ist darüber hinaus eine notwendige Vorbedingung für die Verwirklichung aller *anderen* olympischen Werte und Ziele, der für das soziologisch zu beschreibende System der Spiele „binnenrelevanten" Werte/Ziele der olympischen Bewegung.[54] Dies gilt insbesondere für die personengebundene Exemplifizierung der Verwirklichung eines Ziels. Diese Deutung ent-

---

[52] Coubertin, P. de, Une Campagne de vingt-et-un ans. Paris o. J., 214.

[53] Manche maßgeblichen Vertreter der olympischen Bewegung meinten, der Satz, daß Teilnahme wichtiger als der Sieg sei, könne für die heutigen Spiele keine Gültigkeit mehr beanspruchen. Coubertin hätte ihn nur übernommen, um den Bestand und die Größe der Spiele im Hinblick auf die Zahl der teilnehmenden Athleten und Nationen zu sichern. Dieses Argument geht jedoch fehl, da zur Zeit der Veröffentlichung des Satzes, 1908, schon mehr als 2000 Sportler aus 22 Ländern an den Spielen teilnahmen.

[54] Lenk, H., Werte – Ziele – Wirklichkeit der modernen Olympischen Spiele. Schorndorf 1964, 1972², 302f.

spricht auch der vieler Athleten: Viele betrachten jene Spiele als die „schönsten", „größten", an denen sie persönlich teilgenommen haben – eben *weil* sie bei *jenen* Spielen Aktive waren.

In technischer Hinsicht hat die Teilnahmequalifikation auch eine andere Bedeutung: In manchen Ländern werden die olympischen Qualifikationskämpfe als *die* entscheidende Hürde angesehen: z.B. die Qualifikation für die olympische Leichtathletikmannschaft der USA. Erst nach der nationalen Qualifikation wird das Erreichen des olympischen Finales oder der Kampf um eine Medaille in der Regel wichtig für den Athleten. Die Vorrangigkeit der Teilnahmeidee lässt sich auf diese Weise mit der Deutung des olympischen *„Citius, altius, fortius"* in gewisser Weise vereinbaren: Die Widersprüchlichkeit ist nicht ausgeräumt, aber beträchtlich vermindert.

Deutet man das olympische „Citius, altius, fortius" im Sinne der persönlichen sportlichen Leistungssteigerung, so lässt es sich leicht mit der Priorität der Idee dieser Teilnahme an den Olympischen Spielen vereinbaren. Olympische Teilnahme bedeutet gewöhnlich die Bestätigung eines hoch entwickelten sportlichen Leistungsstandes; und besonders gute Wettkämpfe sind meist nur gegen besonders gute Gegner aus besonders prestigeträchtigen Anlässen, wie eben Olympischen Spielen, möglich. Die Idee der Konkurrenz als systematisches Mittel zur Leistungssteigerung und zur Rekordleistung gewinnt hier ihre Bedeutsamkeit. Höchstleistungen, Weltrekorde sind zumeist nur oder doch sehr viel wahrscheinlicher in scharfer Konkurrenz mit gleich guten Gegnern zu erzielen. Wenn man die Komparative in dem olympischen Wahlspruch auf die früheren eigenen sportlichen Leistungen bezieht, drückt sich die Idee der Konkurrenz, das Überwinden des Partners, nicht so explizit aus wie in Homers berühmtem, die antike griechische Orientierung am Agon widerspiegelndem Satz: „Immer der erste zu sein und vorzustreben vor anderen"[55].

Der olympische Wahlspruch *„Citius, altius, fortius"* wäre auch mit nicht fremdkonkurrierenden Leistungssteigerungen verträglich, wenn der Bezugspunkt die *eigene* relative, persönliche frühere Leis-

---

[55] Homer, Ilias VI, 208.

tung wäre. Dieser Satz würde sich daher für eine allgemeinere pädagogische Zielsetzung der schrittweisen, relativen ständigen Leistungsverbesserung eignen – ohne Bezug auf die ungezügelte, unbegrenzte (absolute) Konkurrenzleistung. Coubertin jedoch scheint in der Tat viel stärker das agonale Prinzip, die Orientierung am ungezügelten Wettkampf und am Übertreffen aller anderen, favorisiert zu haben als nur die eigene relative Leistungssteigerung. So verstanden orientierte er sich mehr an Homer, als an (der möglichen Interpretation des Ausspruchs von) Pater Didon. In dieser Hinsicht scheint also mindestens eine Nuance des oben erwähnten Widerspruchs bestehen zu bleiben, da in der absolutistischen Deutung das Prinzip der höchstmöglichen Leistungssteigerung in der Konkurrenz nicht mit der uneingeschränkten Priorität der Teilnahmeidee verträglich ist.

Leistungssteigerung bei Olympischen Spielen

Angesichts der ständigen Verbesserung der Weltrekorde, Olympischen Rekorde, Olympianormen für die Zulassung zusätzlicher Wettkämpfer ist es fast müßig, das Ausmaß darzustellen, in dem olympische Leistungen seit dem Beginn der modernen Olympischen Spiele angewachsen sind. Zur Erinnerung seien nur einige Daten und Anekdoten herausgehoben: Der erste Olympiasieger im 1500-MeterLauf, Flack, benötigte 4:33,2 Minuten für diese Strecke. Heute steht der olympische Rekord bei 3:32, 53 (Coe 1984), der Weltrekord bei 3:26 (El Guerrou; 1998) Minuten. Nicht einmal gegen die Damen hätte Flack eine Chance: Er wäre von Yunxia Qu, deren Weltrekord (von 1993) bei 3:50,46 Minuten liegt, „deklassiert" worden. (Der Olympische Rekord der Frauen ist 3:53.96 Min (Ivan 1988).) Johnny Weißmüller, der Star der Schwimmwettbewerbe der Olympischen Spiele von 1924, würde sich mit seiner Weltrekordzeit von 5:04,2 Minuten heute nicht einmal für das Finale der Damen im 400-Meter-Freistil-Schwimmen qualifizieren (in Atlanta schwamm die Siegerin 4:07.25 (M. Smith).

In manchen Wettbewerben sowohl im Schwimmen als auch in der
Leichtathletik sind die Olympianormen für die Zulassung zusätzlicher
Athleten höher als die Olympischen Rekorde vor weniger als einem
Jahrzehnt. In Rom *1960* konnte sich der Olympiasieger der vorhergehenden Spiele und Weltrekordhalter im Hammerwerfen, Connolly,
nicht für das Finale qualifizieren, obwohl er mit *63,59* m um 40 cm
weiter warf als sein gültiger Olympischer Rekord. Eine derart phäno-
menale Leistungssteigerung kann für fast alle olympischen Sportarten
verfolgt werden. Sie beruht auf wesentlich und wissenschaftlich ver-
feinerten Methoden des Trainings, auf der Anwendung von Resultaten
der Leistungsphysiologie[56], der Psychologie und anderer medizin- und
humanwissenschaftlicher Disziplinen, auf der Verbesserung systematischer Talentsuche, -findung und -förderung, in vielen Ländern auf
der weitgehenden Befreiung der Athleten von besonderen beruflichen
und sozialen Belastungen und Ausbildungsverpflichtungen wie auf
mehr oder minder gezielten motivationsfördernden Maßnahmen und
der allgemeinen weltweiten Verbreitung der Sportbewegung und der
technischen Entwicklung des Sportgeräts. Diese Entwicklung kann
hier nur angedeutet und als Tatsache hingenommen, jedoch nicht im
Einzelnen analysiert werden.

  Will man die Leistungssteigerung ohne Zahlenvergleiche ab-
schätzen, so mag man an den ersten Marathonsieger, Louis, denken,
der 1896 sein Rennen für ein Viertelstündchen unterbrach, um in einem Landgasthaus ein Gläschen Wein zu trinken. Konstantinides, der
das olympische Straßenradrennen der ersten modernen Spiele in A-
then gewann, verlor zweimal sein Rad wegen eines Zusammenstoßes
bzw. einer Panne und borgte sich jeweils ein normales Tourenrad von
einem Zuschauer, um das Rennen fortzusetzen und siegreich zu beenden. Solcherlei Anekdoten sind in Verbindung mit heutigen Olympischen Spielen – leider! – absolut undenkbar geworden.

  Zählen nun nur noch Rekorde? Im Gegensatz zu jenen, die –
meist in kritischer Absicht – feststellen, dass bei modernen Olympi-

---

[56] einschließlich erlaubter pharmakologischer Substitution und z.T. wohl auch illegaler Dopingmethoden – von anabolen Steroiden bis hin zum EPO- und Blutdoping.

schen Spielen ausschließlich Rekorde, Rekordverbesserungen zählten
und sonst nichts, muss betont werden, dass sich die meisten olympischen Sportarten gar nicht für die Führung von Rekordlisten eignen.
Wegen der Unvergleichlichkeit der Wettkampfbedingungen oder der
speziellen Eigenart der jeweiligen Sportarten (z.B. Kampfsportarten)
werden nur in etwa in jeder fünften olympischen Sportart offizielle o-
lympische Rekordlisten geführt. Doch auch in einer rekordfähigen o-
lympischen Sportart gilt dem Athleten, der einen Weltrekord bei den
Spielen brechen könnte, der olympische Sieg mehr als der Rekord an
sich. Ein Rekord kann anderswo aufgestellt werden, aber man kann
nur „hier und jetzt" bei den Olympischen Spielen Olympiasieger werden. Wiewohl Objektivität, exakte Messbarkeit und Rekorde mit ihrer
raum-zeitlichen Fernvergleichbarkeit keine Rolle beim antiken Olympia spielten, gilt somit das antike Wort „Hic *Rhodus* (Olympia), *hic
salta"* noch bei den modernen Spielen. Nicht einmal technische und
physische Überlegenheit gibt eine Garantie auf einen Olympiasieg.
Talent ist eine notwendige, aber nicht hinreichende Bedingung für die
Erringung einer olympischen Goldmedaille. Die Beispiele mancher
versagender Weltrekordhalter im olympischen Endkampf sind so un-
gewöhnlich nicht. Weder ein früherer Weltrekord noch der vorherige
Olympiasieg ergeben eine Erfolgsgarantie oder nur einen wesentlichen Vorteil im olympischen Wettkampf: Die besonderen psychologischen Schwierigkeiten der Favoritenrolle sind zudem bekannt, zumal
sie den Favoriten durch den Publicity-Rummel der Medien unter Umständen eine extreme psychische Zusatzbelastung auferlegen. Das
Sich-immer-neu-bewähren-Müssen in der Konkurrenz, das unerbittliche Hier-und-Jetzt im entscheidenden Moment, die idealiter angestrebte Gleichstellung (Chancengleichheit) der Wettkämpfer am Start,
all dies ist wesentlicher Bestandteil von Coubertins „Metaphysik" der
Leistung und des Wettkampfes von Partnern, die im sozialen wie im
wettkampftechnischen Sinne eine völlig gleiche Ausgangsposition haben sollten. Der Wettkampf, als eine Art von Messinstrument interpretiert, misst nicht soziales Prestige, Status, Erbe, Besitz, Attraktivität,

Machteinfluss, oder was immer, sondern ausschließlich den Erfolg der Handlung hier und jetzt.

Man kann schon deshalb nicht, wie manche Kritiker behaupten, sagen, dass der Mensch völlig hinter seinem Rekord, hinter der Ziffer, der bloßen Quantität, verschwinde. Auch Coubertins Aussage über die Rekordorientierung als Axiom der Olympischen Spiele hatte nicht dieses zum Inhalt; zu sehr – und dies realistischerweise – koppelte Coubertin das Rekordstreben an den *aktuellen* Wettkampf. Ferner gilt: Die Rekorde von Nurmi oder Zatopek oder Wilma Rudolph sind vergessen und längst überholt, aber sind deshalb etwa die Namen und das Image dieser Persönlichkeiten hinter und mit ihren Rekorden verschwunden? Sportliche Leistungen können nicht von den handelnden Personen, die sie erzielten, abgetrennt, nicht isoliert und abstrakt beurteilt werden. Alle Versuche, das wettkampfsportliche Geschehen bloß auf Rekordziffern oder gar auf nationalistische Medaillenzählerei einzuschränken, sind daher Folge einer verzerrten Perspektive, einer Einseitigkeit, die mehr der mediengemachten Interpretation der Ereignisse entspringt als dem realen Geschehen im sportlichen Vergleich.

Heute führen der kollektive Fanatismus, national(istisch)e Gewinnsucht und Imponiertendenz, sowie neuerdings auch die Vermarktungschancen bei olympischen Erfolgen mehr denn je dazu, dass (fast) allein der *Sieg*, nicht der Vergleich mit dem Gegner, sondern oft die bloße Überwindung des Gegners um nahezu jeden Preis angestrebt wird. Der Sieg, der Sieger zählt zuviel – auch im Sinne einer sporttechnisch gerechten Beurteilung: Wenn man bedenkt, dass z.B. der Punktabstand zwischen dem Silber- und Goldmedaillengewinner im Zwölfkampf der Turner nach zwölf durchaus von subjektiven Einflüssen mitbestimmten Wettkampfwertungen recht häufig nur 0,05 Punkte, also den kleinstmöglichen Abstand, betrug; wer an die zwei Tausendstelsekunden denkt, die im 400-Meter-Lagenschwimmen bei den Olympischen Spielen von München entschieden, wird feststellen, dass der Unterschied zwischen Silber- und Goldmedaillengewinner vielfach in der öffentlichen Wertung überdehnt, verzerrt, „ungerecht" beurteilt wird – und der sportliche Wettkampf sollte nach Coubertin doch „gerecht" sein. Manchmal, dort wo subjektive Wertungen unvermeidlich einfließen, ist er in der Tat „ungerecht", manchmal angesichts des gleichen Leistungsniveaus, der gleichen Leistung und des gleichen eindrucksvollen Kampfes unerbittlich „übergerecht". Durch Kampfrichterurteile angesichts gleicher Leistungen wird eine künstliche Übergerechtigkeit, die zur Ungerechtigkeit wird, unter Umständen geradezu erzeugt oder noch verstärkt: Die geringere Anzahl der Versuche bei technischen Disziplinen wie dem Hochsprung oder Stabhochsprung entscheiden zu lassen, ist nicht frei von Willkür, wenn die effektiv erbrachte Leistung, etwa die übersprungene Höhe, gleich ist. Der unglaubliche Endkampf im Leichtschwergewichtsringen des griechisch-römischen Stils zwischen Ahlgren und Böhling bei den Stockholmer Spielen von 1912, der neun Stunden lang ohne Entscheidung hin und her wogte, muss für Coubertin eine treffende Exemplifikation seines Ideals eines wahrhaft olympischen Wettkampfes gewesen sein. Beiden hätte nach dem Kampf, der zu keiner Entscheidung führte, eine Goldmedaille zugesprochen werden müssen. Stattdessen erhielten sie beide die silberne – m. E. ein Fehlurteil der Kampfrichter, das den Regeln gemäß gewesen sein mag, jedoch der dem wertenden Urteil „ungerecht" erscheinenden Ansicht entsprang, dass nicht *zwei* Sieger sein könnten. (Für die Verteilung der Bronzemedaillen in Box- und Ringwettbewerben ist man ohnehin von dieser puristischen Ansicht abgekommen.) Für die Verteilung von Goldmedaillen bei gleichen Leistungen sollte billig sein, was für Bronze im Boxen schon allgemein Realität ist. Vielleicht erscheint diese „humanisierte" Interpretation der Leistungsbewertung aber zu human angesichts des allzu menschlichen Strebens, nur *einen* Sieger auszuzeichnen – und sei es aufgrund eines künstlich hochstilisierten Unterschieds bei gleicher Bestleistung.

Ein solcher Fall trat z.B. bei den Spielen in Montreal im Fünfkampf der Damen auf, als nach den fünf Übungen Punktgleichheit zwischen den Athletinnen Siegl und Laser herrschte. Der einen Sportlerin wurde die Goldmedaille zugesprochen, weil sie in drei Einzelübungen ihre Kontrahentin übertraf. Diese hingegen muss in den restlichen zwei Übungen um so viel besser als die erstere gewesen sein, dass sie die „Überlegenheit" in drei Wettbewerben innerhalb von zweien wieder ausglich. Aufgrund dieser Situation der einen Sportlerin trotz der gleichen Endpunktsumme die Goldmedaille vorzuenthalten, erscheint nicht nur im allgemeinen Sinne sportlich „ungerecht", sondern widerspricht geradezu auch dem *Sinn* der durch Punktsummation zu ermittelnden Gesamtleistung. Dieser Sinn besteht eben gerade darin, dass etwaige kleine Schwächen des einen Wettbewerbs durch Stärken in anderen Teildisziplinen ausgeglichen werden können. Der Sinn der sportlichen „Gerechtigkeit" wird hier durch bürokratische Überstrapazierung, durch artifizielle Konstruktion von Unterschieden, wo keine mehr bestehen, in ihr Gegenteil verkehrt.

Eine Tausendstelsekunde im Schwimmen markiert keinen Leistungsunterschied mehr; eine Unebenheit in der Wand des Beckens oder andere Unwägbarkeiten mögen für die nicht sichtbar existente Differenz der Leistung verantwortlich sein. Der Internationale Schwimmverband hat dies *nach* den Spielen von München offenbar empfunden, nahm er doch die Differenzierung um Tausendstelsekunden durch eine Regeländerung zurück: ein erster minimaler Schritt zur „Humanisierung" von Leistungsvergleichen gleich guter Athleten der Spitzenklasse? In Los Angeles gab es zwei Goldmedaillen bei einem Wettbewerb der Schwimmerinnen.

Die Beurteilung einer Leistungsbewertung als „ungerecht" entspringt hierbei nicht nur einem subjektiven Wertempfinden des Autors, sondern mag ebenso auf einem Körnchen des viel zitierten *Common sense* beruhen wie auf der philosophisch deutenden Analyse vom Sinn der *Leistung* und des Leistungsvergleichs. Allein wenn die Konkurrenzidee *absolut* voranstünde, wäre es sinnvoll, stets nur genau *einen* Sieger zu ermitteln, und sei es auf noch so künstliche, objektivierbare Weise. Steht freilich nicht die absolute Konkurrenz an sich, sondern die eher sozial-erzieherische und mit partnerschaftlicher Kooperation verbundene Idee der Leistung(ssteigerung) voran, ist Konkurrenz nur ein *Mittel*, nur unerlässliches Vehikel dieser, so ist es sinnlos, bei gleicher Leistung künstliche Differenzierungen zu erzeugen. Mehrere Sieger sind dann möglich. Bei effektiv gleicher Leistung oder angesichts unsinniger Überpräzisierung (auf Tausendstel Sekunden zum Beispiel) muss die Singulärsiegerorientierung[57] „heruntergefahren" werden. Wenn man an Ethik und Konkurrenz denkt, so erinnert man sich an Kants Satz:

„Das Mittel, dessen sich die Natur bedient, die Entwickelung aller ihrer Anlagen zustandezubringen, ist der *Antagonism* derselben in der Gesellschaft, sofern dieser doch am Ende die Ursache einer gesetzmäßigen Ordnung derselben wird."[58]

Abgesehen davon, dass sich im sportlichen Wettkampf nicht die Natur als solche des Mittels der Konkurrenz oder des Antagonismus bedient, sondern eine *soziale* Konvention einem *kulturellen* Interesse entspricht, könnte dieser Satz in abgewandelter Form zur Deutung der leistungssportlichen Konkurrenz herangezogen werden.

Wenn Coubertin im Sport ein unentbehrliches System organisierter Konkurrenz sah, so traf er als Pädagoge diese Bewertung in erzieherischer Absicht. Konkurrenz galt ihm als *Mittel*, nicht als Selbstzweck. Nicht das Niederschlagen des Gegners ist Hauptziel des sportlichen Wettkampfes, sondern die im partnerschaftlich-gemeinsamen Rollenhandeln erzeugte Leistungssteigerung, die Bildung und Dokumentation der Zugehörigkeit zu einer Leistungselite, die Coubertin auch als „Ritterschaft- oder Waffenbrüderschaft"[59] der Athleten bezeichnet hat. Seine Äußerung, es sei das Wichtigste im Leben und im Sport, „gut gekämpft" zu haben, sein Bestes gegeben zu haben, um sich in die Leistungselite einzureihen, schränkt idealiter

---

[57] Vielleicht ein unrealistischer, wenn auch im „humaneren" Sinne gemachter Vorschlag – angesichts der Sensationshascherei. Hatte der Internationale Skiverband zwei Athleten mit bis auf die Hundertstelsekunden gleicher Zeit im Super-G-Weltmeisterfinale von 1999 je eine Goldmedaille zugesprochen, so fühlte sich doch jemand bemüßigt, auf einen Tausendstelsekundenunterschied hinzuweisen – und es wurden gar angeblich Zehntausende von Dollars für die objektivierten Nachweise geboten! *Humanitas, quo vadis?*
[58] Kant, Ausgewählte kleinere Schriften, Hamburg 1965, VIII, 20.
[59] Coubertin, P. de, Die philosophischen Grundlagen des modernen Olympismus, (1935), 1967, 151.

den scheinbar totalen Sozialdarwinismus der absoluten Konkurrenz-
metaphysik ein. Eine solche und eine weitergehende Einschränkung
des scheinbar zügellosen „*Citius, altius, fortius*" kann auch aufgrund
von Coubertins erweiterter erzieherischer Deutung des Didonschen
Mottos belegt werden. Coubertin schrieb in seinen *Olympischen Erinnerungen*:

> „Die Athletik kann die edelsten und die niedrigsten Leiden-
schaften auslösen, sie kann Uneigennützigkeit und den Begriff von
Ehre genauso entwickeln wie Geldgier, sie kann ritterlich oder be-
stechlich, männlich oder tierisch sein. Man kann sie zur Befestigung
des Friedens genauso wie zur Vorbereitung zum Kriege verwenden.
Aber edle Gefühle, Sinn für Uneigennützigkeit und Ehre, ritterlicher
Geist und Friede sind die ersten Bedürfnisse moderner Demokratien ...
"[60].

Coubertin lässt keinen Zweifel daran, dass sich die olympische
Elite diesen demokratischen Tugenden verbunden fühlen soll:

> „... eine Auslese zu sein, genügt nicht, sie muß mit Ritterlich-
keit verbunden sein. Ritter sind vor allem ‚Waffenbrüder', tapfere, e-
nergische Männer. Sie bindet ein noch stärkeres Band als das einfacher Kameradschaft, die an sich schon so mächtig ist. Aus dem Gefühl
gegenseitigen Beistands, als einer Grundlage der Kameradschaft, entsteht beim Ritter der Wettkampfgedanke, der Gedanke des Wider-
streits Kraft gegen Kraft aus Freude an der Kraftentfaltung, und damit
des ritterlichen und doch leidenschaftlichen Kampfes"[61].

Coubertins überstrapazierte und vielfach missverstandene Idee
der *religio athletae,* die sich um einen „Mittelpunkt wie eine Art sittli-
cher Altis oder einer Gralsburg, in der die Wettkämpfer vereint werden", bildet, drückt unmittelbar die von ihm als „sittliche" Leitorien-
tierung verstandene Idee der Ritterschaft der Athleten aus.

---

[60] Coubertin, P. de, Olympische Erinnerungen, Frankfurt 1960³, 21.
[61] Coubertin, P. de, Die philosophischen Grundlagen des modernen Olympismus,
1967, 15.

Gegenseitige Achtung vor dem Partner ist für Coubertin das Grundgebot jeder Moral.[62]

Dementsprechend stellt sich die olympische Qualifikation nicht nur sporttechnisch, sondern „unter mehrfachem Blickwinkel dar: Sie kann technisch, ethnisch, sozial, moralisch sein"[63]. In seiner Botschaft „An die sportliche Jugend aller Nationen" drückt Coubertin[64] die Hoffnung aus:

„In der modernen Welt, die machtvoller Möglichkeiten voll, aber zugleich gefährlichen Schwächen ausgesetzt ist, kann der Olympische Gedanke zu einer Schule für edle Gesinnung und moralische Reinheit, wie auch zu einer für Ausdauer und psychische Energie werden. Er wird es aber nur unter der Bedingung sein, daß ihr euren Begriff von Ehre und sportlicher Uneigennützigkeit in gleiche Höhe mit eurem körperlichen Eifer bringt. Die Zukunft hängt von euch ab."

Die Idee der „Ritterschaft", der Ehrlichkeit, der Fairness und der moralischen Schulung, ja, „Veredelung", schließt idealiter unlautere Mittel im Wettbewerb aus. Mit Blick auf die pädagogische Deutung der sportlichen „Schule des Lebens" im Sinne des geforderten griechischen Ideals der καλοκαγαϑια, der harmonisch entwickelten Persönlichkeit, und der Einheit von Leib, Psyche und Wertempfinden, unter Berücksichtigung der Fairness, des „guten" Wettkampfes, ergibt sich für Coubertin eine wesentliche Einschränkung des scheinbar unbeschränkten *Citius-altius-fortius-Ideals*. Kein Rekord, kein Kampf, kein Sieg um jeden Preis kann für Coubertin sinnvoll sein, sondern nur der „gut", d.h. zwar mit vollem Einsatz, aber nur mit zugelassenen, lauteren Mitteln ehrlich geführte Wettkampf. Betrug, Manipulationen, jedes Mittel zur Herbeiführung eines (im oben erläuterten Sinne) „ungerechten" Vorteils muss aus ethischen Gründen ausgeschlossen werden. Ein Doping wäre nach Coubertin in erster Linie aus ethischen, erst in zweiter Linie aus medizinischen Gründen

---

[62] Coubertin, P. de, Une Campagne de vingt-et-un ans. Paris o. J., 214.

[63] Coubertin, P. de, Rev. olymp. 1910, 11.

[64] Coubertin, P. de, Die philosophischen Grundlagen des modernen Olympismus. In: ders.: Der olympische Gedanke. Schorndorf 1967, 116.

auszuschließen (obwohl sich aus der pädagogischen Gesamtzielset-
zung auch für die medizinische Einschränkung Argumente in Coubertins Sinne finden ließen – etwa gegen den Fall, dass die Kalokagathia-
Idee durch Selbstschädigung verletzt wird).

Chancengleichheit – Doping – „Natürlichkeit"

Die Aktualität der ethischen Einschränkung des *Citius, altius, fortius*
im Sinne der fairen Chancengleichberechtigung hat sich im Verlaufe
der olympischen Geschichte[65] nicht vermindert. Im Gegenteil, im Zuge umfassender und systematischer nationaler Förderungsprogramme,
medizinischer Manipulationen und Doping-Versuche hat sie sich unzweifelhaft während der letzten Olympiade in Montreal dramatisch
zugespitzt.

     Nachdem das Doping mit Weckaminen durch chemische Do-
ping-Kontrolle weitgehend erfolgreich bekämpft werden konnte, waren es die nicht voll in ihren Folgen abschätzbaren anabole Steroide
und derzeit das noch nicht objektiv als zugeführt nachweisbare EPO
(Erythropoietin) oder das Eigenblutdoping[66] mit erythrozytenreichem

---

[65] Bereits als das Doping noch nicht unter den Bannstrahl des Olympischen Komitees geraten war, wurde der olympische Sieger des Marathonlaufs von 1904, Hicks,
während des Laufes mehrfach mit Strychnin gedopt (Mitteilung von Prof. M. Ho-
well bei einer Diskussion auf dem International Congress of Physical Activity
Sciences in Quebec-City 1976).

[66] Eine „Natürlichkeits"-Problematik gewinnt durch dieses sogenannte Blutdoping
an Aktualität. Ist es „unnatürlich", aufgrund welcher Legitimation unzulässig, dem
Athleten etwa während eines Höhentrainings Blut abzuzapfen, das ihm kurz vor dem
entscheidenden Wettkampf wieder gespritzt wird und eine zusätzliche, in Ausdauer-
rennen eventuell rennentscheidende Sauerstoffaufnahme-Kapazität erbringt? Eine
potentielle gesundheitliche Gefährdung kann bei diesem Verfahren so gut wie ausgeschlossen werden – jedenfalls bei entsprechender medizinischer Vorsorge; das
Kriterium der Schädlichkeit als Maßstab für „Unnatürlichkeit" fällt demnach hierbei
aus. Es wäre auch denkbar, daß biochemische Substanzen entdeckt werden, die keinerlei schädliche Nebenfolgen haben, die ähnlich wie im Falle des zugeführten eigenen Blutes nur den Betrag an ohnehin vorhandenen notwendigen Eigensubstanzen

Blut, das beim Höhentraining abgezapft wurde, welche die Idee der gleichen Chancen systematisch verletzen – und zudem ein noch nicht voll abschätzbares Risiko für die gesundheitliche Entwicklung des Athleten darstellen: z.B. Blutverdickung bei EPO-Gabe, die Blutplasmaverdünner als ein Gegenmittel erfordert. Bei Kraftübungen wie dem Gewichtheben oder in Schnellkraftdisziplinen, etwa unter den Werfern und Stoßern in der Leichtathletik, war (ist?) die Verwendung anaboler Drogen offensichtlich an der Trainings- oder Tagesordnung. Doping-Kontrollen für anabole Steroide sind nur geeignet, die Drogenverwendung in den letzten Wochen unmittelbar vor den Spielen aufzudecken. Ganz abgesehen von der Berücksichtigung des erwähnten Chancengleichheitsideals scheint sich die Situation zu der Groteske entwickelt zu haben, dass offenbar in den Bereich der olympischen Spitzenleistungen mancher Disziplinen nur noch der Eingang finden kann (konnte?), der die eiweißbildenden Muskelpräparate für längere Zeit genommen hat. Wenn nur noch der medizinisch manipulierte Athlet obsiegen kann, muss nicht nur „Ungerechtigkeit" gegenüber dem nichtmanipulierten oder „normalen" Athleten, sondern auch eine medizinisch-technische Inhumanität der Leistungssteigerung diagnostiziert werden, die das bisherige Maß an sportlich-technischen Innovationen qualitativ übersteigt.

Man mag der Meinung sein, dass die systematische Planung und die jahrelange Disziplinierung im Training eine ähnliche, meist vom Athleten selbst gewählte Manipulation und somit ebenfalls eine

---

(heute „Substitution" genannt) unschädlich verändern – aufgrund welcher Legitimation sollten sie als Doping ausgeschieden werden? Die Idee der Chancengleichheit reicht ebenfalls nicht aus zur genaueren Abgrenzung, da sich ihre Durchbrechung nicht einmal von den nach Anlagen oder durch Training erzeugten Ungleichheiten der Leistungsfähigkeit in irgendeiner Weise objektivierbar abtrennen läßt. In den Extrembereichen der Spitzenleistungen, um die es hier geht, können weder eine Sammlung genereller Kriterien noch eine vollständige Kasuistik zur Lösung der genannten Probleme und zur Vermeidung von Risiken gegeben werden. Es dürfte sinnvoll sein, im Zweifel gegen nachweisliche oder auch nur potentielle Schädigungsrisiken einzuschreiten, soweit dies mit objektivierbaren Kontroll- und Aufspürmethoden möglich ist.

Selbstmanipulation darstellen und dass der Athlet (wie diese) auch die *medizinische* Leistungsmanipulation selbst zu verantworten hätte und verantworten könnte. Doch scheint eine einfache Gleichsetzung dieser verschiedenartigen Fälle kurzsichtig und irreführend: Nicht nur wegen seiner Unkenntnis der medizinischen Konsequenzen und eventuellen Spätfolgen, sondern auch wegen seiner psychischen Situation kann der Athlet diese Verantwortung selbst nicht übernehmen. Ein Olympionike des Hammerwurfs (Connolly) äußerte einmal, der Spitzenathlet sei in der psychischen Verfassung, dass er in der Vorbereitung auf einen olympischen Wettkampf geneigt sei, *alles* zu nehmen, was leistungssteigernd zu sein verspricht und „ihn nicht gerade umbringt". Das Risiko einer freilich unter verantwortungsbewusster ärztlicher Betreuung durchgeführten jahrelangen, eventuell sogar jahrzehntelangen Trainingsanpassung scheint nach der derzeitigen medizinischen Kenntnislage geringer zu sein als das einer Drogenmanipulation. Die intelligente Disziplinierung der Lebens- und Verhaltensweisen, das Training an sich oder etwa die Erfindung neuer Trainingsmethoden oder eines neuen Bewegungsstils (z.B. Fosbury-Flop) erscheinen gegenüber der gezielten Drogenmanipulation als „legitime" und „natürliche" Verhaltensänderung oder Innovation, die dem Ideal der sportlichen Entwicklung und der dabei zugelassenen Kreativität entspricht. Im Grunde verbirgt sich hinter den Einschätzungen über legitime Maßnahmen und Mittel doch noch eine Idee der „Natürlichkeit" des Sports, die bei aller Technisierung der Geräte und Anlagen dem Menschen keine „unnatürlichen" Mittel zur Erzielung des sportlichen Erfolgs erlauben. Gewisse Konventionen über erlaubte und unerlaubte Mittel, über die Verwendung des Ausdrucks „Sport" und über die Abgrenzung von eigenem Handeln einerseits und nur technisch möglicher Zielerreichung andererseits spiegeln sich in solchen Grundwertungen wider. Eine Trennung dieser Art ist offensichtlich notwendig, wenn der Sport nicht in ein *technologisches* Kopf-an-Kopf-Rennen umfunktioniert werden soll. Ein Wettstreit darum, wer als erster seinen Hubschrauber auf dem Mount Everest landet, kann nicht mehr als Bergsteigen im Sinne von „Sport" bezeichnet werden.

Die Schwierigkeit bei solchen Unterscheidungen liegt darin, dass die Grenzen fließend werden. Was ist „natürlich", was technisch erzeugt oder nur durch technologische Zurüstung zu erreichen? Manche Sportarten wie etwa Bobfahren oder Alpiner Skilauf, aber möglicherweise auch Segeln können zu Wettbewerbsverzerrungen hinsichtlich der Chancengleichheit führen, weil ungleiche technische Voraussetzungen gegeben sind: Die Mannschaft der Nation, die ein größeres ingenieurwissenschaftliches Untersuchungsprogramm im Windkanal durchgeführt hat oder finanziell durchzuführen in der Lage war, kann unter Umständen einen „ungerechten" Vorteil gegenüber den Sportlern ärmerer oder wissenschaftlich rückständigerer Länder erzeugen. Technische Raffinesse und finanzieller Aufwand können unter Umständen Verzerrungen der Chancengleichheit bedingen. Die ökonomische Konkurrenz der Sportgerätefirmen tut ein Übriges. In größerem Ausmaße scheint dieses alles jedoch nur in einigen Sportarten der Fall zu sein. Freilich eine saubere prinzipielle Scheidung dessen, was eine *technologische* Bevorteilung gegenüber einer intelligenten, legitimen kreativen Ausnutzung der Möglichkeiten ist, scheint kaum generell möglich zu sein. Sicherlich scheiden Aktivitäten aus, in denen die technische Überlegenheit hinreichend für den Erfolg ist und das systematische Training, das spezielle Talent sowie die Erfahrung des Handelnden *keine* ausschlaggebende Bedeutung mehr haben. Aber all das ist selbst in den hochtechnisierten Sportarten kaum oder nicht der Fall. Die Technisierung bei diesen ist selbst innerhalb einer bestimmten Spitzenklasse nur eine (fast) notwendige, aber nicht eine hinreichende Bedingung für den Erfolg. Eine Patentlösung für diese Abgrenzungsfragen gibt es allerdings nicht – es sei denn die radikale, dass nur absolut genormte Geräte zugelassen würden. Dies hat sich bei den Dinghis im olympischen Segeln bereits bewährt. Eine konkurrenzbedingte Weiterentwicklung des Geräts ist damit freilich tendenziell ausgeschlossen. Zugunsten der sportlichen Chancengleichheit und zur Vermeidung technologischer Vorteile könnte man aber auf die Förderung des technischen Fortschritts verzichten: Sport ist nicht einfach bloß Technologie – trotz aller Tendenzen zur Technologisierung der Geräte und Trainingsoptimierung und trotz einer gewissen (bisher immer noch nicht genügend untersuchten) Verwandtschaft zwischen Technik und Sport (Hans Lenk, 1999, i. Dr.).

Eine Lösung des Doping-Problems ist jedenfalls auf diese Weise nicht zu erreichen.

Weitere nötige Einschränkungen des „Citius, altius, fortius"

Eine absolut uneingeschränkte Auslegung des olympischen „Citius, altius, fortius" könnte Coubertin angesichts der heutigen Manipulationsmöglichkeiten und der erwähnten Probleme und Risiken[67] nicht mehr aufrechterhalten. Aus den vorherigen Ausführungen wurde deutlich, dass in Coubertins pädagogischem Gesamtentwurf notwendig eine Einschränkung des „Citius, altius, fortius" enthalten ist, obwohl sich Coubertin in der eingangs erwähnten Stelle gegen jede Mäßigung ausgesprochen hat. Eine ethische Einschränkung des scheinbar absoluten Anspruchs des olympischen Steigerungsmottos, ein Verbot unfairer, unlauterer Mittel, lag zweifellos im Interesse Coubertins. Andernfalls enthielte sein gesamter Ansatz eines Systems olympischer Werte und Ziele gravierende Widersprüche. Nähme man dies an, so müsste man das System entscheidend modifizieren, um eine logisch haltbare Orientierungsleitlinie zu erhalten. Der hier verfolgte Weg einer interpretativen Auflösung des anscheinend vorhandenen Widerspruchs im Coubertinschen Entwurf scheint dem vorgelegten Gesamtsystem weniger Gewalt anzutun und führt im Hinblick auf die hier diskutierten Probleme wohl zu den gleichen Ergebnissen.

---

[67] Zwar wird es nicht möglich sein, sämtliche möglichen gesundheitlichen Risiken zu vermeiden. Es ist eine Binsenwahrheit, daß menschliches Leben in allen extremen Bereichen des Handelns risikobehaftet ist. Dies gilt besonders in dem Bereich, der angesichts des in vielerlei Hinsicht allzu domestizierten Daseins in der Zivilisation noch eine Funktion des Abenteuers oder Abenteuerersatzes behalten hat, nämlich im Sport.

Die von Coubertin so verehrten alten Griechen hatten den nötigen Sinn für das Maß, für das menschliche Maß: „Μηδεν αγαν„ („Nichts im Übermaß!") war ein Leitspruch, der, teils Solon, teils Pythagoras, teils Sokrates zugeschrieben, vermutlich auch als eine Inschrift des Apollo-Tempels in Delphi zu finden war[68], der trotz der außerordentlich agonalen Grundorientierung der Griechen in allen Lebensbereichen beachtet wurde – mit gewissen Ausnahmen allerdings im olympischen Sport, da es beim Pankration, das bis zur Kampfunfähigkeit geführt werden musste, in Einzelfällen auch Tote gab. Mag dies von kongenialen Philhellenen als Fügung der olympischen Götter - die Olympischen Spiele hatten ja ursprünglich kultisch-religiöse Bedeutung – gedeutet werden, so scheidet diese Interpretation für die Moderne aus.

Der tragische tödliche Herzschlag des dänischen Radfahrers Jensen bei den Olympischen Spielen in Rom wie auch die tödlichen Unfälle des Abfahrtsläufers Milne und des Schlittenfahrers Skrypecki in Innsbruck 1964 sind die *extremen* Beispiele eines fallweise ins Unmenschliche getriebenen Risikos, einer doch wohl über die Grenze der Inhumanität gehenden Hypertrophie der Leistungssteigerung, jeweils vom betreffenden Verband zugelassen, in Kauf genommen oder gar provoziert(?). Mussten die Abfahrtsstrecken stets gefährlicher und schneller als alle vorhergehenden sein? (Inzwischen wurden sie allerdings großenteils – genügend? – entschärft.) Es dürfte ein falsches Pathos sein, ein falsch verstandener Heroismus, wenn man an dieser Stelle – wie manche existenzphilosophisch orientierten Autoren[69] belieben – von der Faszination der todzentrierten Sportarten wie Bergsteigen, Auto- und Motorradrennen oder Surfing spricht und eine existentiale Analyse des „Hineingehaltenseins ins Nichts" à la Heidegger anstellt. Mag der Kitzel des Spiels mit dem eigenen Leben für manche mit dem größtmöglichen Risiko verbundenen Sportarten vielleicht zu deren Faszination gehören, so ist dies doch sicherlich nicht der Fall mit „normalen" olympischen Sportarten. Ein Todesfall in die-

---

[68] Diog. Laertius I,1 n. 14, 41; I, 2 n. 16, 63; II, 5 n. 16, 32; IX, 11 n. 8, 71.
[69] Z.B. Slusher, H. S.: Man, Sport, and Existence. Philadelphia 1967.

sen Sportarten widerspricht in tragischer Weise der Grundidee. Weder das olympische Motto *„Citius, altius, fortius"* noch die Idee von der olympischen Leistungselite können so gemeint sein, dass sie derartige Extreme zuließen. Glücklicherweise sind olympische Wettkämpfe im allgemeinen frei von diesem Extremrisiko, obwohl mit dem wachsenden Prestige, das dem olympischen Sieg zumeist aus national(istisch)en und neuerdings vielfach kommerziellen Interessen beigemessen wird, real die Gefahr besteht, dass der Wettkampf zu *ernste Dimensionen* annimmt. Es ist freilich leichter, *eine Steuerung* gegen die individuelle wie kollektive Überbewertung des Olympiasiegs zu fordern, als wirksame Schritte in diese Richtung einzuleiten. Die publizistische Überbewertung des Siegers im Verhältnis zu den anderen Finalisten, die „Singulärsiegerorientierung" in der Öffentlichkeit, lässt sich kaum kurzfristig reduzieren. Eine bereits des öfteren vorgeschlagene wirksame Maßnahme wäre es wenigstens, alle Endkampfteilnehmer in der Siegerehrung zu feiern, ohne unbedingt den Goldmedaillengewinner – im wörtlichen Sinne – auf eine höhere Stufe zu stellen. Vielleicht gibt es noch andere Möglichkeiten, die Überbewertung des Gewinnens in der Öffentlichkeit herunterzuspielen, die ja in unserer Publicity-Gesellschaft seltsam mit der Tatsache kontrastiert, dass die Sieger, von relativ wenigen Ausnahmen abgesehen, bald nach dem Abtreten von der sportlichen Bühne wieder in die Anonymität gestoßen werden. Man sollte zumindest nach solchen oder den angedeuteten ähnlichen Maßnahmen suchen. Irgendwie muss jedenfalls die überzogene Singulärsiegerorientierung eingeschränkt und herabgeschraubt werden, was ich seit über zwei Jahrzehnten fordere.[70]

---

[70] Lenk, H., Sozialphilosophie des Leistungshandelns. Das humanisierte Leistungsprinzip in Produktion und Sport. Stuttgart 1976, 1977.

Coubertins pädagogische Vorbildsequenz

Willenskraft, Selbstüberwindungsfähigkeit und Charakterstärke scheinen eine entscheidende Rolle beim Erzielen sportlicher Spitzenleistungen, besonders im olympischen Finale, zu spielen. Manche Kritiker des Hochleistungssports übersehen das individuelle wie das sozialerzieherische Potential, das auch in solchen Extremerfahrungen der Selbstüberwindung liegt.

In *Pédagogie sportive*[71] versuchte Coubertin, den moralischen und sozialen Einfluss athletischer Übungen und die Wechselwirkung zwischen sportlichem Training und Charakterqualitäten sowie Einstellungen, dem „Geist" und den affektiven und emotionalen Antrieben aus pädagogischer Sicht zu ergründen. Er wünschte sich den olympischen Athleten als ideales Vorbild für erzieherische Zwecke. Schon bei den ersten Olympischen Spielen der Neuzeit stellte er[72] erfreut fest, dass kleine Jungen begannen, „Olympische Spiele" zu spielen und olympische Athleten nachzuahmen. Da sich Jugendliche eher an lebenden Persönlichkeiten und personifizierten Images orientieren, wurde diese pädagogische Sequenz von Anreiz und versuchter Nachahmung auch vielfach in sozialwissenschaftlichen Analysen bestätigt. Die bedeutsame Rolle von olympischen Sportlern für die Entwicklung von Einstellungen und Zielorientierungen junger Sportler wurde in den fünfziger und sechziger Jahren nicht nur durch Fragebogenanalysen in Österreich, Spanien und der Bundesrepublik bestätigt, sondern auch durch wachsende Mitgliederzahlen bei Sportvereine jeweils im Jahr der Olympischen Spiele (z.B. 1936, 1956). Olympiasieger soll(t)en bei Olympiatreffs und bei „Olympischen Tagen" oder in Schulen junge Sportler treffen, unterweisen, motivieren. In gewissem Sinne ist es daher ein Irrtum zu behaupten, dass die Olympischen Spiele wegen des unglaublich hohen Leistungsniveaus jeden Kontakt mit dem normalen Wettkampfsport verlören. Über diese anreizende erzieherische und motivationale Sequenz erfüllen sie durchaus noch

---

[71] Coubertin, P. de, Pédagogie Sportive. Lausanne 1948.
[72] Coubertin, P. de, Olympische Erinnerungen. Frankfurt 1960³, 31.

eine mehr oder weniger direkte pädagogische Funktion. Dieser Einfluss wird heute erheblich dadurch verstärkt, dass olympische Wettkämpfe überall in der Welt auf dem Fernsehschirm verfolgt werden.

Coubertin verstand die olympische Leistungselite nicht als eine, die an eine besondere soziale Schicht oder Klasse gebunden ist, sondern als eine unabhängige *Funktionselite der Leistung sowie der Leistungs- und Einsatzbereitschaft*. Diese Funktionselite, der Grundidee nach gebildet im Ausgang von gleichen Startbedingungen (wenn man von der „natürlichen Lotterie" der biologischen angelegten Talente und „historischer" Sporttraditionen regionaler Art absieht), sollte als ein erzieherisch vorbildliches Modell für leistungswillige Jugendliche allgemein dienen, besonders aber für junge Sportler:

Damit hundert Körperkultur betreiben, müssen fünfzig Sport treiben. Damit fünfzig Sport treiben, müssen zwanzig sich einem speziellen Sportzweig widmen. Damit zwanzig sich einem speziellen Sportzweig widmen, müssen fünf fähig sein, erstaunliche Leistungen zu vollbringen"[73].

Durch dieses „Gesetz der erzieherischen Übertragung" wünschte Coubertin die sportliche Leistungselite für die allgemeine Erziehung der Jugend zu nutzen. Der olympische Sport sollte durch die Orientierung an einer Funktionselite ohne vorgegebene Privilegien dazu dienen, soziale Brücken zu bauen, wenigstens Kontaktgelegenheiten zwischen Menschen verschiedener Schichten, Rassen, Länder, Altersgruppen, religiöser und kultureller Herkunft zu bieten oder zu erleichtern. Olympischer Sport ist daher für Coubertin trotz der elitären Struktur „die Mitgift aller Rassen"[74]. Diese sozialen Funktionen sind der Grund dafür, dass die *Olympic Rules and Regulations* keine Diskriminierung gegen irgendeine Person aufgrund ihrer Rasse, Religion oder politischen Orientierung erlauben.

---

[73] ebd. 127.
[74] ebd. 125.

Einschränkungen in der Variationsbreite der olympischen Eliten

Auf die inkonsequente Haltung Coubertins hinsichtlich der von ihm abgelehnten Teilnahme der Frauen an den Olympischen Spielen[75] kann hier ebenso wenig eingegangen werden wie auf die Probleme der historischen, biologischen (etwa sportartspezifischen altersbedingten oder sich auf das Größenwachstum beziehenden) Einschränkungen in der Variationsbreite der olympischen Leistungseliten[76]. Es kann nur resümierend festgestellt werden, dass trotz einer (im übrigen auch hier sportartspezifischen) überwiegenden Vorherrschaft jugendlicher Erwachsener unter den olympischen Wettkämpfern eine große Variationsbreite der Altersstreuung festzustellen ist: Die altersbedingte Einschränkung der Variationsbreite der olympischen Leistungselite macht sich zwar in der Gesamtspanne etwas weniger bemerkbar, wird jedoch deutlicher in den Teilnahmespannen und Mittelwerten der einzelnen Sportarten, z.B. wenn man das Durchschnittsalter der olympischen Schwimmerinnen (bis 1956) von 20 Jahren und 2 Monaten mit dem Durchschnittsalter der Reiter vergleicht, das 36 Jahre und 9 Monate betrug.[77]

Bereits 1928 führten Kohlrausch und Mitarbeiter die ersten anthroprometrischen Untersuchungen an Olympiaathleten durch. Diese und viele nachfolgend ausgewertete Messungen ergaben, dass die olympische Leistungsfähigkeit zu einem beträchtlichen Ausmaß statistisch, aber sportartspezifisch mit anthroprometrischen Größen und Körperformen verbunden ist, doch nicht durch diese determiniert wird. Die Aussagen sind mit Bezug auf die einzelnen Sportarten natürlich zu differenzieren: Ein Zweimetermann wird niemals im Turnen

---

[75] Lenk, H., Werte – Ziele – Wirklichkeit der modernen Olympischen Spiele. Schorndorf 1964, 1972[2]; Spears, B.: Women in the Olympics – an Unresolved Problem. In: Ueberhorst, H. – Graham, P. (Hg.): The Modern Olympics. Cornwall, NY, 1976, 62-83.

[76] Lenk, H., Werte – Ziele – Wirklichkeit der modernen Olympischen Spiele. Schorndorf 1964, 1972[2].

[77] Mishev, D., Age and Profession as Reflected in Olympic Results. In: Bulletin d'information du Comité Olympique Bulgare 1960, I, 6, 25 ff.

oder Reiten reüssieren, ein Schwergewichtsringer von über 200 Pfund wird keinen Marathonlauf gewinnen, und ein kleiner Turner wird sich nicht für eine olympische Basketballmannschaft qualifizieren können.

Anthrometrische und physiologische Untersuchungen an olympischen Sportlern müssen durch sozialwissenschaftliche ergänzt werden. Zuerst haben Jokl und Mitarbeiter[78] eine sozialstatistische Analyse der Olympischen Spiele von Helsinki (1952) vorgelegt – eine Untersuchung, die ökonomische, geographische, vitalstatistische und ernährungscharakteristische Faktoren mit Teilnahme und Erfolg bei den Olympischen Spielen korrelierte. Die Korrelationen waren hoch in Bezug auf mäßiges Klima, Höhe und Art der wirtschaftlichen Entwicklung sowie auf den mittleren Kaloriengehalt der Nahrung. Dagegen gab es eine signifikant negative Korrelation zwischen dem olympischen Erfolg und der Entfernung des Heimatlandes von Helsinki.

Von mindestens ebenso großer Relevanz für die Rekrutierung der olympischen Leistungselite sind kulturelle und historische Traditionen, die zum Teil die genannten statistischen Korrelationen deutlich überformen. Dies bestätigten Lüschen[79] und Seppänen[80], die herausfanden, dass Protestanten herausragend mehr Erfolge als Mitglieder anderer Religionen oder Traditionen aufwiesen – wenn man den Marxismus ausnimmt, der, politisch gestützt, als sozialistische Ideologie in diesem Zusammenhang noch stärker hervorstach. Die Kombination eines puritanischen Elementes mit einer innerweltlichen asketischen Haltung und dem westlichen aktivistischen Individualismus – Faktoren, die sich in protestantischen Ethiken besonders ausgeprägt haben, spiegeln sich also statistisch signifikant in olympischen Erfolgsraten und -ergebnissen wider. Die kulturgeschichtlichen, ideologischen Einflüsse auf die Rekrutierung der olympischen Leistungselite im Sinne

---

[78] Jokl, E. – Karvonen, M. J. – Kihlberg, J. – Koskela, A. – Noro, L., Sports and the Cultural Pattern of the World. Helsinki 1956.
[79] Lüschen, G., Der Leistungssport in seiner Abhängigkeit vom sozio-kulturellen System. In: Zentralblatt für Arbeitswissenschaft 12. (1962), 186 ff., 1967.
[80] Seppänen, P., Die Rolle des Leistungssports in den Gesellschaften der Welt. In: Sportwissenschaft 2, (1972), 133-155.

Coubertins sind bisher im sozialen Kontext nicht zureichend untersucht worden. Daten über frühere Athleten sind in einem für eine statistische Analyse ausreichenden Maße nicht mehr zugänglich. Der Wissenschaftler bleibt meist auf grobe Parallelisierungen mit anderen Handlungsbereichen oder auf großzügige Generalisierungen von kleinen, meist irgendwie einseitig eingeschränkten Untersuchungssamples angewiesen. Eine eingehende soziologische Analyse der Olympiaathleten wäre jedenfalls sehr wünschenswert. Darüber hinaus wäre es nötig, Coubertins elitentheoretischen Ansatz spezifischer und ausführlicher kultur- und sozialphilosophisch zu diskutieren und kritisch zu beleuchten, was nicht Aufgabe dieses Beitrags sein konnte.

Schlussbemerkung

Allgemein kann festgestellt werden, dass sich Coubertins Ideal einer aktiven olympischen Leistungselite gleichen Ursprungs in mancherlei Hinsicht zu einem beträchtlichen Ausmaß (mit gewissen biologisch oder soziohistorisch bedingten Einschränkungen) verwirklicht und in Daten zu Teilnahme und Erfolg bei Olympischen Spielen widerspiegelt. Es gibt eine weite Variationsbreite unter verschiedenen Einflussfaktoren. Der Einfluss einiger einschränkender Faktoren historischen oder kulturellen Ursprungs ist noch wirksam; er hat sich aber – wie etwa in der Teilnahme der Frauen und Farbigen – mittlerweile merklich vermindert.

Wieweit sich die Eigenschaften einer sportlichen Elite, der olympischen Leistungselite im Sinne Coubertins, auf allgemeinere Persönlichkeits- und Charakterzüge, auf moralische Attitüden und Intelligenzeigenschaften übertragen lassen, die eine „allgemein menschliche" Aktivitätselite umschreiben, bleibt eine bislang offene Frage.

Zweifel sind hier angebracht: Es gibt sicherlich keinen automatischen Transfer dieses Typs; dennoch scheint ein Athlet in der Lage zu sein, bewusst und absichtlich einige der Qualitäten, die er im Training und im Wettkampf geschult hat, in anderen Lebensbereichen, insbesondere in risikobehafteten Prüfungs-, Anspannungs- und Konkurrenzsituationen, anwenden zu können. Dies scheint besonders zu gelten, wenn dieser indirekte, nicht-automatische Transfer pädagogisch durch einen Lehrer, Trainer oder Elternteil „gezündet" und unterstützt wird. Darüber hinaus hat ein populärer Olympiaathlet als Vorbild einen indirekten erzieherischen Einfluss auf junge nacheifernde Sportler – eine Vorbildwirkung, für die er nolens volens eine gewisse moralische Verantwortlichkeit übernehmen muss. Dass sich die meisten der populären olympischen Eliteathleten dieser Verantwortlichkeit weder bewusst sind noch gewachsen zeigen und insofern Coubertins idealen – zu idealistisch-unrealistischen – Erwartungen nicht entsprechen, steht auf einem anderen Blatt. Anscheinend hat Coubertins idealtypisch puritanischer Elitismus der olympischen „Ritterschaft", angeregt durch seinen pathetischen Philhellenismus, die realen Menschen utopisch überfordert. Eine große pädagogische Idee von beträchtlicher historischer und internationaler sozialer Wirksamkeit ist Coubertins olympischer Gedanke dennoch. Angesichts der drohenden Gefährdung bei den jüngsten Olympischen Spielen sollte versucht werden, die olympische Ideologie in Richtung auf eine zugleich realistischere, fassbare und doch humane Variante abzuwandeln. Eine solche philosophische Neuinterpretation des Leistungssports – unter Bejahung und ausgewogener Würdigung eines humanisierten Leistungsprinzips[81] bei Förderung einer mündigen, mitbestimmenden „demokratischen" Leistungselite ohne exzessive Übersteigerung in die heute drohenden (oder vielfach realisierten) Manipulationen (wie technologische und wirtschaftliche Bevorteilung und vor allem Doping) – ist freilich leichter gefordert als geleistet.

Es wäre unrealistisch, wenn man nicht bestimmte Auswüchse der Höchstleistungskonkurrenz im olympischen Sport konstatierte, ohne dass diese hier im Einzelnen behandelt werden können. Die Höchstleistungen sind – wie erwähnt – im Laufe der olympischen Ge-

---

[81] Lenk, H., Sozialphilosophie des Leistungshandelns. Das humanisierte Leistungsprinzip in Produktion und Sport. Stuttgart 1976, 1977.

schichte und generell des Höchstleistungssports extrem gestiegen. Das Konzept der ständigen Leistungsverbesserung ist an die Konkurrenz des Wettkampfes und der Trainingsvorbereitungen gebunden. Der Gedanke der Leistungssteigerung und der Höchstleistung verwirklicht sich nahezu unbeschränkt. Gab es früher noch Beschneidungen der Trainingszeit und des entsprechenden Vorbereitungs- und Unterstützzungsaufwandes, so fallen die übrigen Beschränkungen im offen- oder pseudo-professionalisierten Höchstleistungssport der Gegenwart praktisch weg. Leistungskampf im Sport wird geradezu existentiell, wird sowohl vom einzelnen Athleten, als auch von Gruppen wie kleinen Nationen als Kanal des Leistungsaufstiegs verstanden. Risiken im Wettkampf und bei der Vorbereitung werden offen eingegangen oder kalkuliert – selbst Regelüberschreitungen, wie beim Doping oder heimlichen Manipulationen an Sportgeräten oder unfaire Vorteilnahme anderer Arten. Allein die Leistung, oft nur der Rekord wird mit Medaille und Ruhm prämiiert. Sportmoral wird zunehmend ignoriert oder fallweise als nette Garnierung verstanden – angesichts des amerikanischen Sprichworts „Nice (fair) guys finish last!" Öffentlich Erfolg hat offenbar stets nur der Erfolg – und das ist tendenziell heute der Erfolg um fast jeden Preis. Professionalisierung und Kommerzialisierung sowie die Abhängigkeit der jungen, meist in der üblichen Berufsausbildungszeit befindlichen Athleten von dem Erfolgsaufstieg, der als Alles-oder-nichts-Gebot interpretiert wird, führen zu einer Verschärfung der Leistungskonkurrenz in zunehmend extremem Maße. Tendenzen der psychophysischen Selbstausbeutung, der gesundheitlichen Selbstgefährdung, der Verführung zur Unfairness und Vorteilnahme jeglicher Art sind überall festzustellen und werden diskutiert, aber kaum wirksam durch Kontrollen operational eingeschränkt. Appelle alleine wirken auch hier nicht. Je mehr auf dem Spiele steht, desto eher werden die genannten Tendenzen extrem verfolgt, die Möglichkeiten der Vorteilnahmen ausgeschöpft. Dies gilt umso mehr, als im Höchstleistungsbereich eine Art von Grenznutzen-Gesetz Gültigkeit hat: Es erfordert heute einen erheblich größeren Aufwand, um minimale Leistungssteigerungen zu erreichen – mit sin-

kendem Grenznutzen, aber steigenden Gefährdungen. Schon in den
30er Jahren kritisierte der oberste Olympier, der IOC-Präsident Bail-
let-Latour: „Die Höchstleistung ist einer der Götzen unserer heutigen
Zivilisation. Es ist höchste Zeit, zur Breitenleistung zurückzufinden –
um der olympischen Erziehung willen." Außer vielen Beschwörungen, Sonntagsreden, Vorlesungen und Seminaren zum olympischen
Geist und zur olympischen Idee, appellierenden Initiativen zur Regeleinhaltung und Fairness ist nicht viel Wirksames geschehen, um
die sich selbst steigernde Leistungszunahme, die alle Kennzeichen eines exponentiellen Wachstums aufweist, zu moderieren. Dies scheint
charakteristisch für alle Hochleistungskonkurrenzsysteme zu sein –
ähnlich auch in der Hochleistungswissenschaft, die ja nicht einmal
*Silber*medaillen kennt. Predigen nützt hier nicht viel: Bloße Predigt
wirkt erbaulich, Mahnungen und Moderierungen sind nötig, aber
kaum hinreichend, die angesichts publizitärer Erwartungen und öko-
nomischer Zwänge angestachelten Selbststeigerungstendenzen der
Leistungsspirale zu bremsen.

Gerade weil in diesem exemplarischen Hochleistungsbereich
unter verschärfter und sich ständig steigernder Konkurrenz gewisse
Tendenzen einer einerseits hochaktiven, andererseits zur „Überzüch-
tung" oder zum Überspannen der Elitenidee tendierenden Phänomene
und Effekte einer symbolischen Leistungselitenbildung sich besonders
rein darstellen und mit einer weltweit sich auswirkenden gesellschaftlichen Resonanz verknüpft sind, müssten die Grundstrukturen und
Entwicklungsprozesse dieses Bereiches weiterhin begleitend – auch
näher am empirischen Datenmaterial – sozialwissenschaftlich und so-
zial- wie auch kulturphilosophisch analysiert werden. Dabei ist es
nach wie vor einer tendenziell egalitären Gesellschaft angemessen und
auch besonders faszinierend, dass sich hier – der Grundidee nach wenigstens – eine persönliche Leistungselite aufgrund prinzipiell (wenn
auch nicht faktisch) egalitärer Ausgangspositionen entwickelt und die
Elitenbildung in der Tat recht „rein" an den Kriterien der Leistungsbemessung und Leistungskonkurrenz orientiert ist (trotz aller über-
formender gesellschaftlicher Unterstützungen und in der Wirklichkeit

vorkommender manipulativer Verzerrungen). Angesichts der faktisch nahezu ungebremsten Leistungsexplosion bei dieser symbolischen Elitenbildung ist freilich die vor einem Vierteljahrhundert vom Verfasser geforderte „Humanisierung im Hochleistungssport"[82] nach wie vor ein Desiderat, ja, dringlicher denn je.

---

[82] In Verf. (Hg.): Handlungsmuster Leistungssport. Schorndorf 1978.

11. Zum Dopingproblem

Ein Skandal jagte den anderen: Fortsetzungen folgen bestimmt ... Hatte nicht der Dopingskandal der Tour de France von 1998 – frei nach Karl Kraus – erst dann begonnen, als ihm die Polizei ein Ende zu machen suchte? Ein Skandal wurde damals erst „öffentlich *gemacht*" – in neuer Doppeldeutigkeit! Die Turiner olympische Winter-Verfolgung von österreichischen „Nordischen" Athleten und deren Trainer (2006), die später nicht aufgrund von Tests, sondern von Funden und Indizien gesperrt wurden und wie sie spektakulär vor dem polizeilichen Zugriff aus Italien flohen, ist ebenso noch in Erinnerung.

In der Praxis gilt Doping als Einnahme dessen, was in der offiziellen Dopingliste steht. So ist man offiziell erst einmal fein heraus. Hypnose z.B. steht (noch) nicht darin, ist ja auch keine Substanz, aber äußerst wirksam. Die detaillierten Dopingbestimmungen sind heute abhängig von Dopinglisten und Analysetechniken, jedenfalls sind sie konventionell festgelegt. Die Grenzziehungen freilich sind problematisch.

Die Kontrolleure hinken den listenreichen Doping-Alchemisten vielfach hinterher. Es bleiben Vagheiten – trotz definitiver Negativlisten. Selbst die offizielle deutsche Dopinganalytik definierte (Donike/Rauth 1996) die durchaus *zulässige* „Substitution im medizinischen Sinne" als den „Ersatz von für den Körper unbedingt notwendigen Substanzen ..., die für den Energie- und Baustoffwechsel benötigt werden, die *vom Organismus selbst nicht (genügend?) synthetisiert* werden können und deren ungenügende Zufuhr die sportliche Leistungsfähigkeit beeinträchtigt". Diese fast medizynische Bestimmung des Deutschen Sportärztebundes war sträflich unklar. Was heißt „unbedingt notwendig" oder „deren ungenügende Zufuhr die sportliche Leistungsfähigkeit beeinträchtigt"? Welche leistungsfördernde oder Leistung ermöglichende Dopingsubstanz fiele *nicht* darunter, wenn man die *mögliche* (mit Mitteln mögliche?) Leistungsfähigkeit oder die exorbitanten Olympianormen als Meßlatten nähme? Die Sportärzte hätten einen Logiker oder Philosophen befragen sollen.

Sog. „Substitutionen" von zur Leistungssteigerung „unbedingt nötigen" (weil vom Körper selbst nicht genügend produzierten) Energie
liefernden und leistungsförderlichen Substanzen werden aber vermehrt
und raffinierter benutzt werden – trotz und vielleicht gerade wegen der
möglichen Grauzonen in den Grenzbereichen zum Doping. (Placeboeffekte und vielleicht hypnotische oder andere mentale Strategien wie
Leistungssteigerung werden stärker ausgeschöpft werden.)

Das Höhentraining für Ausdauerdisziplinen, eine heute vielfach übliche erweiterte Trainingsmethode, die Vorteile verschafft, ist
auf Grund der sportlichen Grundintuition zulässig. Wie steht es dann
mit dem sicherlich intelligent erfundenen Blutdoping mit beim Höhentraining abgezapften erythrozytenreichen Eigenblut? – Wäre ein gesundheitlich *unschädliches* Doping – falls es ein solches gäbe oder gar
gibt (z.B. das Eigenblutdoping) nicht eigentlich vertretbar, wenn es
das Höhentraining ist? (Ausdauersportler aus hochgelegenen Ländern,
z.B. Läufer aus Kenia, genießen als sog. „Ökotypen" von Geburt an,
also natürlicherweise, direkt einen Höhentrainingsvorteil, der eigentlich die Forderung nach Startchancengleichheit verletzt.) Zudem ist
das Eigenblutdoping derzeit (noch?) nicht biochemisch nachweisbar.
Und wie steht es mit Techniken des mentalen Trainings oder gar der
bereits erwähnten Hypnose?

Zweifellos: Grenzen müssen sein, gezogen werden – und auch
gezogen werden *können*, d.h. in kontrollierbarer Weise. Das ist freilich sehr viel schwieriger getan als leichthin gesagt. (Ich erinnere mich
noch daran, wie ich höhnisch bis zynisch belächelt wurde, als ich
1975/76 überraschende Doping-Kontrollen im Training – m. W. als
einer der Ersten – forderte: im Ost-West-Sportkrieg und ohne internationalen Konsens und Kontrollen natürlich eine utopische Forderung,
zumal für manche Sportfunktionäre mit Doppelmoral, die einerseits
die Kontrolleure sind, aber andererseits ihre Athleten um fast jeden
Preis siegen lassen wollen (zu müssen glaub(t)en). Inzwischen haben
wir fast flächendeckend den „Salat" – Verzeihung! – den Doping-
„Sumpf". An der „Kröte" des Dopings scheint sich der Sport nunmehr
in der Tat verschluckt zu haben: Selbstheilungskräfte und Strategien

dürften nur begrenzt wirksam sein (obwohl der Ost-West-Sportkrieg nicht mehr besteht). Könnten staatliche Eingriffe und Dopinggesetze das Problem lösen? Das Doping gewinnt nicht nur eine dramatische Zuspitzung hinsichtlich der Glaubwürdigkeit des Spitzensports, sondern zunehmend auch hinsichtlich der Momente Faszination und Sponsorschaft.

Der real existierende Dopianismus galoppiert. Waren es vor zehn Jahren noch die Genossin Do Ping und einige Kolleginnen, die olympisch nicht antraten, und die vielen australischen und amerikanischen Asthmatiker in den Olympiamannschaften, über die man sich wunderte, entlarvten sich vor Jahren derb EPO-schal die (von Darbepoietin unterstützen) „epochalen" olympischen Langlaufsiege eines spanischen Skisöldners aus dem Allgäu als Schneeblindheit von gestern, so haben wir es nun vermehrt mit Designer-Dopingmitteln zu tun. Designer-Doping mit eigens für diese Zwecke entwickelten Substanzen (THG) war schon im Gebrauch. Doping mit Wachstumshormonen (HGH), neuerdings nachweisbar, steht vor der Tür – oder ist schon hinter den Kulissen real ... Der „Rubikon" zum Gen-Doping scheint neuerdings schon überschritten: Repoxygen wurde von einem ebenso bekannten wie umstrittenen Leichathletiktrainer per Internet – zu „Versuchs"-Zwecken (?) – bestellt. Selbst der leitende Gendopingexperte der WADA (d.h. der Welt-Dopingagentur), Friedmann, hält das Gendoping für „unausweichlich" (Welt 6.2.10). (Bei Affen hat man bereits erfolgreich Wachstumsbremsen für Muskeln durch virale Induktion von Genen für das Protein Follistatin getestet. Ob die im Geheimen operierenden Humandoping-Trickser nicht wohl in Wirklichkeit schon weiter sind?)

Zurück zum derzeitigen „Renner" EPO[83]! Neuerdings bestellt man sich problemlos EPO über Ebay, setzt es rechtzeitig vor dem Wettkampf ab, überdeckt es durch Blutverdünnungsmittel, durch nicht nachweisbare Epomimetika oder steigt kurzfristig auf ein teureres Erythrozyten erhaltendes *natürliches* EPO-Präparat um, um nicht „erwischt" zu werden; denn die seit 2000 möglichen EPO-Kontrollen finden fast nur bei hochrangigen Wettkämpfen statt. Übrigens sind auch äußerst *geringe* Mengen, abends genommen, am nächsten Tag schon nicht mehr nachweisbar!

Neuerdings wurden wieder „Vorreiter" bei den Radrennfahrern und später auch olympische Athleten mit einem EPO-Abkömmling namens Cera („Mikrocera") „erwischt". Der allerletzte Schrei scheint eine weitere Substanz mit der Bezeichnung „S 107" (ca. 20% weniger Muskelermüdung!) zu sein, bei Radlern bereits verwendet, wie ein gesperrter österreichischer Ex-Athlet (Kohl) gestand. Wissenschaftler von der Kölner Sporthochschule (Thevis) arbeiteten sofort ein Testverfahren aus, das aber bei der Winterolympiade 2010 noch nicht verwendet wurde! Also auch hier wieder einmal eine „Dopiade" im Langlaufbereich, einschließlich Biathlon? Im Vorfeld wurden jeden-

---

[83] Der Medizinforscher Pagel (Lübeck) nennt (in Meutgens 2007, 223) nach Macdougall neben den „klassischen" Epo-Präparaten *Epoetin Alpha* und *beta* sowie *Darbepoetin alpha* als „Auswahl" noch ein ganzes Dutzend „derzeitige und mögliche Folgepräparate" von gentechnisch hergestellten rekombinanten humanen EPO-Varianten (rhu EPO). Darunter sind zwei selber gentechnisch wirksame Mittel, welche die Gene der EPO-Expression manipulieren (z.B. auch das nicht zugelassene und nicht weiter entwickelte Repoxygen). Pagel notiert: „Selbst Präparate" in der Testphase und ohne „klinische Zulassung ...sind in der Dopingszene bereits im Umlauf": „Eine verlässliche und vor allem justiziable Dopingkontrolle wird über kurz oder lang nicht mehr möglich sein": Im Sport wird „allzu oft unreflektiert alles genommen ..., was eine Leistungsverbesserung verspricht. Die Risikobereitschaft von Sportlern und Trainern scheint unermesslich". Dies gilt zumal, wenn man die dunklen Beschaffungskanäle (wie Marokko, Russland, China, „klandestine" US-Labors, Internet usw.) berücksichtigt. Pagel betont, dass man auch als behandelnder Arzt sich „nicht mehr unbedingt darauf verlassen kann, dass auch das drin ist, was draufsteht" (ebd. 218ff.).

falls eine Reihe russischer Athlet(inn)en gesperrt bzw. zurückgezogen oder erst gar nicht mehr nominiert.

Auch international verbesserte oder gar flächendeckende Dopingkontrollen werden das Doping nicht ganz verhindern können. Die „Trickser", die alten und neuen Doping-Alchemisten (Balco, die THG-„Erfinder" u.a.) werden auch künftig den Kontrolleuren meistens um ein Präparat oder einen Verdeckungsmechanismus voraus sein. Hier helfen nur international organisierte, z.B. politisch beaufsichtigte, aber vor allem auch *unabhängige* Kontrollen, die nicht von den am Erfolg interessierten Verbänden selbst vorgenommen werden oder beaufsichtigt werden können. Immerhin macht die WADA nun ernst. Sie führte 2009 auch den „biologischen Athletenpass" ein, der künftig verbindlich sein wird, aber von den Fachverbänden „erst noch umgesetzt werden muss".

Wo bleiben Klarheit und Wahrheit? Auch bloße Medikamenten-Listen – so nötig sie sind – dürften den Listenreichen weiterhin Anlässe und Anreize bieten, die Listenforderungen zu überlisten. „Definitions-Lücken" belohnen „die Pfiffigen", meint auch der Ökonom Gert Wagner. Kontroll-Lücken übrigens auch. Außerdem kann man niemals alles kontrollieren und nie alles definieren. Werden also die Sauberen die Letzten sein, die Fairen stets die Dummen? Wie heißt es so lakonisch in den USA? „Nice guys finish last", clean guys, too?

Könnte somit doch der frühere Vorschlag Wagners das Problem lösen? Danach sollten Athlet(inn)en verpflichtet werden oder sich freiwillig bereit erklären, *alle* genommenen *Medikamente* anzugeben. Umfassende Durchsicht bzw. Übersicht soll den Anreiz zu betrügen und/oder neue *Dopikamente* zu „erproben", zerstören oder mindern. Muss dann aber schon jeder Sportler bestraft werden, der sein Aspirin anzugeben vergaß? (Wann) sind Körperhormone, -enzyme usw. „Medikamente"? Zwei Tassen Kaffee oder ein Mohnbrötchen sind normal, sieben jedoch Doping?

Der Leiter des Instituts für Dopinganalytik in Kreischa verwies mit gutem Recht auf die erreichte hohe Präzision der Dopingnachweise. Er versprach sogar: „Die Dopinganalytiker sind durchaus in der

Lage, sogar bis dato unbekannte Stoffe nachzuweisen" (!) Wie sie das wohl machen? Durch „produktive" biochemische Forschung an der präparativen Front, durch eigene Synthesen? Durch „kreative" Überholung der eigenen Präzisionsfortschritte? Jedenfalls in der Praxis gilt nach wie vor: Offenbar ist die berühmte Mittelstrecklerin Ana Bolika immer noch nicht abgetreten.

Der zitierte Leiter der Dopinganalytik weist ebenfalls zu Recht darauf hin, dass noch viel wesentlichere Mängel „in Gestalt" der „Diskrepanzen in der Kontrollintensität zwischen verschiedenen Ländern und Sportarten" („bis zu zeitweilig fehlenden Kontrollen": u.a. bis vor kurzem im US-Leichathletik-Verband, Tour de France vor 1998).

Das US-NOK weigerte sich lange Zeit vorher schon, Namen positiv getesteter Spitzenathleten bekannt zu geben: War sogar der erfolgreichste moderne Leichathletik-„Olympionike" Carl Lewis ein „Dopionike"? Wen oder was soll man denn noch bei Olympia bewundern?

Gibt es zudem nicht geradezu Struktur- und Zugzwänge zum Doping in der Motivation? Des Hammerwerf-Olympioniken Conolly treffende Kennzeichnung der Mentalität des Spitzensportlers wurde oben schon beschrieben: Dieser nehme „Alles, was ihn nicht gerade umbringt".

Eine Umfrage unter Athleten bei den Olympischen Spielen in Seoul hatte 1988 ergeben: 80% von ihnen wären bereit, ein beträchtlich früheres Todesdatum als Folge des Dopings in Kauf zunehmen (!), wenn sie nur garantiert Olympiasieger würden. In manchen Sportarten scheint es kaum noch möglich, ohne Doping olympische Medaillen, Weltrekorde, Toursiege zu erreichen. Gilt im real existierenden Dopianismus die alte US-Athleten-„Weisheit": „No dope, no hope"? „To dope or not to be"? Ist das die neue Hamlet-Frage der Spitzensportler? In der Tat: in manchen Sportarten kann man ohne Steroid-Doping anscheinend keine olympischen Weltrekorde und Spitzenleistungen mehr erreichen. Dies malte selbst der Ehrenpräsident des Weltsportärzteverbandes, Hollmann, schon früher als abschreckendes Me-

netekel an die Wand. Werden Hypermonster das globale Telepanopti-
kum selbst- und fremdmanipulierter Artistik beleben? Hollmann
warnte nachdrücklich vor den Panoptikumsphänomenen eines Mons-
ter-Zirkus professionalisierter Artisten. Haben wir diesen vielleicht
schon? Also geradezu eine „Teledopiokommerziade" [84]?

Ironie beiseite, das Dilemma der Definitionen und Listen ist
bekannt: Diese hinken den listenreichen Doping-Alchemisten heute
und wohl auch künftig hinterher. Schon die Radrennlegende Eddie
Merckxhatte vor Jahrzehnten festgestellt: „In den Laboratorien hat
man immer das *eine* Produkt Vorsprung vor dem Reglement." Krea-
tin(in) z.B. ist kein Doping (noch nicht auf der Liste), aber EPO doch,
obwohl es sich auch im Körper bildet. Aber das geradezu epochale
Epo wurde schon „eposchal": Wachstumshormon- und Gen-Doping
ist angesagt ...– und, wie gesagt, Designerdoping! Nun gibt es bereits
Designerdrogen (wie THG, S 107) und Designerdoping – die Trickser
sind wahrhaft kreativ! Und die Teufelskreise sind keineswegs unwirksam geworden ... Jedenfalls in der Praxis gilt nach wie vor: Das Do-
ping-Dilemma ist geblieben. diabolische Anabolismen auch ohne
Ana- und Dianabol. Genossin Do Ping schwimmt noch immer weiter.

Vor über drei Jahrzehnten bereits forderte ich überraschende
Doping-Kontrollen im Training, wurde als Utopist belächelt oder zynisch abgeurteilt. Es wurde eher mitleidig über die Blauäugigkeit des
Gelehrten gelächelt. Vor zwei Jahrzehnten schlug ich vor, zwei Athle-
tenklassen zu bilden: eine freiwillig strikt ständig kontrollierte und ei-

---

[84] Als ich zwischen den Olympischen Spielen von Seoul 1988 (bei denen Ben John-
sons Dopingfall Weltschlagzeilen machte) und jenen von Atlanta 1996 angesichts
des explosionsartig zunehmenden Kommerzialismus der Olympiaden und von deren
Telemedialisierung zugegebenermaßen bissig von der „*Teledopiokommerziade*"
(*Olympisches* Feuer 1996, Nr.4) sprach, wurde ich wieder einmal von Funktionären,
z.B. vom damaligen Präsidenten des Deutschen Ruderverbandes, als Nestbeschmut-
zer kritisiert: Atlantas Olympia sei „heil" gewesen. „Heil Olympia!" kann man da
nur noch rufen – als ironisches Wunsch(denken) – und mit Karl Valentin fragen, ob
es, Olympia, „denn krank sei". (Meine etwas bissige Formulierung war klarerweise
vor den Atlanta-Spielen geschrieben, lag aber mit dem Dreierakzent „Tele", „Doping" und „Kommerz" sicherlich nicht ganz falsch.)

ne „offene". Die Athlet(inn)en hätten selbst zu wählen. Ein umständlicher und teurer Vorschlag, doch ein ehrlicher bzw. operativ und kontrolliert wirksamer! Auch das Publikum, inoffiziell und Offizielle, Medien usw. würden so selber offenbaren, ob und wie „scheinheilig" man ist. Würde man die „saubere Klasse", den schwächeren „sauberen" Rekord anerkennen – etwa gar allein hoch schätzen? Nun, kein Kommentar kam, Resonanz gleich null. In der Tat: Räsonieren wird offenbar nur ernst genommen, wenn es in den ideologischen Kram passt. *Hauptsache, das Image stimmt – und der Sponsor zahlt (noch).* Nun aber haben wir den „Schlamassel". Mit rund 25 Dopingfällen wurden z.B. auch die Athener Spiele nun wirklich zur *Teledopiade* – und gar zu einer Dopio*komödie* mit Athletenflucht und vorgetäuschtem Motorradunfall zweier griechischer Favoriten in der Leichtathletik. Bereits *vor* der letzten Winterolympiade in Vancouver wurden dreißig Sportler nicht zugelassen, weil sie zuvor „positiv" getestet worden waren!

Jan Tomaschoff, Welt 21.08.2009

Inzwischen hat nach dem Aufruhr bei der Tour de France von 1998 also die „Dopiade", obwohl vielfach plakativ, z.T. staatlich und international durch Gesetze und Dopingagenturen bekämpft, die Olympiade wieder einvernommen (von der eindrucksvollen „Teleade" und unabwendbaren „Kommerziade" ganz zu schweigen). Trotz der großartigen olympischen Kämpfe und Leistungen hat die Realität leider meine bissige Diagnose von der „Teledopiokommerziade" gerade auch im mittleren Teil des merk-würdigen Kunstwortes doch wohl schlagend bestätigt: Manche überragende, „überzeugend" scheinende Sieger(innen) waren gedopt – neuerdings mit EPO-Abkömmlingen (wie Darbepoietin alpha, Cera usw.), die noch nicht einmal auf der Doping-Liste stehen konnten, sondern nur durch verallgemeinernde Formulierung als „eingeschlossen" interpretiert werden müssen! Die Doper und ihre einfallsreichen bzw. „innovativen" pharma- und verfahrenswissenschaftlichen Zauberkünstler entwickeln geradezu kriminelle Energie bei der Entwicklung neuer „Designer"-Dopingpräparate und -verfahren; sie sind meist mehr als einen Schritt voraus, die Kontrolleure hinken notorisch hinterher! Überraschende Zwischenkontrollen in der Phase vor dem letzten Wettkampf, vor Ablauf der vermutlich recht präzise eingeplanten Nachweisspanne bei Epopräraraten von ca. 25 Stunden ergaben neue Sensationen: Nach einfach epochalen Siegen gab es auf einmal Darbpoietin (2002), dann Cera (2006-8) – wahrlich „darb"/derb! EPO-schale „Siege". Und nun neuerdings die Substanz S 107 – sowie überraschend wirksame „Hilfsstabilisatoren" (Follistatin) zum Aufheben der Muskelwachstumsbremse Myostatin. Ist/wird nun auch das Gendoping – wie schon das Designer-Doping – eine unendliche Geschichte?

Hochleistungen sind heutzutage in allen Disziplinen offenbar nur zu erreichen, wenn das ganze Leben strikt darauf abgestellt ist und diese Höchstleistung bzw. der höchste Erfolg motivational gleichsam als „die wichtigste Sache der Welt" angesehen und verfolgt wird. Für eine Höchstleistung muss man eben nahezu „Alles" einsetzen bzw. auf die Karte setzen. Sport also keineswegs mehr nur „die wichtigste Nebensache der Welt"? Es ist wohl. In erster Linie die Öffentlichkeit mit ihrer absoluten Herausstellung einzig und allein des Siegers (also der schon mehrfach erwähnten „Singulärsiegerorientierung"), die diese Motivationsdramatik, wenn nicht erzeugt, so doch außerordentlich verstärkt. (Verführungen zur Unfairness, zum „Tricksen", zum Unterlaufen der Chancengleichheitsregel durch extreme, evtl. Grenznutzen-Vorteile ausschöpfenden Technisierung und Technologisierung, wie etwa auch Doping, sind natürlich in dieser Situation verständlich – um so mehr, je stärker sich ein sportlicher Erfolg heute auch in barer Münze auszahlt.)

Durch verschärfte Kontrollen allein werden sich z.B. das Technisierungs- und das Doping-Problem nicht lösen lassen. Der Erfindungsreichtum der intelligenten „Trickser" geht noch dem allemal mühsam bürokratischen Kontrollieren und Standardsetzen voraus – wenn auch unter dem Grenznutzen-Gesetz der schwindenden marginalen Nutzenzuwächse. Letztlich nützt beim Höchstleistungssport in der Tat nur eine Entdramatisierung der „Singulärsiegerorientierung", wie ich sie schon in den 70er Jahren gefordert hatte, und eine Rückkehr zur Humanisierung. Humanes und ethisches Predigen allein nützt dabei allerdings nichts, wenn man nicht das *System* und zumal das auch der öffentlichen Bewertung und materiellen Förderung oder leistungsabhängigen Prämien-Entlohnung humanisiert.

Kontrollen sind gut, aber Anreize, geänderte Wertungen, Vermeidung der Doppelzüngigkeit und auch vertrauensvoller Umgang von Offiziellen mit Athleten und deren Trainern und Ärzten wären besser – wenn die Situation und Diskussion nicht bereits so verfahren wären. Die Alternative zum Gesamtsystem gibt es nicht (mehr), allenfalls eine menschlichere und sinnvollere Bewertung der Leistung – ohne Alles-oder-Nichts-Prinzip. Die Ausrichtung am Sieg allein, die „Singulärsiegerorientierung", müsste in Verbänden und auch in der Öffentlichkeit endlich herabgeschraubt werden – zumal Glück und Zufall unter grundsätzlich nahezu gleich starken Weltklasseathleten oft den Ausschlag geben.

Was für die internationalen Kontrollorgane gilt, müsste für nationale Verbände und Kontrollverfahren ebenfalls eingerichtet werden.

Dabei sollte generell, national wie international, gelten: Nicht nur einzelne Athlet(inn)en sollten zur Verantwortung gezogen werden, sondern auch verantwortliche Betreuer, Trainer, Ärzte und Verbandsoffizielle, die für die strukturellen Zwänge zur Unfairness und die Spaltung der Moral mitverantwortlich sind. (Auch das habe ich schon vor Jahrzehnten gefordert; neuerdings stellte sogar der Chefankläger in Sachen „Olympia Turin" fest, der einzelne Athlet sei nur „das letzte Glied" der Kette in einer „großen Organisation", geradezu der organisierten Kriminalität des Dopings.) Vor einigen Jahren bestätigte auch der mutige italienische Antidopingkämpfer Donati: „Besser wäre es aber, die Ärzte, Sponsoren, Trainer und Manager auf die Anklagebank zu bringen. Dafür brauchen wir Gesetze. Doping ist eine soziale Plage eine Gefahr für die öffentliche Gesundheit, für die Erziehung der Jugend, für Legalität, weil am Handel auch die Organisierte Kriminalität verdient" (Focus 25/2007, 182).

In der Dopingproblematik gibt es derzeit bereits erheblich Fortschritte (NADA-, WADA-Kontrollen), obwohl der „Sumpf", der durch Enthüllungen und Skandalfälle öffentlich wurde, scheinbar erst einmal noch tiefer wurde und keineswegs leicht trocken zu legen ist. Donati meinte gar: „Die Selbstläuterung der Branche ist pure Illusion"! – Immerhin: Seit 2005 hat der Internationale Sportgerichtshof (CAS) in mehreren Fällen auch schon nach erdrückenden Indizien auf Sperren und Titel- bzw. Medaillen-Aberkennung erkannt. – Auch in Fällen von in Unfairnessentscheidungen involvierten Funktionären müssten unabhängige, Interessen-ungebundene, zum Teil ausländische Gutachter und ehrenamtliche Beurteiler mitwirken. (Aber auch diese Regelungsform ist nicht stets „idiotensicher".)

Generell müsste dringlich die institutionelle und die der Praxis zugewandte, angewandte (wirksame, „operationale") Sportethik und das entsprechende staatliche und sportverbandseigene Recht weiterentwickelt und eben kontrollwirksam gemacht („institutionalisiert") werden. *Es gilt die institutionelle Ethik samt Verfahren und Kontrollen auszubauen.*

Der damalige Innenminister Schäuble äußerte in der Do-
ping(gesetz)diskussion des Deutschen Bundestages die Befürchtung:

„Wenn das Prinzip des Wettbewerbs im Sport, im Leistungssport diffamiert wird, weil das nur noch Schmuh ist, weil es nur noch
Missbrauch gibt und er nur noch gesundheitsschädlich ist, dann verliert der Sport das Großartige, was ihn ausmacht und was er bewahren
muss" (Parlament 29/30, 16.7.07).

Es wird letztlich wohl nicht ohne strafrechtliche und staatliche
bzw. legislative Maßnahmen zur Kriminalisierung des „Sportbetrugs"
und des Dopings gehen. Das gerade vom Bundestag beschlossene Gesetz, das nur den *Besitz* von „nicht geringen Mengen" von Dopingmit-
teln sowie das gewerbsmäßige Vertreiben von bzw. das Handeln mit
solchen strafrechtlich relevant sein lässt, aber den dopenden und über-
führten Athleten selber exkulpiert, kann nicht das letzte Wort sein,
zumal der Deutsche Olympische Sportbund empfiehlt, die „Besitz-
strafbarkeit" „gesetzlich nicht zu verankern" (DOSB: Anti-Doping-
Aktionsplan 2006). Überführte deutsche Athleten unterliegen – anders
als in Italien und Frankreich – wie bisher lediglich der Sportgerichtsbarkeit der Verbände.

Die Idee, einzelne Athleten selber nicht zu kriminalisieren, ist
natürlich gut, lässt aber paradoxe Effekte eintreten und dürfte in der
Tat die autonome Sportgerichtsbarkeit letztlich auch überfordern,
wenn nicht das System, die Strukturen, die Zugzwänge selber entscheidend geändert werden. Man kann nicht den einzelnen Athleten
als Sündenbock abstempeln, wenn er in ausweglosen Situationen und
Zwängen steht, die den Druck von denselben Institutionen, Geldge-
bern, Öffentlichkeit immer mehr erhöhen, ohne dass die Strukturen
selbst geändert werden.

12. Zur Zukunftsfähigkeit des Spitzensports

Zusammenraffender Ausblick

„Alles ist schwer vorherzusagen – besonders die Zukunft", meinte der aufklärerische Vor- und Querdenker Voltaire im 18. Jh. Dies gilt noch heute – sogar vermehrt – und gerade auch für den Spitzensport. Zumal der Sport braucht sehr nötig Vordenker und Querdenker, kritische und konstruktive!

Was kann man tun, wenn man Voraussagen oder Zukunftsszenario entwerfen will? Eine Möglichkeit ist, sich auf derzeit bestehende Trends zu konzentrieren und diese vorgreiflich in die Zukunft zu verlängern: Wird die Verwissenschaftlichung der Geräte, der Trainingsplanung, der physiologisch-physiotherapeutischen und gar pharmakologischen bzw. biochemischen Optimierung oder gar Manipulation der Parameter in der Trainingskontrolle bzw. der Kondition und der Athleten-Körper in zulässiger Weise (Substitution) oder illegaler Form (Doping) weitergehen? Wird die technologische Aufrüstung und Materialschlacht in geräteabhängigen Sportarten gar noch zunehmen? Fragen über Fragen, die nicht unabhängig von der Reaktion der Öffentlichkeit und vor allem der Beteiligten beantwortet werden können.

Zur Technisierung und Technologisierung[85]

Herkömmlich wird im Sport „Technik" im weiteren Sinne am Leitfaden des antiken *techne*-Begriffs als das Bewegungsgestalten und deren Lenkung bzw. Analyse, auf Strategien der Bewegungssteuerung usw. verstanden und weniger auf die Problematik der material- und Realtechniken und der Neuen Technologien bezogen. Allenfalls die Geräteherstellung, -verbesserung und -anwendung stand als Realtechnik-Komponente zur Debatte. Manche Geräte erst ermöglichen neue Sportarten (die zum Teil auf der konzentrierten Steuerung von solchen

---

[85] Hierzu vgl. Kap.7.

Geräten unter Geschwindigkeitsgesichtspunkten beruhen, z.B. Autorennen, Motorbootrennen usw.). Es gilt auch, dass die Geräteveränderung, ja, -perfektionierung zu neuen Bewegungsgestalten und eventuell gar zu Verboten führt: z.B. Glasfiberstab im Stabhochsprung,
Langstreckenwettbewerbe und -rekorde im Hochleistungssegelflug,
Rollausleger im (Einer-)Rudern.

Entsprechend der Unterscheidung zwischen „Technik" und
„Technologie" – [86] soll der Ausdruck „*Technisierung*" im Folgenden
auf die Übernahme oder die Einflüsse von Realtechniken in sportlichen Bereichen bezogen werden (z.B. neue Gerätmaterialien, neue,
etwa windschlüpfrigere Bobs, Räder oder Radhelme usw., bessere cw-
Werte bei Segel- und Ruderbooten). „Technologisierung" i.e.S. soll
demgegenüber die Verwendung von strategischen Operationstechniken und entsprechende systemtechnologische Anwendungen von Ma-
nagement- und Informationssystemen sowie die Einführung wissenschaftlicher Planungs- und Gestaltungsstrategien für die Gestaltung
des Trainings und evtl. im Wettkampf selbst bedeuten (z.B. die Optimierung von Skifahrer-Haltungen aufgrund von Windkanal-
Versuchen oder die Einführung flächendeckender Systeme von Förderung, Talentsuche und -siebung sowie Förderungsmaßnahmen für
Trainingswissenschaft, einschließlich der Entwicklung entsprechender
praktikabler Theorien wie beispielsweise der motorischen Schematheorie oder der Einführung von kybernetischen Regelkreis-Modellen
nach Adam und Schröder im Rudern). Dabei soll mit dem Ausdruck
„(angewandt-)wissenschaftliche Technologisierung" die wesentliche
Beteiligung wissenschaftlicher Fortschritte experimenteller oder theoretischer Art im Sport, zumal dem Leistungssport, gemeint sein. Dazu
gehört auch bereits die verstärkte sportmedizinische Begleitung des
Leistungstrainings, wie sie seit nunmehr Jahrzehnten durch die
Sportmedizin entwickelt worden ist (z.B. Konditionsstandkontrolle

---

[86] Letztere wird in doppelter Bedeutung verstanden: einmal als höherstufige funktionale oder molare Abläufe von Organisations- und Informationstechniken sowie deren Verarbeitung, zum anderen als Beschränkung auf technik*wissenschaftliche* Untersuchungen und Ergebnisse.

durch Blutanalysen; natürlich gehört auch die gesamte Doping-Problematik hierher).

Versteht man allerdings Technisierungsprozesse qua Technologisierung (das heißt: als Anwendung praktisch-wissenschaftlicher Methoden und Analysen sowie experimentalwissenschaftlicher Forschungen) im weiteren Sinne als einbegriffen, so ist klar, dass eine erhöhte Tendenz des modernen Hochleistungssports (und zum Teil darüber hinaus in unteren Leistungsklassen) zur Technisierung und Technologisierung auf allen Ebenen besteht. Die neueren abstrakteren Technologieauffassungen schlagen auch auf das immer stärker durchorganisierte, strukturierte und effizienz-technologisch sich perfektionierende Sportsystem durch. Eine generelle Tendenz zur Technisierung und Technologisierung ist im organisierten Sport und zumal im Hochleistungs- und Höchstleistungssport unübersehbar und nimmt derzeit dramatisch zu. Das gilt, obwohl sich herkömmliche Sportauffassungen von denen der geschilderten Technikdeutungen in mancherlei Hinsicht kennzeichnend unterscheiden bzw. abgrenzen lassen, was die Grundorientierungen an einzelnen Wert- und Zielgesichtspunkten betrifft. Trotz des pseudo-olympischen Slogans „Schneller-höher-stärker!" – zu ergänzen durch „Weiter, wirksamer, riskanter!" – gibt es doch einige prinzipiell unterschiedliche Grundorientierungen, welche die Bereiche Technik und Sport bzw. die Anwendung der Ausdrücke „Technik" und „Sport" betreffen.

Zunächst zu den teils bereits erwähnten Gemeinsamkeiten:

Das in der Technik oft eher untergründig vorhandene aber doch charakteristische Bestreben nach ständiger Überbietung des gegenwärtigen Standes wird im Sport natürlich – zum z.B. im genannten olympischen Motto *„Citius - Altius - Fortius"* – explizit: Die ständige sportliche Überbietung wurde von Coubertin geradezu zum „Axiom" des (Leistungs-)sports hochstilisiert, das wie Newtons Axiome in der Physik nun den Sport beherrschen würde. (Die darauf sich gründende Rekordmanie zeigt sich natürlich auch in technischen Bereichen und auf anderen Lebensfeldern: höchstes Bauwerk der Erde, schnellstes Landfahrzeug (Raketenauto) usw. und neuerdings im modischen

„*Guiness-Buch der Rekorde*" zeigt. Charakteristisch ist auch die geradezu „mythische" Funktion technischer und sportlicher Hochleistungen, welche die Dimensionen des bisher Erreichten sprengen (sollen): das „Hinausrücken von Grenzsteinen" (Ortega y Gasset) ist beiden Bereichen gemeinsam: der Technik zum Beispiel in der Raumfahrt oder Tiefseeforschung, dem Sport im Durchbrechen von Zeit-„Schallmauern" und bei für unglaublich gehaltenen Leistungen im Natursport (Besteigung des Mt. Everest ohne Sauerstoffgeräte – gar noch im Alleingang (Messner)). Wurde die Technik herkömmlich auch als Notwendigkeit zur Versorgung, Bedarfsdeckung und Notabwehr bzw. Befreiung von den Beschränkungen der Natur (Leben am Südpol) aufgefasst, so zeigt sich etwa am Beispiel der Raumfahrt, dass die Faszination und der Mythos von Technohochleistungen nicht notwendig mit der Versorgung der Menschheit in Zusammenhang steht. Der faszinierende „Griff nach anderen Sternen" – genauer: nach anderen Planeten oder Monden – ist ebenso ein kulturellmythischer Menschheitstraum wie jener der Erreichung der tiefsten Stelle des tiefsten Tiefseegrabens. Kein Wunder, dass der höchste Berg unseres Planetensystems „Mount Olympus" heißt (auf dem Mars, ca. 27.000 Meter). Die Erreichung dieses höchsten Berges wie auch die der tiefsten irdischen Stelle im Meer ist natürlich nur in Kombination mit hochspezialisierter und extrem entwickelter Technik – zumal auch der Informations- und Steuertechnik – möglich: gleichsam eine Kombination technisch-sportlicher Superleistungen, die einen eigendynamischen Anreiz im Sinne von säkularisierten, ja säkularen, „mythischen" Funktionen darstellen. Dennoch würde man sagen, die Erreichung der tiefsten Meeresstelle in der Hochdruckkapsel ist eine *technische*, die Durchquerung der Antarktis auf Skiern mit Windsegeln, hochenergetischen Nahrungskonzentraten und GPS-Orientierung (Fuchs und Messner) eine *sportliche*. Technisierung und auch Technologisierung spielen fallweise auch bei sportlichen, nicht für möglich gehaltenen Großtaten eine Rolle: Offensichtlich wird das bei der Schallmauerdurchbrechung mit Landfahrzeugen auf dem Großen Salzsee, weniger offenbar bei der Antarktisdurchquerung.

Beim Sport sind zwar teilweise Technik und sportliche Aufgabenbewältigung bzw. Zielsetzung in Abhängigkeit von Geräten und der Organisationsplanung und angewandten wissenschaftlichen Technologisierung zunehmend involviert, und somit ist die „mythische" Faszination des absolut Neuartigen, auch der Rekorde, bei beiden in gewisser Weise vorhanden, dies kann hier aber nicht weiter diskutiert werden (Verf. 1972). Dennoch ist zwischen der Erreichung der tiefsten Meeresstelle in der Kapsel und der Besteigung des höchsten Berges der Erde der üblichen Intuition nach ein wesentlicher Unterschied zu konstatieren: Im ersten Falle handelt es sich wie angedeutet um eine *technische* Unternehmung – durchaus mit Neuigkeits-, Abenteuer-, und Risikowert, doch nur im zweiten um eine *sportliche* Hochleistung. (Der Everest wird ja mittlerweile auch für Abenteuertouristen von Summit-Agenturen angeboten.) Warum aber gilt die Besteigung des Everest ohne Sauerstoffgeräte als eine wesentlich größere *sportliche* Heldentat als jene mit Sauerstoffgerät? Offensichtlich spielt die Beteiligung natürlicher Körperfähigkeiten – möglichst ohne allzu große Hilfsgeräte – eine besondere, faszinierende „mythische" Rolle, die dem sport-spezifischen „mythischen" oder mythologisch zu deutenden Urbild der sportlich-menschlichen Hochleistung ohne wesentliche Unterstützung durch Technik und Technologie eine besondere Faszination zumisst. Was man ohne (allzu viel) Technik durch Willenskraft und Disziplinierung sowie Training und durch die Ausdauer bzw. das Durchhalten erreichen kann, *das* fasziniert im Sportlichen besonders. (Für vorwiegend technische, technisierte und technologisierte Sportarten wie Bobfahren, Autorennsport usw. gilt das natürlich nur in geringerem Maße – allenfalls noch hinsichtlich der faszinierenden Konzentrations- und Durchhaltefähigkeit bzw. Reaktionsschnelligkeit.) Entsprechendes gilt natürlich auch in Bezug auf Standardsportarten und deren Verhältnis zur Geräteverwendung, Leistungssteigerung durch Technisierung oder gar Technologisierung.

Nach dem Philosophen Paul Weiss (1969) kennzeichnet „*concern for bodily excellence*" die sportliche Aktivität und Leistung, also das durch aktive Leistung errungene Herausragen in körperlicher Hinsicht. Ähnliches könnte – ohne die direkte Körperbezogenheit – für die Technik gesagt werden, obwohl sich das Herausragen hier auf Wirkungsgrade, Funktionalität, technische Effektivität und Effizienz wie auch auf Exaktheit, Schnelligkeit und Sicherheit bezieht. Manche dieser Zielsetzungen und Wertungen sind auch für den Sport charakteristisch – wie etwa Schnelligkeit –, andere hingegen gerade nicht wie beispielsweise der hohe Wert von Sicherheit und Risikominimierung. – Zudem muss „*bodily excellence*" natürlich auch differenziert werden – ein Schönheitswettbewerb ist keine sportliche Konkurrenz, und Models sind keine Modellathletinnen.

Generell lässt sich hinsichtlich der oben erwähnten Beschreibungen der Technikcharakteristika sagen, dass Technik und Sport einen unterschiedlichen Zugang nicht nur in Bezug auf die wesentliche Beteiligung menschlicher Willenskraft und direkt körperlicher Handlungen wählen bzw. als wesentlich favorisieren, sondern auch hinsichtlich der künstlich eingeschalteten Mittel und „Umwege". Hier kann man an die bekannte Technik-Definition des technischen Handelns (Sachsse 1978) anschließen, welches dadurch charakterisiert sei, dass man „*einen Umweg wählt,* weil das Ziel über diesen Umweg leichter zu erreichen ist". Die Zwischenschaltung entsprechender technischer Mittel und technologischer Verfahren und Theorien ermöglicht eine mittelbare Erreichung einer sonst nicht möglichen Funktion, Leistung, Zielerreichung, wobei unter Umständen die Zielkonzeption erst durch die Entwicklung der Mittel konzipierbar wurde. (Obwohl es solche intelligenten Umwegfindungen auch beim Sport gibt – meist weniger technisiert[87] – ist dies jedoch nicht das Charakteristische für die Umwege, die bei sportlichen Leistungen eine Rolle spielen.

---

[87] Die Erfindung eines neuen Hochsprungstils durch Fosbury war eine solche intelligente Erfindung, ebenfalls die dann von Leichtathletik-Verband abgelehnte baskische Speerwurf-Technik (wie beim Diskuswurf durchgeführt) oder dereinst die Entstehung des Vierers ohne Steuermann im Rennen, als bei einer englischen Prestige-Regatta einmal der Steuermann kurz nach dem Start aus dem Boot sprang und die Mannschaft ohne Steuermann sehr viel schneller war.

Während bei *technischen* Neuentwicklungen und Höchstleistungen die „Umwege" Mittel und Vermittlungswege zur Erreichung und auch Ermöglichung bestimmter Ziele sind, werden *sportliche* Disziplinen gerade durch das Setzen künstlicher oder gar hochstilisierter oder eigens eingebrachter Hindernisse definiert, deren Überwindung besondere Anforderungen darstellen, die gerade durch das systematische Vermeiden real möglicher technisierter Erleichterungen gekennzeichnet sind. Die Umwege werden durch das vorab gegebene Aufstellen der Hindernisse (z.T. im wörtlichen: z.B. im Reitsport Springreiten), z.T. im übertragenen Sinne der „Hindernisse" aufgezwungen bzw. u.U. konventionell gesetzt. Neben der „Natürlichkeit" der einzusetzenden und geschulten körperlichen Fähigkeiten spielt also die Standardisierung durch bestimmte Einschränkungen, Hindernisse, Bestimmungen usw. beim Sport eine entscheidende Rolle. Der *Sport setzt* die Hindernisse *erst* oder *definiert* sie (wie bei Erstbesteigungen) als besondere Herausforderung, *um sie* dann *zu überwinden* – und zwar entweder *überhaupt* (Natursport, Breitensport-Marathonlauf) *oder in* messbar möglichst *bester Weise*. Dabei zählt eher absoluter Output als Ökonomisierung der Output-Input-Beziehung: Es ergibt sich geradezu ein *Grenznutzeneffekt*: Leistungssteigerung an der aktuellen Höchstgrenze erfordern einen immer größeren – unökonomischen – Aufwand an Training an Einsätzen wissenschaftlicher, technischer und „technologischer", psychologischer Beratung und Betreuung, so dass sich in der Tat auch hier ein typischer *Kampf um Marginalzuwächse* entwickelt: Immer größere Einsätze müssen gefahren werden, um immer kleinere Leistungssteigerungen zu erzielen. (Entsprechend wächst natürlich das Risiko mit Belastungen, Unfallgefahren, Spätschäden usw.) Selbst in einem diesbezüglichen „harmlosen" Sport, dem Rudern, heißt es für ein großes Rennen, dass man über seine scheinbaren Grenzen hinaus gehen, „schneller fahren" muss, als man eigentlich „kann". Oder man denke an den extremen Risiko-Abfahrtslauf, der Hermann Maier 1999 die Ski-Weltmeisterschaft einbrachte: Selten wurden Risikogrenzen so wild entschlossen ausgeschöpft.

Technisierung, Technologisierung beider Arten ist im Spitzensport heute zwar mehr oder minder eine notwendige, aber keinesfalls eine hinreichende Bedingung für den letztendlichen Erfolg. Die konzentrative, willensmäßige und körperliche „Form" sowie psychische Entschlossenheit und die Mobilisierung von Sonderreserven wie auch natürlich ein Großteil an Glück und Zufallsfaktoren spielen bei vielen Sportarten (z.B. gerade bei Skirennen) eine entscheidende Rolle: „*Hic Olympia, hic salta!*" gilt nach wie vor. Die unterstützende und auf Seiten der notwendigen Vorbedingungen immer unerlässlicher werdenden „*Technisierungsfaktoren*" können fallweise dadurch *heruntergespielt* werden, dass man *genormte Geräte* zulassen würde, wie es sich bei den Finnendingis bewährt hat. Die technologische Materialschlacht von geringem sportlichem Wert fährt ihren Technisierungs- und Technologisierungsfaktor sozusagen herunter, um dem Sportlichen größere Auswirkungsmöglichkeiten zu bieten. Dies wäre m. E. auch eine Möglichkeit für andere materialabhängige Sportarten – vielleicht utopisch im Zusammenhang von firmengesteuerten Wettrennen wie dem Autosport, aber vielleicht in Abwandlungen möglich beim Skilaufen, wenn, z.B. von Meisterschaft zu Meisterschaft wechselnd in unterschiedlichen Teildisziplinen etwa jeweils ein und dieselbe Gerätschaft mit ein und derselben Sorte oder Marke gestellt würde (aber auch das ist vielleicht utopisch ...). Es wäre also zu überlegen, ob man die „natürlich"-sportliche Komponente zu Lasten der fortschreitenden Technisierung und Technologisierung im Sport spezifisch fördert. Dies gilt natürlich nicht nur für die Geräteentwicklung, das kommerziell-technologische Wettrüsten im Spitzensport, sondern auch für andere manipulative Techniken, durch den teilnehmende Partner Vorteile erreichen oder sich gar erschleichen wollen. So ist die Entwicklung neuer Geräte und auch Sporttechniken (z.B. Hochsprungstile mit den Schaumstoff-Landematten, zumal beim Stabhochsprung) im üblichen, weiteren Sinne immer auch auf intelligente Einfälle, Eingaben und Vergleiche, also auf Möglichkeiten zum Austesten, angewiesen, aber häufig werden neue Entwicklungen und Verbindungen zunächst genutzt, um minimale Vorteile zu erlangen: Die Grenze zwischen erlaubter intelligenter Variation (z.B. Fosbury-Stil im Hochsprung) und oft erst nachträglich als illegitim erklärter Abwandlung (Rollausleger im Rudern, baskischer Speerwurf) ist natürlich willkürlich, wird oft erst im Nachhinein durch die Verbände gesetzt. Noch schwieriger ist es im Einzelfall bei technisierten Verbesserungen der Geräte: Hätte man den Glasfiberstab, der größere Höhen ermöglicht, dem Erstverwender untersagen sollen? Doch wohl nicht.

Zur Fairness unter Systemzwängen

Zur Humanität gehört die Ethik, die Beachtung moralischer Regeln und Gebote bzw. Verbote – im Sport zumal das Fairplay. Fairness ist die ureigenste Tochter des Sports. Sie wird in Zukunft nicht nur im Sport, sondern auch in der Gesellschaft, in der Wirtschaft und in anderen Bereichen geregelter wirtschaftlicher Konkurrenz nach wie vor eine bedeutsame, ja, immer wichtiger werdende Rolle spielen. Fairness ist der Wert, die Regel fairen Umgangs, die Norm, das „Fair play", jenes Prinzip, das der Sport der allgemeinen Kultur der individualistischen und pluralistischen Wettbewerbsgesellschaft vererbt hat. Der „funktionale" Wert der Fairness ergänzt die traditionellen inhaltlichen Werte in einer ursprünglich von Regeln und Normen beherrschten individualistischen Konkurrenzgesellschaft. Aber wir dürfen uns nichts vormachen: Wir müssen offen und realistisch über dieses Prinzip „Fairness" sprechen. Das bloße Bekenntnis zur Fairness löst nicht alle Probleme – weder im Sport noch sonst wo.

In Hochleistungssystemen, die den Erfolg absolut setzen, unbedingt und unnachgiebig anstreben, entwickeln sich zwangsläufig zumindest Tendenzen zu rücksichtslosen und auch betrügerischen Strategien, um zum Erfolg zu gelangen. Dabei bildet sich das sog. „Elfte Gebot" – „Du sollst Dich nicht erwischen lassen" – als heimliche Obernorm aus (vgl. a.oben Anm. 3). Es folgt eine Spaltung der Moral in eine zum Teil heimliche Erfolgs- und eine öffentliche Compliance-Moral bei Akteuren, unter Umständen aber auch bei Organisatoren, Managern und Betreuern, damit gehen typischerweise Verwischungs- und Abschiebungsstrategien, Alibi- und Ablenkungstaktiken bezüglich der Verantwortlichkeit einher. Das „Elfte Gebot" dominiert offensichtlich auch im Spitzensport – wie auf der Autobahn und bei Steuererklärungen. Regelverletzungen gelten nur als Kavaliersdelikte.

Rücksichtslosigkeit und Verhärtung der Konkurrenz scheinen zudem das Rezept zum siegreichen Bestehen in wirtschaftlichen, politischen und zumal sportlichen Auseinandersetzungen zu sein. Der zunehmende Konkurrenzdruck in allen Bereichen symbolischer und realer Wettkämpfe könnte wohl nur durch bessere Beachtung der Regeln zur Zähmung der Auseinandersetzung, durch Verschärfung der Kontrollen und durch eine Verbreitung echter Fairnessgesinnung bzw. durch wirksame Anreize – incentives – zur Wahl fairen Verhaltens, des „Sich-Fairhalten" sozusagen, aufgefangen werden. Doch hieran mangelt es überall. Ist die Druckverschärfung in das System eingebaut, ist der Erfolg allzu gewichtig, ja existenzentscheidend, der Sieg zur Hauptsache geworden, so wirken Vereinbarungen und Appelle kaum noch, solange Umgehungsmöglichkeiten, verdeckte Manipulationen der Erfolgsbedingungen, unentdeckte Tricks, taktische Vorteilsnutzungen, verheimlichte Regelverletzungen möglich sind. Regeln und Verträge werden immer wieder missachtet und verletzt – selbst von denen, die sie lautstark propagieren. Wie lange hielt man sich an so genannte Fairnessabsprachen in politischen Parlamenten und bei Wahlkämpfen?

Es ist natürlich die Frage, ob etwa im Sport solche Deeskalierungsmaßnahmen wie Fairnessinitiativen ausreichend sind, wenn z.B. der Hochleistungssport generell eine Widerspiegelung der jetzigen Verhältnisse und Strukturen einer sich verhärtenden EIlenbogengesellschaft darstellt. Das Herunterschrauben des ökonomischen Drucks ist sicherlich ein notwendiger und wichtiger Teilaspekt, kann aber das Problem allein nicht lösen; denn die Verschärfung, Zuspitzung und Brutalisierung findet ja auch in Sportarten statt, die keine besonderen Prämien und Verdienstmöglichkeiten versprechen. Und wie kann und wie sollte man den Sport wieder zu seiner „heilen Welt" des gentle-manartigen Wohlverhaltens zurückführen können, wenn doch allenthalben Einigkeit herrscht – selbst bei Wirtschaftsvertretern – dass der Sport „eben auch ein ‚Spiegel der Gesellschaft', mit ihrem Leistungs- und Konkurrenzprinzip" sei.

Verlangt man nicht das Unmögliche, wenn man nun im Sport gleichzeitig rücksichtsvolle Fairness einfordert und den Ernst der Konkurrenz zu existentiell (sprich: finanziell) hochgewichteter Verschärfung der Konkurrenz eskaliert? Die angestrebte Remobilisierung des Fair play, die Demobilisierung der Unfairness kann nur Hand in Hand mit der Teilabrüstung der kompromisslosen „Gesetze" und Mentalitäten der Ellenbogengesellschaft erfolgen – oder durch eine allgegenwärtige, unbestechliche, ihrerseits wiederum der Kontrolle unterworfenen Kontrolle, der Regeleinhaltung (eine solche Kontrolle wäre aber nur durch drastische und wirksame Aktionsmaßnahmen und deren unbestechliche Handhabung erreichbar).

Eine *Minimaldefinition der (Wettkampf-)Fairness*, die sich im Wesentlichen – wie oben erwähnt – auf fünf Bedingungen stützt, soll im Folgenden skizziert werden (vgl. a. Lenk-Pilz 1989):

1. Das Gebot der Wettkampf-Fairness fordert, die wesentlichen *Spielregeln einzuhalten,* also die *konstitutiven* (definitorischen) *Spielregeln*, die nicht verletzt werden dürfen. Andernfalls würde man das jeweilige Spiel nicht mehr spielen.

2. Die Einhaltung *regulativer Spielregeln* und Vorschriften ist *innerhalb* des Spiels verbindlich. Boxhiebe sind im Fußballspiel nicht erlaubt. Wer einen Mitspieler im Fußballspiel „boxt" oder tritt, spielt trotzdem noch Fußball (solange er nicht des Feldes verwiesen wird). Wenn er dieses Boxen oder Treten allerdings mehrfach bzw. dauernd macht, ist es natürlich kein Fußballspiel mehr. – Es gibt also durchaus fließende Übergangsfälle zwischen den regulativen und den konstitutiven Regeln.

3. *Das Schiedsrichterurteil* ist strikt zu (be)achten und wird normalerweise als unverzichtbarer Teil des Fairnessprinzips aufgefasst.

4. Die Idee der Chancengleichheit (genauer: *Chancengleichberechtigung),* der formellen Gleichheit der Startchancen, ist ein verbindliches Leitziel. Men versucht dies dadurch zu erreichen, dass die Spielregeln diese Chancengleichheit nach Möglichkeit realisieren und garantieren sollen.

5. Gefordert ist auch die Achtung und Beachtung des Gegners als eines Spielpartners. Das ist die Restidee der *informellen Fairness*[88], die weiterhin üblicherweise in den Auffassungen der Fairness vorhanden ist.

Bluffvorteile durch Verletzung von *konstitutiven* Spielregeln sind im Sport nicht erlaubt. Es bestehen aber Tendenzen, den Fairnessgrundsatz im unkontrollierten Bereich durch Tricks ebenfalls zur Imagemanipulation verkommen zu lassen – desto mehr, je stärker Erfolgsdruck, Kommerzialisierungstendenzen und finanzielle Vorteile sowie existentieller Ernst die Athleten an die Kandare oder gar in die Mangel nehmen. Je weniger es nur um symbolische, je mehr es um existentielle Dominanz im Sport geht, desto mehr wird Fairness tendenziell erodieren, desto mehr werden taktische Fouls, unredliche Tricks und das „Elfte Gebot" auch im Hochleistungssport zunehmen oder gar vorherrschen.

Man könnte allgemein argumentieren, das Bluffen sei im Sport zulässig, stelle eine weit verbreitete Praxis und Strategie dar. Dies ist richtig – jedoch nur in eingeschränktem Sinne: Auf dem Spielfeld darf natürlich ein Fußballspieler mit Finten und Vortäuschungen arbeiten (im Rahmen der zulässigen, grundsätzlich Chancengleichheit garantie-

---

[88] Schon 1964 hatte ich versucht vorzuschlagen, eine Trennung zwischen dem informellen und dem formellen Fair play vorzunehmen. Diese Trennung ist damals und später relativ wenig zur Kenntnis genommen worden. Unterschieden wurde damals zwischen dem „formellen Fair play" als der zwingend vorgeschriebenen Normforderung, die Spielregeln einzuhalten, und dem „informellen Fair play", das nicht durch Sanktionen erzwungen werden kann sondern eine Einstellung der Achtung aus „ritterlichem" Geiste (Coubertin) gegenüber dem Gegner und auch gegenüber dem Schiedsrichter zum Ausdruck bringen soll.

renden Spielregeln). Er darf aber nicht Vorteile dadurch erlangen, dass er insgeheim die Regeln selber bricht und die von diesen garantierte, formelle Chancengleichheit manipulativ zu seinem Vorteil unterminiert, wie etwa durch Doping oder andere nicht erlaubte systematische oder fallweise Verzerrungen der Chancengleichheit.

Grundsätzlich könnte man dem natürlich entgegenhalten, auch im Höchstleistungssport seien die einzelnen Sportler und Mannschaften nicht mehr (etwa vergleichend oder zeitlich gemeint) an einer echten, „fairen" Chancengleichheit des gegnerischen Konkurrenten interessiert, sondern nur noch am Sieg – und sei es um (fast) jeden Preis. Eine solche Argumentation würde aber gerade die Rechtfertigungszielsetzung im Sinne eines Standardarguments verdrehen: Dem Sinn des sportlichen Vergleichs liegen die Chancengleichheit und die formelle Fairness unaufgebbar zugrunde. Institutionen, Intentionen sowohl der Initiatoren als auch der beteiligten Individuen stimmen hier insoweit mit dem Ideal (noch) überein. Es geht gerade darum, zu fragen, inwieweit der Sport im Zuge einer zunehmenden Konkurrenzorientierung nach dem Muster der kommerzialisierten Wettbewerbe und existentiellen Ellenbogengesellschaft dieses ursprüngliche Ideal etwa verlassen hat. Der Status quo weitgehender Fairnessverletzungen kann nicht in ein Rechtfertigungsargument bzw. zur Begründung der Vergleichbarkeit beider Bereiche angebracht werden. Es sei denn, der Sport hätte bereits seinen „technischen Bankrott" oder – um im Bild des Sports zu bleiben – seinen „technischen K.o." erlebt und eingestanden.

Generell müssten im Hochleistungssport die institutionelle Einbettung und verfahrensmäßige Kontrollen dazu führen, dass die Doppelmoral der Fairnessbeschwörung nach außen und der erwarteten, insgeheimen unfairen Manipulation oder Regelübertretungen außer Kraft gesetzt wird. Appelle und Beschwörungen allein helfen hier ebenso wenig wie bloße Werbeaktionen zugunsten der Idee. Man muss mit der Fairness wirklich Ernst machen, darf aber die Gesichtspunkte der Durchsetzbarkeit und der Institutionalisierung nicht außer

Acht lassen. *Verfahrensgestützte* wirksame Maßnahmen, Kontrollen, Abänderungen, Varianten und Umorganisationen sind unerlässlich.

Was kann hierzu als Möglichkeiten für den Sport empfohlen werden? Wenigstens einige Vorschläge lassen sich aufgreifen – zum Teil in Übernahme und Erweiterung der institutionellen Maßnahmen aus anderen Bereichen der geregelten Konkurrenz etwa in Wissenschaft und Wirtschaft. Einige Alternativen und Abänderungsmöglichkeiten zur Sicherung der sportlichen Fairness werden im Folgenden aufgelistet. Sie sind als Diskussions- und Denkvorschläge zu verstehen. Die Aufzählung bedarf natürlich weiterer Systematisierung und Ergänzung.

1. Am nächsten läge natürlich eine verschärfte Regelanwendung und -kontrolle durch die Schiedsrichter, Ehrengerichte, Dopingkommissionen und alle Arten internationaler Sportverbände. Diese hätten zu einer verschärften Regelformulierung und -überwachung wirksame institutionelle Maßnahmen, Kontrollen und Sanktionen zu entwerfen und wirklich anzuwenden, um nationalistische oder durch andere Sonderinteressen geleitete Missbräuche sportlicher Doppelmoral – etwa beim Dopingproblem – auszuschalten.[89]

2. Eine besser ausgebildete, wirklich unabhängige Sondergerichtsbarkeit unter Beteiligung von externen Gutachtern, sozusagen Schöffen oder Laienrichtern, könnte evtl. die zur Doppelmoral verführende Interessengebundenheit in ihrer Wirksamkeit beschränken. Nationale Entscheidungsgremien sollten durch internationale Kontrollexperten ergänzt werden. In Dopingfragen erweist sich dies als besonders

---

[89] Unangemeldete Dopingkontrollen im Training hatte ich schon vor 25 Jahren gefordert – damals ohne Resonanz; es wurde, wie erwähnt, eher mitleidig über die „Blauäugigkeit" des Gelehrten gelächelt. Inzwischen „haben wir den Salat" – oder Dopingsumpf in aller Öffentlichkeit. Was für die internationalen Kontrollorgane gilt, müßte für nationale Verbände und Kontrollverfahren ebenfalls eingerichtet werden. Generell müßte dringend die institutionelle und die praxiszugewandte, angewandte (wirksame, *„operationale"*) Sportethik weiterentwickelt und eben kontrollwirksam gemacht („institutionalisiert") werden.

dringlich. Erste internationale Absprachen und Kontrollansätze werden zurzeit ja initiiert.

3. Nicht nur einzelne Athlet(inn)en sollten zur Verantwortung gezogen werden, sondern auch verantwortliche Betreuer, Trainer, Ärzte und Verbandsoffizielle, die für die strukturellen Zwänge zur Unfairness und die Spaltung der Moral mitverantwortlich sind. (Auch das habe ich vor 25 Jahren schon gefordert.) In der Dopingproblematik zeichnen sich derzeit bereits Schritte ab, obwohl der „Sumpf" durch Enthüllungen und Skandalfälle öffentlich wurde, also scheinbar erst einmal noch tiefer wird und keineswegs leicht trocken zu legen ist. Auch in Fällen von in Unfairness involvierten Funktionären müssten unabhängige, interessenungebundene, zum Teil ausländische Gutachter und ehrenamtliche Entscheider mitwirken. (Aber auch diese Regelungsform ist nicht stets „idiotensicher".) Wiederum: die institutionelle Ethik samt Verfahren und Kontrollen ist auszubauen.

4. Um Athlet(inn)en davor zu schützen, einzeln und allein als Sündenböcke abgestempelt zu werden, wodurch geradezu „privatistisch" die allgemeine Aufmerksamkeit vom *strukturellen Zusammenhang* abgelenkt wird, sollte man eine Art *Ombudsmann für Athleten* einführen – neben der zum Teil in deutschen Verbänden nunmehr verwirklichten Rolle des Aktivensprechers der Athleten, dessen Einrichtung auf meine vor mehr als zwei Jahrzehnten vorgeschlagene Leitkonzeption des „mündigen Athleten" zurückgeht. Man könnte also ähnlich wie beim Wehrbeauftragten des deutschen Bundestages oder wie bei Naturschutzbeauftragten an einen Fairnessbeauftragten für die Verbände denken, der jeweils Bericht zu erstatten hat und in den entsprechenden Entscheidungs- und Beurteilungsgremien aktiv mitwirkt.

5. Publizistische und institutionelle Möglichkeiten müssen weitgehend genutzt werden, um die Doppelmoral des „Fair nach außen und oberhalb der Sichtbarkeitslinie; unfair unten" (die wohlbekannte Wasserballermoral) zu brandmarken bzw. auszuschalten oder deren Wirkung gezielt und effektiv einzuschränken. Appelle zu deren Be-

kämpfung wären verstärkt in die Öffentlichkeit zu tragen und nachdrücklich zu verbreiten sowie durch wirksame Incentives[90] und Kontrollen zu unterstützen. Solange in unserer Gesellschaft der Ehrliche generell der Dumme ist, so lange gilt leider auch die amerikanische Volksweisheit „Fair (respectively: nice) guys finish last".

6. Auch Aktionen zur Bekämpfung der sekundären Unfairness, die durch manche sensationsgierigen Reporter und Journalisten – meist der Boulevard-, nicht der Fachpresse – gefördert wird, sollten in Verbindung mit den genannten Gutachtergremien, den Ombudspersonen und den verantwortlichen Verbänden ergriffen werden.

7. Appelle, Fairnessinitiativen, Marketingaktionen, wie sie nach dem Vorbild des Schweizer Sports auch vom deutschen Sport in den letzten Jahren ergriffen worden sind, sind in der Tat wichtig und nötig, wenn sie auch nicht ausreichend zur Lösung der Probleme sind, sondern derzeit eher noch die Symptome zu kurieren versuchen. Man sollte sie nicht als Allheilmittel verkaufen – noch bloß als Ablenkungsmanöver drapieren. Oft erscheinen sie als öffentliche Alibi–Maßnahmen oder gar als Beschwörungsrituale der eigentlich ohnmächtig dem Wildwuchs Gegenüberstehenden.

8. Auch die Erziehung zum Fairnessgedanken, zum fairen Verhalten ist nach wie vor unverzichtbar, förderungswürdig, ja, dringlich in einer Gesellschaft, die vielfach zu einer rüden Erfolgs-, Sieger- und Ellenbogengesellschaft zu verkommen droht. Schulwettbewerbe hierzu (wie z.B. in der Schweiz) – nicht nur im Bildermalen und Kurzgeschichtenschreiben – sollten phantasiereicher auszugestalten und zu verbreiten sein. Die Hoffnung freilich, dass *allein* durch sportliche Fairnessinitiativen und „Fairnesserziehung" die Unfair-

---

[90] Anreize und operationale Incentives wirken in liberalen Gesellschaften von symbolisch oder real konkurrierenden Egoisten besser als bloße äußere Kontrollen. Lenins Spruch „Vertrauen ist gut, Kontrolle ist besser" wäre zu ergänzen durch „Wirksame Anreize sind am besten". Leider ist es schwer, sich wirksame Anreize (operationale Incentives) zum „Sich-fair-Halten" auszumalen: Fairnesspreise und werbende Initiativen alleine reichen nicht.

ness in der Ellenbogengesellschaft wirksam bekämpft oder gar geheilt werden könne, ist unrealistisch. „Wir sind kein Reparaturbetrieb der kaputten Gesellschaft", kommentierte grimmig ein Abteilungsleiter für Öffentlichkeitsarbeit beim Landessportbund Niedersachsen. Gerade in Erziehung und Schule kann man Fairnessverhalten auch lohnend gestalten. *Nicht nur Erfolg und Leistung, sondern auch „Fairness muss sich wieder lohnen!"* Eine Symbolwirkung positiver Art mag grundsätzlich auch vom Fair play des Sports ausgehen – wie derzeit eher eine negative Multiplikatorwirkung von exemplarisch wirkender Unfairness und Brutalität im Überlebenskampf des Ernstsports. Heute dokumentiert dieser eher das Gegenteil des ursprünglichen Fair play – jedenfalls auf dem professionellen Fußballfeld.

9. Es ist öffentlich sowie im Umgang mit Athleten und Verantwortlichen immer wieder auf die Wichtigkeit, den Wert und die Wirksamkeit der Fairnessidee und der Regeleinhaltung hinzuweisen, darauf, dass der strukturbedingte Systemzwang zur Unfairness in erster Linie nur in kleinen spektakulären Teilbereichen des Sports notorisch wurde, dass viele Bereiche des normalen Wettkampfsportes sowie des Erholungs- und Breitensports noch weitestgehend dem Ideal und der Regel des Fair play verpflichtet sind. Freilich ist den Anfängen in der systembedingten Verführung zur Unfairness schon im Jugendwettkampfsport – besonders im Fußball – Beachtung zu schenken. Fairnesserziehung ergibt sich nicht von selbst – ebenso wenig wie durch bloßes Predigen und Appellieren! Negativbeispiele wirken, wenn sie mit eigenen Erfolgsinteressen zusammengehen, leider oft ansteckender als positive Vorbilder. Aber "sportlich-faire" Vorbilder sind nach wie vor dringend nötig. Und sie haben auch heute noch ihre Wirkung.

10. Es könnte und sollte deutlich(er) auf den grundsätzlichen Unterschied zwischen Normalwettkampfsport und Höchstleistungs- oder Spitzensport nachdrücklich aufmerksam gemacht werden und eventuell (notgedrungen) eine entsprechende unterschiedliche Bewertung

angeregt werden – gerade auch öffentlich. Vielleicht wären die Teil-
bereiche des professionalisierten oder halbprofessionalisierten
Höchstleistungs- und Spitzensports auch stärker organisatorisch von
denen des Normal- und Breitensports abzutrennen, wie es sich ohnehin in manchen Ländern und Verbänden sowie bei manchen Theo-
retikern schon vor langem abzuzeichnen begann. Eine Spaltung der
Organisation könnte als Alternative der Spaltung der Moral folgen
und geradezu die Ehrlichkeit, Glaubwürdigkeit, Lenkbarkeit und
Kontrollierbarkeit sowohl im Normalwettkampfsport als auch im artistischen Höchstleistungssport sekundär vergrößern. Vielleicht sollte man tatsächlich eine differenzierte Vielfalt von unterschiedlichen
bereichsspezifischen „Sportmoralen" (Meinberg) bewusst ausformu-
lieren, die sich in ihrem Pluralismus dennoch abgestuft um eine
Kernnorm (etwa um das *formelle* Fairnessgebot der Regelbeachtung)
herumgruppieren können.

11. Für den Spitzen- und Höchstleistungssport könnte man u.U. an eine abgestufte schwächere Sanktionierung oder – etwa im Fußball –
gar an eine partielle Legalisierung des sog. taktischen Fouls (ohne
Verletzungsfolgen) denken, indem man die weit verbreitete, vom
Publikum erwartete, von Spielern und Trainern anerkannte Praxis –
etwa der sog. „Notbremse" im Fußball – differenzierter durch Regeln zu erfassen und zu kontrollieren sucht, indem man z.B. verlet-
zungsgefährliche Fouls (z.B. Wegsäbeln der Beine) schärfer als bisher (etwa stets durch "rote Karte"!) ahndet, ungefährliche taktische
Fouls (wie Festhalten am Trikot) jedoch in differenzierter Abstu-
fung, aber in geregelter Form der Sanktionierungsverschärfung ahndet oder gar teilweise zulässt. Dies würde nur eine alle Tage geübte
Praxis z.T. kontrolliert legalisieren und vielen Scheinstrategien, Vor-
täuschungsversuchen, Schauspielereien, Tricks und Finten den Wind
aus den Segeln nehmen.[91] Generell gilt: Sollte der strukturelle

---

[91] Tendenziell wurde im Fußball eine vielleicht noch zu einfache Sanktionendiffe-
renzierung durch das Zeigen der „gelben" oder der „roten Karte" erzeugt; offenbar
reichte diese Unterscheidung noch nicht aus: eine gelb-rote Karte gibt es ja bereits.

Zwang zur Unfairness im Höchstleistungsspitzensport mit professioneller und existenzieller Bedeutung nicht abzuändern sein, so sollte man ihn wenigstens handhabbarer, d.h. kontrollierbar(er), machen.

12. Von entscheidender Wichtigkeit scheint auch hier eine Herabmilderung der Überbetonung des Sieges und der Wichtigkeit des sportlichen Erfolgs, also der *„Singulärsiegerorlentierung"*, wie ich dies vor Jahren schon gefordert habe. Ob dies durch Appelle an Medien und Öffentlichkeit zu erreichen ist, ist freilich eine andere Frage. Zumindest sollten alle Anstrengungen in dieser Richtung unternommen werden. Die Verbände und Sponsoren des Sports haben hier eine besondere Verantwortlichkeit, indem sie nicht einseitig forcierte Erfolgsabhängigkeiten bei Trainern und Athleten erzeugen und verschärfen – sondern einer humanen Einschätzung nachordnen.

Immerhin war es ein Karl Adam, der berühmte Rudertrainer der großen Achtermannschaften der 5oer und 6oer Jahre, ein oft als „Leistungsfetischist" verschriener Trainer, der uns als begeisterter Pädagoge, der er wirklich war, ins Stammbuch schrieb: „Nichtgewinnen ist kein Scheitern!" Sachlich gesprochen, sind die Leistungsunterschiede im Spitzenbereich oft so minimal, dass Glücks- und Zufallsfaktoren häufig den Ausschlag geben für einen Olympiasieg in der Konkurrenz gleich starker und gleich gut trainierter Sportler(Innen). Freilich erscheint es etwas utopisch, angesichts der finanziellen Nutzungsmöglichkeiten, die heutzutage mit olympischen Siegen (aber doch auch mit Silber- und Bronzemedaillen!) verbunden sind, auf eine sachgerechtere öffentliche Beurteilung und Anerkennung der zweiten und dritten oder gar vierten Plätze zu hoffen.

1. Nicht nur Wettkampf führt zur Eigenleistung. Vielleicht muss der gesamte Sport sich neuen Herausforderungen stellen, wie sie sich in der neuen Spielbewegung („New Games") schon seit über einem Jahrzehnt abzeichnen, und sich mehr freizeitorientierten Natursportarten, kreativen Varianten und spielerischen Möglichkeiten des

Trainings sowie des Breitensports öffnen. Der Superspitzensport scheint sich allmählich – übrigens auch was die Telegenität der Einschaltquoten angeht – zu überschlagen und könnte möglicherweise künftig mehr als bisher einer z.T. geänderten Interesseneinstellung für das sportliche „Do it yourself!", für das „Olympia des kleinen Mannes" in Gestalt von Eigenaktivitäten, Volksläufen, -radfahrten, Sportabzeichen unterschiedlicher Arten usw. zu weichen. Fairness scheint besonders in nichtprofessionellen und nichtolympischen Sportarten nach wie vor en vogue. Wandert(e) die einstige olympische Idee in die nichtolympischen Freizeitsportarten aus? Werden etwa die „World Games" nichtolympischer Sportarten – wie auch der Breitensport – zur neuen Heimat des Fair play?

2. Uns allen obliegt es, mehr Gelassenheit zu lernen und auf diese Weise gleichsam automatisch zurückhaltendes Fair(ness)verhalten zu üben.

3. Wenn der offiziell organisierte Sport nicht den Kontakt mit und die Glaubwürdigkeit bei der jungen Generation verlieren will, wird er sich schnellstens und nachhaltig auf solche derzeit expandierenden Einstellungsänderungen einlassen und die mit ihnen verbundenen Werte ernst nehmen müssen. Sonst sitzt er eines Tages im Abseits und verwaltet nur den artistischen Hochleistungszirkus von vielfach manipulierten Spitzenleistungsprofessionals und konkurrenzneurotischen Durchsetzungstypen (die es natürlich auch im Normalsport gibt – besonders etwa im ranglistenneurotischen Tennisbetrieb, gerade auch auf Vereinsebene – selbst unter Hausfrauen und Jugendlichen).

4. Fairness und Fair play sind in der Tat zu wichtige ethische Orientierungswerte, als dass man sie in der Betriebsamkeit der Ellenbogengesellschaft verramschen dürfte.

5. Insgesamt könnten die Ideen und das Prinzip Fairness unter geeigneten konkreteren Regelungs- und Kontrollbedingungen, bei gelassenerer Einstellung und insbesondere angesichts der eigenständigen,

erlebnisorientierten Aufbruchstimmung der jungen Generation, auch künftig noch zu einem Leitwert und zu einer Leitnorm für andere gesellschaftliche Bereiche werden. Also doch noch kein Schwanengesang für die Fairnessidee? Natürlich nicht!

6. Allgemeine Ideen sind notwendigerweise immer utopisch – ethische zumal. Man wird auch nicht die Zehn Gebote deswegen abschaffen wollen, weil sie oft gebrochen werden. Man muss freilich realistisch bleiben und die Kontrollen wirksamer machen und vielleicht auch die Extremforderungen herunterschrauben.

7. Die Gesellschaft lebt u.a. auch von der (allgemeinen) Fairnessbeachtung und -mentalität, die sie (als extreme Konkurrenzgesellschaft etwa) nicht erzwingen kann. Können wir zu einer humaneren Moderierung der Konkurrenzgesellschaft im Sinne einer wirklichen *Fairnessgesellschaft* kommen? Wir müssen es hoffen, wünschen und dafür arbeiten.

8. Entscheidend sind bei allen diesen Bemühungen nicht nur Ideen, Predigten und dauernde Appelle, sondern auch *operational* greifende Gesetze und Regeln, *effektive* Kontrollen und *wirksame* Anreize, nicht nur Fairness-"Initiativen", sondern vor allen Fairness-*Incentives*!

Ausblicke

Zum Schluss möchte ich auf die eingangs erwähnte Voltairesche Binsenweisheit zurückkommen: „Alles ist schwer vorherzusagen – besonders die Zukunft" und aus den bisher aufgezeigten Dilemmata und krisenhaften Entwicklungen vorsichtige Trendvoraussagen für den Leistungs- und zumal den Spitzensport in der Zukunft entwerfen („ableiten" kann man mit Sicherheit *nicht* sagen) und wiederum mit einigen wertenden und beurteilenden Forderungen zur Humanisierung enden.

Wird es mit dem Sport sein wie dem Volksmund zufolge mit der Zukunft? Diese ist ja bekanntlich „auch nicht mehr das, was sie einmal war". War "früher alles besser" (ebenfalls fast sprichwörtlich) – gerade auch im dereinst jungfräulichen Sport? Schwer vorherzusagen – in der Tat!

Wie kann man bisherige Erfahrungen mit kritischen Analysen, vor einigen Jahrzehnten getroffenen Vorhersagen und gar Warnungen für den Versuch einer Trendverlängerung in die Zukunft nutzen?

Wie angedeutet, habe ich vor einem Vierteljahrhundert überraschende Doping-Kontrollen im Training gefordert, gemahnt, die Humanisierung des Sports im Zuge der Übertechnisierung, Überorganisation, Singulär-Sieger-Orientierung in der Öffentlichkeit nicht zu ignorieren, ja, verstärkt angesichts der dramatisch sich zuspitzenden Eskalierungs- und Extremisierungstendenzen zu stärken. Über 20 Jahre hat es gedauert, bis überraschende Dopingkontrollen im Training Wirklichkeit wurden. Ebenso lange brauchte es, bis die Mitbestimmung der Athleten, die einst von Karl Adam unter dem Stichwort „demokratisches Training" und von mir unter dem Leitbild des „mündigen Athleten" in die Debatte geworfen wurde, von Verbänden national und wiederum später international akzeptiert und Wirklichkeit wurde. Steht zu erwarten, dass die Frage der Humanisierung angesichts des Öffentlichkeitsdrucks und der Konzentration (fast) ausschließlich auf den Sieger eine ähnlich lange Zeit benötigt, um wirksam angegangen zu werden? Sind die Fairnessdebatten weiterhin zur Ohnmacht der Appelle und Predigten sowie der wohlfeilen Fairnessinitiativen verurteilt? Oder wird es wirksame und auch öffentlich greifende Incentives geben – gerade angesichts der dramatisch sich zuspitzenden Verklammerung von Öffentlichwirksamkeit und kommerziellen Einflüssen im Sport?

Die langen Zeiten zur Verwirklichung von dringlichen, sich dem aufmerksamen Geiste geradezu aufdrängenden Umorientierungen zeigt, dass man nach wie vor auf Seiten der Verantwortlichen, sei es der Sportoffiziellen, der Sportpolitiker und der Mediengewaltigen nicht lernfähig genug gewesen ist. Man kochte zu sehr stets das eigene fachverbandliche oder sonstige, u.U. persönliche Süppchen unter dem (schon vor sieben Jahren von mir besonders hervorgehobenen) Slogan des bloß äußerlichen Krisenmanagements „Hauptsache, das Image stimmt!" Heute müsste man realistisch noch ergänzen: „... und der Sponsor zahlt!". Das damals monierte Schlittern von einer Leistungssportkrise in die andere, von einem Dopingfall zum nächsten Dopingskandal, das hektisch-aktionistische sportpolitische und medienbeherrschende Krisengerede – ein scheinbar donnerndes Oberflächen-Stürmchen im Wasserglas – zeigt eine Art von Hektomanie, hektische Aktivität ohne wirksame Aktion: sozusagen Aktionismus ohne Aktion beim Drehen-um-sich-selber und um den Kirchturmhorizont: Funktionärspirouetten, die man eher den Eisprinzessinnen überlassen sollte, wie ich damals meinte, diese können es nämlich besser. Nach wie vor lässt der oberflächliche hektomanische Aktionismus der Öffentlichkeitsdiskussionen „den Sport (genauer: dessen Management und Betreuung) in seinem Hochleistungsbereich ... auf der Stelle treten, weil man nicht die strukturellen Systemprobleme sieht, sondern glaubt, diese durch Einzelpersonalisierung (z.B. korrupte IOC-Mitglieder oder durch Sündenbockabstempelung (einzelne Dopingüberführungen von Athleten oder gar Ärzten) zu lösen sei. Nach wie vor überwiegen die halbherzigen, Imageschaden begrenzenden Erklärungen in Sitzungen, Symposien und öffentliche Verlautbarungen. Dieses „Krisenmanagement in Ohnmachtsituationen", das sich immer wieder als Imagepflege entlarvt, ist angesichts von Systemzwängen und Strukturproblemen – gerade angesichts verschärfter Kommerzialisierung und Konkurrenz um Sponsorengelder und Teletermine – zu sehen. Dabei sind die Probleme weder durch Einzelpersonalisierung oder Sündenbockabstempelung noch durch bloß publizitäres Imagemanagement und medienplätscherndes Krisengerede ebcnso wenig zu lösen wie durch Berufung von internationalen Ethikkomitees aus Exprominenten ohne Sach- und Ethikkenntnisse. Strukturelle Probleme, die ins System eingebaut sind und Systemzwänge (wie z.B. unfaire und verdeckte Vorteilserschleichungen oder die geradezu schizoidträchtige Spannung zwischen edlem Gentleman-Spiel und brutalem

Existenzkampf) erzeugen, sind so nicht zu lösen. Vielleicht sind sie überhaupt nur zu *regeln*, zu kontrollieren, abzumildern, aber nicht endgültig zu lösen! Man braucht internationale, institutionelle system-relevante oder gar systemabändernde Maßnahmen. Man muss endlich anfangen, sich ernsthaft den Systemproblemen und Strukturproblemen zu stellen – eben mit *operational* greifenden Incentives, unter Nutzung der mentalen Ressourcen (der positiven Grundeinstellung) der durchaus noch „natürlich" und „gesund" empfindenden Sportkonsumenten, zumal der Eigenaktiven darunter. Die Dopingproblematik nach der Tour de France des Vorjahres zeigte es: das Big Business des Spitzensports kann zu einem Sich-Überschlagen der Welle führen. Hierin besteht eine Hoffnung, dass nun endlich auf Seiten der institutionellen und medienbeherrschenden Verantwortlichen *strukturelle* Argumente und Maßnahmen in Angriff genommen werden. Hochgetriebene Wellen überstürzen sich, wenn sie auf Sandbänke rollen. Dem hektomanischen Öffentlichkeitsimage-Aktionismus wird es ähnlich ergehen, wenn er bei seinem bisherigen publizitätssymptomatischen Gehabe verbleibt.

Aus den bisherigen Überlegungen lassen sich m. E. nun doch wenigstens einige Tendenzen und Empfehlungen gewinnen, die – ohne Anspruch auf irgendeine auch nur annähernde Vollständigkeit – abschließend kurz genannt werden sollen:

Zunächst die beschreibenden Trends, die mir aus der Beobachterperspektive auffallen – danach dann normative (wertende und beurteilende) Empfehlungen bzw. Forderungen.

Zunächst also zu den vorausschätzbaren Entwicklungen und Trends:

1. Die Ausrichtung an Höchstleistung und Leistungssteigerung, ja, Rekorden wird bleiben, da der abendländische Mensch und sein Sport auf Übertreffen und Überbieten des Bisherigen angelegt ist. Dabei sind schon heute und werden künftig vermehrt Grenznutzen-

effekte auftreten: Erhebliche Verbesserungen in Talentauswahl, Trainingsmethoden, bei organisatorischer und finanzieller Unterstützung sowie wissenschaftlich gestützte Intensivierung und Verlängerung sowie raffinierte Periodisierung des Trainings werden nötig sein, um zu tendenziell zu immer geringeren Leistungszuwächsen zu führen.

2. Die Wettkampf- und Konkurrenzorientierung wird bleiben, allerdings wohl nicht wesentlich zunehmen – eher im Gegenteil: Die gleichermaßen artistische Hochleistung gleichstarker Finalgegner wird (von den Kennern) zunehmend geschätzt werden (vermutlich) und die Abhängigkeit des internationalen Meisterschaftserfolg vom Zufallglück und anderen nur teilweise wägbaren Faktoren deutlicher werden. Die Spannung des Wettkampfes und die Dramatik der Konfrontation sowie des psychophysischen persönlichen Einsatzes wird ebenso klar wie bisher hervorstechen.

3. Sponsorenforderungen und Fernsehbedingungen werden ihre Einflüsse wohl noch verstärken – freilich abhängig von der öffentlichen Attraktivität und Resonanz der jeweiligen Sportart und deren Telegenität. (Z.T. wurden Endkampfzeiten schon entgegen sportlich optimalen Bedingungen nach Prime-time-Bedingungen amerikanischer Fernsehstationen vergeben.)

4. Die Resonanz der Telemedien wird weiter in Richtung auf ein generelles und hier speziell sportliches „Infotainment" hinauslaufen – mit allen Negativerscheinungen des Moderatorendilemmas. Die Mattscheiben müssen gefüllt werden – und Sport füllt diese immer noch recht billig, trotz verführerischer Fernsehverträge mit Fußballverbänden und Sportorganisationen mancher olympischen Sparten. (Die kritische Auswahl des informierten Zuschauers oder Experten wird demgegenüber wenig ausrichten können. Ich selbst schaue mir keine Studiosendungen des Sports an, weil ich das Interviewer„gequatsche" einfach nicht mehr aushalten kann. Intelligente Athlet(inn)en könnten demgegenüber ironisch replizieren wie ihrer-

zeit einmal die Skiläuferin Annemarie Pröll: „Wie war der Schnee?" „*Weiß*" – „Wie ging's?" „*Bergab!*")

5. Der Prämientourismus von Meisterathleten sowie der Jackpot- und Cup-Zirkus nach den internationalen Meisterschaften wird noch zunehmen, damit aber auch die öffentliche Attraktivität der dabei aufgestellten und z.T. durch „Hasen" und „Pacemaker" herausgekitzelten Rekorde abnehmen.

6. Unter den genannten Abhängigkeiten wird die Neigung zur physischen und gesundheitlichen Selbstausbeutung der Athleten bleiben (oder gar noch wachsen). Da physische Ressourcen begrenzt sind, werden angesichts der Vielzahl der Meisterschaften und Wettkämpfe (von denen Coubertin 1904 schon in geradezu idyllisch-paradiesischen Wettkampfzeiten warnte) zu überlastungs- und verletzungsbedingten Ausfällen und Abbrüchen in mindestens so großer Zahl wie bisher führen – und zu entsprechenden Gegenmanipulationen oder zu legitimen wie auch illegalen manipulativen „Vorbeugungs"-Tricks.

7. So genannte „Substitutionen" von zur Leistungssteigerung „unbedingt nötigen" (weil vom Körper selbst nicht genügend produzierten) energieliefernden und leistungsförderlichen Substanzen werden vermehrt und raffinierter benutzt werden – trotz und vielleicht gerade wegen der möglichen Grauzonen in den Grenzbereichen zum Doping (Placeboeffekte und vielleicht hypnotische oder andere mentale Strategien wie Leistungssteigerung werden stärker ausgeschöpft werden.)

8. Auch international verbesserte oder gar flächendeckende Dopingkontrollen werden das Doping nicht ganz verhindern können. Die „Trickser" werden auch künftig den Kontrolleuren meistens um ein Präparat oder einen Verdeckungsmechanismus voraus sein. Hier helfen nur international organisierte, z.B. politisch beaufsichtigte, aber vor allem auch *unabhängige* Kontrollen, die nicht von den am Er-

folg interessierten Verbänden selbst vorgenommen werden oder beaufsichtigt werden können.

9. Sollte das ominöse Image der gedopten Höchstleistung in der Öffentlichkeit nicht abnehmen (wie es sich nach der letztjährigen Tour
de France beim Radfahren festsetzte) so dürfte die Faszination oder
Resonanz der entsprechenden Disziplinen und Rekorde abnehmen.
Dass in diesem Jahr ein Ex-Krebspatient, Armstrong, – ein wahrhaf-
tiger "Strongleg"! – die Tour gewann (und anscheinend "sauber"),
war ein wahrer Glücksfall für die Tourmanager.

10. Wie bei den bundesdeutschen Leichtathleten, zumal den Zehn-
kämpfern, werden sich auch unter den Athleten Initiativen zur Sau-
berhaltung der eigenen Disziplin bzw. des Sports ausbreiten: praktisch eine Art von besonderer Selbstverpflichtung und Selbstbindung
der Athleten, ohne illegitime pharmakologische Leistungssteigerung
auszukommen, um die Glaubwürdigkeit ihres eigenen Sports zu erhalten. (Faktisch würde damit eine Zweiklassenbildung durch
Selbstorganisation im Kleinen erreicht, wie ich sie insgesamt mit der
Unterscheidung einer „offenen" und freiwillig strikt und umfassend
kontrollierten Wettkampfklasse schon vor Jahren vorgeschlagen hatte.)

11. Angesichts der Grenznutzeneffekte wird die wissenschaftliche
Trainingsbegleitung und -organisation sowie -planung und -
unterstützung noch raffinierter werden und Athlet(inn)en aus ärme-
ren Ländern relativ benachteiligen.

12. Technisierung und Technologisierung werden im Zuge der genannten Verwissenschaftlichung des Trainings und der Vorbereitung
weiterhin steigen, wo sie nicht durch bestimmte Bestimmungen –
wie etwa absolute Gerätenormierung – künstlich eingeschränkt werden (z.B. Dingi-Segeln). (Benachteiligungseffekte wie beim vorigen
Punkt).

13. Nicht nur beim Doping und angesichts der um sich greifenden
Technisierung und Technologisierung, sondern allgemein sind Kon-

trollen der möglichen, dem Grundkonzept nach unzulässigen Vorteilserschleichungen auszuarbeiten – dies um so mehr, als in Hochleistungssystemen, die den Spitzenerfolg, den Sieg, absolut setzen,
die Mentalität geradezu strukturell – weil "allzu menschlich" – zur
Wahrnehmung jeglicher Tricks gedrängt wird.

14. Die Singulärsiegerorientierung im Spitzensport kann wohl nicht
mehr zunehmen. Fraglich ist freilich, ob sie zurückgehen wird –
ähnlich wie etwa die Faszination manipulierter Erfolge.

15. Vermutlich wird die Tendenz zu Risiko- und Natursportarten im
Zuge der allgemeinen Mentalitätsentwicklung zunehmen – und etwa
auch deren demonstrative Repräsentation in den Telemedien. Sportarten von Abenteuer- oder geradezu Expeditionscharakter (vgl.
Messners Alleinbesteigung des Everest ohne Sauerstoffmaske oder
seine Antarktisdurchquerung mit Fuchs oder den Norweger, der allein mit Skiern bis zum Nordpol lief) werden mit üblichen Sportarten verglichen werden, mit diesen auch in den Medien konkurrieren
(wie z.B. seit neuesten im Bergsteigen).

16. Neuartige Super- und Überrekordleistungen ungewöhnlicher Aktivitäten entwickeln sich bereits heute, können aber mit den herkömmlich und oft überproportional in den Vordergrund geschobe-
nen Disziplinen (z.B. 100 m Sprint) nicht wirklich konkurrieren –
dennoch gibt es sie und sie strahlen ein eigenes Faszinosum aus: z.B.
Astrid Benöhrs Weltbestleistung von 7 Tagen 19 Stunden im
10fach-Triathlon oder Wüstenläufe durch Australien bzw. in Marokko.

17. Das Erleben der Eigenaktivität sportlicher Art wird die übliche
Fitnesswelle auch über die Studios hinaus noch differenzieren. Dabei steht vermutlich neben der persönlichen Leistungssteigerung und
dem Ausschöpfen der Restreserven vermehrt auch ein „inneres Spielen", Eigenerleben, im Mittelpunkt, wie die Bewegung der „New
Games" und der „World-Games" zeigen.

18. Diese Tendenz dürfte der immer größer werdenden Kluft und Tradition zwischen Höchstleistungsartistik einerseits und der Fernsehsesselpassivität bzw. dem Bewegungsmangel des modernen sitzen gebliebenen Menschen andererseits wenigstens tendenziell etwas entgegenwirken.

Zu den *normativen (beurteilenden und bewertenden) Empfehlungen und Forderungen* möchte ich im Anschluss an die vorherigen Andeutungen und Ausführungen nur wenige Punkte (z.T. nochmals) aufführen (Sie ergeben sich zumeist aus dem zuvor Gesagten):

1. Mehr Leistungsgerechtigkeit im Leistungssport! Diese Forderung und Empfehlung bezieht sich nicht nur auf die derzeit immer noch die Medien, die Öffentlichkeit und die Verbände beherrschende Singulärsiegerorientierung, die ausschließliche Konzentration auf den Sieger, der unter Umständen durch eine nicht leistungsgerechte künstliche Differenzierung (wie oben ausgeführt) erst ermittelt wird. Dies gilt besonders für die z.T. fragwürdige Addition von Punktbewertungen, die gelegentlich geradezu widersinnig oder unlogisch noch künstlich differenziert wird, z.B. in leichtathletischem Mehrkampf bei Punktgleichheit oder bei völlig von Punktwertungen abhängigen Disziplinen (Turnen, Eiskunstlauf). Generell sollte die unproportionale und ungerechtfertigte absolute Bevorzugung des Siegers gegenüber dem „Runner-up", dem meist praktisch gleich guten Zweiten und/oder Dritten „heruntergefahren" werden: z.B. Berücksichtigung aller Wettkampfteilnehmer bei der Siegerehrung, Vermeidung von Goldmedaillenhysterie in Verbänden und Öffentlichkeit – und vor allem in den nationalen Medien.

2. Im Gegenzug zur Übertechnologisierung von sportlichen Disziplinen und Geräten sollte von Seiten der Verbände vermehrt auf die Natürlichkeit und Chancengerechtigkeit der sportlichen Leistungen des Leistungsvergleichs geachtet werden.

3. Die Abhängigkeit von Fernsehgeldern, Nationalförderungen und kommerziellen Sponsorschaften sollte nicht überborden oder überhand nehmen, sondern in sinnvoller Beschränkung genutzt werden, d.h. athletenfreundlich (z.B. bei Termingestaltung, Rekordausschreibungen usw.). Grundsätzlich vermeiden lassen wird sich diese Abhängigkeit natürlich nicht.

4. Die Erfolgsabhängigkeit bei Trainern und Betreuern sollte nicht übertrieben werden, sondern eher in einer langfristigen sinnvollen Beurteilung und Entwicklungsperspektiven gesehen werden, wobei die schöpferische Arbeit an der Basis und mit Nachwuchsathlet(inn)en im Vordergrund stehen sollte.

5. "Durch Aufklärungsaktionen der Verbände, der bereitwilligen und einsichtigen Sportjournalisten sollte die Öffentlichkeit immer mehr und immer wieder darauf hingewiesen werden, daß keine spontanen Leistungsverpflichtungen der Athleten und der Trainer von der Öffentlichkeit eingeklagt oder durch überscharfe, überschnelle Kritik realisiert werden können. Strafandrohungen, schnellfertige und scharfe Kritik in der Öffentlichkeit an Athleten sind keineswegs leistungsfördernd. Entsprechendes gilt auch für die Trainer. Es gilt in der Tat, die Einsicht zu verbreiten, die aus dem erwähnten Satz Karl Adams spricht; "Nichtgewinnen ist kein Scheitern." (= These 11 von 1975)

6. Mentoren, Betreuer sportlicher und örtlicher Provenienz sollten sich vermehrt unter dem Leitbild vom "mündigen Athleten" um die menschliche Entwicklung der ihnen anvertrauten Sportler kümmern.

7. "Die Modelle des "demokratischen Trainings", des kooperativen Führungsstils, der Mitdiskussion und Mitbestimmung der Athleten, wie sie Karl Adam konzipiert und mit seinen Ruderern schon seit den fünfziger und sechziger Jahren praktiziert wurden, und besonders das Modell des "mündigen Athleten" müssen über die bisher entwickelten Idealansätze hinaus weiter auf typische Sonderfälle ausgefächert und anwendbar ausgearbeitet werden. Diese nur

schrittweise anzunähernden Leitideen sollten idealerweise das Training bestimmen. Selbst jugendliche Leistungssportler sollten im Hinblick auf ihre spätere Eigenständigkeit und Mündigkeit angeleitet werden." (= These 5 von 1975) Generell muss die Förderung mehr als bisher durch soziale und psychische, humane und intellektuelle Förderungsmaßnahmen und -initiativen erweitert bzw. ergänzt werden.

8. Athleten sind junge Menschen, die ein Anrecht auf humane Behandlung sowohl durch ihre Bezugspartner im Sportlichen, im Menschlichen wie auch in der Öffentlichkeit und in den Medien haben. Nicht nur ihr Persönlichkeitsrecht auf Privatheit sollte gewahrt sein, sondern auch ihre humane Würde (die übrigens gerade nicht durch kumpaneihafte Interviewmethoden der Telemoderatoren von oben herab garantiert ist). Athlet(inn)en haben ein Anrecht, geradezu ein Menschenrecht auf humane Behandlung und würdige öffentliche Beurteilung.

9. Angesichts der Defizite im Höchstleistungssport heute und künftig sind Initiativen und Programme zur Humanisierung des Höchstleistungssports nach wie vor aktuell.

10. Eine an einer solchen Humanisierung orientierte Sportphilosophie und Ethik der sportlichen Leistungen, zumal des Höchstleistungssports, zu entwerfen, ist nach wie vor dringlich, könnte auch der Organisation und dem Training des Leistungssports praktisch nützlich sein. Sportliche Leistungen sind zu wichtig, zu prägend und selbstbewußtseinsfördernd, zu erzieherisch, zu notwendig für die Persönlichkeitsentwicklung und die kulturelle Differenzierung, um sie allein den Sportoffiziellen, den Vermarktern, den Medien und den Moderatoren zu überlassen. Geben wir dem humanisierten Leistungssport noch eine Chance, (nur) dann wird er auch eine menschenwürdige Zukunft haben.[92]

---

[92] Meinem Freunde Dieter Brockmann danke ich für einige Fachinformationen.

Literaturverzeichnis

Abel, G.: Nietzsche. Berlin – New York 1984.

Adam, K.: Nichtakademische Betrachtungen zu einer Philosophie der Leistung. In: Lenk, H., Moser, S., Beyer, E. (Hg.): Philosophie des Sports. Schorndorf 1973, 22–33.

Adam, K.: Leistungssport – Sinn und Unsinn. München 1975.

Adam, K.: Leistungssport als Denkmodell. München 1978.

Adorno, T. W.: Prismen. Berlin – Frankfurt/M. 1955.

Adorno, T. W.: Stichworte. Frankfurt a. M. 1969^2.

Aristoteles: Nikomachische Ethik. Stuttgart 1969.

Arnold, P. J.: Three Approaches Toward an Understanding of Sportsmanship. In: J. of the Philosophy of Sport 10/(1983) 61–70.

Aspin, D.: Ethical Aspects of Sport, Games and Physical Education. In: Physical Education and Sport in Great Britain. Proc. of Philosophy of Education Society 9 (1975), 49–71.

Atkinson, J. W.: Introduction to Motivation. Princeton u.a. 1964.

Atkinson, J. W. – Birch, D.: Die Dynamik leistungsorientierter Tätigkeit. In: Lenk, H. (Hg.): Handlungstheorien – interdisziplinär. Band 3, 1. Halbband. München 1981, 353–434.

Atkinson, J. W. – Feather, N. T. (Hg.). A Theory of Achievement Motivation. New York u.a. 1966.

Atkinson, J. W. – Raynor, J. 0.: Motivation and Achievement. Washington 1974.

Ausschuss Deutscher Leibeserzieher (Hg.): Das Spiel. Kongressbericht. Frankfurt 1959^2

Avedon, E. – Sutton-Smith, B.: The Study of Games. New York 1971.

Ayer, Alfred J.: Sprache, Wahrheit und Logik. Stuttgart 1970.

Barthes, R.: Mythologies (1957), Paris 1970.

Bateson, G.: Ökologie des Geistes (Orig. 1972), Frankfurt/M. 1985.

Bayerische Akademie der schönen Künste (Hg.): Der Mensch und das Spiel in der verplanten Welt. München 1976.

Beckmann, J.: Anleitung zur Technologie ... Göttingen 1777, 1780^2.

Beckmann, J.: Entwurf der allgemeinen Technologie ... Göttingen 1806.

Bette, K.-H. (Hg.): Doping im Leistungssport – sozialwissenschaftlich beobachtet. Stuttgart 1994.

Bette, K.-H. – Schimank, U.: Doping im Leistungssport. Frankfurt/M 1995.

Bolte, K. M.: Leistung und Leistungsprinzip. Opladen 1979.

Bouet, M.: Signification du sport. Paris 1968.

Bouet, M.: Les motivations de sportifs. Paris 1969.

Boulding, Kenneth E.: The Interplay of Technology and Values. In: Baier, K. – Rescher, N. (Hg.): Values and the Future. New York – London 1969, 336–350.

Breidert, W.: Der spielende Sisyphos. Archiv für Begriffsgeschichte 21 (1977), 169–187.

Broad, W. – Wade, N.: Betrug und Täuschung in der Wissenschaft. Basel 1984.

Busse von Colbe, W.: Bewertung als betriebswirtschaftliches Problem. In: Raupach, A. (Hrsg.): Werte und Wertermittlung im Steuerrecht. Köln 1984, 39–53.

Buytendijk, F. J. J.: Wesen und Sinn des Spiels. Berlin 1933.

Cagigal, J. M.: Pädagogische Bewertung der Olympischen Spiele in der Volksmeinung. Unveröff. Manuskript, Madrid, 1971.

Caillois, R.: Spiele und die Menschen. Maske und Rausch. (Orig. 1958), Frankfurt – Berlin – Wien 1982.

Carr, G. L.: On Fairness. Aldershot, UK 2000.

Cicero, M. T.: Gespräche in Tusculum. Stuttgart 1973.

Coubertin, P. de: Les ‚Trustees' de l'idee olympique. In: Revue Olympique 1908, 109 ff.

Coubertin, P. de: Une Olympie moderne. In: Revue Olympique 1909.

Coubertin, P. de: All Games, all Nations. In: Revue Olympique 1912, 107f.

Coubertin, P. de: Olympisme et Utilitarisme. In: Revue Olympique 1913, 70 ff.

Coubertin, P. de: Sportliche Erziehung. Stuttgart 1928.

Coubertin, P. de, Pédagogie Sportive. Lausanne 1948.

Coubertin, P. de: Olympische Erinnerungen. Frankfurt/M. 1960[3] (Orig. 1931).

Coubertin, P. de: Die philosophischen Grundlagen des modernen Olympismus. In: ders., Der olympische Gedanke. (Orig. 1935) Schorndorf 1967, 150–154.

Coubertin, P. de: Der olympische Gedanke. Schorndorf 1967.

Coubertin, P. de: Une Campagne de vingt-et-un ans. Paris o. J.

Czikszentmihalyi, M.: Beyond Boredom and Anxiety. San Francisco 1975. (Dt.: Das Flow-Erlebnis. 2005[9])

Derrida, J.: Die Schrift und die Differenz. Frankfurt/M. 1972 (Orig.: 1967).

Derrida, J.: Grammatologie. Frankfurt/M. 1974.

Deschka, K.: Olympia ruft die Jugend der Welt. Wien 1964.

Dessauer, F.: Streit um die Technik. Frankfurt/M. 1956.

Diels, H.: Die Fragmente der Vorsokratiker. Hamburg 1957.

Diem, C.: Der olympische Gedanke. Schorndorf 1967.

Digel, H.: Sportarten und ihre Wettkampfkultur. In: Olympisches Feuer 40 (1999), Nr. 1, 13–20.

Donati, S.: World Traffic in Doping Substances. www.wada-ama.org/rtecontent/document/DonatiReportTrafficking2007-0306.pdf

Donike, M. – Rauth, S.: Dopingkontrollen. Köln 1996[2].

Ehrmann, J. (Hg.): Game, Play, and Literature. Boston 1971.

Eigen, M. – Winkler, R.: Das Spiel. München – Zürich 19857.

Elkonin, D.: Psychologie des Spiels (russ. Orig. 1978), Köln 1980.

Ellis, M. J.: Why People Play. New York 1973.

Ellul, J.: La téchnique ou l'en jeu du siècle. Paris 1954 (englisch New York 1964).

Europarat: Europäische Charta des Sports. o.O. 1993.

Feezell, R. M.: Play and the Absurd. Philosophy Today 28 (1984), 319–328, No. 4/4

Fink, E.: Spiel als Weltsymbol. Stuttgart 1968.

Fraleigh, W. P.: Right Actions in Sport. Champaign 1984.

Franke, E.: Ethik im modernen Sport? In: FB 3 der Univ. Osnabrück (Hg.): Schriftenreihe 3. Beiträge aus: Erziehungswissenschaft. Osnabrück 1982, 283–307.

Frankena, W. K.: Analytische Ethik. München 1972.

Frayssinet, P.: Le sport parmi les beaux-arts, o. O. 1968.

French, P. A.: Collective and Corporate Responsibility. New York 1984.

Fritsch, W. – Lenk, H. – Nolte, V. (Hg.): Rudern im Spiegel der Wissenschaft (Festakademie z. 100jährigen Jubiläum des Deutschen Ruderverbandes 1983). Hannover 1987.

Gabler, H.: Leistungsmotivation im Hochleistungssport. Schorndorf 1972.

Gäfgen, G. (Hg.): Leistungsgesellschaft und Mitmenschlichkeit. Bad Homburg 1972.

Gehlen, A.: Der Mensch (1940), verändert: Bonn 1955, 1960^2.

Gehlen, A.: Die Seele im technischen Zeitalter. Hamburg 1957.

Gehlen, A. u.a.(Hg.): Sinn und Unsinn des Leistungsprinzips. München 1974.

Gerhardt, V. – Lämmer, M. (Hg.): Fairness und Fair Play. St. Augustin 1995^2.

Gert, B.: Die moralischen Regeln. Frankfurt/M. 1983.

Goethe, J. W.: Schriften zur Naturwissenschaft. Auswahl. Stuttgart 1977.

Goffman, E.: Wir alle spielen Theater. München 1965. (Orig. 1959).

Gottl-Ottlilienfeld, F. v.: Wirtschaft und Technik. Tübingen 1914, 1923^2.

Griffin, J.: Some Problems of Fairness. In: Ethics 96. 1985, 100–118.

Graham, P. J. – Ueberhorst, H. (Hg.): The Modern Olympics. Cornwall, NY 1976.

Groos, S. K.: Die Spiele der Menschen. 1899.

Grupe, O. (Hg.): Sport in the Modern World. Chances and Problems. Berlin – Heidelberg – New York 1973.

Habermas, J.: Soziologische Notizen zum Verhältnis von Arbeit und Freizeit. In: Funke, G. (Hg.): Konkrete Vernunft. Bonn 1958, 227ff.

Haug, T.: Doping. Das Dopingdilemma im Leistungssport. Hamburg 2006 (Diss. DSHS Köln 2004)

Hartfiel G. (Hg.): Das Leistungsprinzip. Opladen 1977.

Hartley, R. E. – Frank, L. K. – Goldenson, R.: Understanding Children's Play. New York 1952.

Hartmann, N.: Ethik. Berlin [4]1962.

Heckhausen, H.: Hoffnung und Furcht in der Leistungsmotivation. Meisenheim 1963.

Heckhausen, H.: Leistungsmotivation. In: Thomae, H. (Hg.): Handbuch der Psychologie Bd. 2. Göttingen 1965, 602–702.

Heckhausen, H.: The Anatomy of Achievement Motivation. New York – London 1967.

Heckhausen, H.: Leistung und Chancengleichheit. Göttingen 1974.

Heckhausen, H.: Motivation und Handeln. Berlin u.a. 1980.

Heckhausen, H.: Ein kognitives Motivationsmodell und die Verankerung von Motivkonstrukten. In: Lenk, H. (Hg.): Handlungstheorien interdisziplinär, Bd. 3, 1. München 1981, 283–352.

Hegg, J.-J.: Tiefenpsychologie des Hochleistungssports. Schweizerische Zeitschrift für Sportmedizin 17 (1969), 89ff.

Heidemann, I.: Der Begriff des Spiels und das ästhetische Weltbild in der Philosophie der Gegenwart. Berlin 1968.

Heidland, H.-W.: Der Geist des Sports. Stuttgart 1968.

Herron, R. E. – Sutton-Smith, B.: Child's Play. New York 1971.

Hervey, H.: The Problem of the Model Language-Game in Wittgenstein's Later Philosophy. Philosophy 1961, 334ff., 336.

Hubig, Ch. (Hg.): Ethik des institutionellen Handelns. Frankfurt/M. 1982.

Huizinga, J.: Homo ludens. Basel u.a. (1938). Reinbek 1956.

Hume, D.: Untersuchungen über die Prinzipien der Moral. Hamburg 1972.

Hyland, D. A.: The Stance of Play. In: Lenk (Hg.), 1983, 39–57.

Hyland, D. A.: The Question of Play. Lanham-London: 1984.

Inglehart, R.: Kultureller Umbruch. Frankfurt/M. 1988.

IOC: The Olympic Games: Fundamental Principles, Rules and Regulations. General Information. Lausanne 1958, 1962^2.

IOC: Olympic Rules and Regulations. Lausanne 1974.

Jaspers, K.: Die geistige Situation der Zeit. Berlin 1931, 1955^9.

Jokl, E. – Karvonen, J. J. – Kihlberg, J. – Koskela, A. – Noro, L.: Sports in the Cultural Pattern of the World. A Study of the 1952 Olympic Games at Helsinki. Helsinki 1956.

Jonas, H.: Das Prinzip Verantwortung. Frankfurt/M. 1979.

Jost, E.: Die Fairneß. Ahrensburg 1973^2.

Kamper, E.: Enzyklopädie der Olympischen Spiele. Dortmund 1972.

Kant, I.: Grundlegung zur Metaphysik der Sitten (1785). In: Kants gesammelte Werke. Akademieausgabe (AA), Band IV. Berlin 1968, 385–464.

Kant, I.: Idee zu einer allgemeinen Geschichte in weltbürgerlicher Absicht. In: ders.: Akademie Textausgabe. Berlin 1968, AA VIII, 15–32.

Kant, I.: Kritik der praktischen Vernunft. Stuttgart 1973.

Kapp, E.: Grundlinie einer Philosophie der Technik. (Orig. 1877) Düsseldorf 1978^2.

Keating, J. W.: Sportsmanship as a Moral Category. In: Ethics 75. (1964) 25–35.

Keating, J. W.: The ethics of competition and its relation to some moral problems in athletics. In: Osterhout 1973, 157–174.

Keating, J. W.: Competition and Playful Activities. Washington 1978.

Kelsen, H.: Hauptprobleme der Staatsrechtslehre. Tübingen 1911.

Killanin, M. N. III – Rodda, J. (Hg.): The Olympic Games. New York 1976.

Kistler, E. – Strech, K.-D.: Die Sonne der Arbeit – Arbeitseinstellungen als Forschungsgegenstand im Transformationsprozess. In: Jaufmann, D. – Kistler, E. – Meier, K. Frankfurt/M. 1992, 155–189.

Klages, H.: Wertedynamik. Osnabrück – Zürich 1988.

Klages, H. – Kmieciak, P. (Hg.): Wertewandel und gesellschaftlicher Wandel. Frankfurt/M. – New York 1979.

Kluckhohn, C.: Values and Value-Orientation in the Theory of Action. An Exploration in Definition and Classification. In: Parsons, T. – Shils, E. A. (Hg.): Towards a General Theory of Action. Cambridge, MA 1951, 388–433.

Kmieciak, P.: Wertstrukturen und Wertewandel in der Bundesrepublik Deutschland. Göttingen 1976.

König, E.: Kritik der Technologisierung im Sport. Habilschrift FU Berlin 1995.

Konstanzer Arbeitskreis für Sportrecht (Ethik-Kommission) – Vereinigung für Deutsches und Internationales Sportrecht: Karlsruher Erklärung zum Fair Play. o.O., 1998.

Kretschmar, R. S.: Ethics and Sport: An Overview. In: Journal of the Philosophy of Sport 10 (1984), 21–32.

Krockow, C. v.: Sport. Hamburg 1974.

Kuchler, W.: Sportethos. München 1969.

Kutzner, H.: Erfahrung und Begriff des Spiels. Bonn 1975.

Ladd, J.: Collective and Individual Moral Responsibility in Engineering. In: Society and Technology. Juni 1982, 3–10.

Ladd, J.: Philosophical Remarks on Professional Responsibility in Organisations. In: Applied Philosophy 1 (1982a), Nr. 2, 1–13.

Lancy, D. F. – Tindall, B. A. (Hg.): The Anthropological Study of Play. Cornwall, N.Y. 1976.

Lehnertz, K.: Techniktraining. In: Rieder, H. – Lehnartz, K. (Hg.): Bewegungslernen und Techniktraining. Schorndorf 1991, 105–195.

Lenk, H.: Werte – Ziele – Wirklichkeit der modernen Olympischen Spiele. Schorndorf 1964, 1972[2].

Lenk, H.: Leistungsmotivation und Mannschaftsdynamik. Schorndorf 1970, 1977[2].

Lenk, H.: Leistungssport: Ideologie oder Mythos? Stuttgart u.a. 1972,1974[2].

Lenk, H.: Zu Wittgensteins Theorie der Sprachspiele. In ders.: Metalogik und Sprachanalyse. Freiburg 1973, 57–89.

Lenk, H.: Leistungssport in der Erfolgsgesellschaft. In: Grube – Richter (Hg.): Leistungssport in der Erfolgsgesellschaft. Hamburg 1973 (b), 13–39.

Lenk, H. (Hg.): Normenlogik. Pullach 1974.

Lenk, H.: Pragmatische Philosophie. Hamburg 1975.

Lenk, H.: Leistungsmotivation als theoretischer Begriff. In: ders.: 1975, 168–183.

Lenk, H.: Sozialphilosophie des Leistungshandelns. Stuttgart 1976.

Lenk, H.: Zu Coubertins olympischem Elitismus. In: Sportwissenschaft 6 (1976) S. 404–424

Lenk, H., Towards a Social Philosophy of the Olympics. In: Ueberhorst, H. – Graham, P. (Hg.) 1976, 107–167.

Lenk, H.: Social Philosophy of Athletics. Champaign, IL: Stipes 1979.

Lenk, H. (Hg.): Handlungsmuster Leistungssport. Schorndorf 1977.

Lenk, H.: Humanisierung im Hochleistungssport. In: ders. (Hg.): 1977, 94–111.

Lenk, H.: Team Dynamics. Champaign, IL: Stipes, 1977.

Lenk, H.: Kyôgiryokukôjô to Group Dynamics. Tokyo: Press Gymnastica 1977.

Lenk, H.: Handlungstheorien interdisziplinär. München 1977–1984, 4 Bände + 2 Halbbände (vgl. besonders Band II).

Lenk, H.: Handlungserklärung und Handlungsrechtfertigung unter Rückgriff auf Werte. In: Lenk, Hans (Hg.): Handlungstheorien interdisziplinär, Bd. II: Handlungserklärung und philosophische Handlungsinterpretation, 2. Halbbd. München 1979, 597–616.

Lenk, H.: Pragmatische Vernunft. Stuttgart 1979.

Lenk, H.: „Herculean ‚Myth' Ascpects of Athletics". In: Journal of the Philosophy of Sport 3 (1976), 11–21. (deutsch als „Herakleisch oder prometheisch? Mythische Elemente im Sport" in: Lenk, H.: Pragmatische Vernunft. Stuttgart: 1979, 176–199.

Lenk, H.: Social Philosophy of Athletics, Champaign, IL: Stipes 1979.

Lenk, H.: Die Olympische Idee und die Krise des Olympismus. In: Überhorst, H. (Hg.): Geschichte der Leibesübungen. Band III 2. Berlin u.a. 1981, S. 1082–1105.

Lenk, H.: Zur Sozialphilosophie der Technik. Frankfurt/M. 1982.

Lenk, H.: Herausforderung der Ethik durch technologische Macht. Zur moralischen Problematik des technischen Fortschritts. In: Lenk, H.: Zur Sozialphilosophie der Technik. Frankfurt/M. 1982, 198–248.

Lenk, H.: Eigenleistung. Plädoyer für eine positive Leistungskultur. Osnabrück – Zürich 1983.

Lenk, H.: Wie philosophisch ist die Anthropologie? In: Frey, G. – Zelger, J. (Hg.): Der Mensch und die Wissenschaften vom Menschen. Band I. Innsbruck 1983, 145–187.

Lenk, H. (Hg.): Aktuelle Probleme der Sportphilosophie – Topical Problems of Sport Philosophy. Schorndorf 1983.

Lenk, H.: Die achte Kunst: Leistungssport – Breitensport. Osnabrück – Zürich 1984.

Lenk, H.: Aspekte einer Pragmatisierung der Ethik – auch für die Sportethik. In: Cachay, K. – Digel, H. – Drexel, G. (Red.): Sport und Ethik. Clausthal – Zellerfeld 1985, 1–20.

Lenk, H.: Zwischen Wissenschaftstheorie und Sozialwissenschaft. Frankfurt 1986.

Lenk, H.: Leistung im Brennpunkt. Frankfurt/M. 1987.

Lenk, H.: Zwischen Sozialpsychologie und Sozialphilosophie. Frankfurt 1987.

Lenk, H.: Zwischen Wissenschaft und Ethik. Frankfurt/M. 1992.

Lenk, H.: Leistung in Sport und Gesellschaft. Sonderheft VHS Friedrichshafen, Bodensee 1992.

Lenk, H.: Philosophie und Interpretation. Frankfurt/M. 1993.

Lenk, H.: Interpretationskonstrukte. Frankfurt/M. 1993.

Lenk, H.: Macht und Machbarkeit der Technik. Stuttgart 1994.

Lenk, H.: Von Deutungen zu Wertungen. Frankfurt/M. 1994.

Lenk, H.: Schemaspiele. Frankfurt/M. 1995.

Lenk, H.: Einführung in die angewandte Ethik. Stuttgart 1997.

Lenk, H.: Einführung in die Erkenntnistheorie. München 1998 (UTB 2005).

Lenk, H.: Konkrete Humanität. Frankfurt/M. 1998.

Lenk, H.: Humanität als Fairness – Fairness als Humanität: Eine moderne Tugend für Wirtschaft und Sport? In: ders.: Konkrete Humanität. Frankfurt/M. 1998, 239–275.

Lenk, H.: Praxisnahes Philosophieren. Stuttgart 1999.

Lenk, H.: Auf der Suche nach der irgendwo noch vermuteten Olympischen Idee. In: Buschmann, J. – Wassong, St.(Hg.): Langlauf durch die olympische Geschichte . FS Lennartz. Bd. 1. Köln 2005, S. 150–184.

Lenk, H.: „Dopium fürs Volk?" Werte des Sports in Gefahr. Hamburg: Merus 2007.

Lenk, H. Global TechnoScience and Responsibility: Schemes Applied to Human Values, Technology, Creativity, and Globalisation. Berlin – Münster 2007a.

Lenk, H. – Gebauer, G. – Franke, E.: Sport in philosophischer Sicht. In Wissenschaftsausschuss des Organisationskomitees für die Spiele der XX. Olympiade (Hg): Sport in aller Welt – Chancen und Probleme. München 1972, 13–40.

Lenk, H. – Maring, M.: Verantwortung und soziale Fallen. In: Ehtik und Sozialwissenschaften 1 (1990), No.1, 49–57 (+Kritik 57–97 und Replik 97–105).

Lenk, H. – Moser, S. (Hg.): Techne – Technik – Technologie. Pullach 1973.

Lenk, H. – Moser, S. – Beyer, E. (Hg.): Philosophie des Sports. Schorndorf 1973.

Lenk, H. – Pilz, G. A.: Das Prinzip Fairness. Osnabrück – Zürich 1989.

Lenk, H. – Ropohl, G. (Hg.): Technik und Ethik. Stuttgart 1987, 1993^2.

Lorenz, K.: Das sogenannte Böse. Wien 1963.

Lüschen, G.: Die deutsche Sportjugend und ihre Strukturen und ihre sozialen Verhaltensweisen. Unveröff. Manuskript 1960.

Lüschen, G.: Der Leistungssport in seiner Abhängigkeit vom soziokulturellen System. In: Zentralbl. für Arbeitswiss. 12 (1962), 186 ff.

Lüschen, G. (Hg.): The Cross-Cultural Analysis of Sport and Games. Champaign, IL 1970.

Lüschen, G.: Sozialer Konflikt und assoziatives Handeln. In: Lenk, H. (Hg.), Handlungstheorien interdisziplinär, Bd. IV. München 1977, 227–237.

Lüschen, G.: Betrug im Sport. In: Kutsch, T. – Wiswede, G. (Hg.): Sport und Gesellschaft. Königstein 1981, 200–211.

Mackie, J. L.: Ethik. Stuttgart 1981.

Magnane, G.: Sociologie du sport. Paris 1964.

Maier, W.: Taktisches Foul und Fairneß – ein ethisches Dilemma. In: Leibeserziehung und Leibesübungen 1985, 74–76.

Marcuse, L.: Von der Egalité zum Fair Play. In: Marcuse, L.: Das Märchen von der Sicherheit. Zürich 1981, 87–107.

Mansfeld, J. (Hg.): Die Vorsokratiker I. Stuttgart 1983.

McClelland, D. C – Atkinson J. W. – Lowell, E. L. – Clark, R. A. (Hg.): The Achievement Motive. New York 1953.

McClelland, D. C.: Die Leistungsgesellschaft. (1961) Stuttgart 1966.

McIntosh, P.: Fair Play: Ethics in Sport and Education. London 1979.

Meinberg, E.: Die Moral im Sport. Aachen 1991.

Meinberg, E.: Dopingsport im Brennpunkt der Ethik. Hamburg 2006.

Meincke, J. P.: Bewertung als Rechtsproblem. In: Raupach, A. (Hg.): Werte und Wertermittlung im Steuerrecht. Köln 1984, 7–38.

Messing, M. – Müller, N. (Hg.): Blickpunkt Olympia – Focus on Olympism. Kassel – Sydney 2000.

Meutgens, R. (Hg.): Doping im Radsport. Bielefeld 2007.

Meyer, W.-U.: Leistungsmotiv und Ursachenerklärung von Erfolg und Misserfolg. Stuttgart 1973.

Miller, D. L.: Goals and Games. Cleveland 1969.

Mishev, D.: Age and Profession as Reflected in Olympic Results. In: Bull. du Comité Olympique Bulgare 1960, I, 6, 25 ff.

Mohr, H.: Lectures on Structure and Significance of Science. New York – Heidelberg – Berlin 1977.

Moore, G. E.: Principia Ethica (1903). Stuttgart 1970.

Moretti, L: Olympionikai. I vincitori negli antichi agoni olimpici. Rom 1957.

Moser, S.: Ansatzpunkte einer philosophischen Analyse des Sports. In Moser, S.: Philosophie und Gegenwart. Meisenheim 1960, 183ff. Wiederabgedruckt in Lenk – Moser – Beyer (Hg.) 1973.

Müller, N.: Cent ans des Congrès Olympiques 1894–1904. Lausanne 1994.

Müller, N. (Hg, red.): Coubertin et l'Olympisme – Coubertin and Olympism. Niedernhausen – Strasbourg – Sydney 1998.

Müller, N. – Messing, M. (Hg.): Auf der Suche nach der Olympischen Idee. Kassel 1996.

Nietzsche, F.: Werke (Schlechta-Ausgabe), Ullstein TB Frankfurt/M. 1976.

Noelle-Neumann, E.: Werden wir alle Proletarier? Zürich – Osnabrück 1979.

Noelle-Neumann, E. – Strümpel, B.: Macht Arbeit krank? Macht Arbeit glücklich? München 1984.

Nowell-Smith, P. H.: Ethics. Harmondsworth/Middlesex [3]1959.

Ortega y Gasset, J.: Der sportliche Ursprung des Staates. In: ders.: Gesammelte Werke. Stuttgart 1954. Band I, 428–449.

Ortega y Gasset, J.: Über des Lebens sportlich-festlichen Sinn. In: DSB (Hg.): Jahrbuch des Sports 1955/56. Frankfurt/M., 9–20.

Osterhoudt, R. (Hg.): The Philosophy of Sport. Springfield, IL 1973.

Pareto, V.: Trattato di sociologia generale. 1916.

Parsons, T. – Shils, E. A. (Hg.): Towards a General Theory of Action. Cambridge, MA 1951.

Piaget, J.: Nachahmung, Spiel und Traum. Stuttgart 1969.

Piaget, J.: Das moralische Urteil beim Kinde. Frankfurt 1973.

Piaget, J.: Die Entstehung des Spiels. In Röhrs 1981, 23–39.

Pilz, G. A. – Wewer, W.: Erfolg oder Fair Play? München 1987.

Platon: Die Gesetze (Übersetzung O. Gigon). Band VII. Zürich – München 1974.

Rapp, F.: Philosophy of Technology. Den Haag u.a. 1982.

Reiner, H.: Gut und Böse. Freiburg 1965.

Rescher, N.: Introduction to Value Theory. Englewood Cliffs, NJ 1969.

Riedel, M. (Hg.): Rehabilitierung der praktischen Philosophie. 2 Bände. Freiburg 1972, 1974.

Roberts, J. M. – Arth, M. J. – Bush, R. R.: Games and culture. American Anthropologist 61 (1959), 597–605.

Röhrs, H. (Hg.): Das Spiel – ein Urphänomen des Lebens. Wiesbaden 1981.

Röhrs, H.: Spiel und Sportspiel – ein Wechselverhältnis. Hannover 1981.

Röthig, P. (Red.): Sportwissenschaftliches Lexikon. Schorndorf 1983[5].

Rokeach, M.: The Nature of Human Values. New York 1973.

Ross, A.: Directives and Norms. London 1968.

Ross, W. D.: The Right and the Good. Oxford 1930.

Rudolph, W.: Die Amerikanische „Cultural Anthropology" und das Wertproblem. Berlin 1959.

Runkel, G.: Soziologie des Spiels. Frankfurt 1986.

Sachsse, H.: Anthropologie der Technik. Braunschweig 1978.

Scheffen, E. (Hg.):Sport, Recht und Ethik. Stuttgart u.a. 1998

Scheler, Max: Der Formalismus in der Ethik und die materiale Wertethik. Gesammelte Werke, Bd. 2. Bern – München [4]1954.

Schelsky, H.: Friede auf Zeit. Die Zukunft der Olympischen Spiele. Osnabrück – Zürich 1973.

Scheuerl, H.: Zur Begriffsbestimmung von „Spiel" und „Spielen". In: Röhrs (Hg.), 1981, 41–49.

Schiller, F.: Über die ästhetische Erziehung des Menschen. München 1967.

Schmalt, H.-D. – Meyer, W.-U. (Hg.): Leistungsmotivation und Verhalten. Stuttgart 1976.

Schmidtchen, G.: Neue Technik und Arbeitsmoral. Köln 1984.

Schmidtchen, G.: Menschen im Wandel der Technik. Köln 1986.

Schuler, H.: Ethische Probleme psychologischer Forschung. Göttingen 1980.

Segal, E.: „To win or Die". In: J. of Sport History 11 (1984), 25–31.

Seppänen, P., Die Rolle des Leistungssports in den Gesellschaften der Welt. In: Sportwissenschaft 2 (1972), 133–155.

Shea, E. J.:Ethical Decisions in Physical Education and Sport. Springfield, IL 1978.

Simmons, A. J.: The Principle of Fair Play. In: Philosophy and Public Affairs 2 (1979), 307–337.

Simon, R. L.: Sports and Social Values. Engelwood Cliffs, NJ 1985.

Singler, A. – Treutlein, G.: Doping – Von der Anwendung zur Prävention. Aachen 2001.

Singler, A. – Treutlein, G.:Doping im Spitzensport.Aachen 2001.

Slusher, H. S.: Man, Sport, and Existence. Philadelphia 1967.

Stevenson, Ch. L.: Ethics and Language. New Haven [12]1968.

Suits, B.: What is a Game? In: Philosophy of Science 34 (1967), 148–156.

Suits, B.: The Grashopper. Games, Life and Utopia. Toronto 1978.

Sutton-Smith, B.: Play Preferences and Play Behaviour. In: Psychological Report 16 (1965), 65–66.

Sutton-Smith, B. – Roberts, J. M.: Studies in an Elementary Game of Strategy. In: Genetic Psychological Monographs 75 (1967), 3–42.

Sutton-Smith, B.: The Two Cultures of Games. In: Kennyon, G.S. (Hg.): Aspects of Contemporary Sportsociology. Chicago 1969, 135–147.

Sutton-Smith, B.: Die Dialektik des Spiels. Schorndorf 1978.

Sutton-Smith, B. – Roberts, J. M.: Game Involvement in Adults. J. of Social Psychology 60 (1983), 15–30.

Széplábi, M.: Leistungsgesellschaft in der Diskussion. In: Z. für Soziologie, 3/1974.

Takizawa, K.: Wettkampf und Spiel. In: ders.: Das Heil im Heute. Göttingen 1987, 69–127.

Thomae, H.: Psychologische Voraussetzungen der Leistungsbereitschaft. In: Walter-Raymond-Stiftung (Hg.): Leistungsbereitschaft, soziale Sicherheit, politische Verantwortung. Köln, Opladen 1967, 53 ff.

Topitsch, E.: Vom Ursprung und Ende der Metaphysik. Wien 1958.

Ueberhorst, H. – Graham, P. (Hg.): The Modern Olympics. Cornwall, NY, 1976.

VanderZwaag, H.: Toward a Philosophy of Sport. Reading, MA 1972.

Wachter, F. de: Spielregeln und ethische Problematik. In: Lenk, H. (Hg.): Aktuelle Probleme der Sportphilosophie – Topical Problems of Sport Philosophy. Schorndorf 1983, 278–294.

Weber, M.: Die protestantische Ethik und der Geist des Kapitalismus. (1920) München – Hamburg 1969.

Weiner, B.: Theories of Motivation. Chicago 1972.

Weiner, B.: Die Wirkung von Erfolg und Misserfolg auf die Leistung. Stuttgart 1975.

Weiss, P.: Sport – a Philosophic Inquiry. Carbondale , IL1969, 1971[2].

Whiting, B. B. – Whiting, J.: Children of Six Cultures. Cambridge 1975.

Wischmann, W.: Die Fairneß. Frankfurt/M. 1962.

Wittgenstein, L.: Philosophische Untersuchungen. In: Schriften I. Frankfurt/M. 1960.

Wright, G. H. von: Norm und Handlung. Königstein/Ts. 1979.

Zaner, R. M.: Sport and the Moral Order. In: The J. of the Philosophy of Sport 6 (1979), 7–18.

Zeigler, E. F.: The Pragmatic (Experimentalistic) Ethic as it Relates to Sport and Physical Education. In: ders. (Hg.): Personalizing Physical Education and Sport Philosophy. Champaign, IL 1975, 79–121.

Zeigler, E. F.: Ethics and Morality in Sport and Physical Education. Champaign, IL 1984.

Zuckerman, M.: Sensation Seeking. Hillsdale, N.J. 1979.

Philosophy in International Context/Philosophie im internationalen Kontext
edited by/hg Hans Lenk (Karlsruhe)

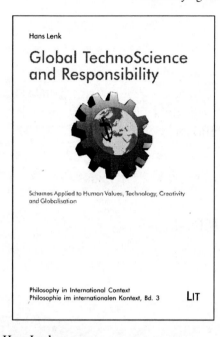

Hans Lenk

Global TechnoScience and Responsibility

Schemes Applied to Human Values, Technology, Creativity and Globalisation

The 21st century is shaped by globalisation, worldwide electronic information dissemination and planetary presence of media and IT networks. The *information society* became a *high-tech industrial* or systems-technological *super-information society* with ubiquitous IT accessibility. Attending to *techno-science super-structures* and *systems technocracies* the book tackles problems of social responsibility, humanitarianism, ecological policies, and a philosophy of technology, planning, risk assessment, decision-making, globalisation, creativity, achievement-orientation, etc. for a humane future orientation. *Philosophy should go systems- and practice-oriented, normative and optimistic again.*
Bd. 3, 2007, 432 S., 39,90 €, br., ISBN 978-3-8258-0392-6

Hans Lenk (Ed.)

Comparative and Intercultural Philosophy

Proceedings of the IIP Conference Seoul 2008
The volume documents the results of the Annual Meeting of the International Institute of Philosophy at the occasion of the World Congress of Philosophy 2008 in Seoul. Logically, systematic and methodological differences and comparisons between cultural traditions are analyzed from a multicultural perspective. General challenges of multiculturalism for "world philosophy" are analyzed from ethical and ontological approaches, e.g. of ancient Chinese and Greek philosophy. Historical studies regarding influences and "migrations" of philosophical texts across different cultures as well as religious and human rights debates about tolerance are topical themes. In addition, the question is raised whether logical principles are cross-culturally valid.
Bd. 5, 2009, 224 S., 24,90 €, br., ISBN 978-3-643-10202-7

LIT Verlag Berlin – Münster – Wien – Zürich – London
Auslieferung Deutschland / Österreich / Schweiz: siehe Impressumsseite